# 開膛手傑克結案報告

# PORTRAIT OF A KILLER

## JACK THE RIPPER CASE CLOSED

派翠西亞・康薇爾——著　王瑞徽——譯

# 開膛手傑克結案報告

Portrait of a Killer

原著作者　派翠西亞・康薇爾 Patricia Cornwell
譯　　者　王瑞徽
書封設計　蕭旭芳
行銷企畫　陳彩玉、林詩玟
業　　務　李再星、李振東、林佩瑜

副總編輯　陳雨柔
編輯總監　劉麗真
事業群總經理　謝至平
發行人　何飛鵬

出　　版　臉譜出版
台北市南港區昆陽街 16 號 4 樓
電話：886-2-25007696　傳真：886-2-25001952
發　　行　英屬蓋曼群島商家庭傳媒股份有限公司城邦分公司
台北市南港區昆陽街 16 號 8 樓
客服專線：02-25007718；25007719
24 小時傳真專線：02-25001990；25001991
服務時間：週一至週五上午 09:30-12:00；下午 13:30-17:00
劃撥帳號：19863813　戶名：書虫股份有限公司
讀者服務信箱：service@readingclub.com.tw
城邦網址：http://www.cite.com.tw
香港發行所　城邦（香港）出版集團有限公司
香港九龍土瓜灣土瓜灣道 86 號順聯工業大廈 6 樓 A 室
電話：852-25086231 傳真：852-25789337
馬新發行所　城邦（馬新）出版集團
Cite（M）Sdn. Bhd.（458372U）
41, Jalan Radin Anum, Bandar Baru Sri Petaling, 57000 Kuala Lumpur, Malaysia.
電話：603-90563833　傳真：603-90576622
電子信箱： services@cite.my
一版一刷　2004 年 3 月
三版一刷　2025 年 2 月
ISBN　978-626-315-583-1

售價： 480 元（本書如有缺頁、破損、倒裝，請寄回更換）

# 導讀

## 百年第一謎案偵破——偵破了嗎？

唐諾

先回憶一下。我個人第一次知道有「開膛手傑克」這一號人物是民國六十六年我還唸高中時的事。因為發生了一樁以彼時治安水平而言相當駭人的高中女生命案（沒記錯的話應該是景美女中的學生），遂有我們同校的男生在校刊上拿這個人類歷史上最著名的連續殺人犯來開玩笑——沒辦法，好像每一代都一定有諸如此類為炫耀自己比人聰明而不惜傷害無辜他者的殘酷之人。

這是整整廿五年只多不少的往事了，但真正開膛手傑克大開殺戒的日子則更要回到一八八八年一世紀之前，很顯然，殺人者和被害者皆已灰飛煙滅了，連同所有的恐懼、哀傷和憤怒，正義果報遂也失去了所有唯物性的實質內容，只剩得一個抽空的概念，甚或更輕佻的，蛻變成為一個永恆的謎，一個純粹智力性的遊戲。

就像如果不是奧斯華，那麼究竟是誰暗殺了約翰・甘迺迪總統？還有，如果末代沙皇尼古拉二世的小女兒沒被處決在那個樹林子裡埋掉，這個命運乖蹇的俄國最後公主究竟隱身哪裡過完她的人生？甚至，不見得非涉及死亡和謀殺了，像猶太人的神聖約櫃最後流落哪裡去了？著名的耶穌裹屍布究竟真相如何？亞特蘭提斯島到底存不存在？陸沉的確實地點在哪兒？……

基本上，隨著事過境遷，謎題的解開與否已不具備任何嚴肅的意義了，真的，就像我們要思索猶太人那樣神權統治、種族動員的歲月，並不需要找出約櫃何在一樣；反之亦然，今天的科學解謎者追出了耶穌裹屍布上竟然不是血跡而是染料的事實（因此，斷定是絕頂聰明的達文西開的惡意玩笑），也從朽骨上確認了俄國小公主並未真的逃過劊子手的刀鋒，這也無助於我們對昔日耶穌宗教革命和蘇聯赤色革命的多一分理解。

有意義的只是人的好奇心而已，還有，在此好奇心未被或不肯被滿足之下四下衍生流竄的諸多想像力。

正因為如此，我自己很喜歡康薇爾這本書，尤其是第二章〈回顧之旅〉裡講述自己和開膛手傑克此一謎案的結緣、相處以及書寫的短短告白——康薇爾以「本案終結」為書的命題宣告破案，自己百分之百確信已找出開膛手傑克的真實身分，但卻絲毫沒一分相襯的得色，事實上，她說她像「給水泥卡車撞上了一般」，沮喪得只想放棄這一本看來一定而且果然爆賣的書。在一百廿年後屍骨早寒的此時此刻，康薇爾就連要表達她對昔日無端橫遭虐殺那些倫敦妓女的同情和憤怒都講不出口，正義遲到至如此田地該叫它什麼呢？康薇爾回顧的是自己早年擔任法醫助理的生命經驗，亡者已矣一了百了的一具具屍體並沒令她真正冰冷，像生產線上固定作業的女工，她仍在想，如果「在事發以前讓他們全躲進一個大房間裡，求他們把門鎖好或裝設警報器——至少養條狗——或者別隨便停車，或者遠離藥物。……我對暴力的強烈質疑早已硬化成一層科學甲冑，很安全但是沉重得讓我往往在造訪死亡之後兩腿發軟。彷彿死者在耗損我的精力，躺在街頭的血泊中或者不銹鋼驗屍台上，飢渴的將我吸榨一光。死者僵死依然，我乾枯依然。謀殺不是懸疑劇，用筆和它對抗也並非我的使命。」

做為一個火熱的大暢銷作家，我們在這裡真實看到康薇爾的品，看到康薇爾的質料，她真的比很多很多人好太多了，比方說也寫過開膛手傑克一案，提出凶手極可能是女扮男裝的推理大師柯南道爾，柯南道爾那種維多利亞式的大英國佬，便是最標準我們講過的那種只顧著表現自己聰明的人。

# 女法醫康薇爾的報告

如果你在倫敦查令十字路老書街的偵探推理專業書店「一級謀殺」裡，很容易看出書架基本上分為兩個區塊，大得多的還好是虛構性的推理小說及其周邊讀物，女法醫史卡佩塔的系列小說放在這裡；小多了的則標示著True Murder，真實謀殺，真的死了人的，康薇爾這本新書孤獨的被流放此處，和一堆各有不同凶手主張的開膛手傑克其他書籍一起。

康薇爾此書不是小說，從體例到內容都不是，毋寧像一份報告，史卡佩塔式的法醫鑑定暨破案報告書——彷彿，康薇爾跳出來自己扮演她所創造那位鬱鬱寡歡的維吉尼亞首席女法醫，或更準確的說，康薇爾把虛構的史卡佩塔在真實世界給還原回來，誰都曉得，史卡佩塔的原型，本來就是康薇爾自己。

開膛手傑克的一系列駭人凶案首發於一八八八年夏秋之交的倫敦，那是一世紀前因物質條件差異只會更陰濕、更晦暗的老霧都。案發地點全數集中於東邊的白教堂區，那是彼時整個倫敦最窮、最亂、最龍蛇雜處的死角地帶，再沒更合適的殺人地點；殺人時間則都在暗夜時分，正經人等已回家安睡，把大街交給流民妓女的時刻。

今天，我們很難真正說清楚開膛手傑克的作案準確起迄時間，也很難真正算清楚被害人的確實數目，原因很簡單，開膛手傑克從未被逮，無法從他口中問出哪些是他殺的哪些不是，而這個世界，不論何時何地，會殘酷殺人的不會一次只有一個，彼時倫敦警方無力破案的也不會那麼巧正好全是他殺的，但眾惡歸之、把所有類似的懸案往他頭上套卻永遠是最方便的上好措施，這既符合警察體系的卸責生態，也符合社會大眾的基本人性——一方面，繪聲繪影的八卦流言總千年不易的準此要領附會流竄，另一方面，這讓大家相信惡魔就只有這麼一個，過起生活來安心多了。

一百二十年後的今天，我們還是這麼來不是嗎？

開膛手傑克選定的虐殺對象，甚具社會學、心理學線索的幾幾乎全是年華老去的下街廉價妓女，比較沒爭議的有五名，疑似的則還有十多人；作案時間大致只凝縮在一八八八年秋冬之交的三個月內，出奇的短，然後，這位一面殘酷殺人一面還寫信、寄被害人體內器官向警方挑釁的自大無比殺手一夕間人間蒸發了，這是整個開膛手傑克案最詭異的地方，完全迥異於連續殺人罪犯欲罷不能、如同毒癮發作般的作案習性，他死了嗎？厭倦了嗎？幡然悔悟重新作人了還是怎麼啦？

人類犯罪歷史上，殺人比開膛手傑克多的大有人在，殺人手段比他還狠還血腥的大有人在，安然躲過人間法律追緝只能由末日來審判他的也大有人在，但是，請原諒我們這麼冷血的講，再沒有任一樁罪案這麼完整，這麼樣樣不缺，彷彿每一片拼圖都準準落在應該的位置上，架構出甚至還太戲劇性的效果來，而且，它居然還就發生在雨霧的倫敦街頭，那樣鬼魅的、一陣煙般來去的似真似幻身影，好像就連電影鏡頭都設計好了。

## 替罪之羊

一百二十年之後，滄海桑田，當然很多線索、很多有形的證物證人都湮失了，但女法醫康薇爾重開此案，當然也有她後來者、外來者的特殊優勢，最明顯便是這一百二十年漫漫時光中她法醫本行的科學進展，借助各種奇妙的科學儀器和其帶來的相關觀念變化，血跡、刀痕、書信、證詞、死者屍體及其遺物，乃至於一切相關的瑣細物件，都呈現出不同以往的深度和豐碩內容來。

如果今天開膛手傑克仍健在、如果我們仍把疑犯和追凶偵探比做一場智力對決，這個科學進展的加入，將是開膛手傑克最要大呼不公平之處。

但我個人以為，康薇爾真正最大但往往被忽略的優勢不只是時間意義上的後來者，而是連同一切時空變化之後她所擁有的「外來者」身份，讓她不僅不受一八八八年當時的知識和探案配備的限制，更重要的，她還能豁脫於彼時社會氣氛、流行觀念和偏見的限制，這個自由而且視野開闊的看事情位置，我個人相信，較諸科學配備的強大穿透力量，只多不少。

這麼講好了，在一長串開膛手傑克真正身份的候選名單之中，除了徹底正反辯證、把最下階殺人者指向最高不可攀階層，因此點名了維多利亞女王的孫子亞伯特・維克多王子或維多利亞女王御醫威廉・格爾之外（搭配一個掩滅皇室醜聞的八卦故事了），我們幾乎照眼就發現，外國人（包括猶太人這種永遠的外國人，不管他在當地已住幾代了）的比例高到幾乎已達囊括性的地步，這固然和某些個證人不甚可靠的證詞或說臆測有關，但決定性的關鍵仍根深於社會大眾普遍的偏見之心。

殺人不過頭點地，這是我們所說「正常」的殺人，像開膛手傑克這樣子張狂且殘暴的殺人，肯定不會是正常之人做得出來的，然而，不正常的人是誰？那一定就是那些不愛英國、不認同倫敦、非我族類其心必異的外國人是吧——人類歷史上，好像永遠有一大堆人始終分不清外國人和不正常的人有何不同。

這就是所謂「替罪羊」的概念，但凡有異乎尋常的災難危機暴烈襲來之時，人們除了要設法保護自己脆弱的身體而外，還得設法保護自己同樣容易受傷的心靈，他傾向於讓自己相信，他熟悉的世界沒有瓦解，他眼前的人們個個依然，災變和危險必定是某個異物的入侵造成的，你只需要把原本就不屬於也不該屬於你這個世界的可怕異物給清理掉，一切一切自然會立刻回復成正常可親的樣態，這樣想，讓他免於痛苦的反省，不必浸泡在自身社會的難題泥淖裡自我折磨。當然，這無助於問題的解決，就像一百二十年前這麼想的倫敦人沒能逮住甚至錯失了逮住開膛手傑克的時機，但它讓彼時的倫敦人睡眠品質好多了。

替罪羊同時也是一本書的書名，大陸那邊早有譯本，書中講述的是中世紀歐洲一場大瘟疫，而當時的歐洲人相信這是猶太人下的毒，就跟千年之前他們把耶穌給害死在十字架上一樣。

## 只要不被懷疑就行了

擁有豐碩法醫經驗的康薇爾，很惋惜彼時倫敦警方的科學辦案能力限制及其疏失，畢竟，像開膛手傑克這麼囂張的殺人狂，從現代的標準來看，必定不智的留下太多的線索甚至物證，這是事實。

屍體會說話，證物會說話，然而，除了少數極幸運的例子，某些線索某些證據排他性的正正好指向某個單一特定的人物之外，絕大多數時候，線索和證據總是開放性的，符合其指稱的通常是某一類人、某一組人、某一群人，不僅是複數，而且還是數字很大、難能一一追索過濾的複數。

因此，最通常的破案方式是，你得先有懷疑的對象，先有嫌犯，不管是來自動機、密報或什麼的，先大體上方向正確的把候選名單壓縮在可工作的有限範圍之內，細緻的證據講究是接下來第二步的事，一方面做為確定最終的凶手之用，另一方面，拿到法庭去說服法官或陪審團定罪之用。甚至，更大多數時候，凡殺過的必定留下痕跡，因此，凶嫌一旦正確的遭到警方懷疑，接下來的常常就很簡單了，一紙搜查令往往就能找到一堆無法抵賴的如山鐵證。

當然，現實人生的這樣破案方式，就戲劇效果而言實在有點不過癮，因此，在虛構世界的推理小說、電影、電視影集中並不受到創作者和閱聽大眾的歡迎，大家比較愛看的還是那種想不到的凶手，那種不絕如縷的蛛絲馬跡，不起眼而且還會誤導人的曖昧線索，得有個天縱英明的人一點一點抽絲剝繭出來。但我們別真的忘了，現在我們看的是書店中佔架較小的那一部分，是True Murder，真實的凶手和真實的死人。

就算在較大那邊的虛構世界小說中，終究也還是有書寫者肯講實話。比較講求和現實貼近的美式偵探小說中較常見，但我想舉的例子卻是古典式推理，老女王艾嘉莎・克麗絲蒂有部成績平平的書叫《殺人不難》，命題的意義由書中那位嗅出謀殺、遠赴蘇格蘭場報案卻先一步遭滅口在倫敦街頭的老太太說出來：「不，殺人並不難，只要不被懷疑就行了。」

## 被殺的只是妓女

正因為這樣，那種陌生人的、無尋常動機的殺人案是比較難偵察的，因為，套句克麗絲蒂小說中白羅探長的話，你第一步就很難確定「有比賽資格的馬匹名單」，不幸的是，開膛手傑克案恰巧是這一類的。

由此，我們可能也馬上想到，干擾倫敦昔日警察、讓他們賽馬名單遲遲提不出來的偏見，除了「外國人／替罪羊」之外，很重要的還有被害人的身份——蟑螂般、毒瘤般的暗街老妓女。

這樣的實話還需要我們多說嗎？人類歷史上不乏崇高而且慷慨無私的漂亮論述，但事實上，人的生命沒任何一刻等值過，流浪漢、妓女之流的命一直是最便宜的那一類，論斤批發的。

連續殺人犯令人害怕而且噁心，但如果他言出必行而且自律心堅定不移，說好只殺廉價妓女，那我們一般有正當職業、有正常家居生活的善良公民就不大需要怕他了，我們可能依然保有基本的憤怒和同情，但奇妙的是，人性中通常有足夠空間和柔軟度可同時容納矛盾，兩案並陳，難免，我們也會退一步想安慰自己，其實這也不是全然的壞事，畢竟，被清除的不是女子大學生或良家婦女，而且，那些可憐的妓女不是生不如死嗎？這樣也許還是某種解脫對吧？

某種程度的，我個人相信，開膛手傑克會被視為某種清潔隊員、某種孜孜勤勤的環保工作者，在一般人安睡的時刻還辛苦的加班清理倫敦大街的髒亂。

這裡，我們並沒犬儒到認定彼時倫敦人普遍倒過頭來把親愛的傑克桑視為英雄，事實上亦無須發展到這麼殘酷虛無的地步。這種人性的自私念頭只要極「正常」「適量」的滲入就足夠了，社會集體，包括執法單位，的警覺心和危機感就被遲滯了、不急了，而開膛手傑克這種不具備尋常利益或私怨動機的陌生人謀殺案，警方賴以建立初步嫌犯名單的最關鍵性來源，便是社會大眾的動員和密報。

在開膛手傑克案中，這樣的遲滯並不必久，只因為，和其他停不了手的連續殺人案不同，傑克先生很快就永久消逝於倫敦深濃的夜霧之中。

我個人完全同意康薇爾溢於言表的對此一歷史首位懸案的評價，開膛手傑克不是多狡詐、多睿智、多為構思完美的神奇謀殺者，從專業的立場來看，即使這個專業是一百二十年前倫敦警方的水平，他仍犯了太多專業的「錯誤」，因此沒什麼好神話這個人物的。開膛手傑克案，一如人類歷史上一些宛如奇蹟的戲劇性事件，皆非一人之力，它包含了太多的偶然和機運，滲入了太多人的偏見和習焉不察庸俗觀念，它的神奇，是它的恰恰好，用個科學家講生命起源的偶然性話語是，「好像一場暴風雨肆虐一座飛機零件工廠，恰恰好組合成為一架波音七四七一般」。

那，我個人相信康薇爾此案終結的豪情斷言嗎？我很樂於相信，但真實的答案仍是那三個字：「不知道」——再說，我個人的意見半點也不重要，你如果是那種喜歡保有無盡想像、不輕易屈服的人，那你大可把康薇爾此書看成這永恆之謎的一個停靠站，儘管它是重要醒目的一個大站，但解謎的列車仍會響起汽笛，昂首往前開去。

# 開膛手傑克結案報告

Portrait of A Killer – Jack The Ripper Case Closed

致蘇格蘭場副署長約翰・葛里夫——
換作是你，一定逮得到他。

一股恐懼正在蔓延，無數驚惶的人們聲稱，魔鬼已再度降臨大地。

——一八八八年東區無名傳教士

# 1 無名小卒

一八八八年八月六日星期一是倫敦的放假日。整座城市充斥著各式光怪陸離的樂子，都是花個幾便士就能享受的，只要你捨得。

溫莎教區教堂和聖喬治教堂的鐘聲鎮日迴盪。船隻揚起旗幟，皇家禮砲鳴響於耳，慶祝愛丁堡公爵的四十四歲誕辰。

水晶宮推出一連串熱鬧的特別節目：包括風琴獨奏、軍樂隊表演、「一場煙火奇觀」、曼妙的芭蕾舞劇、腹語口技和「名噪全球的黑臉歌舞秀」。杜莎夫人蠟像館正展出腓特烈二世盛裝入棺的蠟像，當然還有它那著名的恐怖屋。此外，還有許多更引人入勝的驚悚娛樂等著那些負擔得起劇院門票並且有閒情欣賞道德劇或者傳統恐怖劇的人們。《傑柯醫生與海德先生奇案》（譯註：The Strange Case of Dr. Jekyll and Mr. Hyde，又名《變身怪醫》，改編自十九世紀英國小說家羅伯・路易斯・史蒂文生名著）正上演。在亨利・歐文的萊辛劇院擔綱演出傑柯與海德的著名美國演員理查・曼斯菲爾演技一流。喜歌劇院也上演了同一齣戲，只不過風評不佳，而且由於劇院並未獲得原著作者史蒂文生的改編授權，正飽受醜聞之擾。

在這個假日裡有馬術馴牛表演；火車票價特別折扣；科芬園的名牌商店裡堆滿雪菲爾銀餐

盤、金飾珠寶和舊軍服。如果有誰想在這個輕鬆恣意的假日裡裝扮成軍人，絕對不必花太多錢就能辦到，而且不會有人過問。或者他也可以到康頓城市集的安琪戲服店去租一套真正的倫敦大都會警察制服來假扮成警察，而從這裡漫步到英俊的華特・理查・席格的住處只有兩哩不到的路程。

二十八歲的席格為了更熱愛的藝術而放棄黯淡的演員生涯。這時的他已經是個油畫、版畫家。他是美國名畫家詹姆斯・馬奈爾・惠斯勒的學生，法國印象派畫家艾德加・竇加的門徒。年輕的席格本身便是一件藝術傑作：身材纖長，游泳鍛鍊出的健壯上半身，弧度完美的鼻樑，濃密蜷曲的金髮，銳利、深不可測的藍眼眸一如其隱晦又敏銳的心思。除了那時而緊抿成冷酷線條的嘴唇，他幾乎可稱得上漂亮。他的實際身高不明，不過他的一個朋友形容他略高於一般人。根據泰特美術館資料庫（Tate Gallery Archive）在一九八〇年代所接獲的照片和衣物等捐贈品看來，他可能有五呎八、九吋高。

席格精通德語、英語、法語和義大利語，拉丁文程度好得足夠當朋友們的教師。此外，他還懂丹麥和希臘語，或許也會說一點西班牙和葡萄牙語。據說他常閱讀原文經典著作，只不過難得讀完一整本。時常可以見到他屋內散置著許多小說，為了滿足好奇而直接翻到最後一頁。席格較常閱讀的還是報紙、小報和期刊。

一九四二年他去世時，他的工作室和書房儼然像是一座資源回收站，塞滿歐洲各大新聞媒體的報刊。你或許會問，一個工作如此繁忙的人哪來的空閒每天翻閱四、五、六、十份報紙，然而席格自有他的辦法。對於那些他不感興趣的新聞一概不予理會，不管是政治、經濟、國際事務、戰爭或者名人事件，凡是無法打動他的新聞都不算一回事。

大致上他都閱讀一些城裡近期娛樂活動的報導，詳讀藝術評論，非常注意犯罪新聞，以及在特定的日子裡尋找報上是否出現了他的名字。他很喜歡看報上登的讀者投書，尤其是他用筆名寫的那些。席格非常熱中於探究別人都在做些什麼，尤其是在維多利亞時期裡放浪不羈的私生活。「寫吧，盡量寫！」他時常這麼哀求他的朋友。「把你知道的全部告訴我，那些讓你覺得有趣的事情，所有經過、時間、地點，還有關於每個人的閒言閒語。」

席格十分鄙視上流社會，然而他本身卻是個「追星族」。他和當時的重要名人交際頻繁：亨利・歐文和艾倫・泰瑞、歐柏雷・畢茲雷、亨利・詹姆斯、馬克斯・畢爾波姆、奧斯卡・王爾德、莫內、雷諾瓦、畢卡索、羅丹、昂德烈・紀德、埃德瓦・杜賈丹、普魯斯特以及國會議員。不過這並不表示他和這些人真的熟稔，而他身邊的人——不管是否為名人——也沒人真的了解他，包括他那還有兩週不到就要滿四十歲的第一任妻子愛倫在內。在這個假日裡，席格或許沒把他妻子的生日掛在心上，但他也絕對沒把它給忘了。

他的記憶力過人是出了名的。他喜歡在晚餐席間表演一長段歌舞劇和舞台劇情節來娛樂賓客，穿上戲服扮演各種角色，毫無疏漏地背誦旁白。席格當然不會忘了愛倫的生日是八月十八日，也知道他可以輕易毀了這日子。也許他會「忘記」；也許他會躲進那許多間租來當作工作室的秘密陋室裡頭；也許他會帶愛倫到蘇活區的某一家浪漫的咖啡館用餐，然後把她單獨留在那兒，自己則跑到音樂廳去消磨整個晚上。終其哀傷的一生，愛倫始終深愛著席格，即使他如此冷酷、慣於撒謊、自我中心，有著不事先告知或解釋便突然消失好幾天——甚至幾星期——的習性。

華特·席格是天生的演員而非受惠於職業訓練，生活在充滿秘密和綺想的舞台上。隱身在荒僻暗巷裡隨性遊蕩或者身處熱鬧的街頭，都同樣令他感到自在。他有一副音域極廣的嗓子，而且專擅油畫和服裝，獨特的喬裝天賦讓他在小時候便能夠避過鄰居和家人的耳目到處遊盪。

在他漫長、知名的一生中有個眾所周知的習性，他經常藉著各式鬍子和短鬚變換外貌，穿著奇裝異服，甚至還包括了戲服，並經常改變髮型——包括把頭髮剃光。他的友人，法國畫家賈克·艾彌兒·布朗許寫著，他是個「變形蟲」。席格是「喬裝、造型大師，足堪與飛柯利（譯註：Leopoldo Fregoli，十九世紀義大利音樂劇演員，以擅長在舞台上迅速變換造型著稱）匹敵的天才，」布朗許回憶說。英國水彩畫家威爾森·史蒂爾在一八九〇年所繪的一幅席格畫像中，席格蓄著極不自然的短髭，樣子就像嘴唇上黏著條松鼠尾巴。

同時他也經常改名換姓。在他擔任演員和從事油畫、版畫、素描創作時，以及寫給同事朋友和報社的大量信件裡頭所使用過的名字包括：尼莫先生（Mr. Nemo，拉丁文意為無名小卒）、狂熱份子、惠斯勒信徒、藝評人、局外人、華特・席格、席格、華特・R・席格、理查・席格、W・R・席格、W・S、R・S、S、迪克、華特・St、Rd・席格・LL.D.、R. St.R.St.w.、A・R・A和RdSt A.R.A.。

席格從來不記錄他的回憶、保留日記或行事曆，也不在在信件和畫作中註明日期，因此我們很難知道他在某個特定日子、某一週、某個月，或甚至某一年裡頭究竟做了些什麼。我找不到任何關於他在一八八八年八月六日那天的活動記錄，但我們沒有理由懷疑他當時不在倫敦。根據他留下的幾張音樂會素描，顯示他在兩天前，也就是八月四日那天人在倫敦。

五天後，也就是八月十一日，惠斯勒就要在倫敦結婚。儘管席格並未受邀參加這場小型的私人婚禮，以他的個性是絕不會錯過的——就算必須偷溜進去刺探也要去。

名畫家詹姆斯・馬奈爾・惠斯勒深深愛上了即將在他生命中佔據最重要位置並且徹底改變他一生的「美麗尤物」——碧翠絲・葛溫。同樣的，惠斯勒則是在席格的生命裡佔有重要地位，並且為他帶來極大的改變。「好孩子，華特，」一八八〇年代初期惠斯勒曾經說過這話。那時他對這位滿懷抱負、才華洋溢的年輕人仍然很疼愛。等到惠斯勒訂婚時，他們的友誼已經淡了，只是席格恐怕尚未準備好去面對他所崇拜、艷羨，甚至憎恨的恩師突如其來的棄絕。惠斯勒和他的新婚妻子計畫到法國度蜜月，接著旅遊到年底，而且打算在那兒永久定居。

詹姆斯・馬奈爾・惠斯勒這位才氣縱橫且自我中心的藝術家即將享有的夫妻之愛必定十分

令他的昔日門徒感到挫折。情聖是席格最常扮演的角色之一，然而現實中的他完全不是這麼回事。席格對女人極度依賴而且懷著憎惡。她們的心智低下毫無用處，只適合擔任看護或者被操控的對象，尤其在藝術或金錢方面。女人是可怕的東西，會令他想起一樁不堪又惱人的秘密，那是直到他進棺材都不願透露的秘密，甚至連死後也無法加以證實，因為已經火化的屍體就算重新掘出，也無法訴說肉體的故事。席格由於天生的生殖器畸形，曾經在幼年時期動過手術，導致他即使沒有殘廢，也是殘缺的。也許他無法勃起；殘留的生殖器官或許讓他無法進行性交；也很可能他必須像女人那樣蹲著如廁。

「我判斷這案子的凶手有著嚴重畸形，」倫敦歷史資料館所收藏的白教堂連續謀殺案檔案裡頭有一封寫於一八八八年十月四日的信件說，「——可能是私密器官受損——因此藉著這些殘暴行為來進行性的報復。」這封信是用紫色鉛筆寫的，有個謎樣的署名「Scotus」，也許是蘇格蘭人的拉丁文。「Scotch」這個字也有淺的刀口或切割的意思。或許有些怪異和不著邊際，但Scotus也可以指裘安納・斯哥德・艾儒吉納（譯註：Johannes Scotus Eriugena 800—877，愛爾蘭人，中世紀哲學之父），一位九世紀的神學家、文法及辯證法教師。

華特・席格想像惠斯勒沉醉於熱戀並且和一個女人分享性關係，這或許便是刺激席格成為史上最危險狂暴凶手的觸媒了。他開始將自己大半生構思的劇本付諸實現，不只是腦子裡的，也包括他童年時期那些描述女人被誘拐、綑綁和刺殺的素描內容。

一個殘暴、泯滅良知的凶手其心理是無法用串連點線的方式來分析的，沒有便利、萬無一失的因果方程式可以運用，然而人性的羅盤還是會指出一個方向來。席格的情感決了堤，完全是因為惠斯勒娶了建築師兼考古學家愛德華・葛溫——和艾倫・泰瑞同居並且與她生養孩子的男人——的遺孀的緣故。

美艷的艾倫・泰瑞是維多利亞時期最知名的女演員之一，席格深深為她癡迷。少年時代的他便時常跟蹤她和她的戲劇夥伴亨利・歐文。如今惠斯勒一下子和令席格執迷的兩個對象發生了關聯，而這三顆主宰著席格宇宙的明星所組成的星座卻不包括他。這三顆星星絲毫不在乎他，他真的成了無名小卒。

但是在一八八八年的夏末，他為自己找到一個新的藝名，一個終其一生和他沾不上邊，卻在不久後遠遠超越惠斯勒、歐文和泰瑞名聲的名號。

開膛手傑克在一八八八年八月六日這個輕鬆愉快的假日開始將他的殘虐幻想變成事實，踏出暗室，開始展開他一連串即將成為史上最著名犯罪懸案的恐怖行徑。大眾有個普遍的錯誤認知，以為他的暴力饗宴和他突兀的起頭一樣很快便結束，以為他突然冒了出來，旋即消失無蹤。

數十年過去，接著五十年、一百年，他的血腥性犯罪逐漸趨於虛幻。這些罪行變成拼圖、週末懸疑劇、各種遊戲和「開膛手作案路線」之旅，最後在十鐘酒吧飲酒作樂收尾。冒失傑克

——這是開膛手偶爾對自己的稱呼——活躍在那些由名演員和特效所組成，噴灑著開膛手說過他極度渴求的：鮮血、鮮血、鮮血的電影裡頭。他的屠殺不再引發人們的恐懼、憤怒，或甚至對那些屍體已然腐朽，或是依然躺在無名墳墓裡的受害者的同情。

# 2 回顧之旅

二〇〇一年聖誕節前不久的某天我在紐約上東區，準備走回我的公寓。我知道自己一臉沮喪、焦慮，雖說我極力裝出鎮定和好心情的樣子。

那天晚上的事我記得的不多，對我們一群人用餐的那家餐廳也沒什麼印象，只依稀記得萊絲麗・史達說了一個她最近替《六十分鐘》節目作採訪時發生的恐怖事件，餐桌上每個人談的不是政治就是經濟。我給另一名作家打氣，長篇大論談著激勵的話語和喜歡就去做的論調，因為我不想談論自己或者我那可能要毀了我生活的工作。我胸口悶得慌，彷彿胸腔裡那股委屈隨時就要爆炸開來。

我的作家經紀人伊絲帖・紐柏和我一起步行走回我們所居住的城區。我們和許多出門蹓狗的熟臉孔以及大聲嚷嚷著行動電話的人潮擦身而過。在黑暗的人行道上我沒開口說話，也無心理會那些黃色計程車和喇叭聲。我開始幻想有混混企圖搶奪我們的公事包或搶人。我追上他，抓住他的腳踝然後把他撂倒在地上。我有五呎五吋高，一百二十磅重，而且跑得很快，我會讓他好看的，一定會的。我想像著萬一有哪個變態傢伙趁黑從後面跑過來，然後……

「妳還好吧？」伊絲帖問。

「老實告訴妳……」我有些猶豫，因為我很少向伊絲帖吐露真心話。

我不能向我的經紀人或出版商菲莉思•葛蘭坦承我對自己正在進行的事有多麼害怕或不安。這兩個女人是我事業上的兩大支柱，對我有十足信心。要是我告訴她們我一直在調查開膛手傑克的案子而且已經知道他的身份，她們也絕不會有絲毫懷疑。

「我覺得糟透了。」我坦白的說。我頹喪得就快哭了。

「是嗎？」在萊克辛頓大道上闊步而行的伊絲帖突然停頓。「糟透了？真的？怎麼了？」

「我討厭這本書，伊絲帖。我也不知道怎麼回事……我只能盯著他的畫和一生，沒完沒了的……」

她什麼都沒說。

生氣憤怒對我來說總是比表現出恐懼或失落來得容易許多，而這回華特•理查•席格真的把我打敗了。他剝奪了我的生活。「我只想寫我的小說，」我說，「我不想寫他的故事，一點都不好玩。難玩透了。」

「妳也知道，」她重新邁開大步，極為冷靜地說。「妳不必勉強去做，我可以放妳一馬。」

或許她能放過我，但我永遠無法放過自己。我已經知道一個凶手的真實身份，說什麼我都無法就這麼算了。「我突然變成審判者了，」我對伊絲帖說。「雖然他已經死了，但有個細小的聲音不時地質問我，萬一妳錯了呢？我絕不能原諒自己對任何人做出這種事，然後又發現是自己弄錯了。」

「可是妳知道妳沒有錯……」

「當然，因為我確實沒錯，」我說。

事情開始得十分偶然，就像一個人正漫步越過鄉間小路，卻莫名的被一輛水泥卡車給撞上。二〇〇一年五月我到倫敦蒐集詹姆斯城考古挖掘資料。當時我的朋友紐約地方檢察官辦公室性犯罪小組負責人琳達・費爾斯丹也在倫敦，問我想不想順便去參觀一下蘇格蘭場。

「暫時不要。」我說。話一出口，我立刻想到倘若我的讀者發現我是如此不情願參觀警察局、化驗室、停屍間、靶場、墓園、監獄、犯罪現場、執法機關和解剖學博物館，對我的敬重恐怕會減分吧。

每次我去旅行，尤其在國外，我初識一個城市的門路往往是受邀見識那兒的暴力、哀傷場景。在布宜諾斯艾利斯，他們驕傲的帶我去參觀當地的犯罪博物館，一個房間裡陳列著許多用福馬林玻璃罐保存著的頭顱，只有最惡名昭彰的凶手才得以進入這個可怖的展覽館。看他們用那雙死灰的眼珠回瞪我的模樣，我想他們或許算是得到報應了吧。在阿根廷西北部的薩爾塔，我參觀了五百年前遭到活埋以取悅神祇的印加幼童木乃伊。幾年前我在倫敦受到貴賓級待遇，探訪了一處瘟疫群葬坑，在那泥坑裡移動很難不踩到人骨。

我曾經在位於維吉尼亞州里奇蒙的州法醫辦公室工作了六年，擔任電腦程式設計、統計分析資料彙編以及在停屍間裡幫忙。為法醫病理醫師們作筆記，給器官秤重，記錄傷口型態和尺寸，檢測那些不肯服用抗憂鬱藥物的自殺死者體內處方藥劑含量，協助脫去身體已然僵硬、頑抗不從的死者的衣物，給試管貼標籤，清洗血污以及鋸骨頭、觸摸、嗅聞，甚至親嚐死亡的味道，因為那股惡臭會黏附在人的喉嚨深處。

我忘不了那些遭到謀殺的人們的臉孔和所有一切。我見得太多了，多得數不清。我多麼希望能夠在事發以前讓他們全部躲進一個大房間裡，求他們把門鎖好或者裝設警報器——至少養條狗——或者別隨便停車，或者遠離藥物。當我看著那個為了炫耀站在小卡車後面戴貨平台的青少年口袋裡那罐被壓扁的布魯特體香劑，心中一陣痛楚。他沒注意到小卡車就快駛過一座橋底下；還有那名下飛機後拿了支金屬把手雨傘而遭到雷殛的男子死得有多冤枉。

我對暴力的強烈探究慾望早已硬化成冷靜窗景觀的防護胄甲，很安全但是沉重得讓我往往在面對死者之後兩腿發軟。彷彿那些躺在街頭血泊中或者不鏽鋼驗屍台上的死者在耗損我的精力，飢渴的將我吸榨一光。死者僵死依然，我乾枯依然。謀殺不是懸疑劇，用筆對抗它是我的使命。

倘若琳達・費爾斯丹說她可以安排參觀蘇格蘭場那天我表示「厭倦」，不只背叛了我自己，對蘇格蘭場和基督教世界的所有執法人員更是種羞辱吧。

「蘇格蘭場的人真好心，」我對她說。「我從來沒去過呢。」

次晨，我和英國最受尊崇的警探，當然，也是開膛手傑克犯案專家的約翰・葛里夫副署長會面。我對這名維多利亞時期的傳奇性凶手興趣缺缺，這輩子從沒讀過任何關於開膛手的書籍，對他犯下的案子更是一無所知。我不知道他的受害者都是妓女，或者怎麼死的。我提了一些問題，也許我的下一本史卡佩塔小說可以加入蘇格蘭場的素材，我在想。果真如此，我就必須了解關於開膛手連續謀殺案的實際案情，也許史卡佩塔可以為這案子提供新的觀點。

約翰・葛里夫表示要帶我進行一趟開膛手犯罪現場——歷經一百一十三年——的回顧之旅。我取消了愛爾蘭的行程，在一個下雨的寒冷早晨和著名的葛里夫先生以及督察郝爾・哥斯林走遍白教堂區、史畢多菲爾區，接著到了米特廣場，以及密勒宅院，也就是瑪麗・凱利慘遭這名被人們稱作開膛手的連續殺人犯剖腹肢解的所在。

「有人曾經嘗試用現代法醫科學來破解這案子嗎？」我問。

「沒有，」約翰・葛里夫說。他列出一張內容貧乏的嫌疑犯名單。「既然妳打算深入研究，有個傢伙妳或許會有興趣認識一下，是個名叫華特・席格的藝術家。他畫了一些謀殺場面，特別是其中一幅，畫的是一個穿著整齊的男人坐在床邊，床上躺著剛被他謀殺的妓女裸屍，這幅畫叫做《康頓城謀殺案》。我總覺得這人很可疑。」

這並非席格第一次被人認為和開膛手傑克的案子有涉，但大多數人對這想法都只是一笑置之。

我翻閱著一本席格的畫冊，開始思索他的種種。我首先注意到的是一幅一八八七年描繪維多利亞時期著名女歌唱家愛妲・蘭伯在瑪莉伯格音樂廳表演的畫作。她在唱歌，然而在一群男人的眈眈注視下看起來卻像在尖叫。我相信席格的所有作品都有其藝術緣由。但是望著那些畫，我看見的是病態的暴力以及對女性的仇視。繼續探究席格和開膛手，我不安的發現許多雷同之處。他的許多畫作和開膛手傑克案的驗屍及犯罪現場照片有著教人不寒而慄的相似點。

我注意到鐵床上坐著裸女的幽暗房間裡，鏡子中映照出著衣男人的模糊身影。我看見迴盪不去的暴力和死亡蹤跡。我看見一個對英俊迷人男子毫無戒心、剛被他誘進某個房間全然處於脆弱可欺處境的受害者。我看見一個窮凶惡極的狡獪心智，我看見邪惡。我開始將一項又一項間接證據加在經由現代法醫科學和專家所發現的具體物證之上。

當然我和法醫學專家們都寄望於DNA。可是我們至少得花上一年時間，經過數百次檢驗之後，才能初步窺見華特・席格和開膛手傑克在七十五年至一百一十四年前留下的基因證物痕跡，亦即兩人碰觸、舔濕郵票和信封蓋時所留下的。他們口腔內壁剝落的細胞混合在唾液中並封存在黏膠裡，只等著DNA專家用鑷子、消毒水和棉花棒來分析它的基因標記。

情況最佳的是一封開膛手的信件上頭發現屬於單一個體的粒線體DNA序列，精確得足以排除百分之九十九人口是這名碰觸舔濕信封背膠的人的可能性。同樣的DNA序列圖譜也在開膛手另一封信以及華特．席格的兩封信上頭發現。

此一DNA序列的基因定位也在席格的另外兩件私人物品上發現，包括他作畫時所穿的工作服。除了開膛手那張發現單一DNA來源的郵票以外，其他所有郵票上的唾液都混合了其他人的基因序列圖譜（這點既不令人意外也並不奇怪）。這大概是犯罪史上經過測試的最古老DNA證物吧。

這只不過是起頭。我們的DNA化驗和其他法醫學分析仍然在進行中。在科技進展一日千里的今天，這些工作勢必將持續數年之久。

此外還有其他證據。法醫和藝術、紙張及筆跡專家們還發現：一封用畫紙書寫的開膛手信件；開膛手信件用紙上的浮水印和華特．席格所使用紙張上的浮水印相符；幾封開膛手的信件是以石版畫的軟防腐蝕液書寫的；許多開膛手的信件上有著用畫筆塗刷的油彩或墨水痕跡。一項顯微檢驗發現，開膛手信件上的「乾涸血跡」成分和蝕刻版畫所用的軟防腐蝕液中的油蠟混合物一致，在紫外線照射下發出乳白色螢光，也和版畫防腐蝕液的特性一致。藝術專家們表示開膛手信件中的塗鴉非常專業，並且和華特．席格的畫作及繪畫技巧一致。

順便一提，一項針對開膛手信件上類似血跡的防腐蝕液塗污痕跡所做的血液測試結果不明——這點頗不尋常。可能的解釋有二：可能是對銅粒子的反應，因為在這類測試中，銅可能導致結果不明確或者假陽性反應；也可能是血跡混合了棕色防腐蝕液所導致。

開膛手那些挑釁、暴戾信件的字跡風格和佈局並不存在於另外一些經過偽裝的開膛手信件當中，而席格的筆跡也存在著同樣潛藏的字跡風格和格局。

開膛手寄到大都會警察的那些信件和一封寄給倫敦市警察局的開膛手信件所用的紙張是相同的，儘管筆跡有異。很顯然席格是慣用右手的，但是他在七十幾歲時拍攝的錄影帶顯示，他的左手也運用得相當靈巧。筆跡專家莎莉・鮑爾認為，有幾封開膛手信件中的筆跡是由慣用右手的人以左手寫字來偽裝的。在那些署名開膛手的信件當中，由真正的開膛手所寫的信件數量顯然比一般所認定的來得多。事實上，我認為大部分都是他寫的。總之，大部分都是華特・席格寫的。儘管他那藝術技巧嫻熟的雙手時常變化字跡，然而他那狂妄且個性鮮明的用語卻怎麼都無法掩飾。

無疑的，必定會有許多懷疑論者和著眼於自身利益的評論者拒絕接受席格是個連續殺人犯、受著自大妄想和仇恨驅策的病態、邪惡男人，也會有些人辯駁這一切只不過是巧合。

一如聯邦調查局的嫌犯人格分析專家艾德・蘇茲巴所說：「生命中真正的巧合實在不多。在一次又一次巧合之後仍然堅稱那是巧合，則是愚蠢至極。」

我和蘇格蘭場的約翰・葛里夫初次會面之後十五個月，我回去和他討論這案子。

「假設你是當時的警探而且知道所有真相，你會怎麼做？」我問他。

「我會立刻將席格監禁，設法問出他的洞穴『密室』在哪裡，要是找到了，就申請搜索令。」我們在東區的印地安餐廳喝咖啡，他回答說。

「要是沒能找到比現在更多的證據，」他又說。「我們也會樂於把這案子上呈給皇家檢察官。」

# 3 煙花女子

在八月六日這個難得的放假日裡很難想像華特・席格沒有參與倫敦的任何一項假日活動。對於一個資金有限的藝術愛好者而言，一便士已足夠讓他到東區看遍各式展覽；上乘一點的，到新龐德街的高級畫廊一窺柯洛、迪亞茲和盧梭的傑作也只需花個一先令。

電車是免費的——至少行駛到白教堂區的電車是免費的。這裡是倫敦的服飾鬧區，流動小販、生意人、貨幣兌換商終年不休在這兒叫賣著商品和服務，衣衫襤褸的小孩沿著污穢的街道翻找食物，找機會向陌生人討錢。白教堂區是「垃圾幫」的家，許多高貴的維多利亞人這麼稱呼這裡的可憐居民。遊客只要花幾個小錢，便能夠觀賞街頭雜技、狗表演和怪人秀，或者喝個爛醉，也可以找妓女——或稱「煙花女」——作樂，這裡有數千個。

其中一個是瑪莎・塔布倫。年約四十歲，剛和家具倉庫包裝工亨利・薩謬爾・塔布倫分居。他是因為瑪莎有嚴重酗酒問題而離開她的。他是個正直的人，分手後提供她每週十二先令的零用金，直到聽說她和一個名叫亨利・透納的木匠同居才停止。但是透納終究也受不了她的酗酒習性，在兩、三週前也離她而去。他最後一次見到她活著是在兩天前，也就是八月四日週六的晚上，那晚席格在河濱大道附近的蓋提音樂廳畫素描。透納給了瑪莎幾個錢幣，她拿去喝酒花光了。

幾世紀以來，許多人認為女人會成為妓女，是因為她們有著遺傳缺陷，導致必須用這方式來享受性。不道德或浪蕩的女人有許多類型，壞的程度不等。儘管小妾、情婦和蕩婦都不值得讚揚，但最大的罪人還是妓女。妓女都是命中註定的，而且永遠脫離不了那種「罪大惡極的生命路徑」。十七世紀英國演員兼劇作家湯瑪斯・海伍德在他一六二四年所著關於女性的歷史書中發出讖語。「當我想起這個行業的某個可憐女子說過的話，心中感到無比絕望，」他說。「『一天為妓女，終生為妓女，我自己非常清楚。』」

性活動只能侷限在婚姻制度當中，並且奉神之令，必須以傳宗接代為唯一目的。女人的宇宙中心是她的子宮，每月一回的經期往往帶來巨大的情緒失調——蠢動的情慾、歇斯底里和瘋狂行徑。女人是較低等的生物，無法從事理性和抽象思考，這是華特・席格所認定的觀點。他極力主張女性無法理解藝術，她們唯有在藝術能「滿足其虛榮心」或者將她們提升到「她們急於晉身的社會階層」的時候才會對藝術產生興趣。席格說，少數的女性天才「才夠格視為男性」。

在那個時代這種觀點並不罕見。女性是另一個「族群」。墮胎是對神和社會的一種褻瀆，而婦女毫無節制的生育則使得貧者益貧。女人享受性愛的唯一理由是基於生理上的必要性，為了分泌受孕所需的潤滑液，高潮是必要的。在未婚的情況下或者獨自體驗這種「興奮」不只違逆常理，也是對純淨健全心智的極大威脅。在十九世紀有些英國醫生會藉著女性割禮手術來治療自慰。為了享受「震顫」而「震顫」——尤其是在女性之間——是全然背德的、是邪惡的、是野蠻的。

男性或女性基督徒必定都聽過這類故事。遠在希羅多德的時代，那些越軌、瀆神的埃及女子膽敢於嘲弄上帝，任性的放縱情慾，追求肉體的享樂。在那個原始時期，花錢換取性滿足是正當而非羞恥，貪婪的性慾是好的而非邪惡。當年輕的美女死亡時，一群熱血的男子享用她的身體直到開始發臭、準備塗香膏為止，這行為一點都沒有不妥。當然人們不會在社交場合傳誦這類故事，但在席格身處的十九世紀，一般高尚的家庭都知道聖經中對妓女沒有半句好評。

無罪的人方可丟出第一塊石頭的告誡早已遺忘，群眾爭相觀看公開斬首或絞刑是常有的事。不知從什麼時候開始，認為父親的罪惡會讓下一代得到報應的信念轉換成了母親的罪惡會讓子女得到報應。湯瑪斯・海伍德在書中說「女人的貞操一旦毀損，便會帶來不名譽和恥辱」。海伍德並且聲稱，敗德女人的罪行將會遺留毒素給「由壞種和非法通姦所衍生的下一代」。

兩百五十年過後的現在，英語這語言變得稍稍淺白了點，然而關於女性和敗德的維多利亞式思維依然沒變：性交的目的是生育，而「震顫」只是受孕的催化劑。江湖術士以訛傳訛卻被當成了真理的一種說法是，「震顫」是女性受孕的必要條件。如果一個被強暴的女人懷孕了，表示她在交媾的過程當中經歷了高潮，顯然她是心甘情願的。如果一個被強暴的女人沒有懷孕，表示她沒有高潮，則她聲稱遭到強暴或許是真實的。

十九世紀的男性對女性的高潮十分執迷。「震顫」是那麼的重要，讓人不禁懷疑究竟有多少是偽裝的。技巧的學習因此變得重要，否則男性便會被視為無能。如果女性無法獲得高潮而且毫不掩飾，她的情況很可能被診斷為性冷感，這時就有必要讓醫生徹底檢查了。而用來判定一個女病患是否性冷感的方法通常只是針對陰核和乳房進行簡單的觸診。倘若在檢查當中乳頭堅挺，則結果很樂觀；倘若病患經歷了「震顫」，做丈夫的便可以安心了，因為他的妻子非常健康。

倫敦的煙花女子，一如當時媒體、警方和大眾對這些妓女的稱呼，在冰冷、暗寂且污穢的街道穿梭並不是為了尋找「震顫」，儘管許多維多利亞人相信妓女之所以成為妓女是因為她們有著難以滿足的性慾。要是她們願意放棄墮落的生活方式轉而侍奉上帝便能得到眷顧，從此衣食無慮。上帝照顧祂的子民，救世軍的女性義工勇敢進入東區貧民窟去遞送小蛋糕，傳達這上帝的承諾。像瑪莎・塔布倫這樣的煙花女子只會感激的收下蛋糕然後回到街上去。

一個沒有男人可依靠的女人，便幾乎養不活自己和孩子。工作——如果能找得到的話——通常指的是在工廠裡每週六天、一天十二小時擔任裁縫女工來換取二十五分錢的週薪。幸運的話，她也許可以找到週薪七十五分錢，每週七天、一天十四小時黏火柴盒的工作。大部分工資都給了貪婪的房東，有時候母親和孩子們的唯一食物就是到街上翻找垃圾得來的酸腐蔬果。

附近碼頭那些外國船舶上的船員軍人和在街上秘密獵豔的上流社會男性，使得陷入絕境的女人極易以出租身體來換取微薄金錢，直到它殘敗老朽有如她們所居住的東區廢墟。營養不良、酗酒和肉體的耗損讓女人迅速老化，這群煙花女因而墮入社會位階的底層。她們隱身在最黑暗偏僻的街坊宅院，往往如顧客們一樣都喝得爛醉。

酒精是逃避現實的最快方法，而住在這個「深淵」中的人們，一如傑克・倫敦（譯註：“The People of the Abyss”，指美國小說家傑克・倫敦一九〇三年作品《深淵居民》）對東區居民的稱呼，有極大部分是酗酒者。也許所有煙花女子都是酗酒者，她們疾病纏身，有著與年齡不符的老態，被丈夫兒女離棄，無法接受基督的慈悲，因為上帝不接納酗酒者。這些可憐的女人時常出入酒色場所——酒吧——要男人請她們喝酒，接著交易便開始。

無論天氣好壞，煙花女子就像夜行性動物那樣晝伏夜出，等待著願意用幾個便士換取歡愉的男人，不管他有多麼粗暴或令人作嘔。性行為通常採取站姿，妓女撩起她的層層衣裙，露出身體，背對著顧客。運氣好的話，顧客或許會醉得弄不清自己的陽具其實是插入她的兩腿之間而非私處。

瑪莎・塔布倫在亨利・透納離開她之後就又繳不起房租了，行蹤從此不明。不過有人認為她大都住在旅館裡，當她能夠選擇床或酒的時候，她大部分會選擇酒，然後睡在人家門口、公園或街上，被警察到處驅趕。八月四日和五日這兩天，瑪莎在多瑟街一家便宜旅館過夜。這兒就位在商業街的音樂廳南側不遠的地方。

八月六日這個假日的晚上十一點，瑪莎和化名珍珠寶拉的瑪麗・安・康納利碰面。天氣壞透了，整天陰沉沉的，溫度持續下降到冷冽的華氏五十二度。午後的霧氣到了深夜變成一層厚紗籠罩著新月，直到次日清晨七點鐘才消散。但是這兩個女人對於惡劣的處境早就習以為常，或許有些不舒服，但還不至於受低溫影響。煙花女子習慣把所有值錢的東西帶著四處走，倘若沒有永久的住處，把財物放在旅館裡等於是把它送給竊賊。

夜色正濃，酒精無限制的流瀉，倫敦人正尋求舒緩經過一整天勞動的疲憊身軀。多數舞台劇和音樂劇都是從八點十五分開始上演，這時候早已散場。許多戲迷和探險客搭著馬車或者步行，穿梭於霧氣瀰漫的街道，尋覓著刺激和各種樂子。即使天氣宜人，東區街道的能見度仍然不佳。煤氣燈數量稀少且相距遙遠，光線朦朧，黑影幢幢，這便是煙花女子的世界，日復一日的白天臥床、醒來與酒為伴，接著再次投入寒冷夜色之中，進行著卑下、危險難測的交易。

霧氣不會有妨礙，除非空氣污染得厲害，酸澀的空氣刺激了眼睛和肺部。至少當霧氣深濃時，她們不必擔心顧客是否長相可怕，或是否看見她的臉。顧客的條件一點都不重要，除非他對某個煙花女產生興趣，願意提供她食物和安居之所，這麼一來他就成了常客。但事實上，面對一個青春不再、一身髒污寒酸、臉上有疤痕或缺牙的女人，沒有任何顧客會成為常客。瑪莎·塔布倫寧可隱入濃霧之中，迅速賺取一法辛（四分之一便士），去喝杯酒，接著或許再掙個一法辛和一夜好眠。

她遇害之前的行蹤留有詳盡的記錄，而且一般認為相當可靠，除非有人和我一樣懷疑，這個酒喝得厲害的妓女珍珠寶拉其記憶或許有欠清晰明確。就算她接受警方訊問以及稍後在八月二十三日死因調查法庭中作證的時候不是蓄意撒謊，她的記憶也很可能由於驚恐或者酒精作祟而模糊不清。珍珠寶拉害怕極了，她告訴警方她難過得真想跳進泰晤士河裡。

在死因調查法庭中，屢次被人提醒是在宣誓下作證的珍珠寶拉說，八月六日當晚十點鐘她和瑪莎・塔布倫陪著兩名士兵在白教堂區喝酒。兩對男女在十一點四十五分分道揚鑣。珍珠寶拉告訴死因法醫和陪審員，她和「下士」朝著安琪宅院的方向走，瑪莎則跟「二等兵」往喬治巷走去。兩個士兵都戴著鑲白邊的帽子。珍珠寶拉最後一眼看見瑪莎和二等兵時，他們正走向東區貧民窟黑暗核心——緊鄰商業街的喬治巷廉價出租房舍。珍珠寶拉聲稱那晚她和瑪莎在一起時並未感覺有任何異狀。她們和兩名士兵相處得相當愉快，沒有爭執鬥毆，沒有任何跡象足以讓珍珠寶拉或瑪莎起疑。她倆在街頭闖蕩多年，沒有什麼瞞得過她們。

珍珠寶拉並且聲稱對於瑪莎在當晚十一點四十五分以後的行蹤一無所知。事實上也沒有任何記錄可以顯示，珍珠寶拉自己在陪著那位下士為了「作樂」的目的離開之後究竟做了些什麼。當她得知瑪莎遭到謀殺時，或許也開始擔憂起自己的安危，甚至顧慮是否透露了太多訊息給警方。她絕不會向那群身穿藍制服的小子和盤托出所有細節，任他們將她關進監獄成為「五千名妓女的代罪羔羊」。珍珠寶拉必須堅持這說法：她的活動僅止於安琪宅院，距離和瑪莎分手的地點足足有一哩遠，已經進入倫敦市（譯註：City of London為大倫敦市的最古老區域，因涵蓋面積為一平方哩，又稱The Square Mile，為現今的倫敦金融區）內，而倫敦市並非大都會警察的管轄範圍。

憑著她的狡獪和街頭智慧，讓自己置身於大都會警察的法定轄區之外，等於是協助警察和督察們省去了繁複且競爭激烈的跨轄區辦案的麻煩。倫敦市——別名「一平方哩地」——是歷史可以遠溯至西元一世紀的特殊區域，亦即羅馬人當初在泰晤士河畔建城的所在。倫敦市始終維持著獨立城市的樣貌，擁有自己的市政、市政府，包括屬於自己的警力。現今它的轄區人口只有六千，然而這數字在商業活絡的尖峰時段可以膨脹到超過二十五萬。

從歷史上看來，倫敦市對於大倫敦地區的事務向來不感興趣，除非它的自主性或生活品質受到巨大衝擊。倫敦市有如位於不斷擴展的倫敦大都會區當中的一個富有、頑固的綠洲。然而當人們提到倫敦時，指的往往是倫敦大都會區。許多觀光客對倫敦市是全然的陌生。我不知道珍珠寶拉是否為了迴避大都會警察或者別的理由，真的帶了她的顧客進入人跡稀少的倫敦市。也許她根本不曾靠近那裡，只是迅速進行完交易，拿了微薄的報酬就近找了家酒店，或者回到多瑟街來過夜。

距離珍珠寶拉所說她和瑪莎分手的時間過後兩小時又十五分鐘，大都會警察H分局編號二二六的巴瑞警員來到溫渥斯街進行例行巡邏。這條街沿著喬治巷公寓北側，和商業街交叉而行。凌晨兩點巴瑞注意到有個落單的士兵。他的制服帽子上鑲著圈白邊，看樣子似乎是步兵團的士兵。巴瑞猜測這名士兵應當是二等兵，年紀大約在二十二到二十六歲之間，身高五呎九到十吋。這名穿著整潔的年輕人長相英俊，蓄著深棕色、兩端微翹的短鬚。制服上除了一枚品性優銀獎章之外沒有其他動章。士兵告訴巴瑞警員說，他正在「等一個夥伴，那人陪著個女孩走了」。

在這短促對話進行的同時，住在喬治巷公寓的麥何尼夫婦路過不久後瑪莎陳屍的階梯平台，但並未聽見任何聲響，也沒看見可疑的人。這時候瑪莎尚未遇害。也許她正躲在角落裡，等著警員盤問完畢離去，好讓她和士兵能夠繼續進行交易；也許這名士兵和瑪莎毫無瓜葛，只不過是個路人。無論真相如何，可以確定的是，凌晨兩點鐘整巴瑞警員發現喬治巷公寓外面站著一名士兵，而且不管他是否上前盤問了那名士兵，對方似乎感覺有必要解釋自己為何出現在那兒。

這位士兵以及其他在八月六日晚上和七日凌晨可能和珍珠寶拉、瑪莎有牽扯的所有士兵，他們的身份完全不可考。珍珠寶拉、巴瑞和所有聲稱在街上看見瑪莎的證人，都無法在倫敦塔或者威靈頓軍營的警衛室裡肯定的指認出任何士兵來，每個稍有牽涉的士兵都有可靠的不在場證明。對士兵們的物品進行搜查也完全找不出任何證物，包括血跡在內。殺害瑪莎・塔布倫的凶手必定沾了滿身血跡吧。

蘇格蘭場犯罪調查組的唐諾・史汪森督察長在他的專案報告中指出，沒有理由懷疑瑪莎・塔布倫除了那名午夜以前陪她一起離去的士兵之外，曾經跟其他人在一起，雖說這不無可能，基於那段「時間空檔」，她或許曾經和其他顧客在一起，或許好幾個。深夜十一點四十五分和瑪莎在一起的那名「二等兵」以及巴瑞警員在凌晨兩點看見的「二等兵」讓蘇格蘭場的人極度困惑，因為他的出現距離瑪莎遇害的現場和時間是如此接近。也許就是他犯的案，也許他真的是一名士兵。

抑或這名凶手喬裝成了士兵。果真如此，這策略還真聰明呢。放假日的夜晚總是會有許多士兵出外遊蕩。上街尋歡在軍人之間並非什麼不尋常的活動。認為開膛手傑克穿上軍人制服、黏著假鬍鬚犯下他第一樁案子的想法或許失之武斷，不過這將不是最後一次有身穿軍服的神秘人物涉及倫敦東區謀殺案。

華特・席格對軍服頗有研究。在這之後的第一次世界大戰期間，當他描繪戰爭場景時，曾經坦承他對法國軍服特別「著迷」。「今天我的比利時軍服送來了，」他在一九一四年寫著。「帶著點金色縫飾的砲兵帽真是世界上最漂亮的東西。」席格小時候便時常畫身穿軍服和盔甲的男人。在其默默無名的演員生涯中，他最受讚賞的一次演出是在一八八〇年於莎士比亞的《亨利五世》一劇中飾演一名法國士兵。在一八八七年到一八八九年之間，席格完成了名為《一切榮耀皆來自士兵的堅持》的畫作，也就是那幅描繪音樂廳歌唱家愛妲・蘭伯在眾人圍觀下引吭高歌的作品。

席格對戰爭事物的愛好終其一生從未減弱。他經常向紅十字會索取殘廢或死亡戰士的制服。他說這是為了讓擔任他戰爭題材畫作的模特兒穿戴。一位熟識他的人回憶說，有一回他甚至看見席格的工作室裡堆滿了軍服和步槍。

「我正在畫一位可敬死者的畫像，一名上校，」他寫著。他要求一個朋友替他「向醫院裡的比利時士兵借制服。人總是恥於利用別人的災難來滿足自身的需索。」然而他並非如此，因為他不只一次承認他那「純粹自私的終生職志」。一如他自己的說法，「我只為了我的工作而活——或者該說，只為了我自己。」

令人訝異的是，開膛手也許是喬裝犯案這點未經過認真討論或深究其可能性，而這正足以解釋為何他能夠不露形跡地消失在犯案現場。同時喬裝犯案的開膛手也能夠解釋證人們對於死者遇害前身邊那人的描述為何如此不一致。暴力犯罪者採取偽裝並不罕見。那些犯下連續暴力謀殺案，包括性凶殺案判刑定讞的罪犯往往裝扮成警察、軍人、校工、送貨人員、維修工人、醫護人員，甚至是小丑。喬裝是凶手在進行搶劫、強暴或謀殺時接近受害者、卸除其警戒心和懷疑而後加以誘拐，並且在事後脫身的最簡單、有效的方式；喬裝也讓歹徒能夠在案發後回到犯罪現場，旁觀警方忙進忙出，或甚至參加受害者的葬禮。

一個執意殺人的精神病態者會用盡手段來誘騙受害人。在下手前先設法獲取信任是精神病態者的手法之一。這需要一點演技，不管這人是否曾經在舞台上演出。只不過任何人倘若見過遭到變態狂殺害的受害者——不論是生是死——的慘狀，恐怕都很難稱呼犯案者是人吧。想要了解開膛手傑克，就必須先了解精神病態者。了解他並不就代表接受他，這些人的行為絕非一般人所能夠感受或想像。所有人都有邪惡的本能，但是精神病態者和我們絕不相同。

在精神病學領域的定義中，精神病態指的是反社會的行為異常，較常見於男性，根據統計患有這類行為異常的父親所生的男孩，患病機率是一般人的五倍。根據《精神疾病的診斷及統計參考手冊》中的定義，精神病態的症狀包括偷竊、說謊、濫用藥物、欠缺金錢觀念、無法面對寂寞、殘酷、逃家、雜交、鬥狠、缺乏反省能力。

精神病態者同樣存在著個體之間的差異。有的精神病態者喜歡雜交、說謊，但是很有金錢觀念；有的精神病態者很可能喜歡鬥毆、雜交，但是不偷竊，或許會虐待動物，但絕不濫用藥物或酒精；有的精神病態者也許犯下多起謀殺案，但是不雜交。反社會行為的組合有無數種，但是所有精神病態者皆有的一項最根本的特性是、沒有反省能力，也沒有罪惡感。他們沒有良知。

我曾經聽過一個名叫約翰・羅斯特的殘酷凶手，幾個月之後我見到他本人。那是一九九七年他因為謀殺案在紐約受審的期間，我很訝異他是那麼的溫和有禮。他沒戴手銬，坐在被告席上，英俊的外貌、整潔的衣著、瘦小的體格和嘴裡的牙套令人瞠目。要是我在中央公園慢跑時遇見羅斯特，看他咧開閃著銀光的嘴對我微笑，我絕不會有一絲戒心。

從一九九六年六月四日到十一日之間，約翰・羅斯特奪去四個女性的生命。他從背後抓住她們，壓在地上，抓她們的頭部不斷撞擊人行道、水泥地和舖石路面，直到他覺得她們已經死亡為止。他十足的冷靜多謀，每次攻擊行動之前總是先放下背包，脫掉外套。有時見受害者血流如注、奄奄一息的躺在地上，他便趁隙予以強暴，再沉著的收拾其物品，離開現場。猛力撞擊女人的頭部讓他產生性興奮，同時他也向警方坦承自己沒有絲毫悔意。

在一八八〇年代末期，這類反社會行為異常——相當乏味的說法——稱為「道德缺陷」，諷刺的是，這說法最近也成為被告在法庭受審時的辯護之詞。亞瑟・麥唐納在他一八九三年的犯罪學著作中將精神病態者定義為「純粹凶手」。這些人是「坦誠的」，麥唐納說，因為他們並非「天生的」歹徒，其中許多人更是品德純潔高尚，只是他們對自己的暴力行為「渾然不覺」有「一絲反感」。一般而言，純粹凶手總是在童年時期就展現「犯罪跡象」。

精神病態者有男有女，可能是小孩或成人。他們不盡然都是暴力的，但通常都很危險，因為他們不在乎社會規範，除了自己以外不關心任何人。精神病態者體內有一個X因子，與其說不明倒不如說我們對它不熟悉。截至目前沒人能確定這個X因子是否和遺傳有關，或者是疾病引起的（例如腦部受傷），或者是超乎我們理解範圍的精神沉淪因素所導致。針對犯罪者腦部的研究初步發現，精神病態者的大腦灰質不盡然正常。在所有凶案刑犯當中，有超過百分之八十的人在童年受到虐待，百分之五十患有腦前額葉損傷。

額葉一如其名，位在大腦的前端，是人類文明行為的控制中樞。腦瘤或腦部受損等病變會讓一個教養良好的人變成失去自制、富攻擊性、具有暴力傾向的怪人。一九〇〇年代中期，醫生常用可怖的額葉切除術來治療嚴重的反社會行為，手術方式是用冰鑿敲進眼窩上方，來阻斷額葉和大腦其他部位的電流聯繫。

即使如此，精神病態還是不能完全歸因於受創的童年或者腦傷。有些研究者利用PET掃描（譯註：positron emission tomography 正子放射斷層造影法）——能夠顯示腦部活動狀態——發現精神病態者額葉的神經活動比「正常」人明顯少了許多。這表示大多數人所擁有對暴力行為的抑制或者對謀殺衝動的制約，在精神病態者的額葉裡是不存在的。令大多數人心生遲疑、沮喪或恐懼，以及對殘酷、暴力或非法衝動產生抗拒的種種思想和情境，在精神病態者的額葉中並不存在。認為偷竊、強暴、攻擊、說謊或者任何傷害、欺瞞、羞辱他人的行為是錯的這種想法並不存在於精神病態者的腦中。

精神病態者的人數佔犯罪人口的百分之二十五，總人口的百分之四。世界衛生組織已經將

「自利型人格障礙」，或稱反社會人格障礙（dissocial personality disorder），或稱反社會病態，歸類為疾病。無論怎麼稱呼，總之精神病態者不具有正常人的情感，同時這一小部分人口卻犯下數量驚人的犯罪案。這些人極度狡猾，通常過著兩面人的生活。即使他們最親近的人也看不出在那迷人的假面下藏著一個怪物，必須等到他們展開攻擊的那一刻——就像開膛手——才會露出真面目。

精神病態者沒有能力去愛。當他們展露懊悔、哀傷或歉疚的時候總是充滿操控意味，而且是基於自身的需要，而非出於對他人的真心關切。精神病態者往往十分迷人、深具魅力，智能高於一般水準。受衝動驅使而展開犯罪行動時，也總是表現得有條不紊。沒有方法可以治療。就像指紋分析之父法蘭西斯・高頓在一八八三年所說，這些人無法改過或者「擺脫犯罪的宿命」。

精神病態者在行動之前往往會先跟蹤受害者，沉迷於種種暴力幻想。他們或許會針對作案模式進行演練，精心策劃他們的犯罪行動，以確保能夠成功和順利脫逃。這樣的預演有時會持續好幾年，才展開第一個暴力之夜。可是無論多麼勤於練習或者專注於策略，都無法保證成果會完美無缺。錯誤在所難免，尤其是第一次。開膛手傑克執行他第一樁謀殺案時，就犯了一個生手常犯的錯誤。

# 4 身份不明男子

當瑪莎・塔布倫將她的煞星帶進黑暗的喬治巷公寓三十七號的樓梯間時，他發狂了，而且大意地甘冒計畫可能出錯的風險。

也許她的地盤並不是他計畫中的殺人地點，也許臨時發生了他意料之外的事情，例如遭到羞辱、揶揄。妓女們，尤其是身經百戰的老手，通常嘴巴都不會太甜。瑪莎只要伸手到他的褲襠，說一句，「那話兒在哪，親愛的？」就足夠了。席格曾經在信中寫下「性無能之憤慨」的字句。一百多年後的現在，我無法準確重建當時在那個漆黑污穢的樓梯間發生了什麼事，但我知道那名凶手被激怒了，發了狠。

在一個人身上戳刺三十九刀真是殺紅了眼。而瘋狂殺紅了眼通常是因為凶手被某種情況或言語所激怒，使得他的行動脫了軌，但這並不就表示或暗示殺害瑪莎的凶手沒有處心積慮的預謀犯案，無論那個晚上或次日凌晨來到凶手面前的是瑪莎・塔布倫還是其他女子。當他陪著瑪莎走進樓梯間時就打算要拿刀將她刺死，因為他帶了把長而尖銳的刀到現場，並且在離開時把它帶走。也許他真的喬裝成士兵。他懂得如何隱密的自由來去，並且刻意留下明顯證據——鬆脫的鈕釦、帽子、鉛筆。凶殺案中最私密的兩種殺人方式是刀刺和勒頸，兩者凶手都需要和受害者發生身體接觸。槍擊比較不私密。毆擊頭部，尤其是從背後，也較不私密。

戳刺某人數十刀是非常私密的行為。當這類案子送到停屍間，警方和法醫會依照慣例假設受害者和凶手或許互相認識。瑪莎應該不認識那名凶手，但是她或許做了什麼或說了什麼激得他跳脫劇本，發生人身攻擊的反應。也許她抗拒他。據說瑪莎是相當情緒化的人，尤其酒後更是難纏，而之前她確曾和珍珠寶拉一起喝了些蘭姆酒和麥酒。喬治巷公寓的住戶聲稱他們在瑪莎遇害前什麼都沒聽見。然而當我們考慮到這些早已習慣酒醉、爭吵和家庭暴力的貧困人們的疲憊麻木心態，他們的證詞恐怕不盡真實。最好別多管閒事，說不定會受傷，或者和警方扯不清。

凌晨三點半，距離巴瑞警員在喬治巷公寓外面發現那名遊蕩的士兵大約一個半小時，一個名叫艾弗列・柯洛的住戶下工回家。他是個計程車司機，每到假日總是特別忙碌，經常工作到深夜。他一定累壞了，也許他送最後一個顧客回家之後去喝了點小酒。當他經過一樓的樓梯間時發現地上「有東西」，可能是人，可是他沒上前去細看便回家睡覺了。維多利亞時期的經濟學者兼社會改革家碧翠絲・韋伯指出，東區居民的生存法則是別去「招惹」左鄰右舍。稍後柯洛出庭作證時說，在東區發現醉漢並不值得大驚小怪。可見他時常看見類似情形。

似乎沒人察覺地上的「東西」是屍體，直到凌晨四點五十分，一個名叫約翰・S・李孚的碼頭工人走出那棟建築物，注意到有個女人仰躺在血泊中。她的衣服凌亂，彷彿曾經奮力掙扎，李孚回憶說，他並沒看見樓梯間有腳印，現場也沒有刀子或任何工具。他說他沒碰觸屍體，而是立刻通知了巴瑞警員，巴瑞則找來了T・R・基林醫生。醫生到達的確實時間不明，但是他檢查屍體的時候光線應該不是太好。

他在現場推測受害者——她的身份經過好幾天才得到確認——已經死了大約三小時。年齡是「三十六歲」，醫生猜測說，而且「營養非常良好」，意思是她十分肥胖。這點頗值得重視，因為開膛手的所有受害者，包括那些被警方排除是他所殺害的受害者在內，不是過瘦就是過胖，年齡大都將近四十或者四十出頭，少有例外。

華特・席格作畫時特別偏愛肥胖或者消瘦的模特兒，而且社會地位越低、相貌越是醜怪的越理想。這點可以從他屢次提到「骨瘦如柴」或者「瘦得像鰻魚」的女人，以及畫中頻頻出現臀部肥大、乳房異常豐滿的胖女人看出。讓別人去畫「清秀佳人」，有一次席格寫道，把「醜婆娘」留給他。

有著迷人體格的女人引不起他的藝術興趣。他時常強調，身材不胖也不瘦的女人太乏味了。在一封寫給美國友人艾瑟・桑茲和南恩・赫德生的信中，他表達了對自己最近幾個模特兒的喜愛，以及她們「低賤得可以的社會地位」有多麼令他「戰慄」。他愛極了她們「污穢破舊的家常服」。他在另一封信中補充說，如果他才二十歲，他「絕不會看四十歲以下的女人一眼」。

瑪莎・塔布倫是個矮胖、長相平凡的中年女人。她遇害時穿著綠色裙裝、棕色襯裙、黑色長外套、黑色軟帽和側開馬靴，根據警方的描述：「都很舊了」。瑪莎應該符合席格的品味。然而受害者學畢竟只是一項指標，而非科學。儘管連續殺人凶手的受害者群往往有著對凶手意義重大的共同特徵，但這並不表示任何精神病態殺人犯都有專挑某種對象下手的習慣。開膛手傑克為何選擇瑪莎・塔布倫，而非其他有著同樣特徵的妓女，這點我們不得而知。也許只是基於相當平淡無奇的理由，例如剛好被他碰到。

無論他的理由是什麼，他必然從他狂怒殺害瑪莎・塔布倫的過程中學得了寶貴的教訓：胡亂戳刺一個人多達三十九刀肯定會留下大灘血跡。即使他沒有讓血跡沾上樓梯平台或其他地方——假設那些證人對犯罪現場的敘述屬實——他的雙手、衣服、靴子或鞋子上也會沾滿了血，使得脫逃更加困難。再者，像席格這樣受過教育的人，當然知道疾病不是透過空氣而是經由細菌傳染的，讓自己濺灑一身妓女的血液，對他來說應該是件極其不快的事。

瑪莎・塔布倫的死因應該是身中多刀失血致死。當時東區並沒有合適的驗屍室，基林醫生是在附近的停屍間或停屍棚進行驗屍的。他認為心臟那一道刀傷「足以致死」。心臟部位的刀傷，就算沒有割傷或割斷動脈，倘若沒有立刻進行外科手術，當然是會致死的。但是有許多人在心臟被刀、冰鑿和各種工具刺傷之後依然存活了下來。讓心臟停止跳動的不是傷口本身，而是流出的血液積滿心臟外層的心包或心囊所導致。

探究瑪莎的心囊是否積存著血液不只是為了滿足一項醫學謎題，同時也有助於了解她遍體刀傷流血不止的情況下，究竟經過了多久才斷氣。任何細節都能幫助我們了解死者，可惜基林醫生給的線索非常有限，我們甚至無從得知凶器是雙刃或單刃。我們不知道凶器的刺入角度，因此無法判斷凶手刺下每一刀時和瑪莎的相對位置。她是躺是站？有沒有特別大或者不規則的傷口，足以顯示受害者曾經奮力掙扎，致使刀子拔出時呈現扭轉狀態？凶器是否有護手？刀柄護手往往會在皮膚上留下挫傷、淤痕，或者擦傷。

重建受害者的死亡過程以及確認凶器類型非常有助於描繪凶手的形貌。種種細節反映著他的意圖、情感、活動、幻想，甚至他的職業或專長，同時也能推測出他的身高。瑪莎的身高大約是五呎三吋，如果凶手個子比她高，當他展開攻擊時兩人都站著，則最初的刀傷應該是位於身體的較高處並且是角度朝下。當兩人都站著，凶手比較不容易戳刺她的腹部和陰部，除非他出奇的矮小。一般而言，這類傷口應該是她倒下之後形成的。

基林醫生推測凶手十分強壯。腎上腺素和狂怒的威力驚人，足以激發強大的能量。可是開膛手並不需要超人般的力氣，只要他的凶器夠尖銳鋒利，則他不需費力便能刺入受害者的皮膚、內臟，甚至骨頭。基林醫生錯誤的認定深入胸骨的那道傷口不可能是「刀子」造成的，並且據此推測：凶器有兩種，可能是「匕首」和「刀子」，由此呼應他較早的假設，認為凶手是雙手皆靈巧的人。

就算是吧，但是想像凶手在黑暗中一手拿匕首、另一手持刀同時戳刺瑪莎，這畫面實在怪異荒謬得可以。再說他很可能會刺中自己好幾刀。根據種種醫學證據看來，這並不像是善用兩手的人會犯的案。因為瑪莎的左肺部有五處刀傷，位於身體左側的心臟有一處。面對受害者時，慣用右手的凶手攻擊對方身體左側的機會通常比較多一些。

基林醫生對胸骨那道傷口的推論是謬誤的。用尖刀便可以刺穿骨頭，包括頭骨在內。距離開膛手開始犯案幾十年前，德國曾發生一樁謀殺案，一名男子拿利器刺穿他妻子的胸骨。後來他向法醫供稱，用「餐刀」刺穿骨頭就像切「奶油」那麼簡單。傷口邊緣顯示，餐刀極其俐落的穿透了胸骨，接著刺入右側肺部、心囊和大動脈。

基林醫生認為瑪莎・塔布倫謀殺案的凶器有兩種，這說法有個依據，就是刀傷的大小不一致。但是此一差異可以用刀柄部位的刀刃寬度比刀尖寬來解釋。刀傷的尺寸可以因刺入深度、刀刃扭轉以及被戳刺部位器官組織的韌度等因素而產生差異。我們無法查證基林醫生所謂的刀子或匕首究竟有何差異。不過刀子通常是單刃，匕首則是雙刃，而且有非常尖銳的刀尖。「刀子」和「匕首」時常被當作同義語，就像「左輪槍」和「手槍」。

在研究開膛手案子的過程中，我設想了他可能使用的各種切割工具。結果發現，其種類之多樣和取得途徑之便利令我訝異，或者可說令人沮喪。到亞洲旅行的英國人帶回各式各樣的紀念物，有些十分適合作為刺殺或切割工具。印度匕首就是可以造成各種長度不等傷口——根據深度而異——的絕佳例子。這種匕首的堅硬鋼質刀刃所能形成的傷口類型之繁複，足以瞞過任何法醫，包括現代法醫。

它那彎曲的刀刃在象牙刀柄部位的寬度幾乎有一吋半，接著在往上三分之二的地方變成雙刃，然後一路削薄成為針似的刀尖。我向古董商買來的一把印度匕首是一八三〇年製造（包括刀鞘），可以輕易藏在腰帶、靴子和較深的外套口袋，或甚至袖子裡。還有一把刀刃微彎的葉門匕首（大約製造於一八四〇年），同樣能夠留下各種尺寸的傷口，雖說它的全部刀身都是雙刃。

維多利亞時期的英國人有許多製造精巧的殺人武器可供選擇，人們喜歡趁著國外旅行時瘋狂收集，而且常在市場裡以貨易貨。我曾經在一天之內在倫敦一個古董市集和薩西克斯郡的兩個古董商家裡看遍下列維多利亞時期的刀械：各式匕首、喜瑪拉雅彎刀、一把仿似光滑樹枝的匕首杖、仿似手杖的匕首、小巧得可以放進紳士上衣口袋或者女士皮包的六發左輪槍、「割喉刀」、Bowie獵刀（譯註：美國SOG公司專為越戰時期美軍第五特種部隊所製造）、劍、步槍、裝飾美麗的短杖，包括一支加了鉛的沉重「護身棒」。開膛手傑克若要尋找凶器，他擁有的選擇實在太豐富了。

瑪莎・塔布倫謀殺案不曾起出任何凶器。加上基林醫生的驗屍報告似乎已經遺失——包括開膛手傑克案的許多相關檔案——我能夠參考的只有那份粗略的死因調查法庭記錄。當然，我無法斷定奪去瑪莎性命的凶器是哪一種，但我可以推測。以攻擊的狂暴和傷口的型態看來，凶器很可能是維多利亞人稱為匕首的刀具，或者是某種刀鋒銳利的工具，有尖銳的刀尖，還有能夠避免戳刺時滑手而傷到自己的穩固刀柄。

倘若瑪莎身上真的沒有防禦性傷口，例如雙手或臂膀上的割傷或瘀痕，則表示她幾乎沒怎麼掙扎，雖說她的衣服「凌亂」不堪。由於報告中沒有細述她的衣服究竟是怎麼個「凌亂」法，我無從推測她受到攻擊時是否正開始脫衣服；凶手是否曾經動手整理、脫去、割開或撕裂她的衣服；他這麼做是在她生前或死後。對那個時代的犯罪案而言，衣物是相當重要的環節，主要作用在受害者身份的確認，而不盡然是為了進行裂痕、割痕、遺留精液等證物的化驗。受害者身份確認之後，衣服往往就被丟到停屍間外面的巷子裡。當開膛手的受害者人數不斷增加，有些熱心社會公益人士甚至開始認為或許該把死者的衣物捐給窮人。

一八八八年，關於血跡的研究還付諸闕如。血液有它的特性，以及一套依循物理法則而發展的行為模式。它不同於其他液體。當血液從人體被割斷的動脈猛烈噴出時，絕不會只是慢慢滴落或者乾涸而已。在瑪莎案位於樓梯間的犯罪現場，牆上高處一道動脈血液的噴柱顯示她頸部所受的刀傷割斷了動脈血管，而且是在她還站立著，身體仍有血壓的時候發生的。動脈血液會隨著心臟的律動而呈現起伏的噴灑模式，而且能夠顯示受害者動脈被割斷時是否已經倒下。血跡模式的鑑定有助於重建案發時的事件排序。倘若動脈被割斷，現場卻沒有動脈血液的噴灑痕跡，大多表示受害者的死是其他傷口所造成。

瑪莎・塔布倫陰部的刺傷和割傷顯示這案子含有性的意味。然而倘若此案真是如此——開膛手的所有相關案件似乎都如此——卻沒有任何跡象顯示曾經有過「接觸」，一如維多利亞人對性交的稱呼，那麼這應該是個必須加以嚴肅看待的模式，可惜並沒有。我不確定所謂「接觸」的定義為何。妓女的問題在於她們很可能一晚和人「接觸」多次，想要將身上各等人留下的痕跡完全清除乾淨幾乎是不可能的事。

再者，當時的人無法採集體液進行血型或DNA化驗，甚至無法區別犯罪案件中的血液是屬於人或者動物。即使他們採得死者最近性活動遺留的體液，也不會有絲毫法醫學價值。無論如何，精液或意圖性交的缺乏——就像在開膛手的所有案子中反覆顯現的——表示凶手在受害者生前或死後都不曾和她進行性活動。這樣的模式並非不曾出現過，然而在精神病態的暴力犯罪中卻非常罕見。因為這類凶手通常會在殘殺時進行強暴，在受害者斷氣時達到高潮，或者在受害者死後在屍體上自慰。開膛手性暴力謀殺案中沒發現精液和席格是性無能這點有著一致性。

以今天的標準來看，瑪莎・塔布倫謀殺案的調查工作非常粗略，可說根本談不上是調查。瑪莎・塔布倫的遇害並沒有引起警方或媒體的關注，她的悽慘遭遇直到八月十日第一次死因調查聽證會舉行時，才總算有輿論參與。一天天過去案子依然沒有進展。沒有人在乎瑪殺・塔布倫。就像我在停屍間工作時經常聽到的說法，她的情況可說是怎麼活，怎麼死。

她被謀殺的手法極其殘酷，卻並不是入侵倫敦大都會區的第一樁暴力慘案。瑪莎只是個老醜的妓女，是她自己選擇了那樣的生活方式，讓自己身陷危險之中。媒體報導指出，是她自己甘願從事那種必須不斷躲避警方的交易活動，就跟殺害她的凶手一樣。人們很難對像她這樣的人產生太多同情，而那個時代的群眾情感和今天其實並沒有不同：受害者活該。尤其現代法庭中出現的各種為凶手脫罪之詞，更是令人心寒憤慨。誰要她穿成那樣；誰要他把車開到那個城區；誰要她到酒吧去釣凱子；我早就勸她別到公園的那個區域去慢跑；是你讓自己的小孩從公車站走路回家的，你還有什麼話說？就像我的良師，維吉尼亞州首席法醫瑪賽拉・費洛所說，「一個女人有權利赤裸著身體到處走而不虞被強暴或謀殺。」瑪莎・塔布倫有權利活下去。

「出席這次死因調查法庭的都是和死者相同的東區貧民，」督察長唐諾・史汪森在他的報告中作了總結，「可惜沒有獲致任何成果。」

# 5 天之驕子

華特・席格於一八六〇年五月三十一日出生在德國慕尼黑。擠身英國頂尖畫家的他並不是英國人。這位「徹頭徹尾的英國人」——就像他對自己的描述——是一個血統純粹、名叫奧斯渥・艾達柏・席格的丹麥藝術家和一個不怎麼純粹，名叫伊莉娜・路易莎・莫拉維亞・亨利的英國和愛爾蘭混血美女所生。孩提時期的華特可說是純粹的德國人。

席格母親的暱名是「奈莉」；他的妹妹海倫娜叫「小奈莉」；席格的第一任妻子愛倫・考柏登叫「奈莉」。艾倫・泰瑞也叫「奈莉」。為了避免混淆，我只有提到席格母親的時候才會使用「奈莉」這個名字。同時我也不會因為席格生命中最重要的四個女人有著同樣的暱名，就輕易降服於戀母情結之類的精神分析妄語。

華特在六個孩子——五男一女——當中排行第一。相當不尋常的是，他們沒有任何一人育有子女。很顯然每個孩子的性格都相當陰鬱，也許奧斯渥・瓦倫泰除外吧。他是個成功的商人，除此沒有留下任何生平記錄；羅伯變成一名隱士，最後因為撞上載貨馬車傷重而死；萊歐納似乎和現實世界嚴重疏離，因難改多年濫用藥物的惡習而死；柏納是個沒有名氣的畫家，飽受憂鬱和酒精纏身之苦。他們的父親奧斯渥以詩形式寫下的一段感言似乎預言了悲劇：

既然有自由，當然，的確有，
惡事也該得到自由，然而它死矣，
因為它自身孕育著毀滅種籽，
終至自食惡果，難逃命運。

席格家的唯一女兒海倫娜擁有聰穎過人的心智和無比熱情，卻一生體弱多病。她是家中唯一對人道理想和其他人類感興趣的人。她在自傳中解釋說早年的病痛養成她悲憫的性格，讓她容易對別人心生同情。她曾經被送到一所管教嚴苛的住宿學校，在那裡吃可怕的食物，而且由於健康欠佳和行動笨拙而受到女同學們的訕笑。家中的男性讓她自幼相信自己是醜怪的。她充滿自卑，因為她不是男孩。

華特是第三代藝術家傳人。他祖父裘安・喬贊・席格耀眼的藝術才華曾經得到丹麥國王克里斯欽八世的資助。華特的父親奧斯渥也是天賦異秉的畫家和繪圖師，只是始終與名利無緣。有一幀舊照片，裡頭的他蓄著蓬亂的鬍子，眼神是透著怒意的冷峻。和這個家族的其他人一樣，他的生平事跡就像陳年照片般褪了色。搜尋他記錄的結果只發現少量文章和畫作，夾雜在伊斯林頓公共圖書館所收藏的他兒子的檔案當中。我們把奧斯渥使用的官方德語翻譯成通俗德語，再翻譯成英語，總共花了六個月時間，只得到六十頁文字，因為他的字跡大部分都無法判讀。

然而綜觀這些文字，我依稀能窺見一個意志堅韌、性格複雜而才華洋溢的人，懂得作曲、寫劇本和詩。他的文字和戲劇天賦使得他時常受邀在婚禮、宴會和各種社交場合中發表演說。一八六四年德國對丹麥戰爭期間，他積極投入政治活動，行跡遍及各處，鼓動勞工們團結起來為統一德國而努力。

「我需要你們的幫助，」在一次日期不明的演說當中他說，「每個人都必須貢獻一己之力……同時也要仰賴所有親近勞工們的人，大生意人，工廠廠主，勤苦的勞工們就靠你們照顧了。」奧斯渥善於激起被壓迫者的熱情。此外，他也能創作美麗的音樂、流露溫柔與愛的詩篇，繪製充滿殘酷趣味的卡通式畫作。有幾頁他的日記顯示，奧斯渥在繪畫餘暇時喜歡四處遊蕩。這點顯然為他的兒子所模仿。

奧斯渥時常東奔西跑，讓人不禁懷疑他哪來的時間從事創作。他經常散步大半天，不然就是搭火車到別處，直到深夜才回家。從一份有關他行程的粗略清單看來，他是個坐不住的人，只喜歡率性而為。他的日記頁數並不完整，也沒有註明日期，但是裡頭的文字顯示出他是個十分自我、情緒化、動作頻頻的人。

在一週之內，奧斯渥・席格從週三開始搭火車從艾肯佛到西勒斯維格，再到艾尚，最後到達位於德國北部的弗蘭斯堡；週四，他瞧了一眼「鐵路沿途的新道路」，再「沿著港口一路走到北門，經過一片田野」來到排水渠，然後回家。他吃過午餐，然後到「啤酒園」度過午後時光，接著去造訪一座農場，然後回家；週五，「獨自一人」去了亞倫斯洛、諾柏、詹茲、史特洛巴提和莫雷。他和一夥人見面，和他們共進晚餐，在晚上十點鐘回到家；週六，「獨自在城裡散步」。

週日他外出一整天，回家吃晚餐，之後唱歌彈琴直到十點鐘；週一，他走路到葛托夫，接著「經過許多私有領地和泥炭沼澤一路走回家……」；週二，他騎馬到麥格納家，在那裡釣魚到下午三點，總共釣到「三十條鱸魚」；然後和一群朋友在酒吧碰面，「吃吃喝喝」了一頓。「晚上十一點鐘回到家」。

奧斯渥的日記顯示他痛恨政府體系，尤其是警察。他的憤怒、嘲諷文字和開膛手傑克對警察的揶揄詭異的彼此呼應：「有本事來抓我。」開膛手在信中屢次這麼說。

「──哇哈!守夜人睡著了!」華特・席格的父親寫道。「看到他這模樣，真難相信他是守夜人。我是否該基於人道大愛將他搖醒，告訴他時辰已到或是他身陷怎樣的困境……噢!不，讓他沉睡。也許他會夢見他逮住了我，就讓他沉浸在幻想中吧。」

奧斯渥必然時常在家中高聲抒發他對執政者的觀感，華特・席格對此應該不陌生。他和他

華特・席格的曾祖母法珞・席格。
泰特美術館檔案照片（*Tate Gallery Archive, Photograph Collection.*）

華特・席格之母，伊莉諾・路易莎・莫拉維亞・席格，攝於1911年。
泰特美術館檔案照片（*Tate Gallery Archive, Photograph Collection.*）

華特・席格之父，奧斯渥・艾達柏・席格。

泰特美術館檔案照片（*Tate Gallery Archive, Photograph Collection.*）

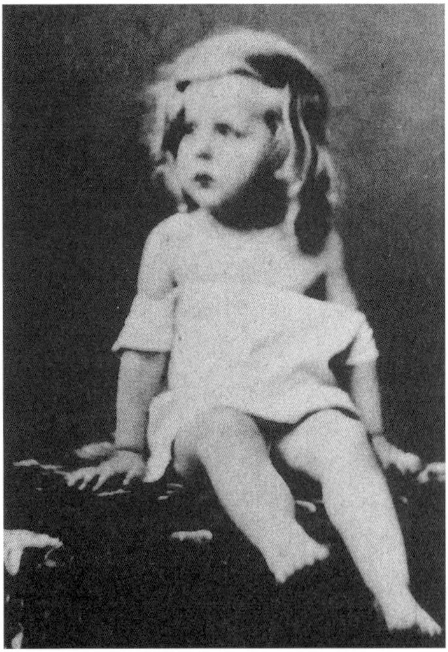

兩歲時滿頭淡金色卷髮的華特・席格，約1862年攝。

泰特美術館檔案照片（*Tate Gallery Archive, Photograph Collection.*）

九歲時的華特・席格。約1869年，已動過三次手術。

泰特美術館檔案照片（*Tate Gallery Archive, Photograph Collection.*）

演員時代的華特，二十歲那年，正在利物浦巡迴表演。

泰特美術館檔案照片（*Tate Gallery Archive, Photograph Collection.*）

二十四歲的華特，詹姆斯・馬奈爾・惠斯勒門徒，約1884年攝。
泰特美術館檔案照片（*Tate Gallery Archive, Photograph Collection.*）

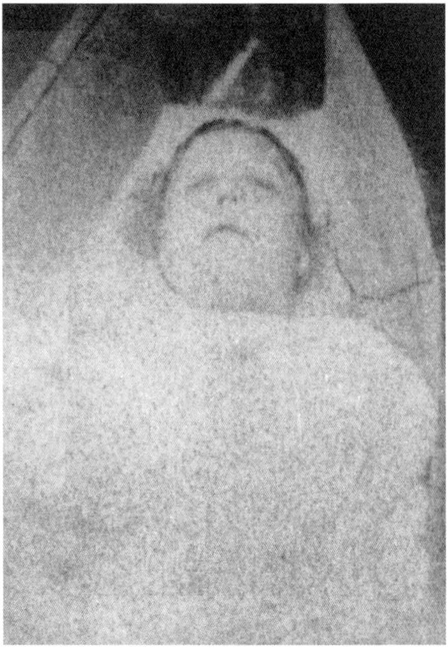

瑪莉安・尼可斯，第二名受害者，驗屍後攝於停屍房，傷口用衣服謹慎遮掩著。
©倫敦國家檔案館（*Public Record Office, London.*）

停屍房裡的安妮・查普曼，傷口已被遮掩。她是開膛手幾個「較知名」的受害者當中的第三個。（我說「較知名」是因為遭他殺害的並不僅止於這五名受害者。）



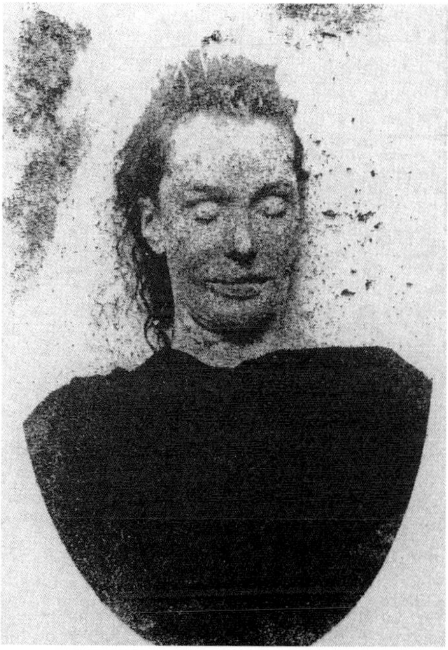

伊麗莎白・史特萊，第四名受害者，遇害過程因一輛小馬拖車轉入巷道而中斷。

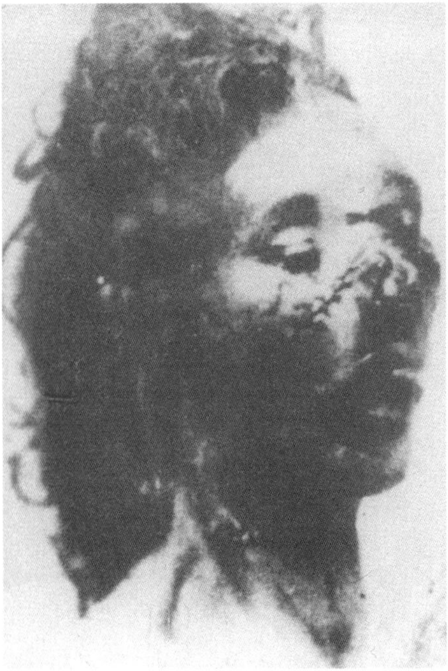

暴力急劇升高。史特萊遇害之後不到一小時，凱薩琳・埃竇斯遭開膛手殘殺，幾達難以辨認的地步。

©倫敦國家檔案館（*Material in the Public Record Office, London, in the Copyright of the Metropolitan police is reproduced by permission of the Metropolitan Police Authority.*）

席格油畫作品《屋裡的火光》酷似埃竇斯的停屍房照片，讓人聯想起埃竇斯殘缺的右臉。

派翠西亞・康薇爾收藏

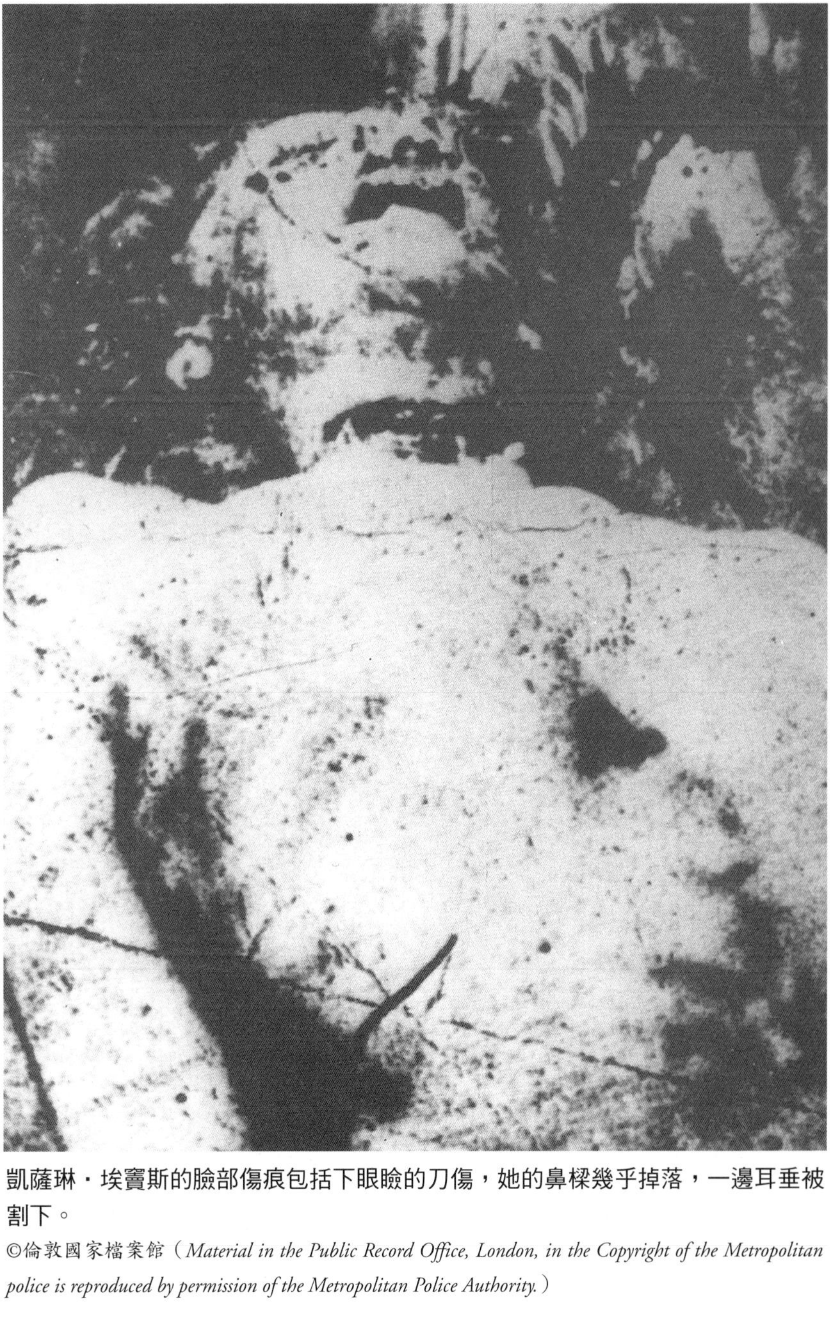

凱薩琳・埃竇斯的臉部傷痕包括下眼瞼的刀傷，她的鼻樑幾乎掉落，一邊耳垂被割下。

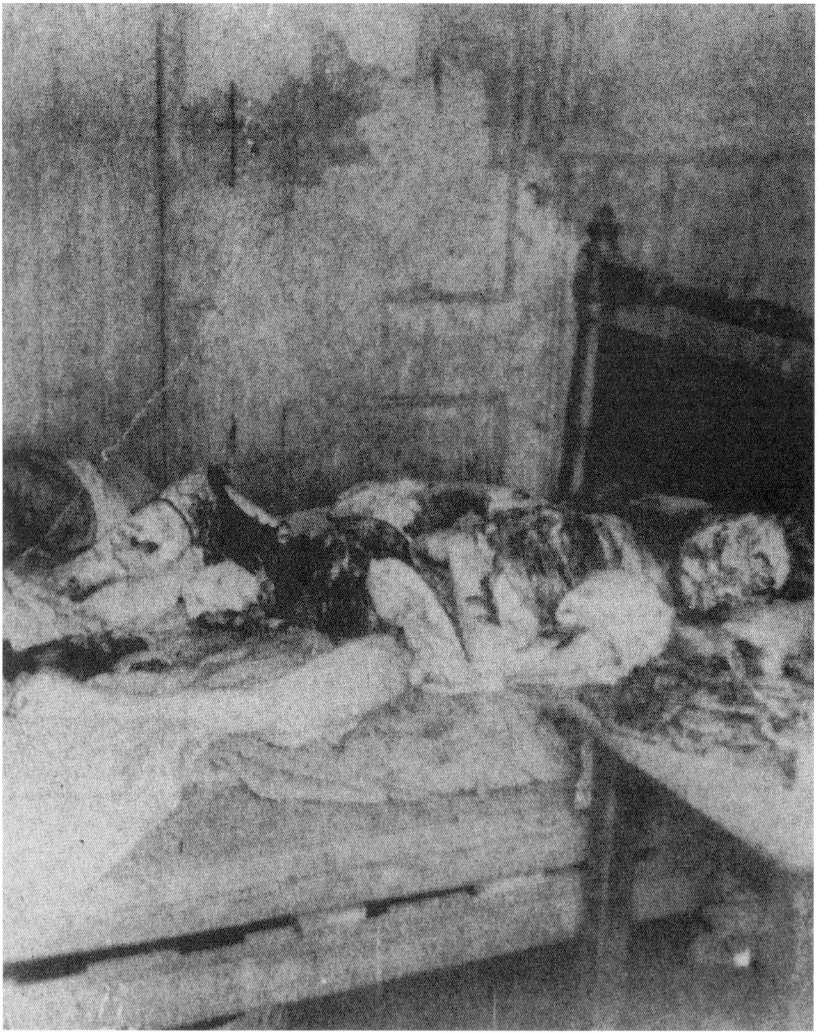

開膛手謀殺瑪麗・凱莉的手法近乎瘋狂。年輕貌美的瑪麗・凱利被徹底毀容，乳房、陰部和心臟等器官被取走。

DAILY TELEGRAPH, SATURDAY, NOVEMBER 10, 1888.

## LOCALITY OF THE SEVEN UNDISCOVERED MURDERS.

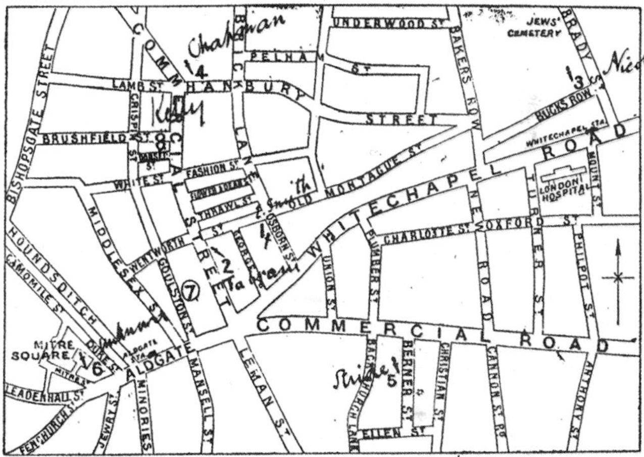


The above chart represents the locality within which, since April last, seven women of the unfortunate class have been murdered. The precise spot where each crime was committed is indicated by a dagger and a numeral.

1. April 3.—Emma Elizabeth Smith, forty-five, had a stake or iron instrument thrust through her body, near Osborn-street, Whitechapel.

2. Aug. 7.—Martha Tabram, thirty-five, stabbed in thirty-nine places, at George-yard-buildings, Commercial-street, Spitalfields.

3. Aug. 31.—Mary Ann Nicholls, forty-seven, had her throat cut and body mutilated, in Buck's-row, Whitechapel.

4. Sept. 8.—Annie Chapman, forty-seven, her throat cut and body mutilated, in Hanbury-street, Spitalfields.

5. Sept. 30.—A woman, supposed to be Elizabeth Stride, but not yet identified, discovered with her throat cut, in Berner-street, Whitechapel.

6. Sept 30.—A woman, unknown, found with her throat cut and body mutilated, in Mitre-square, Aldgate.

Figure 7 (encircled) marks the spot in Goulston-street where a portion of an apron belonging to the woman murdered in Mitre-square was picked up by a Metropolitan police-constable.

Figure 8. Nov. 9.—Mary Jane Kelly, 24, her throat cut and body terribly mutilated, in Miller's-court, Dorset-street.

白教堂區地圖。1888年夏、秋、初冬期間開膛手在東區犯案的地區。

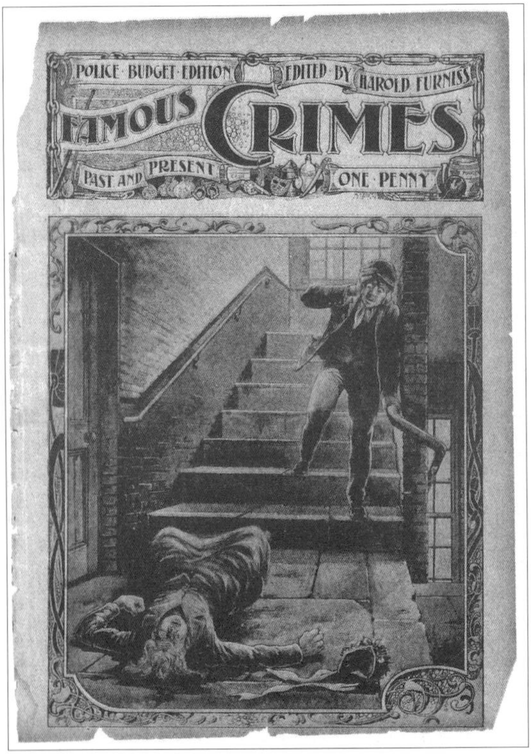


《歷史奇案》（*Famous Crimes*）雜誌封面。自此聳人聽聞的開膛手傳奇延續了一百多年。

派翠西亞・康薇爾收藏

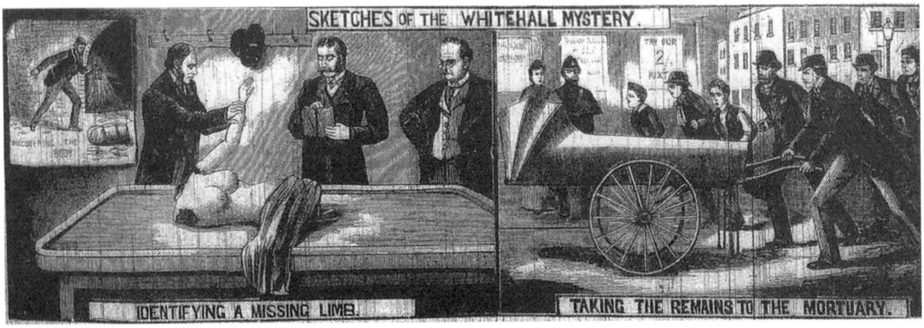


1888年10月，一具女性殘骸在新蘇格蘭場大樓工地被發現。

獲大都會警察署授權（*With Kimd permission of the Metropolitan Police Service.*）

1888年9月22日出版的倫敦諷刺漫畫雜誌《笨拙》(*Punch*),
又名《笑鬧倫敦》(*The London charivari*),第130頁。
倫敦人批判嘲諷警方遲遲無法逮到開膛手。

派翠西亞・康薇爾收藏

「親愛的長官」大都會警察署署長查爾斯・瓦倫是多封開膛手信件的收信人。
派翠西亞・康薇爾收藏

遭到誣控的克萊倫斯公爵。他對勒索信件的處理方式是付錢了事，而非謀殺。
派翠西亞・康薇爾收藏

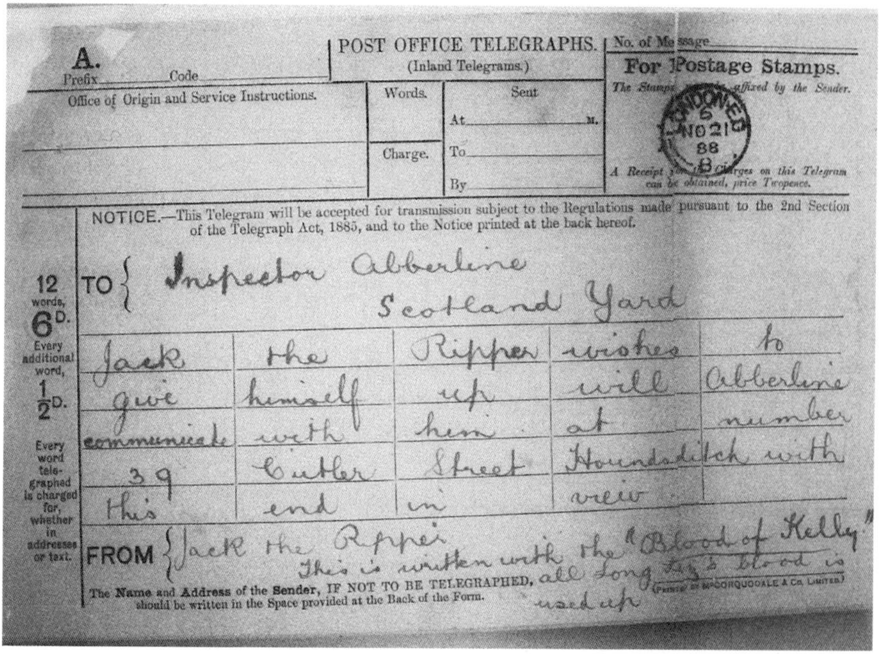

A.
Prefix Code
Office of Origin and Service Instructions.

POST OFFICE TELEGRAPHS.
(Inland Telegrams.)

Words. Charge.

Sent
At M.
To
By

No. of Message
For Postage Stamps.
The Stamps ... affixed by the Sender.
LONDON W.E.D. 5 NO 21 88 8
A Receipt for the Charges on this Telegram can be obtained, price Twopence.

12 words, 6D. Every additional word, ½D.
Every word telegraphed is charged for, whether in addresses or text.

NOTICE.—This Telegram will be accepted for transmission subject to the Regulations made pursuant to the 2nd Section of the Telegraph Act, 1885, and to the Notice printed at the back hereof.

TO { Inspector Abberline
Scotland Yard

| | | | | |
|---|---|---|---|---|
| Jack | the | Ripper | wishes | to |
| give | himself | up | will | Abberline |
| communicate | with | him | at | number |
| 39 | Cutler | Street | Houndsditch | with |
| this | end | in | view | |

FROM { Jack the Ripper
This is written with the "Blood of Kelly" all Long Liz's blood is used up

The Name and Address of the Sender, IF NOT TO BE TELEGRAPHED, should be written in the Space provided at the Back of the Form.
(PRINTED BY McCORQUODALE & Co. LIMITED.)

開膛手發給亞伯蘭督察的電報。席格非常喜歡發電報，開膛手也是。

©倫敦國家檔案館（*Public Record Office, London.*）

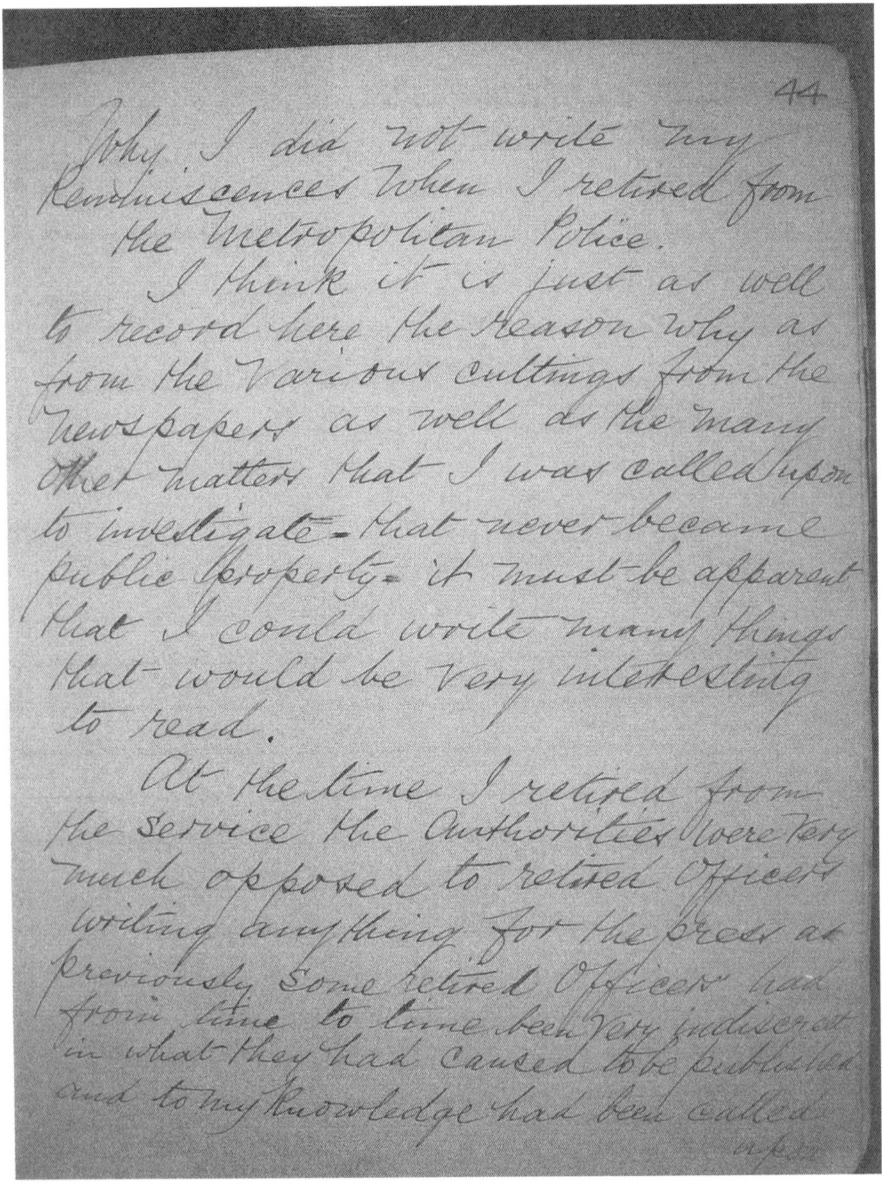

44

Why I did not write my Reminiscences when I retired from the Metropolitan Police.

I think it is just as well to record here the Reason why as from the various cuttings from the newspapers as well as the many other matters that I was called upon to investigate - that never became public property - it must be apparent that I could write many things that would be very interesting to read.

At the time I retired from the service the Authorities were very much opposed to retired Officers writing anything for the press as previously some retired Officers had from time to time been very indiscreet in what they had caused to be published and to my knowledge had been called

upon

亞伯蘭督察私人剪報冊的第44和45頁。亞伯蘭主導開膛手案的調查，但從來不曾透露他的辦案細節，或者對於無法偵破他職業生涯中最重大一樁命案有何感想。

獲大都會警察署授權（*With Kind permission of the Metropolitan Police Service.*）

45 upon to explain their conduct and
in fact they had been threatened with
actions for libel.

Apart from that there is no
doubt the fact that in describing
what you did in detecting certain
Crimes you are putting the Criminal
Classes on their guard and in
some cases you may be absolutely
telling them how to commit crime.

As an example in the Finger
Print detection you find now the
expert thief wears gloves.

F G Abberline

I am Jack the ripper
Caph me if you can

This is my Photo of Jack the Ripper
10 more and up goes the Sponge
Sig Jack the Ripper

母親絕不可能對奧斯渥時常涉足啤酒園和酒吧，以及他「潘趣酒不離手」的情況一無所知。「我的錢都花在喝酒上頭，」奧斯渥寫道。「善待自己的胃是應該的。空閒時間我都在睡覺，而我的空閒時間多得很。」

無論促使他對散步、旅行和定期到酒吧和啤酒園報到等活動如此著迷的因素為何，這些都需要花錢，而奧斯渥又沒有能力賺錢。若非他的妻子有點錢，這個家早就無法維持了。奧斯渥所寫的（大約在一八六〇年代初期）潘趣和茱蒂（譯註：Punch and Judy 英國知名木偶滑稽戲）劇本中那個木偶角色虐待狂丈夫浪擲金錢飲酒，絲毫不關心妻子和小兒子的情節，或許並非出於偶然：

潘趣出現在舞台上：

……呵呵，你們大概不認識我吧……我名叫潘趣。我的父親也叫這名字，還有我的祖父。

……我喜歡漂亮衣服。對了，我已經結婚了。我有妻子和孩子。可是這並不代表什麼……

妻子（茱蒂）：

唉，我再也無法忍受了！一大早的，那個沒用的東西已經在喝白蘭地了！……噢，我真是個不快樂的女人。所有錢都花在喝酒上頭，連給孩子買麵包的錢都沒有——

如果說華特・席格的揮霍成性和不安於室是遺傳自他的父親，那麼他的魅力和英俊外貌應該是他母親的賜予，也許他也繼承了某些她性格中較不迷人的特質。關於席格夫人童年的怪誕故事和查理・狄更斯的《荒屋》——華特最愛的一本小說——有著不可思議的雷同之處。故事敘述一個名叫伊絲帖的女孩神秘的被送往仁慈富有的詹迪斯先生的宅邸生活，後來這位先生決定娶她為妻。

出生於一八三〇年的奈莉是一個無意扮演母親角色的美麗愛爾蘭舞者的非婚生女兒。她對奈莉不聞不問，嚴重酗酒，最後逃到澳洲去結婚。那年奈莉十二歲。就在這時候奈莉發現她的監護權交到了一個富有的無名單身男子手上。這人把她送往法國臨英吉利海峽的城市紐維爾雷迪埃普的一所學校。接下來六年當中，他寄給她許多充滿感情、署名「R」的信件。

當奈莉滿十八歲，終於和監護人見面時他才透露自己是理查・希普漢克，曾經擔任牧師，自稱天文學家。這人十分風趣機智且打扮入時，集年輕女孩夢寐以求的特質於一身，她則是既聰慧又美麗出眾。希普漢克對奈莉百般寵愛，疼愛她的程度遠超過她對他的敬愛。他將她介紹給得體的人們，讓她置身於合宜的場合。不久她發現自己忙著出入宴會、戲院和歌劇院，並且四處旅行。她學會多種外國語言，逐漸蛻變為一個有教養的女孩。這一切都在她這位從天而降、對她溺愛有加的恩人監護下進行。後來他終於忍不住向她承認，自己便是她的親生父親。

希普漢克要奈莉答應將他寫的所有信件銷毀。因此我們無從得知，他的親情是否夾雜著男女情愛的成分。也許她非常清楚他的情感，但決定予以忽略，也可能她天真輕信到一無所覺。無論如何，當她在巴黎快活的宣布她正和一個名叫奧斯渥・席格的藝術系學生戀愛並且已經訂婚，對他想必是一大打擊。

她父親的反應是發了頓脾氣，憤怒地指責她忘恩負義，並且要求她立刻終止婚約。奈莉拒絕了。於是她的父親收回他的慷慨，回到英國。他寄了幾封語氣強烈的信給她，隨後突然中風而死。奈莉對他的死始終無法釋懷，總覺得是自己的錯。她銷毀了他所有的信件，只留下一封，藏在他的一支舊天文台錶裡。「愛我，奈莉，好好愛我，就像我愛妳那般。」他寫道。

理查・希普漢克沒有留下一分一毫給奈莉。幸運的是，他那仁慈的妹妹安娜・希普漢克及時出現，送給她一筆足夠養活丈夫和六名子女的豐厚津貼。奈莉孤獨的童年和終至被父親背叛拋棄的境遇肯定留下了傷痕。儘管沒有記錄顯示她對她那不負責任的舞者母親，以及她那幾乎只像是她年輕歲月中一個浪漫秘密的父親看似亂倫的情愛究竟有什麼感受，我們可以假設，奈莉想必深深受著喪父之痛、憤慨和羞愧的折磨。

若非海倫娜•席格成人後成為一個倡導女性參政的著名政治人物，則可以肯定的說，席格家族和華特童年的種種恐怕很難為世人所知。幾乎所有關於華特童年時代的文字資料最終都可回溯到海倫娜的記憶。至於家族其他成員留下的記錄，不是消失無蹤，就是安全的鎖在某個地方。

根據海倫娜對她母親的描述，我們看到一個有智慧、性格複雜的女人，有時風趣迷人而獨立，有時嚴厲、感情冷淡、善權謀而順服。

奈莉為家人營造的家庭氣氛也十分多變——原本激烈嚴酷，忽而開始嬉戲、唱歌。許多晚上他們都是在奈莉的歌聲和奧斯渥的鋼琴伴奏樂聲中度過。當她做女紅或者帶孩子們到樹林裡玩耍、游泳的時候也會引吭高歌。她教他們唱許多輕快、無厘頭的歌曲，像是〈槲寄生樹枝〉、〈她戴著玫瑰花環〉，還有孩子們最愛的：

我是年紀最小但很厲害的跳跳蟲傑克
我會用拇指表演小把戲……

華特從小就是個膽大的游泳高手，腦袋裡充滿影像和音樂。幼年的他有個湛藍眼珠，蜷曲的金色長髮，他的母親曾經讓他穿上「小貴族梵特勒若伊式的天鵝絨小套裝」（譯註：十九世紀末Frances Hodgson Burnett著"Little Lord Fauntleroy"一書，書中的兒童插畫掀起貴族式男童服裝風潮），家族的一個朋友回憶說。比華特年幼四歲的海倫娜清楚記得她母親對他的「美貌」和「乖巧」沒完沒了的讚賞，後者卻是他妹妹難以苟同的。華特或許是個美男子，但他無論如何談不上溫柔或親切。海倫娜回憶說，他是個迷人、精力充沛且好鬥的小男孩，好交朋友，可是一旦他覺得他們不再有趣或者失去利用價值的時候，就立刻變得無比冷淡。華特的母親時常得安撫被他冷落的玩伴，為她兒子突然不見人影的舉動編造各種藉口。

其實華特的冷酷、自我耽溺傾向從小就相當明顯，讓人不禁懷疑，他的母親或許想都沒想過，她和他的關係也許是造成他陰鬱性格的因素之一。奈莉或許疼愛她這個容貌宛如天使的兒子，但不盡然是基於正當健康的理由。也許他只不過是她自我的延伸，她的溺愛行為只是潛藏在她內心深處欲求不滿的投射。或許她只是用她所知道的唯一方式在對待他，也就是和他保持情感上的疏離，一如她母親待她那般，同時將她從父親那兒體驗到的自私、不倫的強烈情感轉移到他身上。華特還在牙牙學語的時期，有個名叫弗塞利的畫家執意要為這個「令人讚嘆」的小男孩畫肖像畫。奈莉將這幅全幅肖像畫掛在她的起居室，直到她九十二歲去世那天。

奧斯渥・席格假裝自己是一家之主的企圖完全是騙局，華特必然也清楚。孩子們經常目睹的固定儀式是「媽咪」哀求她的丈夫給她錢，他則掏著皮夾，問她，「我得給妳多少才夠呢，妳這不知儉省的女人？」

「十五先令算過分嗎？」她會先唸一遍家用花費清單的內容，然後說。

這時奧斯渥會大方的把錢給她。其實那原本就是屬於她的錢，因為她總是識大體的把她的年津貼全數交給他。而他偽裝的慷慨也總是得到妻子以親吻和粲笑作為回報。就這樣，他們之間的戲碼巧妙重演著她和理查・希普漢克，也就是她那無所不能、控制慾強烈的父親的關係。這場景深深烙印在華特心底。他仿效了父親性格中最惡質的部分，終其一生不斷尋找著能夠迎合他揮霍無度和浮誇習性的女人。

奧斯渥・席格是德國幽默雜誌《落葉》的畫家，然而他在家時一點都不有趣。他對小孩極度欠缺耐心，而且絲毫不知自律。他的女兒海倫娜回憶，他只和華特談話。華特曾經聲稱他記得父親所說過的「每一句話」，幾乎沒有什麼是華特無法迅速學會並且牢記在心的。早在德國的童年時期，他便習慣於閱讀和書寫，他的精確記憶力一向為友人所稱道。

據說某天華特陪著父親散步，中途經過一座教堂。奧斯渥指著一處紀念碑對兒子說，「這個名字你一定記不得。」奧斯渥說著繼續往前走。華特停下來唸道：

MAHARAJA MEERZARAM
GUAHAHAPAJE RAZ
PAREA MANERAMAPAM

MUCHER　　　L.C.S.K.

直到八歲那年，華特・席格仍然記得這段碑文，並且能夠毫無謬誤的寫出來。

奧斯渥沒有鼓勵任何一個孩子從事藝術工作，但華特從小就熱中於寫生、油畫，以及製做蠟像。他聲稱自己知道的所有藝術理論都是來自父親的教導。父親曾經在一八七〇年帶他到位於柏林頓展覽館（譯註：Burlington House，位於倫敦具有百年歷史的著名建築）的皇家藝術學院去研習「大師」的油畫。翻閱華特的作品檔案可以發現，奧斯渥對華特在繪畫方面的發展似乎有一定的影響力。位於倫敦北區的伊斯林頓公共圖書館藏有一系列原本認定為是奧斯渥作品的素描，如今許多歷史學者和繪畫專家則認為其中摻雜著他天才兒子華特的傑作。也許奧斯渥對華特早年的藝術創作曾經給予指點。

當中有許多寫生作品顯然是出自某個正努力學習著街景、建築物和人體素描而且頗具天份的菜鳥之手。然而指揮著這雙手的藝術心智卻是混亂、狂暴而病態的，樂在描繪大鍋中沸煮著活人的場景，有著惡魔般尖長臉孔、尾巴和猙獰笑容的人形。他最喜歡的主題之一是衝入城堡、互相殘殺的士兵。騎士將體態豐滿的仕女強拉上馬背，她一邊哀求著他別強暴她、謀殺她或兩者。當席格提到十七世紀荷蘭版畫家卡雷一幅一六五二年創作的銅版畫時，也許他描述的其實是他自己少年時的作品：那駭人的場景，他說，畫的是一名騎著馬的武士停下來看著一具「衣服被剝光」、「頭顱落地」的「屍體」，遠方逐漸遠離的則是「舉著矛槍和旌旗」的軍旅。

這個系列中最殘暴的一張生手素描畫著一個胸脯豐滿、穿著低胸服裝、坐在椅子上的女人，雙手被反綁在背後，頭往後仰，一個男人用右手拿一把刀刺入她的胸腔中央的胸骨位置。另外她的胸部左側和頸部左側——就在頸動脈的位置——也有傷口，左眼下方似乎也有傷痕。行凶者臉上只有一抹微笑，身上穿著套裝。在這一小張長方形畫紙對側，蹲距著一個樣貌可怖的男人，作勢撲向一個身穿長裙、披著圍巾、頭戴圓帽的女人。

我沒發現奧斯渥・席格有性暴力跡象，但他的性格或許十分陰沉冷酷，而最常遭殃的便是他的女兒。海倫娜怕極了他，甚至到了一看見他就發抖的地步。當她因為風濕熱臥病在床長達兩年的期間，他不曾表現出一絲關切。她七歲那年病癒，身體變得虛弱異常，兩腿再也不聽使喚。她很害怕，因為她父親開始逼迫她和他一起去散步。每次出門散步他總是不發一語。對她來說，他不說話還比出言尖刻來得可怕。

當她忙亂地努力跟上他絲毫不停歇的步伐，或者笨拙地撞上他時，「他總是不吭一聲抓住我的肩膀，」海倫娜寫道，「然後二話不說將我往反方向一推，讓我差點撞上牆壁或者跌進水溝裡。」她的母親從未挺身袒護她。與其親近這位容貌平凡的紅髮女兒，奈莉寧可守著她那幾個有著美麗金髮、穿著可愛水手裝的「漂亮的小傢伙」。

而華特更是幾個英俊小子裡頭最聰明、耀眼的一個。他的種種伎倆和撒嬌手段總是能夠得逞。他是老大，弟妹們只得聽從他的命令，無論華特的「遊戲」有多麼不公平或討厭。下棋時只要對他有利，他說什麼都不肯改變遊戲規則，例如改成可以不計後果的攻王棋。當一八六八年席格一家移居到英國、華特年齡稍長時，他開始聚攏朋友手足排演莎士比亞的戲劇。有些他的舞台導演方式相當粗劣、引人反感。海倫娜在一份不曾公開的手稿中回憶說：

華特將我們綑綁起來，在新港附近一座廢棄的採石場排演《馬克白》裡三個女巫的那一幕時，我應該年紀還小吧。當時我天真的以為那裡真的叫做「阿克倫河」（譯註：Achaeron，希臘神話中屬冥界的悲愴之河）。他在這兒嚴格的操練我們。我（剛好有著女巫般的紅髮和瘦小身材）被迫拋去衣服、鞋子和襪子，在女巫的大鍋旁沉思或者繞著它踱步，忍受著腳下的棘刺和尖銳石塊，燒焦的海草燻煙刺痛我的眼睛。

這段敘述和其他許多記錄一樣，在後來海倫娜的回憶文字出版時被淡化或刪除。若非維多利亞與亞伯時博物館所屬國家藝術圖書館典藏著私人捐獻的六頁殘存手稿，華特少年時期的性格傾向將不為世人所悉。我懷疑被銷毀的恐怕不少。

維多利亞時代和二十世紀初的人們並不習慣暢言一切，尤其是和家族有關的事務。據說維多利亞女王本身就曾經為了銷毀自己的私人文件而讓一座宮殿付諸一炬。一九三五年海倫娜出版回憶錄時她的哥哥華特已經七十五歲，而且是被廣大年輕藝術家尊奉為「帝王」的英倫偶像，他的妹妹也許不忍在書中搗毀他的名聲。她是少數幾個他無法駕馭的人之一，兄妹倆一向就不親近。

我們無法確定她是否真的知道該如何界定這個人。他「……既是最善變也是最恆常不變的人……不講理，卻又總是在說理。習慣於忽略朋友和人際關係，同時又是極度仁慈、慷慨而見義勇為的人——不知無聊為何物，除了對人以外。」

席格的學生都同意他是個「難纏人物」，聰明、脾氣變化無常。在他三歲那年，他母親告訴一個朋友，他「既任性又乖戾」——是個體格強壯，忽而溫和、忽而火爆的孩子。他非常善於說服別人，而且和他的父親一樣厭棄宗教。至於權威，對他來說同樣的無足輕重。學生時代的華特非常活躍而且好學，可是不受規範。那些為他立傳的人對於他的「不守常規」——就像他的傳記作者丹尼斯・蘇頓形容的——一向是輕描淡寫。

十歲那年，席格被一所位於瑞丁的寄宿學校「退學」。日後他提起時說，他覺得那個「又老又可怕的女教師」很讓人受不了。後來他被大學學院學校（譯註：University College School，位於倫敦漢普斯戴區）除名，原因不明。一八七〇年左右他進入貝斯沃特學院學校，兩年後轉學到英皇學院學校。一八七八年他在全國會考（所有最高年級學童參加的大學入學資格考試）中得到一級成績，可是他始終不曾進入大學就讀。

席格的狂妄、冷漠和不凡的操控能力正是精神病態者的典型特徵，較不彰顯的則是隱藏在他迷人外表下的怒意，儘管還是可以從他的喜怒無常和虐待狂的遊戲中看出來。只要在情感疏離、欠缺憐憫懺悔之心的特質中加入憤怒一項，便足以像魔法般的讓傑柯醫生變身成為怪物海德。這種轉換乃是一種我們或許永遠無法完全理解的生理和心理交互運作的結果。是大腦額葉病變讓一個人成為精神病態者？抑或一個人是精神病態者，因此產生額葉病變？我們還不知道答案究竟為何。

但是我們了解行為，我們知道精神病態者的行動是無懼於後果的，對自己的暴行所遺留下來的苦難毫不在乎。一個狂暴的精神病態者不會理會他刺殺總統的行為可能會危及國家安全，他的痛快殺戮會撕裂失去丈夫的女人或者失去父親的孩子的心。舍漢（譯註：Sirhan Sirhan，一九六八年暗殺前美國參議員羅伯・甘迺迪的約旦籍刺客）在獄中服刑時有人聽見他吹噓說，如今他已經和巴比・甘迺迪（譯註：即羅伯・甘迺迪）和小約翰・辛克利同樣出名了。行刺雷根未遂使得辛克利這個矮胖、寂寂無名的敗類搖身一變成為各大雜誌的封面人物。

精神病態者唯一的恐懼是他可能會被逮捕。強暴犯一聽見有人敲門便會立刻中止他的性侵害活動。或者一發不可收拾，將進入屋子的人連同受害者一起殺害，這麼一來就沒有人證了。

無論暴力精神病態者如何揶揄警方，他們心中對落網其實充滿了恐懼，而且會不擇手段去避免。很諷刺的是，一個視人命為草芥的人竟會如此貪生怕死。他們冒的險不斷升高，死亡的風險亦然。他們堅決要活下去，終致執拗的相信自己能夠迴避毒藥注射或者坐電椅的死亡結局。

開膛手則是高手中的高手，他的謀殺行為、他提供的線索、對媒體和警方的嘲弄以及他的怪誕行徑——無不趣味十足。他最大的幻想破滅或許是來自他突然發現自己的對手竟是一群束手無策的傻蛋。大多數時候開膛手傑克都在自導自演，他沒有夠格的競爭者，他不停的吹噓、揶揄，到了幾乎要露出馬腳的地步。開膛手寫了數百封信給警方和媒體，最常用的字眼之一是「一群傻瓜」，這同時也是奧斯渥・席格最愛的字眼。開膛手的信件中出現了幾十次「哈！哈！」——詹姆斯・馬奈爾・惠斯勒那惱人的美式笑聲，想必席格在追隨這位大師的期間曾經聽聞無數次。

從一八八八年到現在，數百萬個賦予開膛手傑克神秘凶手身份的人士無疑的從來不曾想過，這個不名譽殺手其實是個自大、性喜譏諷且充滿鄙夷的人，總認為世上每個人都是白痴或笨蛋。開膛手痛恨警察，輕視「齷齪的妓女」，狂愛對那些急於逮到他的人做個調侃的、「有趣的小小」溝通。

開膛手慣於嘲諷以及對剝奪人命感到漠然的特性在他那些已知開始於一八八八年尾、結束於一八九六年的信件中表露無遺。當我反覆閱讀——次數已難估計——收藏在國家檔案館

（譯註：Public Record Office，已於二〇〇三年四月和 Historical Manuscripts Commission「歷史手稿委員會」合併為 The National Archives「國家檔案館」）和倫敦歷史資料館那兩百五十封開膛手的信件，在一個聰穎、才華洋溢的成人背後操控著的那個憤怒、邪惡而狡獪孩子的可怖形象在我腦中逐漸成形。開膛手傑克只有在奪取人命和嘲弄執法當局的時候才會感覺到自身力量的強大，而他的所做所為逃過了法律制裁長達一百一十四年。

剛開始閱讀這些開膛手信件時，我的想法和警方以及一般人是一致的：多數信件都只是某些心理不平衡的市民惡作劇或無聊之作。但是當我深入研究席格其人和他的表達方式以及大批署名開膛手信件的表達方式之後，我的想法改變了。我相信這些信件大部分是凶手所寫。開膛手在信中帶著孩子氣和惡意的揶揄以及充滿嘲諷和挑釁的言語包括：

「哈哈哈！」

「有本事來抓我。」

「這真是大快人心的遊戲。」

「我玩得太盡興了。」

「摯友開膛手傑克。」

「我對她說我是開膛手傑克，然後脫掉帽子。」

「加油吧！你們這些聰明的警察。」

「暫別了，在逃的開膛手敬上。」

「親愛的長官，昔日的好時光又重現，豈不太妙了。」

「你們只要努力回想一下，說不定就會記起我來了，哈哈。」

「為了蘇格蘭場的小子們，我非常樂意把我的行蹤告訴你們。」

「警察又叫笨條子，以為自己聰明得不得了。」

「你們這些蠢驢，兩面討好的笨蛋。」

「拜託派幾個聰明的警察到這兒來吧。」

「警察每天都跟我擦身而過，我總會遇到一個，然後把這信遞給他。」

「哈哈！」

「你們犯了個錯誤，以為我沒看見你們……」

「往日的美好時光終於重現。」

「我真的很想和你們開點小玩笑，可是我實在沒空和你們玩貓捉老鼠的遊戲了。」

「Au revoir（譯註：法文「再見」），長官。」

「我捉弄了他們一下。」

「暫別啦。」

「只是想告訴你們我愛死我的傑作了。」

「他們一副聰明的樣子，高談著辦案方向是正確的。」

「附註：別想利用這封信來追蹤我，沒有用的。」

「你們這些蘇格蘭場的人大概都睡著了。」

「我是開膛手傑克，有本事來抓我啊！」

「我要到巴黎去試驗我的小把戲了。」

「啊，這次實在玩得太開心了。」

「問候各位。」

「我仍然是自由之身……哈哈哈！」

「別笑。」

「到目前為止我做得還不錯吧」

「真摯的友人，精算大師上。」

「親愛的長官……昨晚我和兩、三個你們的人聊了一下子，」

「警察真是一群傻蛋。」

「我每天都在留意警方的動靜，可是他們沒來搜我住的地方。」

「為什麼昨天我走過一個警察身邊，他卻連瞧都沒瞧我一眼。」

「如今警方把我的傑作當笑話看待，傑克本來就是個徹頭徹尾的笑話，哈哈哈！」
「我真是快活極了。」
「人家都認為我是個英俊體面的紳士。」
「看吧，我依然逍遙得很。哈哈！」
「要抓我沒那麼容易。」
「你們拼了命想逮住我，沒有用的，你們逮不到。」
「過去你們沒能逮到我，以後也休想。哈哈！」

我那擔任律師的父親說過，從一個人動怒的理由可以看出許多端倪。仔細過濾了位於倫敦柯優區的國家檔案館所收藏的兩百一十一封開膛手信件之後，我發現開膛手傑克是個目空一切的自大狂。無論他在信中偽裝成多麼無知、知識淺薄或瘋癲，事實上他並不喜歡被別人如此看待。他總是忍不住偶爾寫封拼字完美無誤、筆跡秀麗且措辭高雅的信來提醒大家他是多麼富有智慧。就像開膛手在他那些日漸被警方所忽略的信件中屢次自我辯解時所說的，「我可不是你們所認為的瘋子，和你們比起來我真是to dam（譯註：意指too damn，媽的！）的太聰明啦。」以及「你們以為我瘋了嗎?真是大錯特錯。」

依據常理，一個知識淺薄的倫敦東區人不會使用「雙關謎語」這類字眼或者在信中署名

「精算大師」。依據常理，一個無知的莽夫不會稱呼被他殺害的人為「受害者」或者用「帝王切開術」來形容剖殺女人。開膛手也使用粗鄙的言語，例如「淫婦」，而且很努力的假裝拼錯字、不知所云或者故意寫得一手歪斜的字跡。然後他會從白教堂區寄來假信件——「我沒有郵票」，讓人以為開膛手傑克是住在貧民區的可憐人。事實上，白教堂區的窮人沒有幾個會閱讀或寫字，而且這裡住著相當多外國人，根本不會說英語。大多數拼錯字的人都是用語音拼字，而且有其一致性。然而在一些開膛手的信件裡頭，同一個字卻有好幾種錯誤拼法。

不斷重覆出現的「小把戲」和使用頻繁的「哈哈」其實是出生在美國的詹姆斯・馬奈爾・惠斯勒的口頭禪。他的「哈哈」大笑，或者席格所說的「咯咯笑」，向來讓人十分反感，而且經常有人將它形容為足以讓英國人神經緊繃的可怕笑聲。惠斯勒的「哈哈」笑聲能夠讓晚宴的談話為之中斷。這等於是在宣佈他的到來，好讓他的敵人心生警覺或者起身離去。「哈哈」是美國人而非英國人的口語。我們可以想像，席格在惠斯勒身邊或者在這位大師的工作室裡的時候，每天不知得聽多少次這惱人的「哈哈」笑聲。一個人即使看過數百封維多利亞時期的信件也難得找到一聲「哈哈」，然而這在開膛手的信件裡卻處處可見。

長久以來人們一直被誤導，以為這些開膛手的信件只不過是惡作劇，或者是某個試圖製造煽情新聞的記者之傑作，或者是瘋漢的連篇瞎扯，因為媒體和警方都這麼認為。研究開膛手連續謀殺案的學者和大多數學生都把重點放在筆跡而非語言。一個人的筆跡很容易偽裝，尤其對一個傑出的畫家而言更是如此，然而不斷重覆出現在不同篇章當中的特殊語言習慣可說是一個人腦袋裡的指紋。

華特・席格最常用的侮辱用語之一是稱呼別人「一群傻子」。開膛手特別喜歡這字眼。在開膛手傑克眼裡，每個人都是傻瓜，唯獨他自己除外。精神病態者往往認為自己比任何人都來得聰明靈巧，而且相信自己能夠騙過那些追捕他的人。精神病態者喜歡玩遊戲、騷擾或揶揄他人。一手製造混亂局面然後冷眼旁觀是件多麼有趣的事。華特・席格並不是第一個樂在操弄把戲、奚落別人、認為自己比誰都聰明並且能夠逃過法律制裁的精神病態者，然而他或許是有史以來最高明、最富創意的殺人凶手。

席格或許是個有著天才智商的知識份子，一個出色的藝術家，他的作品受到尊崇但不盡然受到喜愛。在他的畫作中看不見綺思、溫情和夢想，他從來不勉強自己創作「美」的事物。作為一個畫家，他比大多數同儕都來得優秀。「精算大師」席格是個精於技術的人。「大自然中的所有線條……都可視為位在由四個直角所形成的三百六十度放射線範圍內的某處，」他寫道。「而所有直線……和弧線都可以視為和這些線條相切的線條。」

他曾經教導他的學生，「繪畫的基礎是訓練自己對各種線條方位……在兩個直角所構成的一百八十度角之內……具備敏銳的知覺。」這被他緊接著簡化為：「藝術可說是……個別的誤差係數……在『畫家的』嘗試下力求形式表現。」惠斯勒和竇加從來不曾使用這類字眼來定義自己的藝術，我不確定他們能否聽得懂席格這些話究竟是什麼意思。

席格特殊的思考、分析方式顯然不只表現在他對藝術的闡述上，同時也包含在他的執行方式當中。他繪製油畫的方式是，先將素描「用方格分割」，然後加以幾何放大，以保留原來的透視和比例。在他的某些畫作裡頭，我們可以看見他用數學方法畫出的方格線條在油彩底下隱隱若現。綜觀開膛手傑克的暴力犯罪和計謀，那訴說著他真實身份的方格，同樣也在他的精巧佈局之下依稀可見。

# 6 華特和弟弟們

席格才五歲便已因為瘻管疾病而接受過三次危險的外科手術。

我讀過的每一本席格自傳對於這幾次手術都只是簡單提及，因此我不知道是否有誰可以證實他到底罹患了哪一種瘻管疾病，以及為什麼需要多達三次危及生命的手術來治療。話說回來，截至目前我們尚未看見任何一本客觀細述他八十一歲漫漫生涯的學術性傳記出版。

儘管丹尼斯・蘇頓一九七六年出版的席格傳記當中披露了不少資料——因為作者研究得十分透徹而且花了許多工夫和那些認識「大師」的人面談——他終究必須妥協以獲得席格家族信託的准許，才能使用信件之類擁有版權的文件。想要一窺席格這個人複雜、強烈矛盾的性格全貌，就必須先跨越關於使用智慧財產——包括他的藝術作品——方面的重重法律障礙。格拉斯哥大學的蘇頓檔案庫當中的一份研究筆記顯示，一九三〇年代席格曾經繪製一幅「開膛手」畫像。果真有這麼一幅畫，我卻從來沒聽人提起過。

還有另外一些關於席格的獨特行事風格的記錄，應該會讓熱心研究他的人略感驚訝。一九六八年十一月十六日，一位和布倫茲貝利社團（譯註：Bloomsbury Group，二十世紀初位在倫敦Bloomsbury區的著名文藝社交圈）頗有往來的法國名畫家安德烈・杜拿耶・德・瑟貢札從巴黎寫信給蘇頓，說他在一九三〇年左右認識華特・席格，並且清楚記得席格聲稱他曾經「住在」白教堂區那棟開膛手傑克住過的屋子裡，席格並且「活靈活現的告訴他這名殺人魔所過的極度戒慎低調的生活方式。」

瑞丁大學的藝術史學者，也是席格研究者的安娜・谷魯茲納・羅賓博士說，任何人一旦深入研究席格，遲早總會懷疑他就是開膛手傑克。她某些關於席格藝術的研究著作似乎過於迎合席格的口味了。關於他的種種真相彷彿罩著層薄紗，就如同開膛手的一切，讓任何不名譽的細節曝露在陽光下將是對他的極大褻瀆似的。

二〇〇二年初，曼徹斯特市美術館館長郝爾德・史密斯和我聯絡，問我是否知道一九〇八年華特・席格曾經繪過一幅極為黯淡陰沉，名為《開膛手傑克的臥房》的油畫。這幅畫在一九八〇年捐贈給美術館，當時的館長立刻通知了溫蒂・巴隆博士——關於席格的研究論文和著作沒有人比她數量更豐——告訴她這個驚人的發現。「我們剛剛收到一筆捐贈，是席格的兩幅油畫，」當時的館長朱利安・楚賀茲在一九八〇年九月二日寫給巴隆博士的信中說。其中一幅，他說，是「開膛手傑克的臥房，二十乘十六吋的帆布油畫。」

十月十二日巴隆博士回信給楚賀茲館長，證實那幅油畫中的臥房的確是實際坐落在康頓城的一棟公寓內（摩林頓街六號）的房間。席格一九〇六年從法國遷回倫敦的時候在這裡租下最上面兩層樓。巴隆博士進一步發現，這棟康頓城公寓正是「席格相信曾為開膛手傑克住所」的住宅。儘管我並未找到這個摩林頓街地址即是席格所認為的開膛手住所的證據，我相信在一八八八年連續謀殺案發生期間，席格很可能確曾有這麼一個秘密房間。開膛手在幾封信上提到，他正遷入一間公寓，也許就是這棟摩林頓街六號的公寓，同時也是一九〇七年席格所居住的地方，而在同一時間內又一名妓女就在距離這裡不到一哩的地點遇害。

席格告訴朋友，他住過的一間公寓的女房東聲稱，在連續謀殺案發生期間開膛手傑克就住在那兒，她並且知道他的真實身份：開膛手是個病態的獸醫學徒，最後被送進一家精神療養院。她還將這名病態連續殺人犯的名字告訴席格，席格說他把它抄在當時他正在閱讀的卡薩諾瓦回憶錄的書頁裡。可惜的是，記憶力過人的席格始終記不起這名字，而這本書又在第二次大戰期間銷毀了。

二十多年來，這幅《開膛手傑克的臥房》油畫始終不受重視，一直閑置在儲藏室裡。這幅畫似乎是巴隆博士沒有在著作裡提及的少數作品之一。我當然從來沒聽過有這麼一幅畫，羅賓博士、泰德畫廊以及我在調查過程中訪談過的每個人也都不曾聽說過，很顯然沒有人想喧嚷關於這幅畫的事。席格是開膛手傑克的說法根本是「胡扯」，席格的外甥約翰・勒梭說。他和席格並無血親關係，而是席格第三任妻子黛蕾絲・勒梭娘家的親戚。

寫這本書的期間，我和席格家族信託並無聯繫，他們或者其他人都不曾勸我別把我所深信不移的真相公諸於世。我參考了和席格同時代的許多人的回憶，包括惠斯勒，和席格的前兩任妻子，她們對席格家族信託並沒有法律義務。

我極力避免以往在一本本相關著作中反覆出現的那些謬誤。我發現席格死後人們提出的種種說法無不一再強調對他的生平和為人沒有絲毫詆毀或羞辱的意思。他的瘻管病不受重視顯然是因為，那些提起這事的人並不十分明白那是什麼，或者這疾病可能會為席格的精神狀態帶來何等巨大的衝擊。令我驚訝的是，當我向約翰・勒梭提起他姑丈的瘻管時，他告訴我——彷彿那是普通常識似的——瘻管是「『席格的』陰莖上有個洞」。

我認為勒梭並不清楚這話的真正意涵。我也不認為丹尼斯・蘇頓對席格的瘻管疾病有深切的了解。蘇頓提起這點時只簡單的說，席格曾經在慕尼黑接受過兩次失敗的瘻管手術。接著在一八六五年席格家族居住在迪埃普時，他的姨婆安娜・希普漢克提議由一位倫敦的頂尖醫生為他做第三次手術。

海倫娜在回憶錄中沒有提到她兄長的健康問題，不過可以想像她知道的不會太多。畢竟兄長的生殖器官並非適合全家討論的話題，更何況席格動手術時海倫娜還只是個孩子。很可能等到她成長到懂得思考生殖器官的問題時，席格也早過了會光著身子到處亂跑的年齡了。他曾經玩笑的暗指他的瘻管疾病，說他到倫敦是為了接受「割禮」。

在十九世紀，肛門、直腸和陰道瘻管極為常見，也因此倫敦的聖馬克醫院特別開放為民眾治療這類疾病。醫學文獻中並沒有陰莖瘻管的相關記載，不過這名詞或許指的是類似席格所罹患的陰莖病變。「fistula（瘻管）」拉丁文原意是蘆葦或管子，通常是指不正常的孔穴或彎道。當瘻管從直腸連接到膀胱、尿道或陰道時便會導致極嚴重的後果。

瘻管可能是先天的，但通常是由於膿瘡惡化，往體內的脆弱部位入侵，穿過器官組織或皮膚表層，形成一條可讓尿液、糞便和膿液流出的新管道。瘻管是極度不舒服、尷尬，甚至可致命的疾病。早年的醫學期刊記載著許多嚴重病例，像是疼痛難忍的潰瘍、消化道通向膀胱、消化道或膀胱通向陰道或子宮頸，以及月經流向直腸等。

十九世紀中期的醫生習慣將瘻管歸因於坐的椅子太潮濕、勞動整日之後坐公共汽車、吞嚥小骨頭或針、「錯誤的」飲食、酒精、衣著不適當、「過度」使用軟墊，以及和某些職業難以避免的久坐習慣。聖馬克醫院創辦人菲德列克・塞蒙醫生曾經替查理・狄更斯治療瘻管。病因則是——據他判斷——這位大文豪長久坐在書桌前的緣故。

聖馬克醫院成立於一八三五年，旨在為窮人解除直腸病痛和「五花八門的毒症」。一八六四年遷移到伊斯林頓區城市街。一八六五年由於醫院秘書侵吞醫院年進帳的四分之一，亦即四百英鎊款項之後逃離倫敦，使得該醫院面臨財務困境。有人提議由瘻管已經治癒的狄更斯發起一項募款晚餐活動，但被他婉拒。同一年秋天，華特・席格來到聖馬克醫院，由新任外科醫師亞佛雷・德夫・庫柏醫生為他「診治」。這位醫生後來成為法孚公爵的女婿，並獲英皇愛德華七世冊封為爵士。

年僅二十七歲的庫柏醫生是在醫界迅速竄起的新秀。他的專長是直腸疾病和性病，不過在他的所有出版品和文獻裡頭找不到任何他曾經治療所謂陰莖瘻管的記錄。關於席格的瘻管症狀，從普通到嚴重等各種說法不一。他或許是不幸罹患了一種叫做先天性尿道下裂症的遺傳性畸形，特徵是尿道開口在龜頭頂端下方的位置。席格出生時出版的德國醫學文獻指出，輕度的尿道下裂症根本是「小事一樁」，而且比一般所認為的還要普遍。這類輕度病患的瘻管不至於影響生育能力，不需要冒外科手術可能會引起感染、甚至死亡的風險。

由於席格的畸形需要三次手術來治療，他的症狀或許不能算是「小事一樁」。一八六四年柏林大學法醫學教授裘安・魯德維・賈斯伯博士在書中提到先天性尿道下裂症中較為嚴重的例子：這類畸形病患的尿道開口位在「根部」或者說陰莖底部。比這更嚴重的是尿道上裂症，也就是尿道位置偏離，像一條「淺溝」那樣沿著病患發育不全或者退化的陰莖的背側走。在十九世紀中期，這類病例往往被視為雌雄同體或者「性別不明」。

席格出生時，他的性徵很可能並不明顯，意思是他的陰莖十分短小甚至彎曲，而且有尿道閉鎖（龜頭頂端沒有尿道開口）現象。膀胱的尿液改由陰莖底部——或肛門附近——的開口排出，因此病患的陰囊或許會有一處裂口，形成有如女性的陰蒂、陰道和陰唇的構造。席格的真正性別或許一直到他的睪丸在層層的假陰唇之中被發現，同時證實他並沒有子宮的時候才終於獲得確認。在性器官不明顯的病例中，倘若病童的性別最後確定是男性，他仍然可能在成長過程中展現男性氣概，而且各方面都發育健全，唯獨陰莖除外。也許勉強具備功能，但不可能全然正常。在外科手術發展的早期，試圖修復嚴重性器官畸形的手術結果往往以截除患部收場。

由於缺少醫療記錄，我無法斷定席格究竟患有哪一種陰莖畸形。但如果他的尿道下裂症狀只是「小事一樁」，為何他的雙親要訴諸危險的手術？為何他的雙親延宕多時才終於決定修補，那想必是極大磨難的傷口？席格接受第三次手術時才五歲。我們不禁懷疑這距離上兩次手術究竟有多近。他的姨婆主張帶他到倫敦，顯示他的病狀可能相當緊急，前兩次手術的時間或許就在不久前，而且很可能有併發症。倘若那夢魘般的醫療試煉是在他三、四歲時開始進行的，那麼很可能他的雙親是一直等到確定他的真實性別之後才決定動手術。我不知道他幾歲的時候取了華特・席格這個名字。直到現在，我尚未找到任何關於他出生證明或命名記錄之類的文件。

海倫娜在回憶錄中說她小時候，「我們」總是稱呼華特和他的幾個弟弟為「華特和兒子們」。「我們」指的是誰？我懷疑他的弟弟們會稱呼自己為華特和兒子們，也很難想像年幼的海倫娜會自己想出這種稱謂。我比較相信華特和兒子們是雙親之一或兩人共同使用的說法。

從海倫娜書中一張華特幼年照片看來，他那早熟、沉穩、十足獨立的模樣顯然有別於他的弟弟們。也許華特和兒子們這稱呼只是用來突顯他的長子身份，但也可能是因為他的生理特徵和其他男孩——或者和一般男孩——都不相同。也許後者才是真正原因。而對年幼的華特來說，反覆使用這稱呼在他身上，毋寧是一種羞辱和打擊。

席格的童年就這麼被病痛所佔據。年僅一歲半便開始接受先天性尿道下裂症矯正手術，可能會帶來去勢的恐懼，手術所留下的疤痕和不便或許會造成他勃起困難或疼痛；也許他不得不接受陰莖部分切除手術。他的畫作中極少出現裸露男性，除了兩幅素描，似乎是在他十幾歲或藝術學校時期所畫的。兩幅畫中的裸男都有著無論如何都談不上正常的模糊、短小的陰莖。

開膛手信件最顯著的特徵之一便是，其中有許多是用畫筆書寫，並且用淺色墨水和油彩隨意塗抹，那些筆觸顯然是出自技巧純熟或專業的藝術家之手。更有十多封信中畫有陰莖般的刀子——類似匕首的尖長工具——以及兩個怪異、短小、被截斷似的小刀圖樣，出現在幾封極盡揶揄譏諷的信中。畫有短刀圖形的其中一封信是在一八八九年七月二十二日寄出的，用黑色墨水寫在兩頁沒有浮水印的廉價信紙上。

## 倫敦西區

親愛的長官

我回來繼續玩我的老把戲了。想來逮我嗎？我猜你們一定逮得到。今晚十點半左右我會離開我的巢穴——在康鐸街附近，到時候注意康鐸街一帶吧——哈——我向你們保證我的小小收藏將會增加四條人命四個淫婦然後我就滿足了。儘管來抓我，你們別想喘息了……不是大刀子而是尖銳的刀〈開膛手傑克在他的刀子素描旁邊潦草寫下的說明〉

署名底下有個附筆，用拉長的筆跡寫著「R. St. w.」幾個字母。乍看之下這組縮寫似乎是地址，尤其「St」在信中出現了兩次，用來指稱街名。至於「W」可能是指西區。倫敦並沒有「R Street West」這樣的地址。不過「R. St.」很容易讓人想到也許是麗晶街（Regent Street）的慣用縮寫，而它又是和康鐸街交叉的一條街。無論如何，這組神秘的縮寫也可能有著雙關意涵——另一種「有本事來抓我」的說法；也許它同時暗指凶手的身份以及他時常逗留的地方。

席格有許多油畫、銅版畫和素描作品使用Sickert（席格）的縮寫St作為署名。後來的幾年他給藝術界人士製造了點困惑，聲稱他不再是華特・席格，而是理查・席格，而且在作品上署名R. S.或者R. St。一八八九年九月三十日——就在上面那封信之後兩個月——另一封開膛手寫給警方的信中也畫有類似的短刀圖樣，看來像是解剖刀或直線型刮鬍刀，刀鋒上淡淡寫著R（也許是W）S縮寫字母。據我所知，這些一八八九年信件上的謎樣縮寫一直不曾被人注意，也許席格還因此暗暗得意。他並不想被逮到，不過看見警方全然錯失他的神秘線索，想必讓他欣喜若狂吧。

華特・席格對麗晶街和新龐德街應該不陌生。一八八一年他曾尾隨艾倫・泰瑞到麗晶街的商店，為她在萊辛劇院飾演奧菲麗亞一角尋找合適的戲服，而位在新龐德街一百四十八號的美術協會（Fine Art Society）正是詹姆斯・馬奈爾・惠斯勒展出並出售畫作的場所。開膛手在一八八九年七月那封信中使用了「diggings」這字眼，這是美國俚語，意思是房屋或住所，也可以指某人的辦公室。席格工作上的往來地點想必也包括就位在康鐸街「附近」的美術協會。

揣度開膛手信件的意涵很是讓人著迷，然而我們不能據以推斷席格心中的想法，但我們有理由相信席格應該讀過羅伯・路易斯・史蒂文生一八八五年出版的小說《傑柯醫生與海德先生奇案》，席格當然也不會錯過一八八八年夏天開始上演的舞台劇版。史蒂文生這部作品也許有助於席格了解自己的雙面個性。

傑柯和海德有許多相似點：來去無蹤；字跡多變；神秘；喬裝；居處隱秘且藏有許多喬裝用的衣物；體型、身高和走路姿態都經過偽裝。史蒂文生這部小說對於精神病態有極其出色的描述。好人傑柯醫生註定要受到「永恆惡靈」——神秘海德先生的「奴役」。海德先生犯下謀殺案之後便往黑暗的街道逃逸無影，遠離自己的血腥行為，腦中已在幻想著下一樁案子。

傑柯醫生的邪惡面是住在他內心、無所畏懼、以冒險為樂的「獸性」。傑柯醫生的「第二人格」——海德是那麼靈巧，才能「犀利到了極點」。慈藹的醫生轉變為海德時，頓時變得激怒狂暴，有股想要凌虐、殺死每個不幸被他撞上並且征服別人的慾望。「這個邪惡之子沒有絲毫人性，」史蒂文生寫道。當席格的另一個「邪惡」人格用一把刀取代他那殘破的男性氣概時也是如此。

席格彷彿被童年的手術和附帶的功能障礙折磨得還不夠似的，他還患有十九世紀稱作「敗血病」（depraved conditions of the blood）的疾病。席格晚年寫的許多信中提到他不時受著膿瘡和癤痂之苦，且嚴重到必須臥床的地步，但拒絕求助於醫生。關於席格的先天性畸形和其他與此相關疾病的臨床診斷細節並不清楚，不過一八九九年他曾說自己的「生殖器官」讓他「痛苦了一輩子」，同時也提到他的「生理疼痛」。聖馬克醫院一九〇〇年以前的病患記錄已不可查，亞佛雷．德夫．庫柏醫生似乎也沒有保留任何關於席格一八六五年那次手術的相關資料。根據庫柏之孫，歷史學家兼作者約翰．朱利亞．諾維奇表示，他的記錄也並未在家族中流傳下來。

在十九世紀早期到中期，動手術並非愉快的事，尤其是陰莖手術。麻醉乙醚、氧化亞氮（笑氣）和三氯甲烷早在三十年前便被發現，但直到一八四七年大不列顛才開始使用三氯甲烷。這對童年的華特恐怕沒什麼幫助。聖馬克醫院院長塞蒙醫生並不信任麻醉術，也不允許他的醫院使用三氯甲烷，因為使用劑量一旦拿捏不準確極可能造成死亡。

華特在德國接受的兩次手術是否使用了麻醉藥，不得而知，儘管他在寫給賈克．艾彌兒．

布朗許的信中提到，他記得自己被麻醉了，他的父親奧斯渥・席格則在一旁觀看。我們無法確定席格指的是什麼，或者那是什麼時候的事，或者發生過幾次——甚至他說的是否屬實。總之，一八六五年庫柏醫生在倫敦為席格動手術時或許有、也或許沒有施用麻醉術。最值得驚嘆的是這小男孩竟然活了下來。

就在一年前，亦即一八六四年，法國化學家及微生物學家路易・巴斯德剛剛發現細菌足以致病。三年後的一八六七年，約瑟夫・李斯特（譯註：Joseph Lister，英國醫師，外科消毒之父）提出使用石炭酸作為消毒劑能夠抑制細菌的說法。當時醫院中的感染死亡事件極為普遍，許多人因此拒絕接受手術，寧可獨自對抗癌症、壞疽、燙傷或骨折引起的嚴重感染，以及各種可能致死的慢性病。華特存活了下來，但是他似乎並不樂於重提他在醫院的經歷。

我們只能想像當他以五歲的幼齡被父親強行帶往陌生的倫敦就醫時的那種恐懼。小男孩遠離了母親和玩伴，受著少有同情心或溫情的父親照顧。奧斯渥・席格不是那種會握著華特小手，溫言軟語給予慰藉的父親。當他帶著兒子搭乘馬車到聖馬克醫院的途中，很可能這位父親始終不發一語。

到了醫院，華特和他的小行李袋被託付給一位護士長，據信應該是伊麗莎白・魏爾森太太，一個篤信衛生和紀律的七十二歲寡婦。她為他安排病床、將他的私人物品放進寄物櫃，並且替他除蝨、洗澡，然後將醫院守則唸給他聽。在這當中魏爾森太太有一名助理護士協助她，到了晚上則沒有任何護士值班。

我不知道庫柏醫生執行手術以前華特在醫院待了多久，也無從得知當時是否使用了三氯甲烷、注射了百分之五濃度的古柯鹼，或者使用了其他麻醉劑或止痛藥。由於聖馬克醫院直到一八八二年才將麻醉術列為標準程序，我們可以推測當時情況極不樂觀。

手術室裡燒著炭爐，用來溫暖房間以及燒熱止血用的鐵具。只有這些鐵具是經過消毒的，手術袍和毛巾則沒有。外科醫生大都穿著類似屠夫在屠宰場穿著的那種黑色罩袍。罩袍越是僵硬污穢，表示這位醫生的經驗和地位越是高超。至於衛生，只是矯揉造作的要求罷了。在那個時代，倫敦醫院的外科醫生總是將清洗手術袍比喻成像是劊子手先修剪指甲再斬斷一個人腦袋那樣的多此一舉。

聖馬克醫院的手術台是拆除了床頭板和足板的床架，通常是鐵床架，這樣的鐵床架在一個小男孩眼中會是如何可怖的景象呢。在病房裡，他被固定在鐵床架上，躺在上頭接受手術。可以理解鐵床為何讓他聯想起血腥、痛楚的恐懼，以及憤怒。華特是孤獨的。他的父親或許不曾撫慰他，甚至為兒子的畸形感到羞恥、憎惡。華特是德國人，這是他初次來到倫敦。然而他被丟置在一個講英語的牢房中，孤苦無依，周遭盡是病患，只能聽命於人，任一個沉默的老護士觸摸、刷洗、餵他吃苦藥。

魏爾森太太——假設華特接受手術時是她值班——協助手術的進行，讓華特躺在床上，掰開他的大腿。進行直腸或生殖器手術時通常是將病患像豬仔似的綑綁，雙臂伸直，兩腿弓起，兩邊手腕和腳踝綑綁在一起。華特很可能被人用布條綁牢了，為了保險起見，護士或許還依照醫院的標準程序，將他的雙腿緊緊抓住，讓庫柏醫生拿手術刀沿著瘻管外圍切割。

倘若華特夠幸運，酷刑開始時也許他只覺得一陣窒息，因為他的口鼻被浸過三氯甲烷的布塊蒙住了，只會在受術完成後感到劇烈的噁心。倘若他運氣不佳，很可能在整個過程中都是清醒著經歷所有的恐懼。難怪席格一生中對於「那些可怕的醫院護士、她們的袖口、她們的灌腸劑和剃刀」——就如事經五十多年後他所寫的——全無好感。

庫柏醫生或許用一把鈍刀子來分離組織，用「彎曲導引器」（鋼探針）鑽入陰莖開口，或者用套管針刺入柔軟的皮膚；也許他用一段「堅韌的線」穿過新洞口的通道然後在末端綁了個「死結」來阻止組織凝結，就像穿新耳洞時用線頭或耳環來避免洞孔閉合是同樣的道理。這還得看華特的陰莖究竟問題何在，不過華特在德國經過兩次手術之後，由庫柏醫生操刀的這次矯正手術想必更加劇烈而痛苦，應該會留下疤痕，也可能引發其他嚴重的併發症，例如管道阻塞或者必須做局部或幾乎全部的器官切除。

庫柏醫生的手術程序出版品中沒有提到陰莖瘻管或尿道下裂症，不過他為孩童進行一般瘻管手術的方式是盡可能地快速完成以避免休克，同時確保「小病患」，庫柏醫生寫道，不至於「長久裸露」或處於「並非絕對必要的」傷口綻露的情況。酷刑末了，庫柏醫生會用叫做「縫合線」的絲線縫合所有切口並且用棉絮包紮傷口。當華特經歷著這些以及天知道還有哪些的折磨時，身穿漿硬制服的魏爾森太太在一旁提供必要協助，盡力鎮壓華特扭曲的四肢和尖叫，倘若當時他沒被麻醉的話；倘若他接受了麻醉，那麼她的臉孔應該是他被甜膩的三氯甲烷氣味薰昏前所見到的最後影像；或許他在陣陣痛楚和乾嘔中醒來時見到的第一個人也是她。

一八四一年查理・狄更斯曾經在沒有麻醉的情況下接受手術。「我經歷著種種痛苦，任由他們蹂躪，同時暴烈地勉強自己待在椅子上，」狄更斯在寫給朋友的信中說。「我幾乎無法承受。」陰莖手術的痛苦想必遠甚於直腸或肛門吧，尤其當病患只是個五歲大的外國男孩，毫無招架能力，缺乏足夠理解力及流利的英語溝通能力，無從了解發生在自己身上的種種，只能眼睜睜看著魏爾森太太為他更衣、餵他服藥，或者當他由於血腫而導致發炎時突然帶著水蛭出現在他床邊。

也許魏爾森太太是溫柔的護理人員，也許她十分嚴厲而且不苟言笑。那個時代對於護士的基本要求是她必須是單身或寡婦，這樣她才能將所有的時間貢獻給醫院。護士待遇極差，工作時間長而磨人，還得隨時準備應付異常艱困的情況和危機。有些護士往往便「沾上酒精」，不時跑回家喝一杯，帶著醉意來上班。我不了解魏爾森太太，也許她是滴酒不沾的人。

對華特來說，這回住院想必是一段沒完沒了、枯燥可怖的日子。八點吃早餐，十一點半喝牛奶和湯，接著是下午的一餐，九點半熄燈。他躺在那裡，日復一日忍受著痛苦，夜晚沒有值班護士聽他哭泣、用他的母語安慰他或者握著他的手。要是他暗暗討厭魏爾森護士，也不足為怪；要是他想像她就是那個毀了他的陰莖、帶給他無比創痛的人，也是可以理解的；要是他對在這酷刑期間沒有陪在他身邊的母親懷恨在心，也是很自然的事。

在十九世紀，身為非婚生子女或者有著非婚生父母乃是最大的恥辱。席格的外祖母未婚生子。依據維多利亞時代的標準，她是甘之如飴的。這表示她和妓女有著相同的先天性缺陷。一般相信這樣的遺傳缺陷會代代傳給子孫，是一種「遺傳性血毒」，時常被報紙形容為「自有歷史以來便存在的一種人類命定的疾病，往往遺毒給第三、四代子孫。」

席格也許會將童年的創傷、所受的屈辱和他殘缺的男性氣概歸罪給他那不道德的舞者外祖母和他的私生女母親遺傳給他的基因缺陷或者「血毒」。華特童年的不幸所可能引起的心理影響是難以衡量的。成年後的他所使用的語言顯示他極度執迷於「醫學事物」，即使寫的是和醫學不相干的事物時也一樣。

他的信件和藝術評論中出現的醫學隱喻有手術台、手術、診斷、切割、裸現、外科手術、醫生、致命的手術室、閹割、切除器官、所有內臟被掏出、麻醉、解剖、骨化、畸形、感染、種痘。有些影像從一段藝術或日常生活的敘述文字當中猛的跳出，相當駭人，甚至令人反感，就像席格所使用的一些暴力隱喻那樣教人吃驚。一般人絕料想不到聽人談論藝術時會突然浮現病態的恐怖、驚悚、死人的、死亡的、死亡、死亡婦女的心臟、將自己千刀萬剮、恐嚇、恐懼、暴戾、暴力、獵物、食人肉、夢魘、死產、處理屍體、死亡素描、血、把剃刀架在他喉嚨上、釘棺材、腐敗、剃刀、刀子、刀割這類字眼。

他在一九一二年為《英國評論》寫的一篇文章中說，「赤裸屍體的放大照片應該被列為所有藝術學校的裸體素描標準教材。」

# 7 夜訪貧民窟的紳士

一八八八年八月最後一週，天空降下整年最猛烈的雨。陽光穿透濃霧的時間，每天平均不超過一小時。

氣溫依然不尋常的低，住宅內燒著煤炭，將黑煙吐入空氣中，使得整個大都會區已然嚴重的污染情況更趨惡化。維多利亞時代並沒有污染偵測這回事，也還沒有「污染煙霧」（譯註：smog，為smoke和fog的合成字。指在特殊氣象條件下由光化學作用而產生的空氣污染物）這個字眼，然而煤炭所造成的問題早已不是新鮮事了。

眾所周知，英國在十七世紀停止使用木柴作為燃料以來，燃燒煤炭所產生的黑煙便一直損害著人們的健康和所有建築物，可是這並未阻止人們繼續使用這東西。根據估計，十八世紀倫敦大都會區的四萬棟房屋附帶的煙囪高達三十六萬支。到了十九世紀末期，煤炭消耗量大為增加，尤其在貧民階層。造訪倫敦的人總是在數哩之外便聞到它的氣味。

天空一貫的潮濕斑駁，街道覆蓋著層煤灰，石灰石建築和鐵製品被腐蝕得厲害。濃厚的污染煙霧徘徊不去並且不斷增濃，只是變了個不同於以往的色調。羅馬時期留下的水道由於嚴重污染而被填成平地。有份一八八九年的公共健康報告指出，依照倫敦的污染指數看來，過不久工程師們恐怕必須連泰晤士河都得把它填滿。每當漲潮，這條流滿數百萬人排泄物的河流總是穢臭不堪。人們喜歡穿深色衣服不是沒有理由的。有時候充滿硫磺味和黑煙的空氣如此令人難受，污水的惡臭噁心到了極點，走在街上時倫敦人不得不忍受著眼睛和肺部的刺痛，甚至拿手帕蒙著臉。

救世軍在一八九〇年所作的報告指出，當時倫敦大都會區大約五百六十萬居民當中有三萬名是妓女，三萬兩千名男女青少年牢犯。前一年，一八八九年，有十六萬人被判酒醉拘捕，兩千兩百九十七人自殺，兩千一百五十七人死在街頭、公園和房舍裡頭。整個大都會地區有五分之一不到的人口是遊民，或者住在工寮、收容所、醫院，或者生活貧困、瀕臨餓死邊緣。根據救世軍創始人威廉‧布斯將軍的說法，這些悲慘人民的「怒潮」絕大部份位在倫敦東區。也就是這裡，使得像開膛手傑克這樣的狡猾掠奪者得以輕易的屠殺那些酒醉、無家可歸的妓女。

開膛手在東區肆虐期間，他所狩獵的人口範圍估計約達一百萬。如果把附近居民擁擠的村莊也一併計入，人口還要增加一倍。倫敦東區包括碼頭區、白教堂區、史畢多菲爾區和貝瑟南葛林區，南側有泰晤士河流過，西側靠近倫敦市，北側毗鄰哈克尼區和蕭迪奇區，東側是利河。東區的人口成長極為快速，因為從亞門經過白教堂區到麥恩區的道路是出城的主要幹道，而這裡的土地又平坦，在上面蓋房子非常容易。

倫敦東區的核心是為貧民而設的倫敦醫院。現今這所醫院仍然位在白教堂路，但已經改名為皇家倫敦醫院。蘇格蘭場的約翰・葛里夫副署長帶我前往殘存的開膛手犯案現場進行許多趟回顧之旅當中，其中一次的碰面地點就是皇家倫敦醫院。這是一棟陰森的維多利亞式磚造建築，看樣子似乎不曾改建過。這地方的悲悽氣氛來自它令人依稀回想起，在十九世紀末期，喬瑟夫・蓋瑞・梅里克——時常被誤稱為約翰・梅里克，其實這是他的最後一位「領養人」的名字——在這醫院一樓的後面兩個房間躲藏時這兒是什麼樣的慘狀。

梅里克是人們所熟悉的不幸的「象人」，被菲德列克・崔維斯爵士這位仁慈、有膽識的醫生從飽受凌虐、被認定已經死亡的絕境中救出。一八八四年十一月，崔維斯醫生是倫敦醫院的駐院醫師，梅里克則在對街一家荒廢蔬果店鋪裡被馬戲團拘禁為奴隸。店門口巨大的表演帳棚豎立著一個真人尺寸的廣告模型，根據崔維斯醫生多年後擔任英皇愛德華七世御醫時所形容的，一個「只有在夢魘中才會出現的可怕怪物」。

只要花兩便士，任何人都可以進入這野蠻的展覽場去參觀。男女老幼魚貫進入那棟空蕩涼颼的建築，擠在一處從天花板垂下的紅色桌布四周。戲台主持人在眾人「嘩！」、「啊！」和陣陣驚叫聲中掀開布幔。只見梅里克厚腫的身體蜷縮在凳子上，全身只穿著件過大、髒污磨損的長褲。崔維斯醫生深諳解剖學，再怎麼醜陋、穢臭的形體都見過，然而他從未看過或聞過如此令人作嘔的生物。

梅里克得的是神經纖維瘤，起因是促進和抑制細胞生長的基因發生病變。生理現象包括骨骼嚴重變型，頭圍幾乎腫達三呎，眉骨部位像一「長條麵包」那樣向外擴張，以致擋住一側眼睛。上顎有如象牙般突出，上嘴唇外翻，使得梅里克說話極度困難。「覆蓋著花椰菜斑點的囊狀皮膚腫塊」從他的背部、右手臂和其他部位垂掛下來，他的臉彷彿戴著可怖面具似的僵硬、毫無表情。崔維斯醫生之前的人都認為梅里克是感覺魯鈍且智能低落，事實上他是個極其聰明、想像力豐富且充滿溫暖的人。

崔維斯醫生注意到一般人總認定梅里克應該是個滿懷怨恨的人，因為他從出生開始就沒受過好的待遇，一輩子只知道被譏諷、冷酷奚落的滋味，怎麼可能知道慈悲溫情為何物？還有誰會比他更不幸？一如崔維斯醫生指出的，要是梅里克對自己的怪異面貌無知無覺，也許反而是種幸運。在一個崇尚美貌的世界裡，還有什麼比擁有一身醜陋形貌更悲慘的呢？我想任何人都不會反對，梅里克的畸形比起華特·席格的病來得不幸。

說不定席格也曾經花兩便士去一窺梅里克的樣貌。一八八四年席格住在倫敦，而且已經訂了婚。他是惠斯勒的門徒，而惠斯勒對於東區蕭迪奇區和襯裙巷等貧民區那些廉價商店的景象非常熟悉，還曾經在一八八七年以它們為主題製做了銅版畫。席格總是跟著老師，兩人一起四處閑晃。有時候席格也會獨自在老街陋巷中遊蕩，「象人」正是那種會讓席格感興趣的殘酷、卑下的事物，也許梅里克和席格還曾經四目相對。果真如此，那真可說是充滿象徵意味的一刻，因為這兩人的內外在正好是互補的。

一八八八年，喬瑟夫・梅里克和華特・席格同時在東區過著不為人知的隱秘生活。梅里克酷愛閱讀且好奇心強烈，他對醫院外面發生的可怖謀殺案也許早有聽聞。有流言開始散播，說梅里克穿著黑色外套和斗篷，趁著深夜跑出去殺害那些煙花女。是怪物梅里克屠殺了這些女人，因為她們不屑接受他。任何男人被剝奪了性的權利都有可能會發狂，尤其是這個天黑之後便溜進醫院花園裡的馬戲團畸形怪物。所幸，沒有任何人把這謠言當真。

梅里克的頭顱沉重得幾乎無法移動，如果他把頭向後仰，頸子便會折斷。他不知道夜晚躺在枕頭上是什麼滋味，只能幻想著自己能夠躺著睡一覺，祈禱著有一天上蒼賜與他女人——最好是目盲的——的溫柔擁抱和親吻。崔維斯醫生感到無奈又諷刺的是，梅里克的生殖器官和他身體的其他部分完全不同。不幸的是，他有能力享受性愛，卻註定永遠無法享有。梅里克只能坐著睡覺，讓巨大的頭低垂著，而且他必須靠手杖才能走路。

我們不知道那些關於他是白教堂區凶手、毫無根據的傳言是否曾經流入他那擠滿名人與皇室貴族簽名照的安穩小房間裡。其中有些人確曾親自來看他。來探訪像他這樣的人卻不讓恐懼外露，是何等慈悲高貴的行為呢；是個多麼值得向朋友、向公爵和公爵夫人們、向爵士和爵士夫人們或者向維多利亞女王陛下報告的精采故事呢。女王本身對世間的珍奇事物向來極感興趣。她一度相當喜歡拇指湯姆，一個名叫查理・薛伍・史崔頓、身高只有四十吋的美國侏儒。與其深入探究這「墮落腐化的無底深淵」——如同碧翠絲・韋伯對倫敦東區的形容——還不如膚淺地欣賞它那充滿有趣畸形物的隱秘世界。然而這裡的房租並不便宜，這是由於人口過度膨脹，才讓一些缺德房東予取予求。

每週一元到一元五角的房租幾乎等於工人薪水的五分之一。要是有哪個像史谷區（譯註：Ebenezer Scrooge，狄更斯小說《聖誕頌歌》中的冷血商人）的惡房東決定調高房租，往往便使得一個大家庭頓時無家可歸，只能用手推車裝著所有家當去流浪。十年後，傑克·倫敦曾經暗中造訪東區，結果寫出許多窮困人家的悲慘故事。他描述一個老婦人被發現死在家中，房間長滿蛆蟲，以致她的衣服「覆蓋著層灰色蟲子」。她只剩皮包骨，全身都是污泥，頭髮沾滿「穢物」和「一大窩蛆蟲」，傑克·倫敦寫道。在東區，他又說，試圖講究清潔只是「荒謬的鬧劇」，每當下雨，那感覺「比較像是油脂而不是水」。

八月三十日星期四，東區幾乎一整天滴滴答答下著油膩的雨。四輪馬車和手推車從狹窄擁擠的街道疾馳而過。路面滿是垃圾和泥濘，蒼蠅成群飛舞，人們忙著攢餬口的錢。住在倫敦大都會區的這個貧民窟的居民大多數從未嚐過真正的咖啡、茶或巧克力。他們的嘴唇從未碰觸過水果或肉，腐爛的除外。這裡沒有書店這種東西，也沒有像樣的咖啡館。這裡也沒有旅館，至少沒有上流社會人士願意投宿的那種。煙花女很難脫離這種惡劣天氣或者得到食物充飢，除非有哪個男人接受她或者給她一點錢，好讓她能住進那種叫做小客棧（doss-house）的旅館去過夜。

「Doss」是床的俚語。典型的小客棧總是十分陰暗簡陋，男男女女付個四、五便士就擠進一間大通鋪，裡頭排滿黑色小鐵床架，上頭鋪著灰色毯子。床褥往往一週才清洗一次。這些臨時貧民——大家對這些住宿客的稱呼——圍坐在擁擠的睡房裡，抽煙、休息或談天——如果有誰樂觀地相信明天生活會更好的話；或者說些陰鬱的故事——如果有哪個疲倦的靈魂已被磨蝕得絕望麻木不堪。廚房裡，男女一起烹煮著白天找到或偷到的食物。不時會有醉漢闖進來，伸出癱瘓的雙手乞討吃的，然後感激的捧著一丁點骨頭殘渣，在住宿者陣陣殘酷的訕笑聲中離去，然後像牲畜那樣當街扒抓吞嚥起來。孩子們哀求著食物，有時太靠近爐火了，便會挨一頓打。

在這種齷齪的環境裡頭，人們必須遵守許多貼在牆上、嚴酷不人道的守則，都是些由門房或官員訂下的規矩，誰犯了規便被驅逐到大街上。到了早上住宿者一律得離開，除非再預付一晚住宿費。這種小客棧的屋主通常是社會地位較高者，住在別的地區，並不常來看管他們的房產，甚至從未來看過。只需一點資金，一個人就可以在這兒買一間舊房舍，卻不知道他的「標準宿舍」投資早已變成憾事，因為負責管理的「門房」往往不擇手段的宰制那些無助的住宿客。

有些小客棧於是成為龍蛇雜處的場所。包括那些煙花女子，也許哪個晚上幸運的賺了幾便士，便來投宿了；也許煙花女說服了某個顧客帶她來投宿。當然，在疲倦、酒醉又飢餓的情況下，顧客通常會寧願在街上進行性交易。另一類住宿客是「探訪貧民窟的紳士」。就像任何時代都有的那種樂在尋找刺激的男子，這些人離開他的高貴住家和家人，進入一個充滿廉價酒色享樂的禁忌世界。許多來自高尚城區的男人就這麼迷戀上這種秘密的享樂，華特・席格便是其中之一。

他最著名的創作主題是只剩一張鐵床架，上頭躺著個赤裸的妓女和一個帶著侵略姿態朝她彎身的男人。有時候男人和裸女兩人都坐著，但不變的是這個男人永遠是衣著整齊。無論人在哪裡，席格總習慣在工作室裡放一張鐵床架，讓模特兒在上面擺各種姿勢。有時候他也會帶著木頭人體模型——假人偶——在床上擺姿勢，這具假人偶據說原屬於他所崇拜的畫家之一——威廉・霍加斯（譯註：William Hogarth，十八世紀英國畫家）所有。

席格喜歡讓受邀來喝茶吃點心的賓客大吃一驚。有一次，就在一九〇七年又一名妓女在康頓城遇害之後不久，席格的賓客們抵達他位於康頓城那間燈光黯淡的工作室，一眼看見那具假人偶和席格姿態淫蕩地躺在床上，席格戲謔的談論著關於最近那樁謀殺案的事。對於席格這次的表演以及其他的怪異行為似乎沒人覺得有任何不妥，畢竟他是席格。和他同時代的人以及今天研究他的所有藝評人和學者，沒人懷疑他為何會表演暴力行為，為何對殘酷的謀殺案——包括開膛手傑克的案子在內——如此著迷。

如果席格想要擺脫謀殺煙花女子的罪行，那麼他確然處於崇高不可侵犯的地位。他的社會階層是超乎一切犯罪嫌疑的，加上他又是個能夠任意偽裝成任何人物的喬裝天才。無論是裝扮成東區居民或外地紳士，隨興的潛入白教堂區的酒吧、小客棧或鄰近的罪惡之窟，對他來說都是輕易又刺激的事。他是個畫家，能夠隨意變化筆跡，設計寄給警方的挑釁信件——凡此都是一個手藝靈巧者的特徵。然而在二〇〇二年六月，藝術史學者安娜・谷魯茲納・羅賓博士和書卷研究專家安・坎尼特開始針對國家檔案館（PRO，Public Record Office）收藏的原稿進行分析之前，一直沒人留意到這些文件的可貴價值。

開膛手信件上原本被認為是人類或動物血跡的污點原來是濃稠的褐色防腐蝕液——也可能是彷似舊血跡的墨水混合液。這些血跡狀的污痕和斑點有些是用畫筆塗的，有的則是用布塊或手指印染的。開膛手的某些信件用的是「牛皮紙」或帶有浮水印的信紙。很顯然警方調查開膛手案件時從未注意到那些輕淡的畫筆筆觸或信紙的種類；很顯然也沒人曾經留意那些信件上三十個左右的浮水印，因為那些信一向被認為只是某個無知或瘋狂民眾的惡作劇；很顯然也從來沒人懷疑過，一個惡作劇的人為何會使用素描筆、彩色墨水、石版或瓷器描筆、版畫防腐蝕液，以及繪畫油彩和畫紙。

若說席格身上有哪個部位足以象徵他的整個人，絕不會是他那畸形的陰莖，而是他的眼睛。他懂得觀察。觀察——用雙眼和雙腳窺探、追蹤——乃是精神病態殺手的首要特徵，這跟那些憑著股衝動，或者聽命於外太空、甚至上帝聲音毫無章法的罪犯是不同的。精神病態者總是在觀察著人們。他們也看色情書刊，尤其是暴力色情書刊。他們是非常可怕的窺淫狂。

現代科技使得這些人可以觀看他們自己強暴、凌虐及殘殺受害者的錄影帶。他們一次次重現自己可怖的犯罪過程，然後自慰。事實上，某些精神病態者只能藉由窺探、跟蹤、幻想，以及重現自己最近一次暴行的方式來獲得高潮。前聯邦調查局犯罪心理嫌犯人格分析專家比爾•海梅爾說，泰德•邦迪（譯註：Ted Bundy 美國七〇年代著名連續殺人犯）慣於從背後緊勒受害者加以強暴。看她舌頭吐出、眼珠圓突，他的興奮逐漸升高，當她斷氣的那一瞬間他也同時達到高潮。

接著是幻想、回味，一直到暴力、性、色慾高漲到難以忍受的地步，這些凶手於是再度展開攻擊，結局是又出現一具垂死或死亡的屍體。然後是冷卻期，讓凶手得以喘息、溫習犯罪過程的安全停泊階段。接著開始幻想，慾望再次高漲，於是凶手又開始物色受害者，在他們的劇本中加入另一個場景，增加更多大膽刺激的情節：綑綁、虐待、宰割、截肢，各種詭異的屠殺和嗜血酷行。

如同前聯邦調查局學院講師和嫌犯人格分析專家愛德華•蘇茲巴赫多年來不斷提醒我的，「實際的謀殺行為乃是幻想的附帶產物。」一九八四年初次聽見他說這話時，我相當困惑，並不相信。以我當時的天真想法，自以為行為本身才是興奮之所在。我曾經擔任北卡羅來納《夏洛特觀察家報》的刑事記者，需要直衝犯罪現場時毫不退縮。當時我認為恐怖事件是一切的核心，沒了事件就沒有故事可言。回想起那時候的無知，真是慚愧。我自以為了解邪惡為何物，其實並不然。

我自以為是調查犯罪案件的老手，事實上我一無所知。我不明白精神病態者的心理運作模式和一般人無異，然而暴力精神病態者脫離常軌的程度卻是常人心智所無法想像的。許多人幻想色情時總是遠比實際去做來得刺激，對某件事的期待也往往比實際經歷來得愉悅。對暴力精神病態者來說，期待犯罪也是同等刺激的。

蘇茲巴赫也說過，「除非再也找不到普通馬，否則別去找獨角獸。」

暴力犯罪往往十分平淡無奇。善妒的男女殺了情敵或背叛了自己的情人；一場牌局變了調，於是有人挨一槍；某個街頭惡棍急需現金買毒品，拿刀刺殺了受害人；某個毒犯被槍殺，因為他販賣不良毒品。這些都是普通馬。開膛手傑克不是普通馬，他是獨角獸。席格夠機警，沒有在一八八〇和九〇年代繪製謀殺案的畫作，或者以重演住家附近發生的真實謀殺案來娛樂友人。今天籠罩在他身上的犯罪嫌疑在一八八八年並不明顯，那時候他還年輕、行蹤隱秘而且會擔心被逮到。唯一的證據是他寄給媒體和警方的信件，然而沒人把它當一回事，只是淡漠以對，也許冷笑了兩聲。

有兩種惡行是席格所痛恨的，他是這麼告訴朋友的。其一是偷竊；另一個是存在他家族中的酗酒。我們沒有理由懷疑席格有酗酒習慣。就算他有飲酒過量的情況，也已經是晚年的事了。根據我們了解，他也幾乎不碰藥品，包括醫療用途的藥品在內。無論席格的面貌如何多變，情感多麼扭曲，基本上他的頭腦清晰而精於謀略，對於任何能夠吸引他藝術目光或引起他犯罪興致的事物充滿強烈好奇。一八八八年八月三十日週四這天便有許多事物足以誘發他的興趣。當晚九點鐘左右，倫敦碼頭的一座白蘭地倉庫突然起火，整個東區被照得通亮。

人群從四面八方湧至，透過鐵柵欄觀賞那頑抗著消防隊噴灑的強大水柱的熾烈火燄。煙花女子也朝著火光而來，一方面好奇，同時也急於藉此獲取性交易的機會。在倫敦較高尚的地區，其他類型的娛樂正妝點著夜晚。萊辛劇院上演中的《傑柯醫生與海德先生奇案》主角理查・曼斯菲爾正以他卓絕的演技令觀眾神迷；喜劇《叔叔阿姨們》才剛開演，而且在《泰晤士報》獲得極高評價；另外《平步青雲》和《大英旗》兩齣戲也氣勢不弱。這些舞台劇通常在八點十五分或九點鐘上演，到了散場時碼頭的大火仍在燃燒。泰晤士河沿岸的倉庫和船隻籠罩在一團橘色火光之中，數哩外便可瞧見。無論席格正在家中或者在某家劇院或音樂廳裡，都不太可能錯失這場位在南方碼頭和史匹利碼頭、吸引了大批人潮的好戲。

當然，若說席格曾經漫步到河邊去看那場大火，這只是純屬臆測。也許當晚他人不在倫敦，儘管並沒有任何記錄可證明這點。沒有信件，沒有文件資料，沒有媒體報導，沒有任何他的畫作足以顯示當晚席格不在倫敦。要推測他做了什麼，必須先釐清他沒做什麼。

席格不喜歡讓別人知道他在哪裡。他有個終其一生不曾改變的習性，就是隨時都擁有至少三個租來的秘密「工作室」。這些巢穴散佈的地點是如此隱秘且難以預料，往往連他的妻子、同事和朋友也都不清楚究竟位在哪裡。他一生當中比較著名的工作室有將近二十個，大部分是邋遢的「小房間」，裡頭堆滿能「帶給他靈感」的雜物。席格習慣獨自關在房間裡工作，很少會見任何人。就算有，想要造訪這些秘密洞窟的友人也都必須事先發電報或者特別通報。到了晚年，他甚至在門外安裝黑色鐵柵門，並且在柵欄上栓了條看門犬。

一如所有優秀的演員，席格深諳大牌身段。他有個習慣，就是突然失蹤好幾天或數週之久，完全沒有事先告知愛倫或他的第二任、第三任妻子或任何朋友。有時候他會邀請朋友來晚餐，自己卻不見了。什麼時候出現隨他高興，也沒有提出任何解釋。每當他外出，往往就演變成失蹤記。因為他喜歡獨自到劇院和音樂廳去，再在深夜和霧氣裊繞的凌晨四處漫遊。

席格散步的路徑極不規律，尤其是從倫敦中心區的劇院或音樂廳沿著河濱大道走回家的這段路。丹尼斯・蘇頓寫道，席格時常往北走到豪斯頓區，然後循著原路走到白教堂區西側的蕭迪奇區，再從那裡往西和往北走回他位於倫敦西北區的布洛赫斯特花園街五十四號的住所。根據蘇頓的說法，採取這條深入危險倫敦東區的奇怪曲折路徑的理由是，席格需要「安靜的漫步一長段路程，以便思索剛剛（在音樂廳或劇院）看見的種種」。這是位喜歡沉思的畫家；這是位觀察著一個陰暗禁忌世界及其人生百態的畫家；這位是喜歡畫醜女的畫家。

# 8 破碎的化妝鏡

瑪莉安・尼可斯，四十二歲左右，缺了五顆牙齒。

她身高約五呎二、三吋，體型豐滿，有張圓潤、平凡的臉龐，棕色眼珠，發白的褐色頭髮。她和印刷技工威廉・尼可斯結婚期間育有五名子女。她遇害時，最年長的孩子已二十一歲，最年幼的約八、九歲。

她和威廉已經分居約七年，原因是她的酗酒習慣和壞脾氣。當他發現她過著妓女生涯時，便中止了每週給她的五先令津貼。後來他這麼告訴警方。瑪莉安從此一無所有，連孩子都不歸她。她的前夫告訴法官，幾年前她和一個姓德魯的鐵匠同居，讓她失去孩子的撫養權。不久後，這名鐵匠也離她而去。她的前夫最後一次看見瑪莉安活著是在一八八六年六月他們兒子的葬禮上。他是在一次煤油燈爆炸意外中喪生的。

在孤獨無依的日子裡，瑪莉安曾經待過不少救濟院。就是那種簡陋的大房舍，裡頭擠滿上千個無家可歸的男女。窮人們都鄙視這種救濟院，然而每當寒冷的清晨總是有長排隊伍等在外面，身無分文的人們渴切期待著有機會進入這些被叫做「臨時病房」的地方。倘若救濟院還有空位，某人被門房接納了，那麼他們會仔細搜索他或她身上是否有錢。只要找到一便士，這人便立刻被送回街上去。香煙一律沒收，刀子和火柴也不准攜帶。所有被收容人都要脫光衣服，用同一桶水洗澡然後用公用毛巾擦乾身體。接著發給每人一套救濟院制服，再被帶往髒臭、老鼠滋生的病房。這兒有許多帆布床，就像吊床那樣垂懸在柱子之間。

清晨六點吃早餐，有時是麵包和一種用燕麥和發霉的肉煮成，叫做「薄粥」的麥片粥。接著被收容者開始工作，做著幾百年來監獄用來懲罰罪犯所施行的相同勞役：敲打石塊，刷洗、挑揀麻絮（把舊繩子解開，再次利用麻繩），或者到醫務室或停屍處去清洗病床、處理死屍。被收容者之間有個傳言，說那些無法治癒的病患是用毒藥「淨身」的。晚餐在八點鐘，被收容者吃的是醫務室病患剩的殘餚。污穢的手指爭相撈取成堆的食物殘渣，貪婪的塞進嘴裡。有時候只有發酸的湯可吃。

按照規定，臨時病房的住宿客至少得住滿一天兩夜，拒絕勞動者便得回到街頭去。某些粉飾太平的刊物報導這些鬼地方時總是加以美化，說這些「收容所」提供不算舒適但相當乾淨的床鋪、「鮮美肉湯」和麵包給貧民。這樣的慈悲待遇在倫敦東區是見不到的，除非是救世軍的收容所，但是憤世嫉俗的街頭老混混往往會刻意避開。救世軍的女性義工會定期造訪小客棧，向那些虔誠的貧民宣揚上帝的恩慈。然而對瑪莉安・尼可斯這樣的墮落女子來說，恩慈是不存在的，聖經也救不了她。

從聖誕節到一八八八年四月期間，她在藍貝斯救濟院進出了好幾次。五月時她承諾要改變生活方式，並且得到一份好工作，在一戶高尚人家擔任幫傭。她的誓言沒有實現。七月她竊取了價值三百一十先令英鎊的衣服後羞愧離去。之後瑪莉安變本加厲的酗酒，並且重拾煙花女的生涯。有一陣子她和另一個名叫奈麗‧賀蘭的妓女在史瓦街那排老舊房舍當中的一家小客棧裡共用一張床。這條東西向的街道就位在白教堂區，在商業街和石磚巷之間橫跨好幾個路口。

不久，瑪莉安搬到附近位於花與迪恩街的懷特旅館，直到錢全部花光，在八月二十九日被驅逐為止。次日晚上她走在街上，身上穿戴著她的所有物品：棕色烏爾斯特大衣，扣著大顆刻有男人和馬匹圖案的銅鈕釦；棕色棉毛連身裙；兩件印有藍貝斯救濟院標記的灰色羊毛襯裙；兩件棕色支撐架（鯨魚骨製成的硬束腹）；法蘭絨內衣；黑色羊毛羅紋長襪；為了合腳而切割過鞋面、鞋尖和鞋跟的男性側開縫馬靴；和一頂有著天鵝絨鑲邊的黑色草編軟帽。她的一只口袋裡塞有一條白色手帕、一把梳子和一支破化妝鏡。

在晚上十一點到凌晨兩點半之間有好幾個人看見瑪莉安，是白教堂路和炒鍋酒吧。一點四十分左右她在史瓦街十八號，也就是她原來住處的廚房裡，說她沒有錢，要求他們保留她的床位，並且承諾會盡快帶著錢回來付帳。根據證人的說法，當時她醉得厲害，出門時一邊保證很快就回來，邊誇耀著她那頂「可愛」的帽子，似乎是人家最近送她的。

瑪莉安生前最後一次被人看見是在凌晨兩點半。她的友人奈麗‧賀蘭在教區教堂對面的奧斯本街、白教堂路轉角遇見她。瑪莉安喝醉了，沿著牆邊蹣跚行走。她告訴奈麗這一晚她交易了三次，足夠支付旅館床位的錢，可是她花光了。瑪莉安不理會朋友要她一起回去休息的勸告，堅持試試最後一次運氣，想再賺個幾便士。教區教堂的鐘聲敲響時，瑪莉安起身沿著燈光黯淡的白教堂路離去，消失在一片漆黑之中。

大約一小時十五分鐘過後，在半哩外位於白教堂區猶太墓園旁的公羊路上，一個名叫查爾斯・克洛斯的車夫正走過公羊路，準備去上工。他經過一處馬場時看見人行道上靠近柵門的地方有一團黝黑的物體。起初他以為那是一塊防雨布，可是他很快便發現那是個女人，動也不動的躺在那兒，頭朝著東方，一頂軟帽在她右手側的地上，左手舉起，靠在關閉的柵門上。克洛斯正想趨前瞧個究竟，突然聽見一陣腳步聲，轉身看見另一個車夫，名叫勞伯・保羅，出現在路的那頭。

「快來看，」克洛斯大叫，邊觸摸那女人的手。「我想她已經死了。」勞伯・保羅蹲下來，將手擱在她胸前。他似乎感覺到輕微的脈動，於是他說，「我覺得她好像還活著。」她的衣服十分凌亂，裙子翻到腰際。兩個男人馬上認定她是遭人「施暴」或者強暴。他們很君子的替她拉好衣服蓋住身體，沒發現任何血跡，因為光線太暗了。接著保羅和克洛斯趕緊去找附近的警察，結果遇見正在猶太墓園西側漢百利街和老蒙塔格街轉角巡邏的H分局編號五十五的吉・米詹警員。兩人向他報告有個女人倒在人行道上，不是死了就是「醉死了」。

當兩人陪著警員回到公羊路的馬場，看見約翰・尼爾警員正站在屍體旁邊，邊大叫邊搖晃著巡夜燈來通報附近的其他警員。女人的喉嚨被割斷了。住在附近白教堂路一百五十二號的李斯・洛夫・婁林恩醫生立刻起床趕到現場。這時候瑪莉安・尼可斯的身份還不明，根據婁林恩醫生的判斷，她已經「差不多死了」。她的手腕冰冷，身軀和下肢還是溫熱的。他很肯定死亡時間不超過半小時，身上的傷口也「並非出於自殘」。另外，他還發現她的頸子四周和地面並沒有多少血跡。

他下令將屍體移送到附近白教堂救濟院的停屍房，那是為在救濟院的收容者所設的私人停屍間。之後並未進行任何適當的驗屍程序。婁林恩醫生說他會盡快趕過去，好仔細進行檢查。米詹警員派了人到貝瑟南葛林區警分局去調來急救車，因為維多利亞時代的倫敦醫院並沒有急救車，也沒有救援小組之類的單位。

因此將病危或傷重者送到最近一家醫院的最常用方式就是讓親友或善心人士徒手徒腳將他抬過去。有時候一喊出「快去找百葉窗！」，不久傷者便被眾人抬上百葉窗板充當的擔架。急救車只歸警方使用，而多數警察局都備有一種不甚靈活的木頭框架手推車，一張堅韌的黑色皮革用許多粗皮繩繫牢在車子底部。頂部有一塊柔軟可以摺疊的黃銅色皮革，不過主要目的似乎是用來阻擋路人的窺探目光以及遮風避雨。

大多數時候，急救車只是用來將酒醉者抬離公共場所，但偶爾也用來運送死者。可以想像，對一名警察來說，在深夜獨力運送這樣的手推車通過昏暗、狹窄壅塞的街道是件多麼辛苦的差事。這種手推車非常沉重，即使是空的也一樣，而且轉彎十分艱難。根據我在大都會警察署的儲藏室看見的，我猜這種手推車應該有數百磅重，要推上微陡的斜坡想必是極度困難，除非負責運送的警察無比強壯且臂力過人。

倘若華特・席格曾經在黑暗中觀賞警方處理自己受害者的情形，就該看過這種詭異的急救方式。窺視著一個警察氣喘吁吁的奮力推拉，瑪莉安・尼可斯那幾乎斷裂的頭顱軟軟的左右晃盪，巨大的車輪蹦跳著，她的鮮血濺灑在路面，那氣氛想必陰森到了極點。

席格只畫或雕刻他親眼所見的題材，這是眾所皆知，且毫無例外，這是事實。他曾經畫了輛和我在警察局儲藏室所見過幾乎相同的手推車。這幅畫沒有簽名，沒有標示日期，主題是《迪埃普聖約翰路的手推車》。有些畫冊目錄寫的是《籃子店》，畫的角度是從後方看手推車，上頭有類似往下摺疊的柔軟黃褐色皮革頂棚的東西。寂涼的狹窄街道對面有家店鋪，門前堆放著類似法國人用來充當死者擔架的那種長型的大籃子。一個模糊的身影，也許是個戴著帽子的男人，正沿著人行道行走，望著對街手推車裡的東西。他腳下有片奇怪的方形黑影，或許是垃圾，但也可能是人行道的一部分，十分酷似排水溝鐵孔蓋。在瑪莉安・尼可斯的案子裡，媒體曾經報導，警方不認為街道上的「活門」曾經被人打開過，暗指凶手並不是經由倫敦大都會區下水道系統的圓拱形磚造迷宮逃走的。

舞台地板上也有活門，讓演員們能夠迅捷地進入演出中的場景，通常是為了給觀眾帶來出其不意的驚喜。莎士比亞的《哈姆雷特》舞台劇中，鬼魂大都是經由活門進出的。席格對舞台活門的了解或許遠甚於對排水溝孔蓋吧。一八八一年他在萊辛劇院上演由亨利・歐文主演的《哈姆雷特》劇中飾演鬼魂。席格畫中那個男人腳下的暗影或許是舞台活門，也或許是排水溝孔蓋，又或許只是席格用來戲弄觀畫者的小手法。

瑪莉安・尼可斯的屍體被抬離街道，放進綑紮在急救車內的木架子裡頭。兩名警員伴隨屍體到停屍房，急救車暫時停放在院子裡。這時候已經是凌晨四點半。兩名警員在停屍房等候約翰・史派特林督察到來的同時，一名住在喬治巷公寓的男孩正協助警方清洗犯罪現場。一桶桶清水灑向路面，血跡流進排水溝，只留下一絲痕跡在石縫中。

後來約翰・菲爾警員作證說，當他看著人行道上的清洗工作時，發現屍體下方有「一大塊乾涸」的血跡，直徑約有六吋。他的觀察和婁林恩醫生所說的有很大出入，現場的血跡不少，菲爾認為血是從被害女子的頸部淌到背後，接著流到腰部。要是婁林恩醫生曾經把屍體翻開來檢查，也許就會發現這點了。

史派特林督察抵達停屍房，在黑暗中耐心等待門房帶著鑰匙來開門。等到瑪莉安・尼可斯的屍體被抬進停屍房裡，恐怕已經是凌晨五點過後的事了。這時她的死亡時間已超過兩小時。他們將她的屍體從急救車移到一張木板台子上。這東西在當時的停屍間裡十分常見，有時候這些木板工作台或桌子還是向當地屠宰場的屠夫要來的二手貨。在瓦斯燈的昏黃光線下，史派特林督察拉開瑪莉安的衣服仔細查看，發現她的腹部被剖開，內臟露出。第二天，九月一日週六，婁林恩醫生進行了驗屍，此外米德塞克斯郡東南區的驗屍官懷恩・埃德溫・白斯特也針對瑪莉安・尼可斯案召開了死因調查法庭。

不同於美國的大陪審團聽證會只容許那些被召喚的人參與，大不列顛的死因調查法庭是對民眾開放的。在一八五四年的一份關於驗屍官職務和義務的論文當中，作者指出，儘管公布對審判可能極具關鍵性的證據或許不合法，但所有事證還是照樣被定期公佈給大眾。公佈細節具有遏止犯罪的功用。知道這些事實——尤其在沒有嫌疑犯的情況下——也使得大眾變成調查團隊的一份子。也許有人讀了報導，發現自己能提供有用的訊息。

無論這種說法是否合理，一八八八年的死因調查法庭甚至一造審理程序對當時的媒體來說算是相當公平的遊戲規則，只要他們能保持真實平衡的報導。儘管這讓某些不贊成正式審判前將證據和證詞公佈的人難以接受，但若非大不列顛的開放政策，根本不會留下任何關於開膛手傑克連續謀殺案的死因調查記錄。除了從各處找到零散的幾頁記錄外，當時的驗屍報告早已不復存在。一部份在第二次大戰當中遺失，其他的也由於檔案管理上的疏忽或者其他不明理由而消失了。

許多記錄就這麼消殞無蹤實在很可惜。要是能取得當時警方的第一手報告、照片、備忘錄和其他資料，無疑的將非常有助於我們了解案情。但我不認為當局有掩蓋真相的嫌疑。事實上並沒有所謂的警方當局和政客為了向大眾掩飾駭人真相而設的「開膛手關卡」。然而持懷疑態度的人總是能找到理論依據：蘇格蘭場一直都知道開膛手是誰，只是必須保護他；蘇格蘭場不得不讓他走或者將他安置在某個庇護所內，而沒有通知媒體；皇室和這案子有涉；蘇格蘭場不在乎那些被謀殺的妓女，只想掩蓋警方無意偵破這樁連續謀殺案的事實。

這並非事實。無論大都會警察在調查開膛手案時有多麼無力，我找不到其中有任何造假或隱藏案情的跡象。更無趣的事實是，許多差錯都純粹是出於無知。開膛手傑克是個誕生太早的摩登殺手，一百年前很難逮得到他。而過去幾十年來種種記錄，包括瑪莉安・尼可斯的原始驗屍報告，又都已經遺失、不知去向或者被獨佔。有些落入了收集者手中。我自己就用一千五百英鎊買了一批據稱是開膛手原始信件的文件。

我懷疑這些信件很可能是真實的，甚至可能是席格親筆所寫。既然我們可以在二〇〇一年從稀有文書交易商那兒買到開膛手的信件，就表示當時的檔案中曾經遺失了這麼一封信。究竟還有多少資料遺失？蘇格蘭場的警官告訴我，他們最後之所以把開膛手案的所有檔案移交給國家檔案館，正是因為已經遺漏了太多資料的緣故。警方擔心有一天這案子只剩下附有案件編號的空檔案夾。

英國內政部一百年來封鎖開膛手案件記錄的做法，恐怕只引來陰謀論的疑慮。蘇格蘭場檔案管理處的檔案專家美姬・伯特針對這點提出她的歷史觀察。她解釋說，在十九世紀晚期，警方的慣例是在每位警官到達六十一歲時銷毀自己所有的人事資料。這就是為什麼負責偵辦開膛手案的多位警員記錄都已付諸闕如，包括主導調查工作的菲德烈克・亞伯蘭督察和他的長官——唐諾・史汪森督察長的人事檔案也都不見了。

伯特小姐又說，依照慣例，直到今天許多重大謀殺案的檔案也都已被封鎖了二十五年、五十年，甚至七十五年之久，視案子的屬性以及是否依然存有受害者或其家人的隱私問題而異。開膛手案要不是被封鎖了百年之久，也根本不會有任何記錄留下來。根據伯特小姐的說法，這些檔案開封之後，在短短兩年之內便有「半數」消失或遭到竊取。

目前蘇格蘭場的所有檔案全儲藏在一間大倉庫裡，檔案箱全都貼了標籤、編了號，並且建立了電腦資料系統。伯特小姐「捂著胸口」聲稱，絕對沒有任何開膛手的文件流失在外或者夾雜在這些檔案盒裡頭。據她了解，所有資料都已經全部移交給國家檔案館了。她將資料的遺漏歸因於「處理不當、人性弱點或偷竊，以及第二次大戰期間的炸彈攻擊」，因為當時檔案所在的蘇格蘭場總部在一次閃電突襲中遭到了局部炸毀。

保護那些被殘害的赤裸屍體的驗屍圖表或照片，避免被媒體公佈，這樣的謹慎和體貼之心十分合理。不過我懷疑將所有檔案封鎖並且藏起鑰匙的理由絕非僅止於此。不斷提醒全世界蘇格蘭場始終沒有逮到人犯，這麼做並沒有好處。再說也沒有道理老是繞著英國史上如此醜陋的一章打轉，畢竟大都會警察在這案子上栽了個大觔斗。

女王陛下竟然將一名作風獨裁的將軍遠從非洲召回英國，讓他在一個原本對「藍制服」和「條子」就沒有好感的城市裡負責警察工作，她當時所受的壓力可見一般。

查爾斯・瓦倫是個穿著漂亮制服的狂妄莽漢。開膛手在一八八八年開始犯案之後，瓦倫擔任了兩年警察署長，他對所有狀況都是以政治化託辭和武力解決，就像他在前一年十一月十三日發生的「血腥星期天」事件中所表現的。他對社會改革派在特拉法加廣場舉行的和平示威遊行發佈了禁制令。瓦倫的命令是違法的，因此安妮・貝森和國會議員查爾斯・布萊德拉夫等一干社會改革者都不予理睬，還是照著原訂計畫舉行了和平示威遊行。

警方奉瓦倫之令攻擊毫無防備且手無寸鐵的示威者。騎著馬的警察趕來，「像滾保齡球瓶似的推擠著群眾，」安妮・貝森寫道。成群的士兵抵達，準備開火，揮舞著短棍。愛好和平的守法勞工就這麼傷重倒地。兩人死亡，傷者眾多，許多人莫名的被關進牢裡。法律與自由聯盟就此成立，替所有蒙受軍警暴力的受害者辯護。

瓦倫另一個濫用權力的事實是，在舉行其中一名死者葬禮時，再度下令禁止靈車通過滑鐵盧橋以西的一條主要道路。龐大的隊伍從亞門緩緩前行，經過白教堂區，終止在弓路的墓園。所經過的正好是一年後開膛手開始殺害煙花女子的地區，而這些女人也正是安妮・貝森、查爾斯・布萊德拉夫等人想要救援的對象。席格的妹夫T・費雪・恩文出版了安妮・貝森的自傳，席格自己也曾經兩度繪製查爾斯・布萊德拉夫的肖像。這都不是出於巧合。席格認識這些人是因為妻子愛倫和她的家人都是活躍的自由黨黨員，和改革派非常熟絡。在席格繪畫生涯的初期，愛倫時常為他介紹知名人物，讓他有機會為他們繪製肖像。

安妮・貝森和查爾斯・布萊德拉夫將一生奉獻給窮人，華特・席格則是剝奪窮人的性命。可恥的是，有些報紙竟開始暗示開膛手連續謀殺案其實是社會改革派表達主張的一種方式，旨在赤裸裸地呈現社會階級的黑暗面以及揭露這個全世界最大城市的醜陋原貌。席格謀殺的是一些貧病悲慘的早衰妓女。他謀殺了她們，因為那很容易。

他受著性暴力慾望、恨意以及永難滿足的表現慾所驅策，他的謀殺和社會改革派的主張毫不相干，他殺人是為了滿足自己難以控制的精神病態的暴力慾求。無疑的，當媒體和輿論高談著動機——尤其是社會性或道德性動機——席格必然暗暗的得意吧。「哈！哈！哈！」開膛手寫道。「老實說，你們真該感謝我殺了這些社會敗類，她們比男人還壞上十倍。」

# 9 黯淡的巡夜燈

在喬治三世統治期間，街頭巷尾竊盜橫行，而且大部分歹徒都能夠靠著賄賂而脫罪。倫敦的夜晚就靠一群夜警保護。他們配備著棍棒、巡夜燈，和一種叫做響板的木製噪音製造器，旋轉它的頭部便會發出驚人的「喀啦！喀啦！」聲響。直到一七五〇年情況才有了改變。以作家身份聞名的治安官亨利・費爾丁集結了一群轄下的忠誠警察，利用政府撥給的四百英鎊預算，組織了第一支「竊盜緝拿騎警隊」。

他們緝捕了許多幫派和威脅著倫敦居住生命安全的不法之徒。亨利・費爾丁決定趁勝追擊，並且將棒子交給了他的弟弟約翰。對約翰來說，正義果真是盲目的。因為約翰・費爾丁爵士喪失了視力，向來以雙眼蒙著綳帶和人犯交鋒著稱。據說他光憑著聲音就能辨認罪犯。

在約翰・費爾丁爵士的指揮下，竊盜緝拿騎警的總部設在弓街，人稱「弓街巡邏隊」或者「弓街捕快」。這時期的警政可說是私營的，弓街捕快可以逕自調查某住戶的竊盜案並且收費，或者只是抓住歹徒再強制他和受害者達成和解。犯罪和民法以一種奇怪的方式結合，因為既然犯罪是不合法的，所有規則都可以變通，透過交涉和解也可以省去許多困擾和繁雜程序。

能夠取回一半的財物強過失去一切；能夠留下一半的竊取財物強過必須全部歸還，還加上落得去坐吃牢飯。有些弓街捕快退休之後成了有錢人；對於暴亂或者謀殺案能夠使得上力的地方實在不多，而諸如此類的罪行又蔓延得厲害。許多狗被偷走然後殺害以謀取毛皮。牛隻在「獵牛」活動中飽受虐待，狂奔的群眾追逐著這些驚慌的動物直到牠們倒地死亡為止。從十八世紀末到一八六八年之間，人犯的處決都是公開的，往往吸引大批民眾圍觀。

絞刑日期總是訂在休假日，他們認為這種恐怖的場景能夠發生警世作用。在這個屬於緝拿竊盜騎警和弓街捕快的時代，可能會被判死刑的罪行包括偷竊馬匹、偽造罪和商店偷竊行為。一七八八年，數千人聚集在紐門，觀看三十歲、犯下偽造貨幣罪的佛柏・哈里斯被燒死。那些騎警成了英雄，在馬上搖擺著接受仰慕群眾的歡呼。凡是被定罪的上流階級都遭到唾棄，無論他們的罪行輕重。

一八〇二年喬瑟夫・華爾總督被吊死時，旁觀群眾爭著奪取絞繩，不惜用每吋一先令的代價換取。一八〇七年，四萬名群眾聚集，只為了觀賞兩個殺人凶手的絞刑，許多兒童在推擠中被踐踏死亡。並非每個罪犯都立刻斷氣或者如預期服刑，有些垂死景象駭人到了極點。有時繩索鬆脫了或者位置不對，沒能迅速的壓迫頸動脈造成昏迷，使得受刑犯開始劇烈掙扎，人們於是抓住他不停猛踢的雙腳，將他往下拉扯，以加速他的死亡。有時候受刑人褲子掉了，在尖叫不止的群眾面前扭動著赤裸的身體。在較早施行斬刑的時代，拒絕賄賂劊子手的結果往往是落點欠佳而必須平白多挨好幾刀。

一八二九年，羅伯·皮爾爵士說服政府和大眾，人們有在家中安穩睡覺、在街上平安行走的權利。於是倫敦大都會警察成立，總部設在白廳大道四號，它的後門面對著蘇格蘭場，也就是原本作為訪問英國的蘇格蘭國王行宮一座撒克遜皇宮的原址。十七世紀末，大多數皇宮都已倒塌傾圮，遺址就被拿來充當政府單位的辦公室。許多名人都曾經服務於蘇格蘭場，包括名建築師伊尼戈·瓊斯、克里斯多弗·萊恩和一度擔任奧立佛·克倫威爾拉丁文秘書的偉大詩人約翰·彌爾頓。建築師兼劇作家約翰·梵布洛還曾經在皇宮舊址上蓋了棟被強納森·史威福特比喻成像是「鵝莓派」的房子。

少有人知道蘇格蘭場原本只是個地名而不是警察機關。一八二九年之後，蘇格蘭場才被用來指稱大都會警察總部，一直沿用至今，儘管現在它已經改名叫「新蘇格蘭場」。我相信今後大家依然會認為蘇格蘭場的警察是一群福爾摩斯級的偵探，而倫敦那些穿制服的警員只是小警察。也許書籍和電影裡頭仍然會出現某個遇上棘手謀殺案的鄉下警察，脫口而出那句陳腐的台詞，「這案子該交給蘇格蘭場去辦。」

從一開始蘇格蘭場和它那群穿制服的成員便受到民眾的厭棄。警察被看作是對英國公民權的一種侮辱，讓人聯想起軍法以及政府對人民的監視和迫害。大都會警察創設之初，他們竭盡所能減弱軍警印象，穿上藍色外套和長褲，搭配加了金屬邊補強的兔皮高統帽，以防哪個歹徒決意敲破警察腦袋。這種帽子還能在攀爬籬笆、牆壁或窗戶時充當凳子用。

最初大都會警察並沒有警探。出現一群藍制服的警察已經夠糟了，讓一些身穿便服的警探到處刺探、逮捕人民的想法當然更受到市民的強烈反對，就連穿制服的警察都不滿他們會獲得較好待遇的事實，更擔心這些便衣警察的真正目的是在警察之間搬弄是非並且打小報告。一八四二年建立警探部門以及一八四〇年代中期引進便衣警察的行動經過不少摸索，包括僱用不曾受過警察訓練的高知識紳士的不智決策。很難想像這樣的警探到東區去盤問一個拿鐵鎚敲破妻子腦袋或者用剃刀割破她喉嚨的酒醉丈夫會是什麼情景。

犯罪調查處（CID，Criminal Investigation Department）直到一八七八年才正式成立，就在開膛手傑克開始肆虐倫敦之前的整整十年。直到一八八八年，輿論對於警探的觀感依然沒有太大改變，民眾對警察穿便服或者使伎倆逮人也依然存有疑慮。警察不應該給市民製造陷阱，而蘇格蘭場也嚴格要求警探只有在犯罪頻繁地區並且證據充分的情況下才能逮人。這個規定是強制性的，而非權宜之道，這也導致當開膛手在東區展開殺戮時警方延遲了發佈祕密調查命令的時機。

蘇格蘭場尚未準備好迎接像開膛手這樣的連續殺人犯。瑪莉安·尼可斯謀殺案發生後，民眾對警察的關注前所未有的高，充滿批判、藐視和譴責。瑪莉安謀殺案和死因調查法庭被當時英國的幾個主要報紙刻意掩蓋。她的案子成了某些八卦小報，像是《警察畫報》和一先令便可買到的預算版《歷史奇案》的封面題材。畫家們以淫穢煽情的手法描繪謀殺案，卻沒有任何人

——包括內政部官員、蘇格蘭場的所有警察、警探和高層，甚至維多利亞女王——對這案子或其解決之道有半點想法。

開膛手開始現跡的時候，倫敦只有穿制服的警察負責巡邏，而且都是些工作過量、待遇偏低的警察。他們身上的標準配備有哨子、警棍，或許還有響板，以及一盞巡夜燈。人們戲稱它是「黯淡的燈」，因為這種燈其實只能勉強照亮提著它的人。巡夜燈是一種危險且極不便利的工具，主要構造是十吋高的金屬圓筒，頂端是形狀有如波浪形防塵帽的排煙管。它的放大鏡是直徑三吋的圓形厚玻璃片，燈的內部有一只油盤和燈芯。

燈的亮度可以藉著旋轉排煙管來控制。裡頭的金屬管會跟著轉動，滅去多餘的火燄，讓警察能夠閃動他的巡夜燈，向遠處的另一名警察打訊號。我想一個人若是看過點亮的巡夜燈，一定會覺得「訊號」這字眼稍嫌誇大了些。我找到幾盞伯明罕海特公司在十九世紀中期製造，已經生鏽但如假包換的巡夜燈，正是警方在調查開膛手案期間所使用的那種。有天晚上我提著一盞巡夜燈到院子裡，點燃它的油盤，只見燈變成一隻橘紅色的眼睛眨動著（譯註：巡夜燈原文**Bull's-eye lantern**，又名牛眼燈），可是由於玻璃凸面的影響，當我從其他角度看的時候火光卻消失了。

我把手伸到燈前面，發現距離在大約六吋時就幾乎看不見手掌了。灰煙從排煙管冒出，圓筒形燈柱開始發燙——根據警方的說法，熱得可以燒茶了。想像一個可憐的警察巡邏時提著這種燈的兩圈金屬提把，或者把它夾在腰帶扣環上，沒讓自己著火已經是奇蹟了。

維多利亞人對這種巡夜燈大概所知不多吧。許多雜誌和廉價小報都刊出警察舉著閃亮燈具照射黑暗巷道或角落，嫌疑犯畏懼地閃避刺眼光芒的圖片。除非這些類似漫畫的圖畫蓄意誇大，否則我不禁要懷疑，當時恐怕少有人見過實際使用巡夜燈的情形吧。但是這並不奇怪，警察巡邏大都會較安全、治安較好的地區時應該不太需要或者根本不需要使用巡夜燈，只有在危險的地區才見得到它閃著血紅眼睛，隨著警察的巡邏腳步朦朧晃動，而大多數徒步而行或者搭乘馬車的倫敦人都並不常造訪這些地區。

華特・席格是個酷愛黑夜和貧民窟的人，多的是機會親眼目睹巡夜燈的模樣，因為他一向習慣在音樂廳演出結束後到這些危險地區去漫步。他住在康頓城的期間，也就是他創作了畢生最富暴力意味作品的時期，他經常就著一盞巡夜燈的陰慘光線繪製謀殺現場的油畫。和他共用房子和一間工作室的畫家馬卓力・李利曾經不只一次看見他這麼做，後來李利把那情景形容成像是在「海德先生的光暈」籠罩下的「傑柯醫生」。

在惡劣天氣下，警察的深藍色羊毛制服和帽子很難保暖或保持乾躁。天氣暖和時，警察們的不舒服更可以想見。他可能會扯鬆腰帶或上衣，或者脫掉酷似軍帽形狀、配著閃亮布倫瑞克星形警徽的帽子。要是分發的僵硬皮靴不合腳，他或許得自掏腰包另外買一雙，不然就只好咬牙忍受了。

一八八七年的大都會警察可說讓人窺見了普世警察生涯的概況。《警察評論和精采八卦》雜誌有篇匿名文章提到，作者和妻子以及他們垂死的四歲兒子擠在弓街一棟出租公寓裡頭。警察週薪是二十四先令，其中十先令拿去付了房租。那是個民心騷動的年代，他寫道，指向警方的怨怒正不斷累積。

只憑著褲管口袋插著支小警棍，這些警察日復一日的在外奔波，「由於我們和一些被貪婪慾念逼成狂人的激情傢伙頻繁接觸而幾乎精疲力竭。」一篇不具名的文章寫道，憤怒市民的惡毒辱罵、指控警方「和人們與窮人作對」。其他比較平和的倫敦居住則往往等到搶案或竊案發生四到六小時之後才報警，然後大聲抱怨警方沒能讓竊犯伏法。

警察不僅是招人怨的工作，也是一個不可能的任務。一萬五千名警員當中，每天平均總有六分之一請病假、事假或停職。實際在街上巡邏的人數得看輪班時段而定。因為夜班（晚上十點到清晨六點）值勤警察的人數通常多一倍，亦即白天班（清晨六點到下午兩點）和晚班（下午兩點到晚上十點）大約只有兩千名警員在街上巡邏。平均每四千個市民才配得一名警員，而每一名警員得負責維持六哩市區範圍的治安。八月份情況更糟，因為有兩千名警員請假去度假。

倫敦大都會區的面積有七百平方哩，就算凌晨的值勤警員人數加倍，開膛手依然可以在東區的人行道、巷道、庭院和黑暗街道上自由來去，連半個警察的影子也不會看見。即使有警察走近，他的腳步聲也足以讓開膛手心生警覺。殺人後，他可以躲在暗處，等待屍體被人發現，竊聽證人、醫生和警方之間的精采對話。開膛手傑克也可以目送巡夜燈的橘紅色燈光一路搖晃，一點都不需擔心行蹤暴露。

精神病態者喜歡欣賞自己編導的犯罪現場。連續殺人犯回到犯罪現場插手警方的調查工作是常有的事。凶手出現在受害者的葬禮中已非罕見，因此現今的警方時常在受害者葬禮中安排便衣警察，暗中錄下所有參禮者的形影。連續縱火犯也喜歡觀看自己的火災現場。強暴犯喜歡在慈善單位工作，泰德・邦迪就曾經在一個心理危機診所裡擔任義工。

羅伯・錢柏斯（譯註：Robert Chambers，一九八六年因謀殺被判服刑，已於二〇〇三年情人節出獄）在紐約中央公園將珍妮佛・李文（Jennifer Levin）勒斃，然後坐在犯罪現場對街的牆邊等了兩個鐘頭，直到屍體被人發現、警方抵達、停屍間助理拉上屍袋拉鍊並且把它推進救護車為止。「他覺得這樣很有趣，」將錢柏斯送進監牢的檢察官琳達・菲爾斯坦回憶說。

席格是個表演者，也是個暴力精神病態者。他會極度沉迷於觀看警方和醫生在犯罪現場檢查屍體；或許會在黑暗中流連不去，目送手推急救車載著被他殺害的女子離開。也許他還尾隨了好一段路，想瞄一眼屍體被鎖進停屍房的情景。他也可能參加了葬禮。他曾經在一九〇〇年代畫了幅油畫，兩個女人凝視著窗外，作品主題是難以理解的《行進中的葬禮》。有幾封開膛手的信件也嘲弄地提到他在現場觀看或者參加受害者葬禮的情節。

「我看得見他們，他們卻看不見我，」開膛手寫道。

大都會警察署署長查爾斯・瓦倫爵士並不真的關心犯罪問題，對此也了解不多。對一個像華特・席格這樣足智多謀的精神病態者來說他實在是個軟柿子，輕易便被玩弄於股掌間，聲譽毀於一旦。瓦倫沒能逮到開膛手，加上其他過失，使得他終於在一八八八年十一月八日辭去署長一職。

吸引大眾注意到東區的慘狀以及讓倫敦得以擺脫庸官瓦倫，或許是開膛手傑克的唯一功勞，儘管他的動機是純然自私的。

# 10 法庭中的醫學

婁林恩醫生在瑪莉安・尼可斯的死因調查法庭中作證說，她的舌頭有輕微裂傷，右下頦下方有一處拳頭或者「用拇指強壓」造成的瘀傷。此外，她的左臉也有一處圓圈形的瘀傷，可能是用手指頭壓迫形成的。

她的頸子被割了兩道。第一道四吋長，從左下巴下方一吋的地方，也就是左耳下方開始。第二道割痕也是從左側開始，距離第一道刀痕下方大約一吋，在耳垂前方的位置。第二道刀痕是「圓形」的，婁林恩醫生指出。我不太清楚他所謂的「圓形」指的是什麼，也許是說那道刀傷是弧形而非直線形，或者只是說它順著頸子繞的意思。這道刀痕有八吋長，切斷所有血管、肌肉組織和軟骨，輕微擦過頸椎骨，然後在右下巴下方三吋的地方停頓。

婁林恩醫生對瑪莉安腹部傷痕的描述就跟他其他的說明一樣不明確。左側有一道鋸齒狀的割傷，「大約在下腹部」，肚子右側有「三、四道」往下傾斜的類似傷痕。此外，腹部中央也有「許多道」傷痕，「私處」也被戳了好幾刀。婁林恩醫生作總結時說，腹部的傷痕已經足以致死，他認為那些傷痕是在她被割破喉嚨之前發生的。他的結論是根據現場所發現的，頸部周圍幾乎沒什麼血跡。但是他忘了告訴驗屍官和陪審團，當時他並沒有把屍體翻過來查看。很可能他一直不知道自己忽略了——或者沒看見——那一大灘直徑約六吋的血跡。

所有傷痕都是由左到右，妻林恩醫生作證說。這讓他得到一個結論，凶手「慣用左手」。至於凶器——這回只有一把兇器——據他指出是長刀刃、「不算太銳利」的器具，切割時用了「極大蠻力」。他又說，她下巴和臉上的瘀傷特徵也符合兇手是慣用左手。他推測兇手用右手堵住瑪莉安的嘴巴，阻止她叫嚷，再用左手連續戳刺她的腹部。在妻林恩醫生的劇本中，凶手攻擊瑪莉安的時候是和她面對面的。也許兩人都站著，或者凶手已經將她摺倒在地上，總之他掀開她的衣服，戳刺她腹部深達脂肪層和內臟的同時還有辦法讓她不尖叫掙扎。

這很不合理，一個像開膛手傑克這樣精明、冷靜又有智慧的凶手，竟然會先攻擊受害者的腹部，讓她在蒙受極度驚恐和痛苦的當兒還有機會奮力的掙扎。要是驗屍官針對一些相關細節仔細的向妻林恩醫生提出質問，或許便會得到全然不同的關於瑪莉安被謀殺經過的故事版本。也許凶手並不是從前方開始攻擊她；也許他什麼都沒對她說；也許她根本沒看見他的長相。

較常見的說法是，開膛手傑克都是先藉機接近他的受害者，接著將她帶往偏僻黑暗的角落，再迅速出手將她殺害。有很長一段時間我相信這是所有開膛手案件共通的作案模式。我和無數人一樣想像開膛手拿性交易作為藉口，誘使那些女人跟著他走。由於妓女往往轉身背對著顧客再進行性交，這似乎提供了絕佳機會，讓開膛手能夠趁她毫無防備的空檔割破她的喉嚨。

我沒有排除這是開膛手作案模式的可能性，至少適用於他的部份案件。我一直沒想過這或許是不正確的，一直到二〇〇一年聖誕節我和家人到亞斯本度假的期間，有那麼一瞬間我突然靈光閃現。當時我正在阿雅克斯山腳的出租套房裡單獨過夜。一如以往，我隨身帶了幾提袋的研究資料，正翻閱著一本我已經看過不下二十次的席格畫冊。翻到他的一幅著名作品《懊惱》（Ennui）的時候，我停了下來。真是奇怪，我想，這幅畫竟然被視為他最出色的畫作之一，連伊莉莎白皇太后都買了他五個版本當中的一幅，並且將它懸掛在克萊倫斯宮，其他版本也分別由泰特美術館等知名博物館收藏。

在《懊惱》的五種版本裡頭，我們可以見到一個中年男子無趣的坐在桌前，雪茄點燃了，面前擺著一只我猜大概裝著啤酒的大玻璃杯。他若有所思凝視著前方，似乎對身後的女人毫不在意。那女人倚靠在梳妝台邊，手支著頭，漠然望著一只玻璃罩裡頭的鴿子標本。這幅畫的中央，也就是在這對無聊夫妻頭頂後方的牆上，掛著幅歌劇女角的油畫。看過《懊惱》這幅畫的幾個不同版本之後，我發現他對這名女角的描繪方式有著些微差異。

在其中三個版本裡，她的赤裸肩膀圍著類似厚羽毛圍巾的東西，但是在皇太后那幅較新的版本以及泰特美術館收藏的那幅作品裡頭，女人沒有披羽毛圍巾，只在左肩有一團形狀不明的紅褐色塊，並且往左手臂和胸脯延伸。我坐在出租套房裡，也開始覺得懊惱起來。因為我突然注意到歌劇女角的左肩膀上方有一個垂直新月形、類似皮膚色的白色形體。這團皮膚白的色塊在她臉部左側微微隆起，好像一隻耳垂。

湊近觀察，那團色塊變成一張男人的臉龐，半邊隱在陰影中。他從女人後方趨近，女人正轉過頭，似乎察覺到他的到來。在低倍數放大鏡下，那張半暗的男人臉孔更加清晰，女人的臉則變得有點像骷髏頭。但是用高倍數的放大鏡觀看時，整幅油畫便化為無數席格的畫筆筆觸了。我跑到倫敦泰特美術館去看原作，也並未改變我的想法。我寄了一份這幅畫的幻燈片給維吉尼亞法醫科學及醫學學院，看是否能透過電子科技獲得較清晰的效果。

電腦化的影像強化系統能夠偵測數百種肉眼無法分辨的灰階，因此可以讓模糊的照片或褪色的筆跡變得清晰可辨。然而，儘管法醫影像強化技術常被用來分析銀行錄影帶和不良照片，卻無法運用在油畫上。針對《懊惱》這幅畫，我們所能做的很可能只是不斷分解席格的繪畫筆觸，最後或許能了解他究竟是如何將這些筆觸塗描上去的。他們提醒我，一如我在研究開膛手案的過程當中不斷被人提醒那般，法醫科學無法而且永遠無法取代人的偵查、推衍、經驗和常識，以及全心投入。

其實在我注意到這點之前，早就有人在開膛手案的調查工作中提起席格的《懊惱》了，只不過切入點和我上面所描述的不太相同。這幅畫的某個版本裡頭，裹著羽毛圍巾的女伶的左肩上有一小團白色物，令人聯想到似乎和梳妝台上那只玻璃罩底下的其中一個鴿子標本互相呼應。有些開膛手迷堅稱這隻「鳥」是「海鷗」。席格巧妙的將這隻「海鷗」融入他的油畫當中，用來佈下線索，暗指開膛手傑克其實是維多利亞女王的御醫，威廉・葛爾爵士（譯註：

Sir William Gull；gull，即海鷗）。持此一論調的人主張宮廷陰謀說，認為葛爾醫生和克萊倫斯公爵聯手犯下了五樁開膛手謀殺案。

這個說法在一九七〇年代甚囂塵上。儘管本書的重點不在釐清誰不是開膛手，我想還是簡單的舉幾個開膛手並不是葛爾醫生或者克萊倫斯公爵的例證。一八八八年葛爾醫生已經七十一歲，並為中風所苦。至於克萊倫斯公爵既不使用尖刀，也不是個厲害人物。暱名艾迪的公爵是個早產兒，因為他母親到室外看丈夫玩冰上曲棍球時，或許由於坐在雪橇車上「打轉」太久了，結果提早兩個月生下了他。身體不適的她被送回福洛格莫，可是那裡只有一名執業醫生可照料艾迪的意外誕生。

與其說他的發展障礙是由於早產，還不如說是歸因於他來自狹隘的皇室基因庫的緣故。艾迪十分善良但有些溫吞。學生時代的他柔順多感，只是相當陰鬱。他幾乎不會騎馬，服兵役時表現平凡，偏愛漂亮服裝。他那頹喪的父親威爾斯王子和他的祖母——女王——所能想到的唯一治療之道就是不時地將他送往遠方去作長程旅行。

關於他的特殊性偏好以及輕率言行的流言直到今天依然盛行。也許他真的像某些書裡頭提到的熱中於同性戀活動，但是他和女性的關係也相當密切。也許艾迪的性發展不成熟，因此試驗性的和兩性接觸，然而他並不是皇室成員中的第一個雙性戀者。艾迪的愛戀對象主要是女性，尤其是他那美麗、溺愛孩子的母親。對於他關心服裝甚於關心皇室這點，她似乎並不怎麼在意。

一八八四年七月十二日，艾迪那沮喪的父親——王儲威爾斯王子寫了封信給艾迪的德籍家庭教師，「很遺憾從您那兒獲知我們的兒子經常在早上蹉跎光陰……他會勤加學習以彌補落後進度。」在這封他從馬波羅宮寄出長達七頁的嚴肅信函中，他幾近殷切的一再強調，他那直接承襲皇室香火的兒子「非努力工作不可」。

艾迪既沒精力也沒興致到處獵殺妓女。無論如何都太荒謬了。至少有三個謀殺案發生的晚上他據稱並不在倫敦，甚至不在附近（倒不是說他需要不在場證明），而且謀殺案在他於一八九二年一月十四日去世後仍然持續發生。就算這時候皇室御醫葛爾醫生還不算老邁，但是單單是維多利亞女王的健康和艾迪的柔弱身體就夠他心力交瘁了，哪來的興致和時間整夜乘著皇室馬車在白教堂區到處晃蕩，誘拐那些據說是藉著艾迪的「秘密婚姻」醜聞而勒索他的妓女，或者諸如此類的傳說。

不過艾迪確曾遭到勒索，這是真實的。他寫給喬治・路易斯——精悍的律師，後來一度代表惠斯勒打了場和華特・席格有關的訴訟案——的兩封信可以為證。艾迪分別在一八九〇和一八九一年寫了信給路易斯，因為他正試圖和兩位低階層的女士達成協議，其中一位是李察森小姐。他想付錢贖回他一時魯莽寫給她和另一位女性友人的信件。

「我很高興聽聞你終於和李察森小姐談妥了條件，」艾迪在一八九〇年寫給路易斯的信中說，「雖然花兩百鎊來買信算是相當昂貴。」信中又說，他聽李察森小姐提起「另一位女士」，說她打算另外索取二百鎊。艾迪承諾他同樣會「盡一切力量要回」那些他寫給「另一位女士」的所有信件。

兩個月後，艾迪在一八九一年十一月、十二月從他的「騎兵營」寫信並且寄了份禮物給路易斯，「感謝你前些時候慷慨協助我脫離我誤入的困境。」但是那「另一位女士」很顯然不是省油的燈，因為艾迪告訴路易斯他託了位友人去拜訪她，「要求她讓出我寫給她的那兩、三封信件……你該知道今後我將會格外謹慎，避免捲入類似的麻煩。」

克萊倫斯公爵寫給李察森小姐和「另一位女士」的信件內容究竟為何，我們不得而知，但可以據此推測他的種種行為讓皇室十分困擾。他應該清楚，和這些勒索的低階層女子牽扯不清的新聞報導將會讓民眾極度反感，當然也不會為女王所接受。從這樁蓄意勒索事件可以看出，艾迪處理這類困境的方式並非將冒犯的那方予以殘酷的謀殺，而是付錢了事。

席格的畫作或許包含著許多「線索」，不過都是和他本身、他的感覺和行為有關。他的藝術就是他的眼睛所見，用他時而稚氣時而野蠻的想像力篩濾過的。他的大多數畫作顯示，他習慣於從背後觀察眾生。他看得見他們，但是他們看不見他。他看得見他的受害者們，可是她們看不見他。他在攻擊瑪莉安・尼可斯之前很可能已觀察了她好一陣子，也許他在等候著她到達最適當的酒醉程度，然後伺機出手。

也許他在黑暗中向她走去，亮出一枚錢幣，說了句好聽台詞，再繞到背後攻擊她。或許他只是從陰暗中冒出，突然撲了過去。如果他們的描述無誤的話，她的傷痕顯示凶手很可能是從背後勒住她，迫使她仰頭然後拿刀割破她裸露的喉嚨。也許她痛苦得緊咬舌頭，這也解釋了妻林恩醫生所說她的舌頭有裂傷這點。如果她曾經奮力掙扎，這也足以解釋為何第一道刀痕比較淺短，沒能讓她斷氣。至於她下巴和臉部的瘀痕，或許是來自凶手緊勒她、劃下第二刀的當中造成的。這次下手得如此之猛，他幾乎一刀便斬斷了她的頭。

由於他在她背後，使得他能夠避開從斷裂的頸動脈噴出的鮮血。很少有凶手會願意被鮮血濺得滿身滿臉，尤其是在受害者可能染有性傳染疾病的情況下。等到瑪莉安仰身倒下，凶手移向她的下半身，掀開她的衣裙。這時候她或許已經無法叫喊，只剩從斷裂氣管發出的汩汩血流聲以及空氣和血液吸入吸出的咻咻聲。也許她吸入自己的血液，因而窒息，直到全身血液流乾為止。這整個過程得延續好幾分鐘。

驗屍官的所有報告，包括妻林恩醫生的，一再向我們保證受害者「當場就斷氣了」。沒有這種事。一個人若是腦袋被轟一槍有可能當場死亡，但若是流血致死、窒息、溺水，或者因為中風或心跳停止而喪失身體機能而死亡，往往得經過好幾分鐘才斷氣。很可能當凶手開始戳刺瑪莉安腹部的時候，她的意識仍然清晰，完全知道發生了什麼事。當他將她的屍體遺留在馬場院子裡的時候她也很可能還活著。

她的遺體被送到白教堂救濟院停屍房的那天早晨，負責看守停屍房的是那裡的院友羅伯・曼恩。在九月十七日的死因調查法庭中，曼恩作證說那天大約凌晨四點鐘左右，警方來到救濟院把他叫醒。他們說有具屍體停放在停屍房外面，要他趕過去，於是他陪著他們來到院子裡的急救車旁。他們將屍體抬進停屍房，不久史派特林督察和妻林恩醫生趕到，查看了下屍體。接著警方離去，曼恩記得那時候大概是凌晨五點鐘，他把停屍房門鎖上然後去吃早餐。

一小時過後，曼恩和另一名叫做詹姆斯・哈費爾的院友回到停屍房，在沒有警方和任何人在場的情況下開始替屍體脫衣。曼恩在貝斯特驗屍官面前發誓說，從來就沒人下令要他別碰觸屍體，而且他很肯定當時沒有警方人員在場。你真的確定嗎？他確定，呃，也許不能確定。也許他記錯了，他記不得了。既然警方說他們在場，那麼他們也許真的在場。在作證過程中曼恩越來越迷惑，「情緒相當不穩……他的證詞也受到質疑，」《泰晤士報》報導說。

懷恩・白斯特是個律師，也是個經驗豐富的驗屍官，兩年後象人喬瑟夫・梅里克的死因調查法庭便是由他主持的。貝斯特絕不容許他的聽證會上有人撒謊或是案件調查報告內容遭到誤用。救濟院院友動了瑪莉安的衣服一事令他非常不悅。他厲色追問困惑不安的曼恩。曼恩則不改初衷的說，屍體運來的時候衣服並沒有撕裂或破損。他和哈費爾所做的只是脫去那女人的衣服然後替她淨身，好讓醫生來的時候不需要浪費時間做這些。

為了加快速度以及方便起見，他們把衣服割破、撕開。她的衣服有好多層，有些由於沾了乾涸的血跡，已經硬梆梆的了，而且屍體已經僵直得像雕像一樣，很難把衣服順著手或腳脫下來。輪到哈費爾作證時，他表示對曼恩所說的完全贊同。這兩個院友吃完早餐以後打開停屍房門鎖，當他們割破、撕裂死者衣服的時候並沒有其他人在場。

他們清洗她的遺體，就只有他們兩個守著她，他們也沒有理由認為這有什麼不妥。由死因調查法庭的證詞記錄看來，這兩個男人嚇壞了而且充滿困惑，因為他們覺得自己並沒有做錯什麼，實在不懂事情為何鬧得這麼大。救濟院的停屍房本來就不該用來處理警方的案子，這裡只不過是死亡院友在被送往貧民墓園之前的一個停歇站罷了。

在拉丁文中，forensic的意思是「forum」，也就是羅馬時代的律師或原告在正式審判舉行前陳述案件的公開場所。Forensic medicine或者legal medicine也就是法庭上的醫學，然而一八八八年幾乎沒有法醫實務。令人扼腕的是，瑪莉安・尼可斯謀殺案裡頭可供使用或推翻的具體物證實在少得可憐，無法確定瑪莉安的屍體送達停屍房的時候她的衣服究竟有沒有被割裂或撕破，則更是一大缺憾。畢竟，無論凶手做了什麼，都有助於我們深入了解其人以及他犯案時的情感狀態。

根據警方對犯罪現場瑪莉安屍體的描述，我推測她的衣服相當凌亂，但並沒有被割破或撕裂。八月三十一日這天凌晨，開膛手的暴力變本加厲。他掀開她的烏爾斯特大衣、羊毛襯裙、法蘭絨內衣和裙子，劃下參差不齊的一刀，再迅速往下刺了「三、四刀」，以及橫過腹部的

「幾刀」，幾乎像是格子狀圖案，最後在陰部匆匆戳了幾下然後就走了，消失在黑暗裡。

沒有驗屍圖表和照片可參考，很難重建傷口、凶手做了些什麼，以及他有些什麼感覺。傷口可能慘不忍睹，也可能很輕微，由此可以顯示凶手是匆忙或者憤怒難抑。一個人自殺時手腕上除了那道割破血管的深長刀痕以外，若是加上三、四道輕淺的傷口，所透漏的訊息便全然有別於只劃了一刀的自殺事件。

心理醫師時常透過病患的態度和對自身行為與感情的表白，來解析他們的心理狀態和情感需求。面對死亡的醫生也必須透過屍體上發現的新舊傷痕和殘留物的型態、受害者的衣著，以及陳屍的地點來進行相同的解析。聆聽死者說話是一種獨特的職稟，需要高度的專業素養。無聲的語言不容易閱讀，可是死者絕不會說謊。這些語言或許很難理解，我們很可能誤解了這些語言，或者直到它們開始消褪都還未找到它們。但只要訊息仍然存在，它們的精確性總是無可質疑的。有時候直到屍體化成了灰，餘音依然裊繞不絕。

如果某人喝了酒然後開車或者跟人鬥毆，他的屍體的酒精濃度自然會顯露出來。如果某人犯有海洛英或古柯鹼毒癮，他的屍體上一定會發現針孔痕跡，尿液、眼球玻璃體液和血液中也會出現嗎啡和苯甲酰愛岡寧代謝物。如果某人經常從事肛交、在私處刺青或者穿洞，或者女人因為她的情人幻想和小孩性交而將陰毛剃光，等他們死後這些秘密都會公開。如果有個青少年為了得到更強烈的高潮而在自慰時穿上皮革衣服，並用活結繩勒緊自己的頸部血管，只是沒想到他站在椅子上假裝上吊時不小心滑了一下，這在他死後也會供出一切。羞愧和謊言全部得由活著的家屬承受。

死者所能訴說的事實多得驚人，我的驚愕和沉痛從來就沒停止過。有個年輕男子的求死意志非常堅決，當他用十字弓射自己的胸膛卻沒有死時，他竟然將箭拔出再射一次。憤怒。不顧一切。絕望。絕不回頭。我很想死，但我依然會照著計畫跟家人去度假，並且寫下關於自己葬禮的所有細節，這樣才不會給家人帶來不便。我很想死，可是我想死得漂亮，因此我要化點妝，整理頭髮，然後朝自己的心臟射擊，因為我不想毀了我的臉蛋；有個做妻子的在她丈夫和一個年輕女人私奔之後決心這麼做。

我要朝妳的嘴開一槍，賤人，因為我不想再聽妳嘮叨了。我要把妳的屍體丟進浴缸再灑滿硫酸，妳這爛貨，背著我在外面胡搞的下場就是這樣。我要刺瞎你的眼睛，因為我討厭你盯著我看。我要吸光妳的血，因為我的血被異形吸光了。我要把妳分屍然後一塊塊烹煮，這樣才可以把妳沖進馬桶裡，沒人會發現。跳上我的哈雷機車吧，妳這娼婦，我要把妳帶到汽車旅館，用剃刀和剪刀將妳割千百刀，看著妳慢慢斷氣，因為這是我加入幫派的入會儀式。

瑪莉安・尼可斯的傷口告訴我們，凶手不希望她有機會掙扎或叫喊，而且他已經準備好進入下一個階段，拿刀移到她的喉嚨下方，開始蹂躪她赤裸的軀體。可是他對這還不純熟，無法繼續下去。他沒有挖出她的內臟器官。他切得很深，可是沒有取走身體任何部位當作戰利品或護身符，供他獨自在自已的祕密住所裡製造性幻想和遐思。我認為這是開膛手第一次剖開受害者的身體，他需要時間思索、感覺那滋味，好決定是否要更進一步。

「我喜歡血多一點的感覺。」十月五日開膛手寫道。

「我想要更多。」十一月二日開膛手寫道。

不到一星期之後，開膛手傑克開始公開用這邪惡的名號稱呼自己，也許這是有道理可循的。在謀殺瑪莉安・尼可斯之前，他還沒有「開膛」。席格當演員時給自己取了「尼莫先生」的藝名是有理由的，而這名字絕對沒有謙遜的意味。席格選擇「Jack the Ripper」的名號同樣有著充分理由，但我們也只能加以揣測。

「Jack」是水手或男人的俚語，而「Ripper」則是剖切者。不過華特・席格向來不是個直來直往的人。我翻查了十幾本一七五五年到一九〇六年的辭典和百科全書，尋找各種不同的定義。「開膛手傑克」這名字也許是席格從莎士比亞作品得來的靈感，就像海倫娜・席格在她的回憶錄中提到的，她和哥哥們在成長過程中全都是「莎士比亞迷」，擔任演員時期的席格更是出了名的善於背誦大段莎士比亞劇本對白。他喜歡在晚宴當中表演莎士比亞式獨白。「傑克」一詞可以在《英雄叛國記》、《威尼斯商人》和《辛白林》等劇中找到。莎士比亞不使用「開膛手」這字眼，但《約翰王》和《馬克白》裡頭有不少同義字。

「Jack」的意思包括：靴子；同時也是John的暱稱，帶點輕慢的意思，指無禮的傢伙；

替主人脫掉靴子的童僕；斥責；男性；在美國俚語裡也有陌生人的意思；美國俚語也指公驢；無所不能的靈巧傢伙——例如「Jack of all trades」（譯註：萬事通）。「Ripper」的意思則包括：剖開者；撕裂者；切鋸者；穿著體面的漂亮傢伙；良駒；好戲或好角色。

開膛手傑克是陌生人，多才多藝的聰明傢伙。他「滿肚子鬥志」是個「無人可匹敵的神氣傢伙」；「剖開你們親愛母國英格蘭的子宮」。在席格的心靈最深處，也許感覺自己從母親的子宮裡被「剖裂」開來。他母親子宮裡發生的事很不公平而且並非他的錯，他決心報恩。

# 11 夏夜

瑪莉安・尼可斯的屍體在人行道上被人發現的時候，她的眼睛是睜開的、茫然凝視著那片黑暗，她的臉孔在巡夜燈的微弱光焰下泛著蒼黃色。

在查爾斯・達爾文所著《情感表達》一書裡，睜大眼珠是一種伴隨著「恐懼」的表情，達爾文認為它和「極度恐懼」或者「遭到凌遲的劇烈痛苦」有關。幾世紀以來一直有個謬見，認為人死以前那刻的情感會凝結在他臉上。不過象徵性的來說，瑪莉安的表情似乎真的捕捉了她生前最後瞥見的——那個正在割傷她的凶手的黑暗身影。警方在報告中記錄了她那雙驚恐眼瞳的事實或許反映了當時街頭那群藍衣警察對於白教堂謀殺案逐漸升起的感受：那是個怪物，是魅影，卻不曾——引用亞伯蘭督察的話——留下「一絲線索」。

一個躺在人行道上、被割斷喉嚨、瞪大眼珠的女人，無論誰見過都不會輕易忘記。席格就忘不了，他比任何人都更清楚記得她垂死時的眼神。如果他記錄的日期無誤，一九〇三年他曾經畫了幅一張女人茫然瞪視著的素描。女人看來像是死了，頸部有一圈謎樣的陰暗線條。這幅畫有個相當平淡的主題《維也納女人頭速寫》。三年後他又畫了幅類似的油畫，一個裸女姿勢詭異的趴在鐵床上，命名為《Nuit d'Ete》，意思是「夏天的夜晚」。瑪莉安・尼可斯是在一個夏天夜晚遭到謀殺的。那幅素描中的女人和油畫裡的女人模樣很神似。根據一張瑪莉安・尼可斯在停屍房中由救濟院院友曼恩和哈費爾淨身完畢之後所拍攝的照片看來，這兩個女人長得正像瑪莉安。

停屍房照片是用一種大木盒照相機拍的，只能從正前方拍攝。警方準備拍攝的屍體必須立起來或者筆直靠在停屍房牆上，因為這種照相機無法以俯角或其他角度拍攝。有時候赤裸的屍體得用鉤子、釘子或木樁勾住頸背吊起來。例如後來的另一名受害者凱薩琳・埃竇斯的照片，仔細觀察便會發現她赤裸的屍體被吊掛著，一腳幾乎是懸空的。

這些陰森可怖的照片只供作身份辨識使用，並不對外公開。一般人唯有親自到過停屍房或者犯罪現場，才可能知道瑪莉安・尼可斯的屍體是什麼模樣。倘若席格那幅以維也納女人為題的素描畫的果真是瑪莉安・尼可斯死後的臉孔，那麼也許他曾經到過現場，或者想辦法取得了警方的檔案資料——除非事實和我所了解的有所出入。就算席格曾經到停屍房去看過瑪莉安，那時候她的眼睛應該已經闔起，就像照片中顯示的。等到她被拍攝、供人認屍以及讓死因調查法庭陪審團過目的時候，她的傷口都已經縫合完妥，全身密密包裹著衣服好遮住喉嚨的刀痕。

遺憾的是，只有幾張開膛手受害者的停屍房照片被存留下來。而國家檔案館所收藏的那些照片，不但小，解析度又差，放大之後更是模糊。法醫影像強化系統略有幫助，可是效果不大。至於當時和開膛手案無涉，或從來不曾有涉的案子，或許根本沒留下任何照片。就算有，這些照片似乎也都失蹤了。警方通常不會拍攝犯罪現場照片，除非受害者屍體是在室內被發現，再加上是警方認為極不尋常的案子，才足以勞動他們將笨重的木盒照相機給搬來。

今天犯罪案的屍體都是用多種攝影器材從各種角度拍攝多次，然而在開膛手犯案的時代，照相機是很珍貴的，配備有照相機的太平間或停屍房想必更加罕見。當時的科技還沒進步到可以在夜間拍攝照片。種種限制導致任何人所能找到的關於開膛手案的視覺記錄都極其有限，除非他瀏覽過華特・席格的畫冊或者看過博物館和私人美術館所收藏的那些席格「謀殺」畫作和裸體畫。撇開藝術和學院分析不談，席格的裸體畫大多數看起來十分殘虐而陰森。

他的許多裸體畫和女性為主題的畫像都畫了有許多黑色線條的裸露頸子，令人聯想起割喉或者斬首。通常人物頸部周圍的深色區域應該是用來表現陰影和層次，然而我所指的這些深濃的黑色線條卻讓人十分困惑，它們並不是首飾。既然席格習慣描繪自己親眼所見的一切，這些線條到底是什麼呢？一九二一年命名為《巡警》的一幅油畫尤其神秘。一個女警眼珠突出，上衣領子敞開，露出頸子上一圈粗黑的線條。

關於這幅《巡警》我們知道的不多。據說席格是看著一張女警照片畫的，也許是伯明罕警察局的桃樂絲・派多警員。她取得了這幅油畫然後遷居到倫敦，在大都會警察擔任女警，最後捐出了她的這幅真人尺寸畫像。根據至少一位大都會警察署檔案管理員表示，這幅畫或許有其藝術價值，可是並不受歡迎，尤其是女性。我初次看見這幅畫時它懸掛在一間上鎖的房間裡，用鍊子固定在牆上。似乎沒人知道該怎麼處理才好，也許這算是開膛手的另一種「哈哈！」——蘇格蘭場竟然收藏了一幅它始終沒能逮到的史上最殘酷凶手的畫作，儘管是意料之外的。《巡警》並不盡然是向所有女性或警察致敬的獻禮，也不像是席格有意跳脫他那詭祕、可怖幻想的作品。畫中女警的驚駭表情和她的職業威嚴極不吻合，而且一如席格的典型風格，透著股病態和惡兆似的氣氛。這幅$74\frac{1}{4} \times 46\frac{1}{4}$吋的木框帆布油畫是美術界燦亮畫廊中的一面陰暗的鏡子，少有人提到它，也少有它的複製品。

席格的某些畫作的確就像他那些隱匿的房間一樣神秘，然而不讓這些畫作公諸於世的決心卻不單單是收藏者所有。席格本身對於哪些畫作是否可以公開展出的意見不少。即使是已經送給朋友的作品——例如《開膛手傑克的臥房》——他都可能向朋友借來參展，或者要求不得公開。他的某些作品或許也是他「有本事來抓我」遊戲的一部分吧。他有膽量繪製開膛手犯罪現場的油畫或素描，卻不見得有勇氣毫無保留的展出它們。當我們開始進行搜尋，這些不甚體面的作品也才相繼浮上檯面。

最近發現的一幅未曾編入席格作品目錄的素描，畫的似乎是他一八八八年音樂廳時代的回憶，是席格在一九二〇年所繪製。描述一個蓄著鬍子的男子正和一名妓女交談。這名男子半背對著我們，但我們可以隱約看見他露出陰莖，右手還握著一把刀。素描底部畫的似乎是個兩條手臂被截斷、腹部被挖空的女人——就好像席格在描述自己的謀殺行動前和行動後似的。藝術史學者羅賓博士認為，這張素描會一直被忽略是因為在過去，對於一些檔案專家、席格研究專家和像她之類的學者而言，在席格作品中尋找這類暴力作品並非首要考慮。

但只要深入研究，知道該從何著手，不尋常的線索便逐一浮現，包括新聞報導在內。研究開膛手傑克謀殺案相關新聞的人大都仰賴公共記錄的傳真影本或微縮捲片。進行調查之初，我選擇了《泰晤士報》作為參考來源，結果很幸運的找到好幾份一八八八到九一年的原版報紙。那個時代的報紙所含的棉纖維比例之高，我手上的《泰晤士報》甚至可以用熨斗燙平、縫合再裝訂，就跟新的一樣。

令我驚喜莫名的是，這些一百多年前的報紙依然那麼柔韌，可以放心的翻閱而不虞損壞。年輕時曾經擔任記者的我非常清楚，一則故事永遠有多種不同版本，除非盡可能讀遍所有能到手的相關報導，否則難以一窺事實真相。當時主要報紙對於開膛手的報導絕不算少，但是時常被忽略的是某些較不出名、默默為歷史作證的媒體，例如《週日特派報》。

有一天，倫敦雀兒喜區一家古董書店的老闆打電話給我，說他在拍賣會上發現一本貼滿《週日特派報》所有關於開膛手謀殺案報導以及許多相關文章的剪貼簿。裡頭的剪報都是隨便剪下，歪扭地黏貼上去的，日期從一八八八年八月十二日到一八八九年九月二十九日為止。這本剪貼簿引起我的強烈關注。裡頭有數十頁用剃刀割掉了，讓我非常好奇那究竟是些什麼內容。剪報旁邊有許多用藍、黑色墨水和灰、藍和紫色鉛筆寫的註解。是誰這麼費心？原因何在？一百多年來這本剪貼簿都被收藏在哪裡呢？

這些註解顯示剪貼簿的主人很可能對開膛手案相當熟悉，並對警方的辦案手法極感興趣。最初我取得這本剪貼簿時，一度猜想這或許是開膛手傑克本人所有。這人蒐集的報導似乎集中在警方的新發現，註解的內容則是他贊同或不贊同他們。他還刪除了一些他認為不正確的內容，類似「沒錯！相信我」、「令人失望」、「非常令人失望」、「很重要，快找到那女人」，以及其中最引人注目的「七女四男」等相當用心的評語出現在相關剪報文章的旁邊。許多字句都劃了底線，尤其是那些最後見到受害者活著的證人所作的各種描述。

我想我永遠也無法確定這本剪貼簿的主人究竟是偵探迷、警察或記者，只知道裡頭的筆跡和蘇格蘭場幾個高階警官，例如亞伯蘭督察、史汪森和我讀過他們報告的幾位警官的都不相符。剪貼簿裡的字跡非常小而潦草，尤其是當文字段落較為完整時——即使不算優雅。大部分警察都寫得一手清秀甚至華麗的字體。事實上，這些剪報裡的筆跡讓我想起華特・席格狂放不羈、甚至全然無法辨識的書寫方式。他的筆跡和一般英國人有著顯著差異。由於早熟的席格從小自修讀寫，並未受過傳統的書法教育，儘管他的妹妹海倫娜說他心血來潮時也能寫一手「漂亮字體」。

這本剪貼簿是屬於席格的嗎？可能不是。我不知道保管者是誰，不過裡頭所蒐集的特派報文章還包括當時另一個報導範疇。負責特派報犯罪案報導的是個不具名的記者——當時作者署名就跟女性記者一樣罕見——可是觀察敏銳而且心思細密。他的推論、質疑和感知賦予許多案件，例如瑪莉安・尼可斯案新的觀察角度。特派報報導說，警方懷疑她是幫派的受害者。當時的倫敦有許多由年輕暴力份子組成的流氓團體，到處找弱者和窮人的麻煩。這些混混意圖搶劫煙花女子卻發現她沒錢時便會凶性大發。

警方始終相信瑪莉安・尼可斯屍體被發現的地方並非她的遇害地點，瑪莎・塔布倫也是同樣情形。這兩個不幸的女人被棄置在「凌晨時分的陰暗街角」，沒人聽見半聲叫喊。因此她們必然是在其他地方被人殺害——也許是幫派——然後棄屍。特派報的不具名記者肯定問過妻林恩醫生，是否可能從瑪莉安・尼可斯背後而不是從前方攻擊她，這樣一來手便是慣用右手，而非妻林恩醫生所聲稱的左撇子。

倘若凶手割斷受害者喉嚨的時候站在她背後，這名記者解釋說，而刀痕的最深處是在左側，向右側劃過去，一如本案的實際情形，那麼手一定是用右手拿刀的。妻林恩醫生作了很不適當的推測，而記者的推測則是正確的。華特・席格主要是使用右手的。有一幅他的自畫像，裡頭的他似乎是用左手握畫筆，但那是因為他對著鏡子描繪自己的影像的緣故。

妻林恩醫生對一名記者的觀點或許不會感興趣，不過也許他該聽聽看。如果那位特派報記者的專長是犯罪案，也許他比妻林恩醫生見過更多割喉案件。割喉並不是罕見的謀殺方式，尤其是在家庭暴力當中；當然也不是罕見的自殺方式，但是割喉自殺的人通常會用剃刀，少用刀子，而且傷口應該不會深達脊椎骨。

皇家倫敦醫院仍然保存著十九世紀的入院和出院記錄，流覽其中的內容便會發現一八八〇和一八九〇年代常見的疾病和傷害。要注意的是，這類傷者被送到這間只服務東區居民的醫院時都應該還活著。割斷自己喉嚨的人——假設主血管已斷裂——大都來不及送醫，而直接送往停屍間，因此這些人不會被列入醫院的入院記錄。

一八八四到一八九〇年間，醫院只有一筆被視為可能是開膛手案的入院記錄，受害者是住在史瓦街、四十五歲的愛瑪·史密斯。一八八八年四月二日，她受到據她說是一幫年輕流氓的攻擊。他們毆打她，幾乎把她一隻耳垂扯下，還將某種可能是木棍的工具塞入她的陰部。當時她喝醉了，但仍勉強走回家，幾個朋友將她送到倫敦醫院，替她辦了入院手續，兩天後她死於腹膜炎。

在開膛手學中，有大量關於開膛手傑克何時開始犯案以及何時結束的推測。由於他的犯案地點似乎侷限於東區，因此倫敦醫院的記錄也就格外重要。倒不是因為那些死於犯罪現場的開膛手案受害者會留下就醫記錄，而是我們可以從中得知當時的人們慣於用什麼方式傷害自己和他人。我擔心的是，可能有許多「割喉」案例被誤判為自殺，但實際上卻是應該被納入開膛手案的謀殺案。

可惜的是，醫院記錄除了病患的姓名、年齡和地址之外少有其他陳述，有的也包括職業、疾病或傷勢種類，以及出院時間。我研究倫敦醫院記錄的另一個目的是想看看，在一八八八年尾所謂開膛手風暴發生之前、期間和之後，醫院所記錄的謀殺案件數量和暴力死亡型態是否有統計數字上的變化。答案是，幾乎沒有。然而這些記錄透露了那個時期的氣氛，特別是東區的悲慘狀況以及那些死於非命的可憐人所面臨的生活絕境。

有那麼幾年，服毒成為最常用的自殺方式，而可以選擇的毒品種類繁多，取得也非常容易。一八八四到一八九〇年倫敦東區的男女用來自殺的毒物包括草酸、鴉片酊、鴉片、鹽酸、莨菪（譯註：多年生草本植物，有毒，根可入藥）、碳酸氨、硝酸、石炭酸、鉛、酒精、松節油、溶於三氯甲烷的樟腦、鋅和番木鼈鹼。此外，人們也用溺水、槍殺、上吊和跳樓等方式來結束生命。有些跳樓死亡事件其實是因為住家或旅館起火而導致的意外。

想知道究竟有多少死亡或瀕臨死亡事件沒有經過周延調查——或者根本被警方忽略——是不可能的事。我也懷疑有些被認定是自殺的案件很可能是謀殺。一八八六年九月十二日，住在白教堂區莫百利街、二十三歲的艾絲特·高茲坦以割喉自殺病例被送到倫敦醫院。這案子的背景資料不明，但我很難想像她割喉時會切斷自己的「甲狀軟骨」，因為只要往皮膚表層底下的主血管劃一刀就足以終結自己的生命。至於切入肌肉組織或頸部軟骨則比較常見於謀殺案，因為這需要較強的力道。

即使艾絲特・高茲坦是被謀殺的，並不表示她是開膛手的受害者。我認為她並不是。他應該不會只是偶發的殺害一、兩個東區女人。他一旦出手便會掀起巨大波瀾，而且持續好幾年，他要全世界都看見他的犯罪演出，但我仍然無法斷定他究竟是在什麼時候犯下他的第一樁案子。

一八八八年，就在開膛手連續謀殺案開始的同一年，有四個東區女人死於割喉，全都被判定為自殺。當我開始翻閱皇家倫敦醫院潮霉發黃的病患記錄簿，並且注意到好幾樁婦女割喉案例時，我猜測這或許是被誤判為自殺的開膛手謀殺案件。然而深入研究之後我發現，在那個大多數人都窮得買不起槍枝的時代，割喉並不是罕見的自殺方式。

# 12 年輕俊美的罪犯

東區的居民多的是由於罹患肺結核、肋膜炎、肺氣腫和肺塵病等傳染病和疾病而脫離苦海的，許多兒童在家中或在工作時被燒死或燙傷致死。

飢餓也很要人命，還有霍亂、哮喘和癌症。許多父母和他們的小孩由於營養不良以及生活在污穢、害蟲滋生的環境中，毫無免疫力可以對抗那些並不足以致死的疾病。稍一受寒或感冒便轉變成支氣管炎、肺炎和死亡。東區的許多嬰孩出生不久便夭折，而在這裡苟活的人們對倫敦醫院也都不抱好感，總是盡可能迴避。入院意謂著病情加重，讓醫生碰觸就表示快死了，這往往也是事實。長了膿瘡需要截肢的趾頭很可能惡化成骨髓炎，終致不治；準備縫合的傷口很可能感染葡萄球菌，還是難逃一死。

一份自殺案例的入院記錄顯示，一八八四年有五名男子試圖割喉自殺，女性則有四人割喉，兩人割腕。一八八五年被認定為自殺或意圖自殺的女性當中有五名採用服毒，一名採用溺水方式。八名男子割喉，一名舉槍自殘，還有一名上吊。一八八六年有五名女性試圖割喉自殺，十二名女性和七名男性服毒，另外十二名男性割喉或用刀槍自殺。

實在很難認定到底誰是真的自殺，哪些人是遭到謀殺。倘若死者是東區貧民窟居民，而且又有證人，警方往往會採信證人的說詞。倘若一個習慣酗酒虐妻的丈夫將兩盞煤油燈丟向妻子，她在一息尚存時告訴警方那完全是她的錯，那麼她的丈夫就不會被起訴，她的死也會被歸為意外事件。

除非案情顯而易見，否則很難判定某個案子的死亡方式和原因究竟為何。如果一個女人陳屍在屋內，喉嚨割斷，刀子就在身側，那麼警方會推斷她是自殺。類似的推論，包括沒有惡意的婁林恩醫生的推論，不只讓警方辦案誤入歧途——如果那真稱得上辦案的話——對於傷口型態或死亡的錯誤診斷和認定更會誤導案子的判決。在婁林恩醫生的時代，法醫學還不發達，與其說他粗率，恐怕這才是導致他作出錯誤結論的真正原因吧。

要是他在瑪莉安的屍體被移開、用急救車送走之後檢查了人行道，他應該就會注意到菲爾警員發現的那灘血和乾涸的血跡。婁林恩醫生可能會發現血跡或者血流入排水溝的痕跡。當時能見度很糟，因此他也許該考慮將那液體吸取一些，首先判定那是不是血液，接著看血清是否已經分離。因為血液開始凝固時便會有這現象，這也可以提供另一項關於死亡時間的參考。

儘管測量犯罪現場的環境溫度和屍體溫度並非當時偵辦死亡案件的標準程序，婁林恩醫生仍舊應該把屍僵，也就是屍體硬化——因為身體不再製造三磷酸腺甘酸（ATP，adenosine triphosphate）供肌肉收縮之用——程度記錄下來。婁林恩醫生也應該檢查屍斑，這現象是由於血液循環停止，受地心引力影響而沉積在身體某些部位的緣故。例如在上吊的案例中，倘

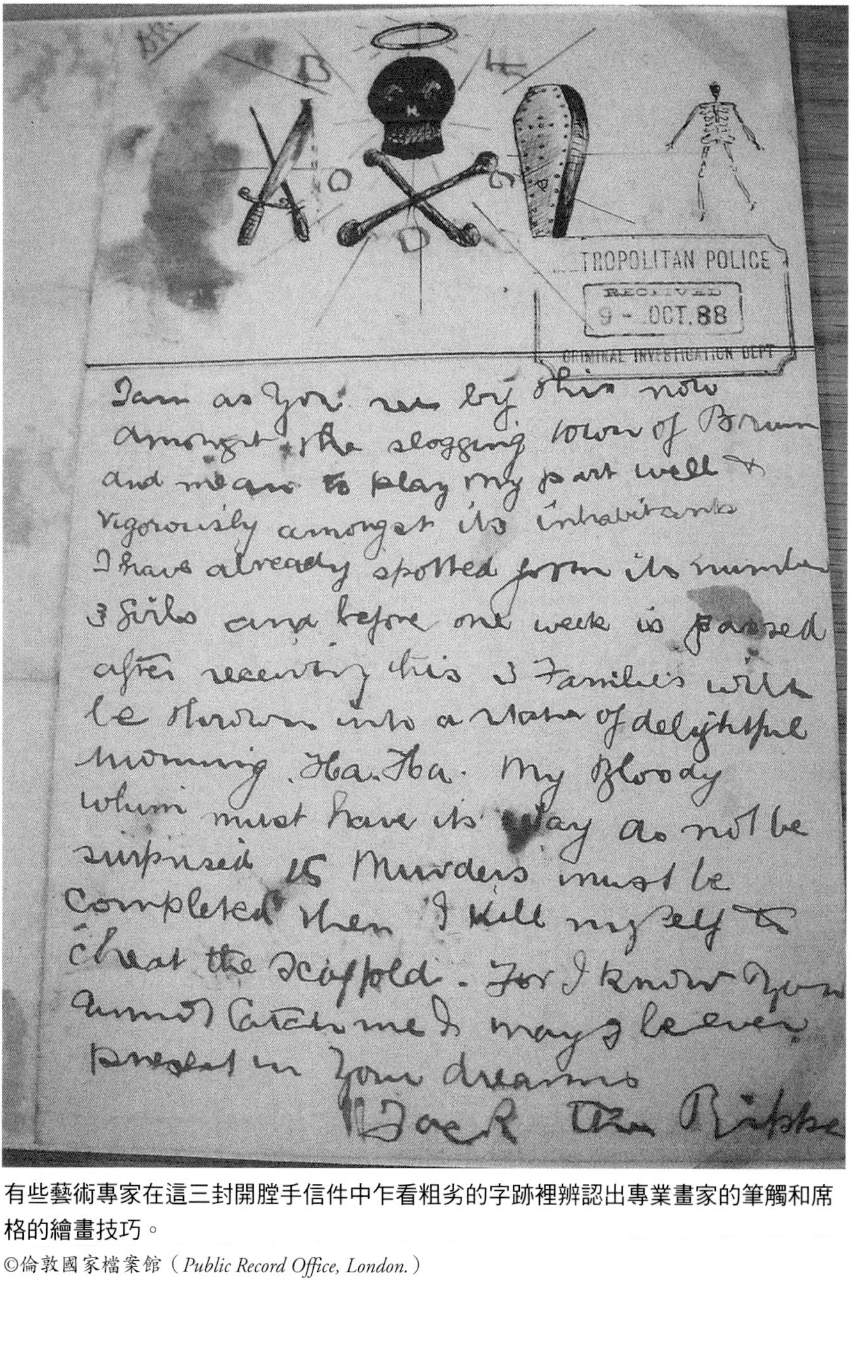

...TROPOLITAN POLICE
RECEIVED
9 - OCT. 88
CRIMINAL INVESTIGATION DEPT

I am as you see by this now
Amongst the slogging town of Brum
and means to play my part well &
vigorously amongst its inhabitants
I have already spotted from its number
3 Girls and before one week is passed
after receiving this 3 Families will
be thrown into a state of delightful
mourning. Ha. Ha. My Bloody
whim must have its way so not be
surprised 15 Murders must be
completed then I kill myself to
cheat the scaffold. For I know you
cannot catch me & may be ever
present in your dreams
Jack the Ripper

有些藝術專家在這三封開膛手信件中乍看粗劣的字跡裡辨認出專業畫家的筆觸和席格的繪畫技巧。

©倫敦國家檔案館（*Public Record Office, London.*）

up at Hull before going
to Poland.
Silly looking in low lodgin
houses for me do not vissit
them description posted at
Ploice stations nothing like
me look out for Oct^er 27th
at Brum will give them
ripper
Jack a poland Jew
Better known as Jack the ripper

A drop of Strides Blood

253

藝術和紙張鑑定專家發現，開膛手信件中原本被認為是血跡的污痕事實上是用手指或畫筆塗上去的銅版畫防腐蝕液。
©倫敦國家檔案館（*Public Record Office, London.*）

about midnight, in the
street where I executed
my third examination
of the human body.

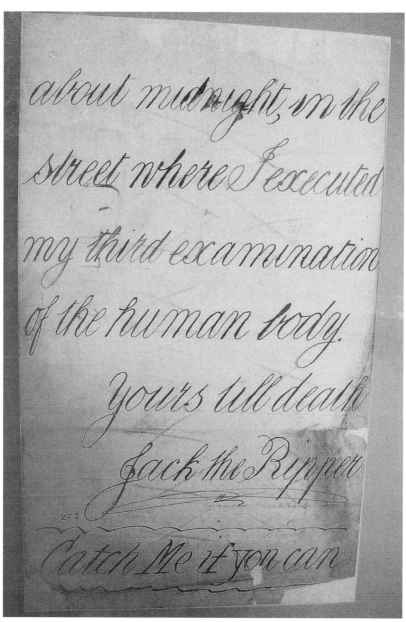

Yours till death
Jack the Ripper

273

Catch Me if you can

用畫筆寫的開膛手信件。

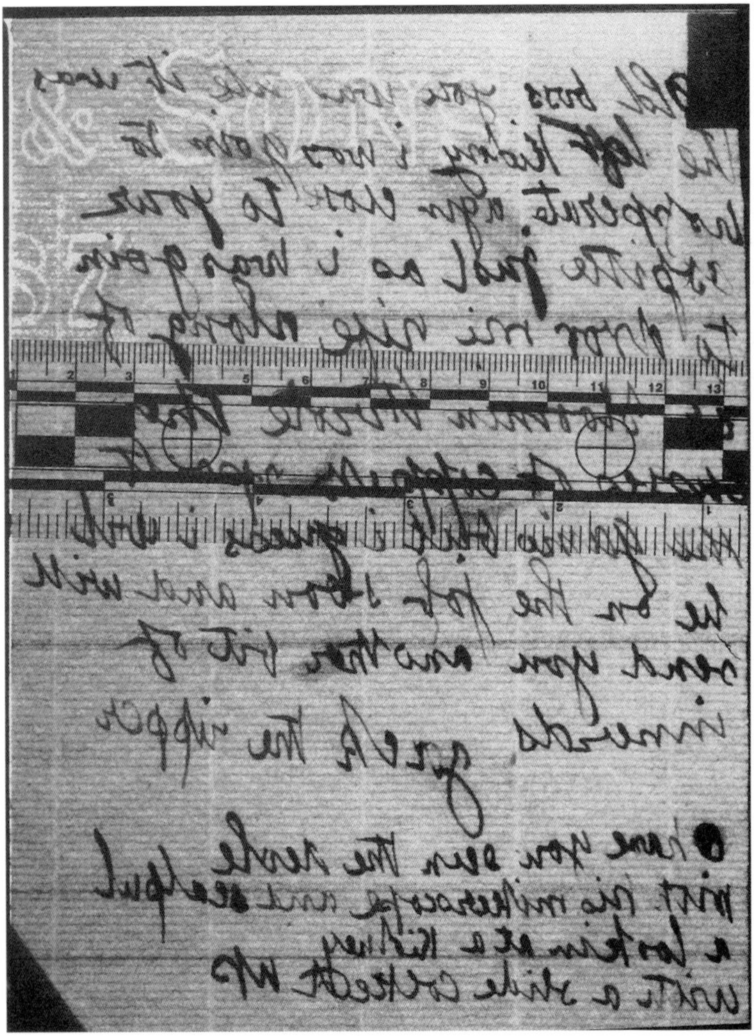

開膛手寫給「歐本蕭博士」的信。

©倫敦國家檔案館（*Public Record Office, London.*）

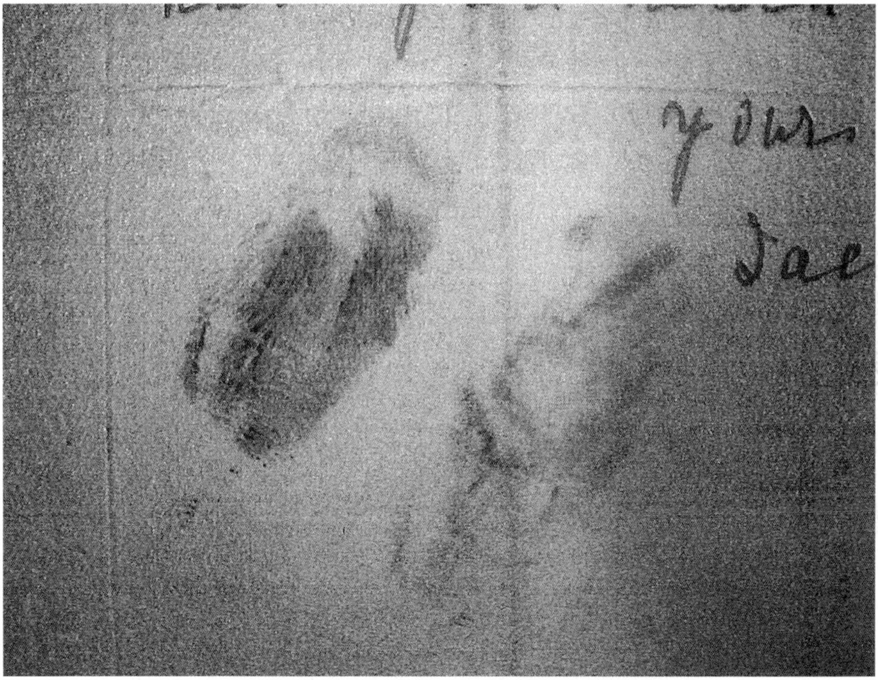

一封1896年寄給大都會警察的信件中的開膛手指紋。

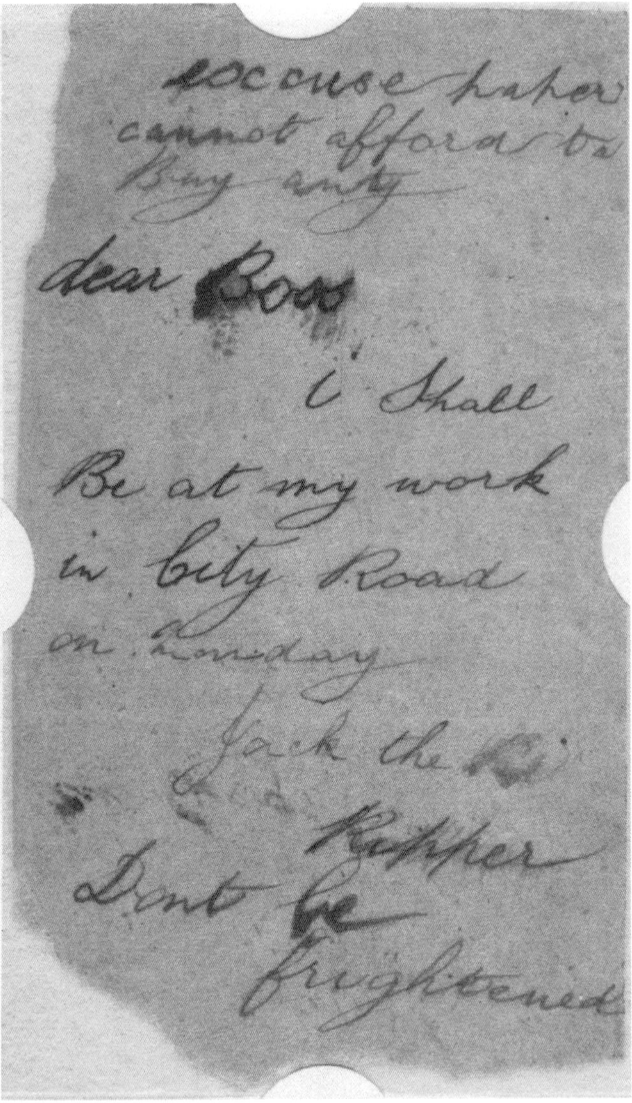

excuse paper
cannot afford to
Buy any

dear Boss

i Shall
Be at my work
in City Road
on Monday

Jack the
Ripper
Dont be
frightened

用撕下的廉價紙張寫的開膛手信件，信中表示他買不起信紙。

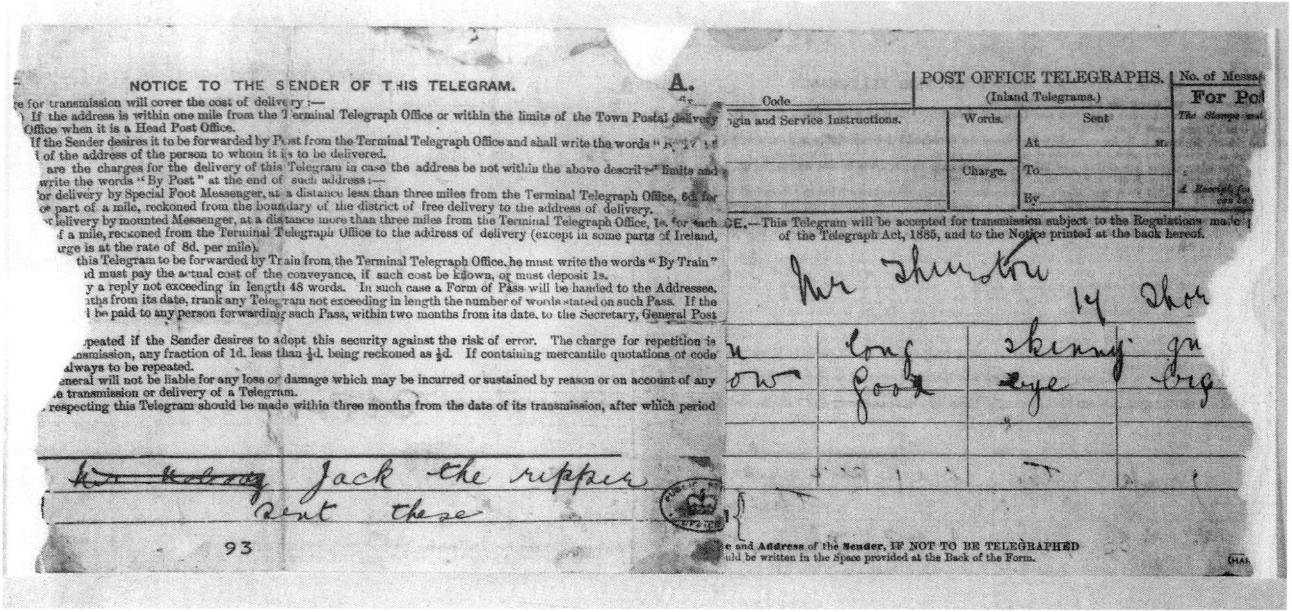

NOTICE TO THE SENDER OF THIS TELEGRAM.

e for transmission will cover the cost of delivery :—
If the address is within one mile from the Terminal Telegraph Office or within the limits of the Town Postal delivery
Office when it is a Head Post Office.
If the Sender desires it to be forwarded by Post from the Terminal Telegraph Office and shall write the words "By P
of the address of the person to whom it is to be delivered.
are the charges for the delivery of this Telegram in case the address be not within the above described limits and
write the words "By Post" at the end of such address :—
or delivery by Special Foot Messenger, at a distance less than three miles from the Terminal Telegraph Office, 6d. for
or part of a mile, reckoned from the boundary of the district of free delivery to the address of delivery.
r delivery by mounted Messenger, at a distance more than three miles from the Terminal Telegraph Office, 1s. for each
f a mile, reckoned from the Terminal Telegraph Office to the address of delivery (except in some parts of Ireland,
rge is at the rate of 8d. per mile).
this Telegram to be forwarded by Train from the Terminal Telegraph Office, he must write the words "By Train"
d must pay the actual cost of the conveyance, if such cost be known, or must deposit 1s.
y a reply not exceeding in length 48 words. In such case a Form of Pass will be handed to the Addressee.
ths from its date, frank any Telegram not exceeding in length the number of words stated on such Pass. If the
be paid to any person forwarding such Pass, within two months from its date, to the Secretary, General Post

peated if the Sender desires to adopt this security against the risk of error. The charge for repetition is
nsmission, any fraction of 1d. less than ½d. being reckoned as ½d. If containing mercantile quotations or code
always to be repeated.
eneral will not be liable for any loss or damage which may be incurred or sustained by reason or on account of any
e transmission or delivery of a Telegram.
respecting this Telegram should be made within three months from the date of its transmission, after which period

~~Mr Nobody~~ Jack the ripper
sent these

93

A.

POST OFFICE TELEGRAPHS.
(Inland Telegrams.)

No. of Messa
For Po

| Code | Words. | Sent |
| --- | --- | --- |
| gin and Service Instructions. | | At m. |
| | Charge. | To |
| | | By |

CE.—This Telegram will be accepted for transmission subject to the Regulations made
of the Telegraph Act, 1885, and to the Notice printed at the back hereof.

Mr Thurston
14 Shor

| | | | |
| --- | --- | --- | --- |
| n | long | skinny | gr |
| ow | good | eye | org |

e and Address of the Sender, IF NOT TO BE TELEGRAPHED
ld be written in the Space provided at the Back of the Form.

席格擔任演員期間的藝名是「尼莫先生」或「無名小卒」。這封寄給警方的開膛手信件中「無名小卒」被刪除了。

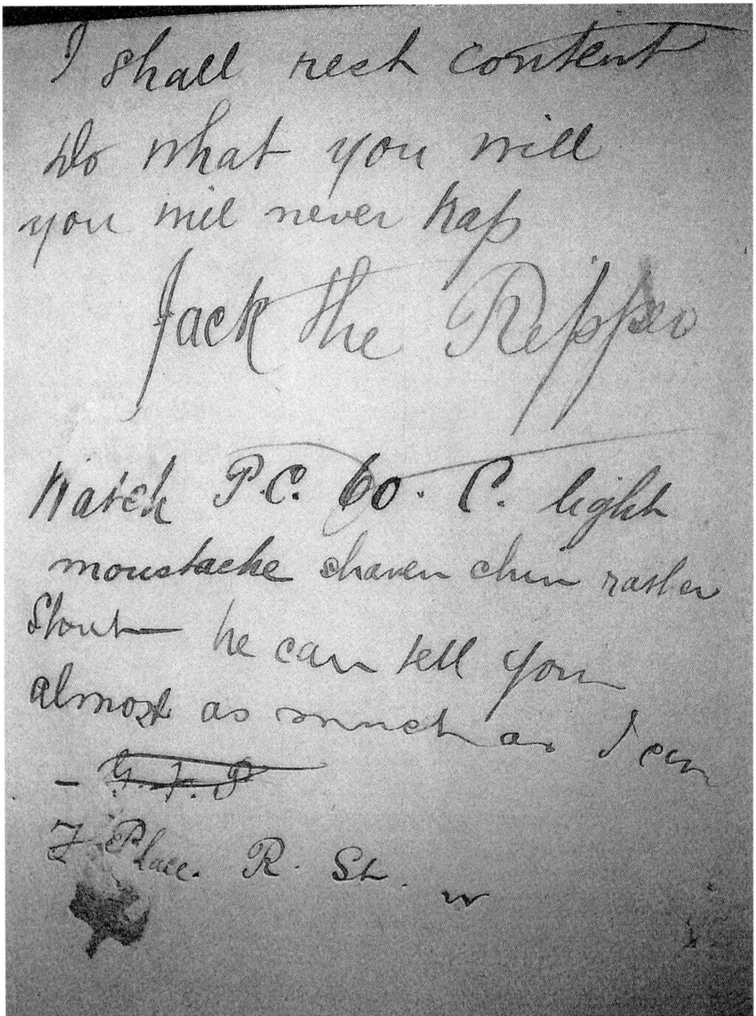

I shall reck content
do what you will
you will never kap
Jack the Ripper

Watch P.C. 60. C. light
moustache shaven chin rather
Stout — he can tell you
almost as much as I can
— ~~G.J.P~~
7 Place. R. St. W

末尾有「R. St. W.」縮寫署名的開膛手信件。席格有時候會使用「W.」、「R.」或「St.」等縮寫簽名。有時候是「W. St.」(Walter Sickert)或W.(Walter);又有時候是「R.」(Richard)。這是嘲弄?

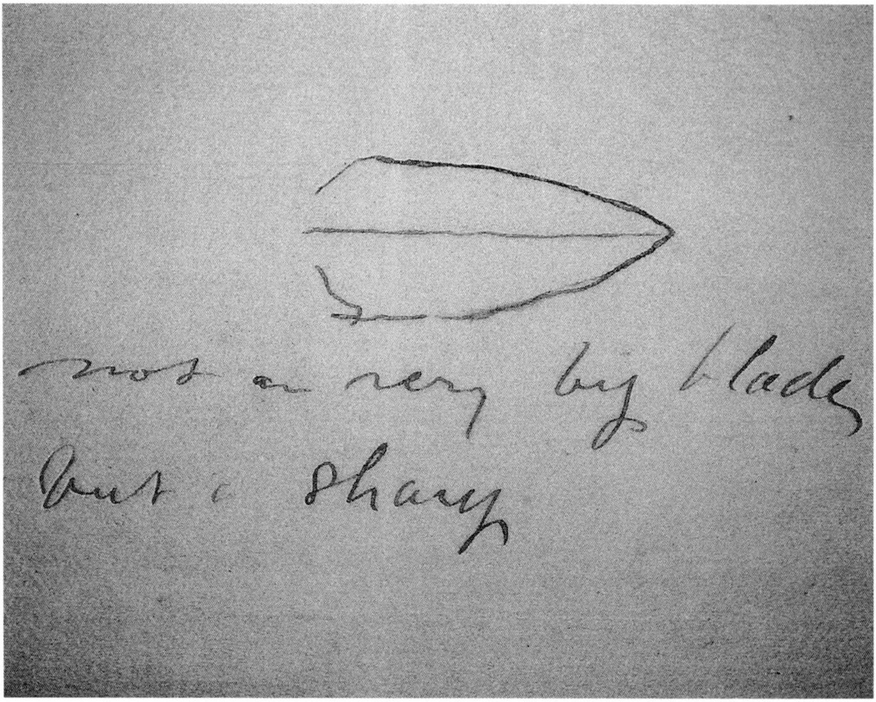


一封畫有刀刃的開膛手信件，小但尖銳。

©倫敦國家檔案館（*Public Record Office, London.*）

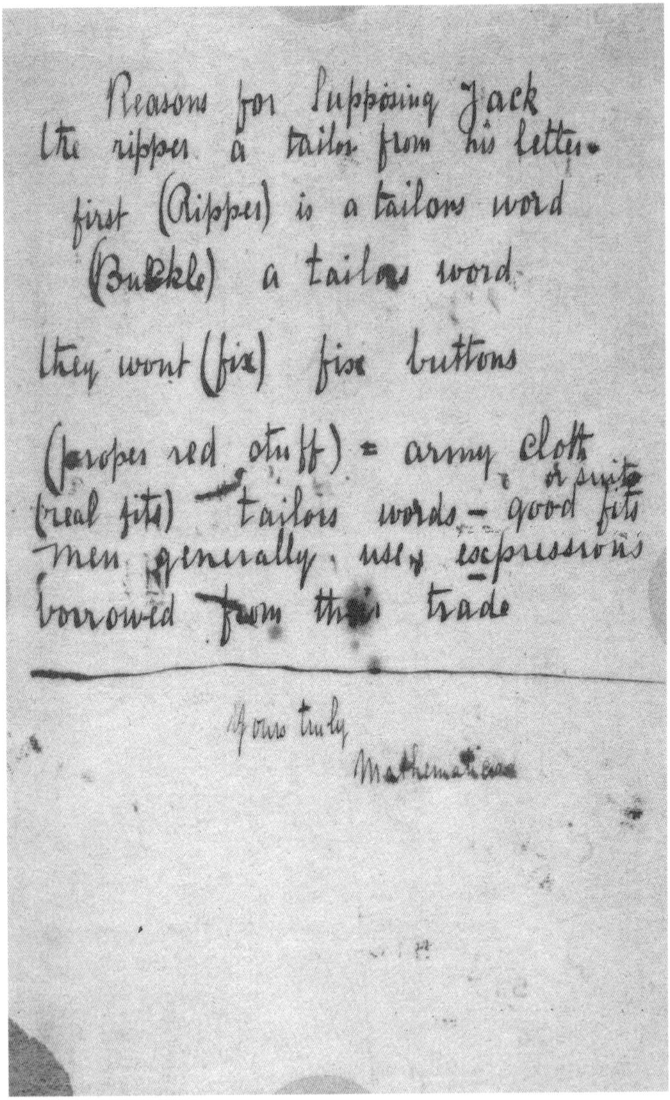
Reasons for supposing Jack
the ripper a tailor from his letter.
first (Ripper) is a tailors word
(Bukkle) a tailors word
they wont (fix) fix buttons
(proper red stuff) = army cloth
(real fits) — tailors words — good fits or suits
men generally use expressions
borrowed from their trade

Yours truly
Mathematician

開膛手在信中顯露他的拉丁語能力，並且署名「精算大師」。席格也能說流暢的拉丁文，而且是出了名的精於數學和科學思考。
©倫敦國家檔案館（*Public Record Office, London.*）

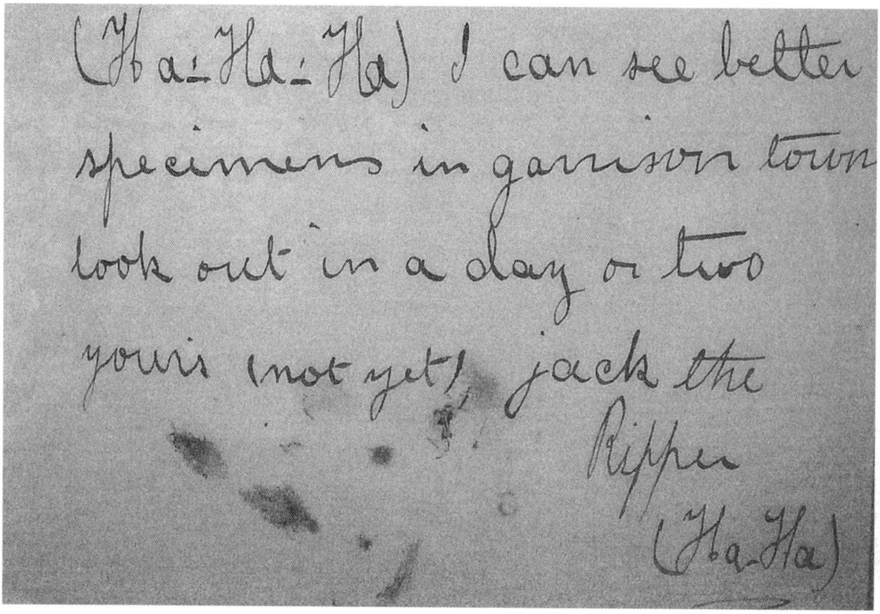
(Ha-Ha-Ha) I can see better
specimens in garrison town
look out in a day or two
yours (not yet) jack the
Ripper
(Ha-Ha)

開膛手聲名狼籍的「哈哈哈」笑聲貫穿他的數十封信件。

©倫敦國家檔案館。（*Public Record Office, London.*）

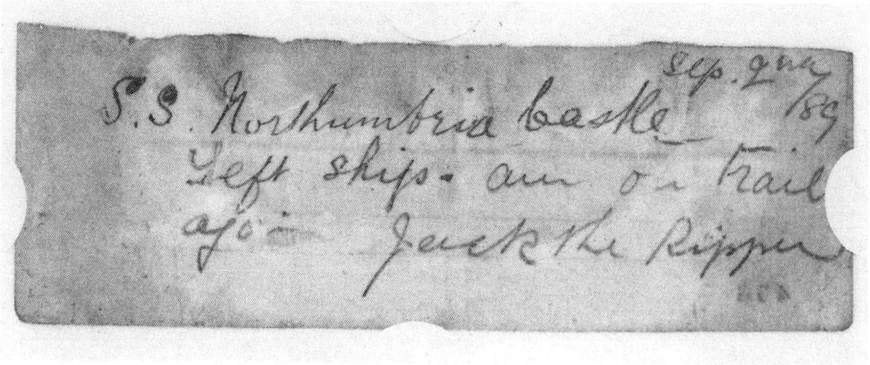
Sep. 2nd
S.S. Northumbria Castle /89
Left ship - am on trail
agin Jack the Ripper

在迪爾和桑維奇之間的海邊發現的一封瓶中信，這兩個小鎮和席格鍾愛的法國只隔著道多佛海峽。

©倫敦國家檔案館（*Public Record Office, London.*）

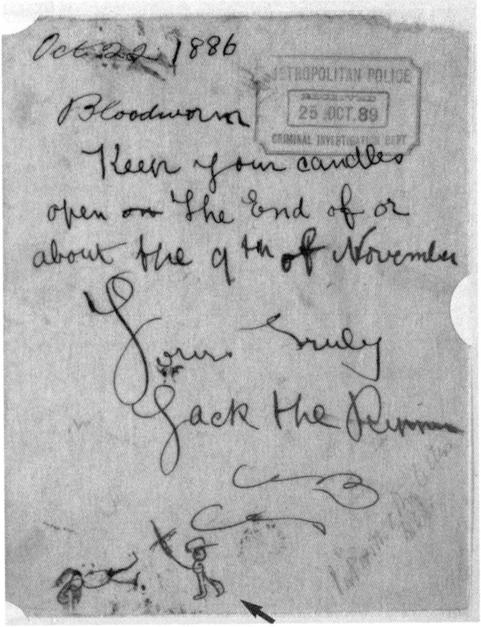
Oct 22 1886
METROPOLITAN POLICE
25 OCT.89
CRIMINAL INVESTIGATION DEPT
Bloodworm
Keep your candles
open on the End of or
about the 9th of November
Yours truly
Jack the Ripper

開膛手信件中的持木棍人形讓人聯想起《潘趣與茱蒂》劇中的暴力場景。另一封開膛手信件則使用了「潘趣與茱蒂St.」署名。

©倫敦國家檔案館（*Public Record Office, London.*）

比較一下開膛手信件中的這個人物畫和民宿留言簿裡的素描。

©倫敦國家檔案館（*Public Record Office, London.*）

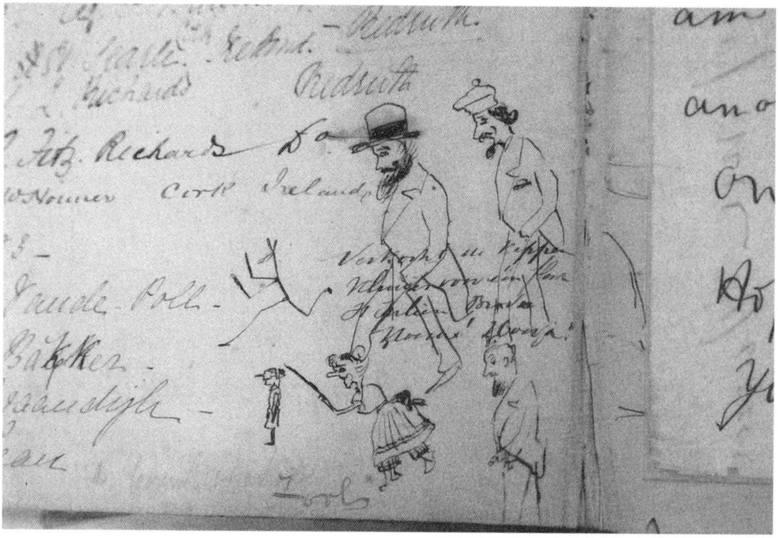

古老的利澤民宿訪客留言簿裡的這些評語和素描據稱是席格留下的，約在1889年10月間。席格對康瓦耳非常熟悉，而這家民宿是藝術家和倫敦上流人士的休憩之所。派翠西亞・康薇爾收藏

據信是席格所畫的留言簿素描。
派翠西亞・康薇爾收藏

開膛手信件中所畫的「穿珠母鈕釦衫的倫敦小販」。

©倫敦國家檔案館（*Public Record Office, London.*）

利澤民宿留言簿。右：開膛手信件。有些藝術專家認為這兩幅素描出自同一人之手，席格的繪畫技巧蘊藏其中。席格有時會畫一些兒童卡通和拿木棍人形的塗鴉。他的父親曾經替《潘趣與茱蒂》木偶劇畫插圖和寫劇本。

左：派翠西亞・康薇爾收藏；右：倫敦國家檔案館（*Public Record Office, London.*）

體弱多病但溫柔的克莉絲汀・安格斯（中），
席格的前藝術門徒，也是他的第二任妻子。
泰特美術館照片檔案（*Tate Gallery Archive, Photograph Collection.*）

若死者下半身轉為紫紅色，表示他或她的頸子只被吊住大約半小時。屍斑通常在死亡後八小時形成。因此屍斑不但能透露瑪莉安・尼可斯的死亡時間，也能幫助婁林恩醫生判斷她死後是否有被人搬動了屍體。

我記得幾年前有個案子，警方到達現場時發現屍體靠在扶手椅上，僵硬得有如燙衣板。該男子的家人不想讓任何人知道他是半夜死在床上的，於是將他移到椅子上。屍僵說話了，戳破了「謊言」。早期我在法醫辦公室工作時遇見的另一個案例，一個衣著整齊的死者被送進停屍間，據說他是被人發現陳屍在地板上的。屍斑也說話了，再度戳破了「謊言」。因為血液已經沉積在他下半身，而且他的臀部清楚印著他在馬桶上因心律不整而猝死之後仍然坐在那裡長達半小時的馬桶蓋印痕。

只憑著單一的死後現象來判斷死亡時間，就像只憑一種症狀來診斷疾病。死亡時間就像集合許多環節的交響曲，環環相扣。影響屍僵的因素有受害者的肌肉結實程度、溫度、血液流失的速度以及死前曾經從事的活動。一個赤裸的瘦小女人在五十度的室外流血死亡，比起同一個女人穿著衣服在溫暖的室內被勒斃，屍體冷卻的速度比較快，僵硬的速度則比較緩慢。

有時候環境溫度、死者體型和衣著、陳屍地點、死亡原因以及其他瑣碎的死後現象就像愛搬弄是非的傢伙，甚至能夠瞞過專家，讓他或她完全抓不著頭緒。在婁林恩醫生的時代，屍斑說不定會被誤認為瘀傷。當屍體被某種物體壓迫，例如翻倒的椅子卡在受害者腰部下面，便會留下那個物體形狀的淺色印痕——或者泛白。倘若這現象被誤判為「指痕」，一樁非暴力死亡案件或許便會突然成了犯罪案。

我們無法斷定開膛手連續謀殺案中究竟有多少難以挽回的謬失，或遺失了哪些證據，但可以確定的是凶手必然留下了許多關於他的身份以及日常活動的痕跡。這些線索應該會黏附在屍體血液裡和地板上，而且他也會帶走像是毛髮、纖維和受害者血液之類的物證。在一八八八年，尋找毛髮、纖維或其他可能需要用顯微鏡觀察的細微殘留物並非警方的標準辦案程序。當時「指紋」被稱作「指痕」，指的只是人碰觸窗玻璃之類的物體所留下的痕跡。就算警方發現脊線清晰、肉眼可見的明顯指紋，那也不算什麼。直到一九〇一年蘇格蘭場才建立了第一個中央指紋局。

在這五年前，也就是一八九六年的十月十四日，一封寄給警方的開膛手信件上出現兩枚清晰的紅色墨水指紋。這封信是用紅墨水寫的，這兩枚指紋看來似乎是左手的第一和第二根手指印下的。上頭的脊線清楚得足夠做比對分析。也許是凶手蓄意留下的——席格應該清楚警方的辦案技術到達哪裡，留下指紋無異是另一種「哈哈」。

警方無法憑著指紋找到他。據我了解，警方從來就沒注意過這兩枚指紋。如今他已經去世六十年之久，想要拿他的指紋來進行比對幾乎是不可能的事。我們並沒有他的指紋檔案。他的屍體火化時指紋便消失了。截至目前我所能做的最大努力就是嘗試在他的蝕刻銅版背面找出一枚還算清楚的指紋。這枚指紋的脊線必須夠清楚才能進行比對，而且我們必須考慮這枚指紋也許不是席格所留下，而是屬於印版工人的。

早在開膛手出現之前人們就已熟知指紋為何物了。人類手指頭上的紋路不只讓我們能夠抓得更牢，而且沒有任何兩人相同，包括雙胞胎在內。據稱三千年前中國人就用指紋來「簽署」法律文件，只不過那究竟是種儀式或是作為身份辨認之用，則不得而知。在印度，早在一八七○年指紋已被作為一種「簽訂合約」的方式。七年之後，一個美國顯微鏡學家在一篇期刊論文上建議指紋應該被當作身份辨識之用，一八八○年他的主張獲得一個在日本工作的蘇格蘭醫生的迴響。不過就像每個重大的科學突破一樣——包括ＤＮＡ——指紋並沒有立刻被理解、運用或者被法庭接納。

在維多利亞時代，用來辨識一個人身份、判斷他是否涉案的主要方法是一種叫做人體測量學的「科學」，是在一八七九年由法國犯罪學家阿勒風斯・巴帝翁提倡的。他認為人類可以經由臉部特徵的詳細描述以及一連串包括身高、臂長、頭圍和左腳長度等十一項人體測量來加以辨識和分級。巴帝翁認為人體骨骼具有高度獨特性，直到二十世紀初人體測量學仍然被當作辨識罪犯和嫌疑犯的準則。

事實上，人體測量學不只有其缺點而且相當危險，因為人的身體特徵偶爾也會有雷同的時候。這門偽科學太過強調一個人的外貌特徵，誘使警方有意無意的將另一門充滿迷信的「人相學」奉為真理，認為一個人的相貌和體型反映了他的犯罪傾向、道德性和智力。竊賊往往長得很瘦小，暴力犯則通常十分「強壯」且「健康良好」。所有罪犯都有過人的「指長」，而幾乎所有女性罪犯都長得很「平凡」，甚至面目可憎。強暴犯大都是「金髮」，戀童狂則往往長相「嬌柔」且「孩子氣」。

如果二十一世紀的人們都難以接受一個精神病態殺人犯可能長得英俊迷人又聰明的事實，想像一下這在維多利亞時代會有多麼困難。那時候的標準犯罪學書籍還包括了繁複的人體測量學和人相學內容，維多利亞的警方被訓練必須憑著骨架和臉部特徵去辨認罪犯，並且認定某種「長相」的人傾向於犯下某一類罪行。

開膛手案發生的當時，華特・席格絕不可能被貼上凶手的標籤。「魅力顛倒眾生」、「年輕俊美的席格」，竇加曾經這麼形容他，絕不可能割破女人的喉嚨，將她開腸剖肚。近幾年，我甚至聽人說，要是像席格這樣的藝術家有暴力傾向，他會將它宣洩在作品裡而不會化為行動。

警方尋找開膛手傑克的期間，有許多關於受害者生前最後一刻陪在她們身邊男子的描述。這些調查報告大都著眼於頭髮顏色、五官和身高，警方完全不曾考慮種種特徵可能是經過喬裝的。一個人的身高不僅會隨著姿態、帽子和鞋子而改變，也可以運用「小技巧」加以變化。演員常會戴上高帽子或者將鞋子墊高；也能夠在寬鬆的外套或斗篷底下弓身或微微駝背；他們還可以低低戴著帽子將眼睛遮住，或者讓自己看起來比實際身高矮或高個好幾吋。

早期的法醫學或法醫病理學出版物顯示，當時已經有許多這方面的知識被實際運用在犯罪案上。但是在一八八八年，犯罪案的成立或撤銷，所依據的仍然是證人的說詞而非物證的搜集。然而不管警方是否懂得法醫學，事實上也沒有方法可以進行物證的化驗。當時，負責管轄蘇格蘭場的內政部還沒有成立法醫化驗室。

像婁林恩這樣的醫生很可能從來沒碰過顯微鏡；或許他並不知道頭髮、骨頭和血液可以作為身份辨識之用。早在兩百多年前羅伯・虎克（譯註：Robert Hooke，十七世紀英國物體學家，著有《顯微圖集》一書）便寫了關於頭髮、纖維，甚至蔬菜殘渣和蜜蜂刺的顯微影像觀察的書籍，但是對當時的法醫和多數醫生來說，顯微鏡學或許就像火箭科學或天文學那麼生疏吧。

婁林恩醫生唸的是倫敦醫院醫學院，擁有十三年執業經驗。他的診所距離瑪莉安・尼可斯的陳屍地點不超過三百碼，是個私人執業醫生。儘管警方對他相當熟悉，在發現瑪莉安・尼可斯屍體時指名找他，不過這並不表示婁林恩就是蘇格蘭場的分局特約法醫。意思是，他並未在任何警分局兼差擔任特約法醫。在這案子裡指的也就是涵蓋白教堂區的H轄區分局。

分局特約法醫的工作是照料大批警員。在大都會警察任職的好處是可以享有免費醫療照護，此外警局特約法醫也得隨時待命準備替犯人檢查身體，或者到當地監獄去認定某個市民是否喝醉、生病或「獸性」正在發作，我猜這大概是指興奮或歇斯底里。一八八〇年代末期，分局特約法醫也得負責處理犯罪現場，代價是每個案子一鎊一先令。如果也進行驗屍，警方就得付給他兩鎊兩先令。但無論如何，警方不會指望他懂得顯微鏡學、傷口型態和毒物分析，或者屍體的死後現象。

至於婁林恩醫生，他應該算是警方樂於仰賴的當地醫生，很可能他選擇住在白教堂區原本就是基於人道的理由。他是英國婦科協會會員，而且願意配合警方在半夜接受召喚。八月三十一日那個寒冷、濃霧籠罩的清晨，警方去敲他的門，也許他立刻便趕往現場。然而他所受的訓練也只夠判定受害者是否已經死亡，提供警方可能的死亡時間吧。

除非屍體的腹部已轉成綠色——表示已開始腐爛——傳統的辦案習慣是等待二十四小時以上才開始進行驗屍，以防萬一受害者仍然活著，在醫生剖開他的身體時突然「還魂」。許多關於死人躺在棺材裡突然坐起來的怪誕故事流傳著，有些人信以為真，決定在他們的墳墓上裝鈴鐺，用一條線和泥土裡的棺木相連接。有些故事暗含戀屍癖意味。有個故事，說一個已經躺在棺材裡的女人並未真的死去，有個男人跑來和她性交。她全身無法動彈，卻清醒得足夠察覺人性的脆弱。

從警方關於瑪莉安·尼可斯謀殺案的調查報告可以看出，婁林恩醫生無疑對受害者的衣服並未付出關注，尤其是妓女的污穢衣物。衣服不是物證來源，而是身份證，也許有人能認出受害者生前所穿的衣服。十九世紀末的人還不習慣帶著身份證明到處跑，護照和簽證例外，但是相當罕見，因為當時英國人民到美國旅行並不需要攜帶這兩種證件。屍體從在街上被發現直到被送進停屍房為止，往往一直是身份不明的，除非當地人或警方有誰認得他。

我在想到底有多少可憐人就這麼無名無姓的進了墳墓。一個人可以輕易的將某人殺害然後掩蓋他的身份，或者偽造成自己的死亡。在開膛手案的調查期間，沒人想到應該將人血和鳥、魚或哺乳動物的血液加以區分。除非是屍體上面、周邊的血，或者凶器上沾的血，其實警方難以斷定那究竟是和犯罪現場有關的血或者是來自馬匹或牛羊的血。在十九世紀，白教堂區部份靠近屠宰場的街道發散著血和內臟的惡臭，那裡的居民雙手、衣服上沾著血到處走是常有的事。

婁林恩醫生幾乎誤判了瑪莉安·尼可斯案的每個環節，然而憑著他有限的專業訓練和當時的條件，他或許已經盡了全力。想像一下瑪莉安·尼可斯案若是發生在今天將會如何，應該會很有趣吧。我想把場景放在維吉尼亞州，不是因為我曾經在那裡工作，直到現在仍然繼續受益良多，而是因為那裡擁有全美最頂尖、遍及全州的法醫制度。

在維吉尼亞州的四個地區辦公室都有屬於自己的法醫病理醫師。這些人都受過病理學以及附屬的法醫病理學訓練，包括十年研究所階段的進修，加上三年額外訓練，如果有哪個法醫病理醫師同時也想取得法律學位的話。法醫病理醫師必須執行驗屍工作，不過被召喚到犯罪現場去處理意外猝死或暴力死亡事件的則是法醫——專長領域不限，提供病理醫師和警方協助的兼職醫師。

假設李斯・洛夫・婁林恩醫生身在維吉尼亞，他應該會是一個私人執業醫師，在某個地區法醫辦公室——看他住在哪個地區而定——兼差擔任法醫工作。倘若瑪莉安・尼可斯在這個時代遭到謀殺，當地警方會召喚婁林恩醫生立刻趕往現場。這時犯罪現場應該已經佈下黃色封鎖線，並且部署警力保護現場，免於受群眾和惡劣天候的侵擾。必要時會搭起帳棚，周邊架設起一整圈強力照明燈和警示燈。大批警員在街道上勸阻好奇的民眾接近並疏導交通。

這時婁林恩醫生應該會用一支乾淨的化學溫度計插入死者的直腸——假設這部位沒有傷痕的話——測量屍體溫度；接著他會測量環境溫度。經過迅速計算，他便能粗略的知道瑪莉安的死亡時間，因為屍體在死後十二個小時內，處在一般環境下——假設環境溫度大約是華氏七十二度——每小時體溫降低約華氏一度半。接著婁林恩醫生會檢查屍斑和屍僵的程度，並且仔細觀察屍體的外部狀況，以及在它周邊和底下有些什麼。他會拍照存證並且收集屍體搬動或搬運過程中可能會遭到污染的明顯物證，向警方提出問題並且作筆記，最後將屍體送到地方法醫辦公室或停屍間，讓那裡的法醫病理醫師去進行驗屍程序。犯罪現場其他的物證收集和拍照工作則由警探或警方的法醫人員接手。

基本上，這跟今天英國警方處理謀殺案的方式並無太大差異，不同的是英方會在犯罪現場的調查工作以及驗屍告一段落之後舉行一場死因調查法庭。相關案情和人證被安排在驗屍官和法官面前逐一陳述，最後庭上必須對受害者是自然或意外死亡、自殺或他殺作出判決。在維吉尼亞，死亡方式只由負責驗屍的法醫病理醫師單獨提出。在英國，這項決定權則交到了陪審團手上。萬一大部分陪審員無法理解這案子的法醫學舉證，尤其是如果各項證據又十分薄弱的話，就不太妙了。

不過陪審團比法醫病理醫師強的一點是，他們可以決定將某樁「未定」案件送審。記得有個「溺水」女人的案子；她的丈夫在那之前剛替她投保了一筆鉅額壽險。法醫的職權並不包括推理辦案，無論他們個人有什麼想法，但是陪審團就可以。陪審員們可以在密室裡會商，懷疑女人極可能是被她那貪婪的丈夫謀害，而將案子上呈法庭。

美國調查死亡案件的方式是從英國引進的。但是幾十年來，美國各州、郡和城市逐漸擺脫了「驗屍官」這個概念。在這職位的通常是個不具醫療背景的人、被選出來賦予權力，可以決定一個人的死因以及一樁謀殺案是否成立。剛開始在里奇蒙首席法醫辦公室工作時，我以為其他州的法醫制度也都和維吉尼亞一樣。當發現並非如此時，我真是驚訝極了。其他許多州選出來的驗屍官竟然是葬儀社經理，這當中顯然存有利益衝突。最糟的是，他很可能法醫素養不足，浪費了那些哀悼家屬的金錢。

美國從來就沒有全國性的死亡調查標準，目前距離這目標也還遠得很。許多州和城市仍然是由選出的驗屍官到犯罪現場，但並不負責驗屍，因為他們並不是法醫病理醫師，也不是醫生。還有一些地方的法醫辦公室——例如洛杉磯的——仍然將首席法醫稱作驗屍官，儘管他並非被選出來的，而是真正的法醫病理醫師。

另外有些州則是某些城市有法醫，有些城市有驗屍官，有些地方則是兩者都沒有，當地政府只好不情願的挪一筆小錢僱請被我稱作「巡迴法醫」的人，臨時趕去處理需要法醫鑑定的案子，通常是在一個極不恰當、甚至令人錯愕的地點進行，例如葬儀社。我所記得情況最離譜的是在賓州，進行驗屍工作的場所竟然是醫院裡一間原本被用來放置死胎屍體和人體殘肢的臨時儲藏室所使用的「太平間」。

# 13 尖聲驚呼

英國的死亡調查制度可以追溯到八百年前理查一世統治時期。那時法令規定，在英王轄下的每個郡的郡宰都必須負責處理「王室訴訟」（譯註：pleas of the crown，涉及國王及王室利益的案件，比如重大刑事案件或國王為當事人的民事案件）。當時這些人被稱為「crowner」，後來逐漸演變成「coroner」（譯註：即驗屍官）。

驗屍官是由郡內的自由農（譯註：freeholder，封建時期持有自己土地的農民，相對於由農奴轉化而來的終身佃農；兩者構成當時主要人口）選舉出來的。他必須具備武士精神，能夠保障這些農民的權益，擁有崇高聲望，當然，還必須在他們向王室繳納歲貢的時候保持客觀中立。突發的死亡事件，倘若結果證明是犯罪事件或自殺，或者發現屍體的人犯了錯失——例如根本不通報，裝作沒看見——都往往是王室獲得額外收益的時機。

一般人倘若不慎被屍體絆一跤，必定會發出驚呼尖叫，這是自然反應。但是在中古時期，不這麼做卻意謂著可能招來嚴懲和金錢損失。當有人猝死，民眾必須立刻向驗屍官通報。他會盡速回應，並且召集陪審團舉行死因調查法庭。想想真是可悲，有多少死亡事件被貼上罪惡的標籤，實際上死者也許只是吃羊肉時噎著、中風，或者由於罹患先天性心臟病或動脈瘤而失去年輕的生命。自殺和謀殺都是違逆上帝和君王的罪行。如果有人自殺或遭到謀殺，由驗屍官和陪審團判定死者或殺人者的罪行成立，那麼犯罪者的財產將全數繳入王室金庫。這也使得驗屍官置身於十分微妙的處境，讓他有機會趁隙討價還價一番，略施小惠然後荷包滿滿的離去。

就這樣，驗屍官的權力讓他成為法律的仲裁者和執行者。試圖在教堂裡尋求庇蔭的嫌疑犯很快便會發現驗屍官就站在眼前，不但要他供出一切，更以王室的名義竊據他的財產。此外，驗屍官也參與了法庭上的嚴酷拷問，要求嫌犯將手伸進火中或忍受其他酷刑而不露出痛苦表情或傷口，以此來證明自己的清白。在這些過程中，驗屍官則坐在那裡冷眼旁觀。在那個法醫驗屍和警方調查工作未臻專業化的時代，一個女人從城堡階梯不慎摔下的事件最後很可能演變成謀殺案——如果她的丈夫未能毫髮無傷的熬過酷刑折磨的話。

昔日的驗屍官就好比現在的法醫病理醫師，卻不具備任何醫療訓練，開著靈車到犯罪現場去，盯著屍體，聆聽證人說話，查出死者有多少身價，判定被蜜蜂螫而猝死是毒殺事件，將他妻子的頭按在水底下來測試她是否無辜，如果過了五或十分鐘她還沒溺死，就證明她無罪。倘若她溺死了，他就判決犯罪案成立，這個家的財產得全部沒收，歸女王或美國總統所有，看案子發生的地點而定。在這樣的驗屍官制度之下，陪審團難保不會被收買，驗屍官也可藉此累積財富，無辜的人們成為俎上肉。如果可以，最好還是別突然死掉的好。

隨著時代演進，情況也有了改善。到了十六世紀，驗屍官的職務窄化成猝死案件的調查，不再牽涉執法和嚴刑審問等項。一八六〇年，也就是華特・席格出生那年，有個委員會提議將驗屍官選舉視為和國會議員選舉同等重大。死亡調查和證據蒐集的素質和重要性逐漸被看重，也使得驗屍官職位的價值和威信提升不少。一八八八年，就是開膛手連續謀殺案發生的這年，政府通過一項法案，規定王室將不再由驗屍官調查死亡案的判決獲得任何財務利益。

這些重要的法律規定極少在開膛手案中被提到，甚至根本沒人提起。客觀的死亡調查變成首要之務，王室可能從中獲取利益的疑慮不復存在。法律的變革帶來心態的改變，允許並且鼓勵驗屍官專注於社會正義，而不需承受來自王室的蠱惑壓力。涉入瑪莎・塔布倫、瑪莉安・尼可斯或其他開膛手受害者的調查法庭對王室毫無好處，就算這些女人是上流社會的名媛，財富影響力兼具也一樣。至於驗屍官，一旦被媒體報導成無能貪婪偽詐的暴君，則更是得不償失。像懷恩・白斯特這樣的人都是靠著可敬的執法實務經驗才有了一席之地。他們擔任驗屍官職務的期間沒有累積什麼財富，卻冒著萬一他們的清廉和能力受到非難時可能丟掉生計的風險。

一八八八年驗屍官制度已經更上層樓，這更讓我深信，無論是在開膛手案發生期間或人們相信它已結束之後，其中絕沒有試圖「掩護」某種重大秘密的警調或政治陰謀存在。當然，我們的確看見許多官僚干預的案件，企圖阻擋警方調查報告以及一些從來不曾對外公開的機密性備忘錄被出版，以免尷尬事態擴大。謹慎和防止洩密的做法也許並不尋常，但這並不就表示其中蘊含醜聞，許多清白的人們也常刪除電子郵件或使用碎紙機啊。儘管如此，我始終覺得亞伯蘭督察閃爍迴避的態度是不恰當的。關於他的謠傳太多了，我們知道的又那麼有限，他似乎就這麼在他所主導的開膛手案調查工作中缺席了。

菲德烈克・喬治・亞伯蘭是個品格高尚、謙遜有禮的紳士，在一八六三年加入大都會警察工作之前從事時鐘修理工作，精巧的手藝極受信賴。在三十年的警察職業生涯當中，他總共得到八十四面法官、治安官和警察署長頒給的獎狀和獎章。就像亞伯蘭若無其事的給自己的評語，「我想『我』大概被看成異數吧。」

他受到無比尊崇，他的所有同僚和他所服務的民眾都愛他。他不是那種強出風頭的人，只是喜歡把每件工作做到最好。讓我覺得訝異的是，這樣一個為眾人所熟知的人物竟然沒留下半幀照片。我不相信蘇格蘭場檔案室和檔案夾裡的所有照片會自己「出走」。我想一定有不少被「順手拿走」的照片在外面流傳，它們的價格也必定一路攀升。同時每張照片似乎總會在某個地方的出版物上出現至少一次。

可是，就算亞伯蘭的照片的確存在，我卻連一張都沒見過。我們只能從幾本連他名字都拼錯的雜誌所刊登的他的素描獲得一點關於其長相的線索。這位傳奇性督察的畫像顯示他是個長相相當平凡的男子，吃著羊排，有著小耳垂、挺直的鼻樑，額頭高聳。一八八五年的他似乎掉了不少頭髮。也許他有點駝背，而且身材不算高大。就像亞伯蘭一直在追緝但始終沒能逮到的那個神秘的東區怪物一樣，這位警探同樣能夠在人群中自由來去，毫不引人注目。

他對時鐘和園藝的酷愛透露了他的性格。兩者都是相當孤獨、溫和的嗜好，需要耐性、專注力、執著、細膩心思、巧手，以及對生命及秩序條理的熱愛，除此之外我想不出還有哪些特質是一個好警探需要具備的，當然，還有真誠，而我毫不懷疑菲德烈克・亞伯蘭的誠摯為人。儘管他從沒寫過自傳或讓人出版他的生平故事，但事實上他留下了類似日記的東西。一本大約一百頁的剪貼簿，裡頭是關於他負責偵辦案件的剪報，佐以他用優雅流暢的筆跡寫下的評語。

從他收集這些剪報的方式看來，我猜這應該是他退休後才開始動手剪貼的。一九二九年他去世時，這本象徵他耀眼職業生涯的剪報歸於他的子孫所有，後來被捐贈給不明人士。直到二○○二年我才知道有這麼回事。當時我正在倫敦蒐集資料，一個蘇格蘭場警官將這本八乘十一吋大小、黑色封面的冊子拿給我看。我不知道它是剛剛被捐給警局或是不久前才被發現的，也不清楚它是蘇格蘭場的財物還是屬於那兒的某個職員所有。這本少有人知的小剪貼簿在亞伯蘭完成集結之後究竟流落到了何方，又是如何出現在蘇格蘭場的，我無法回答這些疑問。總之亞伯蘭神秘一如以往，即使現在依然是個謎。

他的剪貼日記既非自白，也沒有充滿自身私生活的細節，不過我們可以從他的辦案方式以及他親筆寫下的評語看出他的個性。他是個勇敢、極富智慧的男人，總是信守承諾、嚴守分際，包括不洩漏重大案件的相關細節。但這正是我所期待的，希望能從他的剪貼簿內容之中發現些什麼。亞伯蘭的記錄在一八八七年十月一樁被他稱作「自體燃燒」的案子之後突然停頓，接著從一八九一年三月的一樁販賣兒童案再度延續。裡頭沒有關於開膛手傑克的任何提示，關於一八八九年克利夫蘭街男妓院醜聞案同樣隻字未提——這案子對亞伯蘭來說必定是一大考驗吧，因為被控涉案者有幾個和王室關係親密的人。看過亞伯蘭日記的人或許會以為開膛手連續謀殺案和克利夫蘭街醜聞案從來沒發生過，但我也沒有理由懷疑是有人把這本剪貼簿裡的相關頁數給撕掉了。看來應該是亞伯蘭自己決定不寫這部份，雖說他也清楚這將是他警察生涯中最引人好奇、也是最具爭議性的一段。

在這本日記的第四十四和四十五頁，他解釋了他為何要選擇沉默：

我想應該在此說明一下為什麼我從來不讓這些剪報所涉及的案子以及其他一些我負責偵辦的案件見諸媒體——顯然我能夠寫的素材很多，都是會讓人很有興趣閱讀的。我從警職退休時，當局非常反對退休警官為媒體撰寫任何稿子，就像以前許多警員所做的，輕率的讓文字公諸於世，據我所知，這些人後來都被召喚去解釋自己的行為，事實上還被威脅要控以誹謗罪。

詳細描述你所偵辦某些案件的手法，等於是在警告罪犯要多加小心，除此之外在某些情況下也等於是在告訴他們如何犯案。

拿指紋偵查工作來說吧，你會發現，現在一些專業的竊賊都戴上手套了。

儘管那些撰寫自己回憶錄的警官受到反對，也阻擋不了其他人跟進，不管是蘇格蘭場或倫敦市警察局的警員。我桌上就有三個例子：馬維爾・麥納夫頓爵士的《我的警察生涯》、亨利・史密斯爵士的《小警員到警察署長之路》，以及班傑明・利森的《失落的倫敦：一個東區警探的回憶錄》。三本書都包含了開膛手傑克的軼聞和剖析，但我認為還不如不讀的好。可悲的是，無論是在工作上或生活上只要是和開膛手案沾上邊的人都會編造些理論，幾乎和那些後代的人所杜撰的同樣毫無根據。

亨利・史密斯是一八八八年期間的倫敦市警察局代理局長。他謙遜的寫道，「世界上沒有人比我更了解那些案子。」他聲稱在「第二樁謀殺案」——應該是指瑪莉安・尼可斯，但她並非在史密斯任內遭到謀殺——發生後，他「找到」一個他深信就是凶手的嫌疑犯。史密斯表示這人是前醫學院學生，曾經待過精神療養院，「一輩子」都和妓女廝混，拿磨亮的法辛硬幣充當金幣誘騙她們。

史密斯將這情報呈給查爾斯・瓦倫署長。根據史密斯的說法，瓦倫沒逮到這名嫌疑犯。這樣也好，因為結果證明這名前醫學院學生並非凶手。我很不想補充的一點是，付金幣給妓女實在是太過奢侈的事，她們還是比較習慣接受法辛來進行利益交換。在開膛手案調查期間，史密斯所造成的傷害在於傳播了錯誤觀念，讓人以為開膛手是醫生、醫學院學生或者從事醫療相關行業的人。

我不懂史密斯為何早在「第二樁案子」發生時就作了這樣的推測。這時候凶手還沒有將受害者肢解，也沒有取走內臟器官。以瑪莉安・尼可斯案看來，並沒有任何跡象顯示凶器是解剖刀或者凶手具備任何外科手術技巧。除非史密斯記憶中的時間順序有誤，警方實在沒有理由在調查工作初期就懷疑涉案者是受過醫療訓練的人。

史密斯呈給查爾斯・瓦倫的情報顯然沒有得到回應，於是他挑起重任，配置了「將近三分之一」他手下的便衣警力，指示他們「放手去做身為警員的在正常情況下不該做的事」，他在回憶錄中說。這些秘密活動包括坐在人家門前台階上抽煙斗、混進酒吧和當地人聊八卦等。史密斯自己也沒閑著，他造訪了城裡「每一家肉舖」。想像這位局長——也許喬裝或者一身套裝領帶——走進肉舖去詢問肉販他們同行裡頭是否有長相可疑的人到處殺害女人，不禁令人啞然。同時我也相信，大都會警察絕不會感激他這種侵犯他人轄區的做法。

馬維爾・麥納夫頓爵士則是由於聽信二手傳播加上不信任亞伯蘭開放睿智的偵查，而嚴重延宕甚至誤導了開膛手案的調查工作。一八八九年麥納夫頓加入大都會警察擔任犯罪調查處副處長。他的唯一資歷是在他家族位於孟加拉的茶園工作了十二年，每天早晨出門去射擊野貓、狐狸和短吻鱷，或者藉著用長矛獵野豬來發洩精力。

麥納夫頓的回憶錄在一九一四年出版——亦即史密斯出書四年之後——的時候，他很自制的忍耐到第三十五頁，終於開始敘述他獵捕野豬的經驗，接著便進入業餘辦案的浮誇內容。他形容亨利・史密斯「野心勃勃」，而且是「先知先覺」，因為史密斯在第一樁案子——麥納夫頓所認定的第一樁——發生前幾週就開始全力追捕凶手了。史密斯很肯定發生在八月七日的瑪莎・塔布倫案是開膛手的第一件犯案，麥納夫頓則認為第一樁案子應該是八月三十一日的瑪莉安・尼可斯案。

接著麥納夫頓開始回憶那些濃霧瀰漫的可怖夜晚，報童「沙啞的吶喊」著「又一樁恐怖謀殺案……！」他所描述的場景越來越富戲劇性，讓人逐漸懊惱起來，暗暗希望要是他的自傳被列入內政部的禁書就好了。我想麥納夫頓或許真的聽過報童尖叫並親身體驗過濃霧裊裊的可怕夜晚，不過我懷疑發生地點並不是東區。

當時他才剛從印度回國，仍然在為他的家族工作。事實上，他加入蘇格蘭場是在開膛手連續謀殺案結束八個月之後的事。這時開膛手案已經不是警局的首要任務，但他還是有本事推測開膛手傑克的身份，甚至說他已經死了，總共殺害了五名受害者——「只有五名受害者」：瑪莉安・尼可斯、安妮・查普曼、伊麗莎白・史特萊、凱薩琳・埃竇斯和瑪麗・凱利。根據麥納夫頓的「合理推測」，在一八八八年十一月九日「第五樁」案子發生後，開膛手「終於精神崩潰」，極可能以自殺終結。

一八八八年年尾，當年輕抑鬱的辯護律師蒙大格・約翰・杜魯跳進泰晤士河時，也不由自主的讓自己被列入麥納夫頓開出的開膛手嫌疑犯名單當中。在邁納夫頓的三名嫌疑犯名單中階級較低的兩人是一個名叫亞倫·柯斯敏斯基「精神失常」並「憎恨女人」的波蘭裔猶太人，和一名被送進「精神療養院」的俄羅斯醫生麥可·奧斯托。

不知為什麼，麥納夫頓認為蒙大格·杜魯是一名醫生。這個錯誤推測流傳已久，我想直到現在一定還有不少人以為杜魯是醫生。我不知道麥納夫頓是從哪裡得來的資訊，不過我猜他或許是誤解了。因為蒙大格的叔叔——羅伯·蒙大格是相當有名的醫生兼醫學作者，而蒙大格的父親威廉則是一名軍醫。我想，小名「蒙弟」的蒙大格今後依然會是個神秘人物，因為關於他的資料實在非常有限。

一八七六年，英俊黝黑、體格健美、年僅十九歲的杜魯註冊進入牛津大學新學院就讀。五年後他進入位在倫敦的內殿法學院攻讀律師學位。他學習力強，是個天生的板球高手，課業之餘在瓦倫泰小學——位在布雷克希茲的一所男童寄宿學校——兼差工讀。當這位以自殺結束三十一歲年輕生命的單身學士在一八八八年秋天遭到瓦倫泰小學開除時，人們猜測原因或許是同性戀或兒童性侵害，或兩者皆有。麥納夫頓在回憶錄中說杜魯有著「不正常的性傾向」，這在維多利亞時代指的通常就是同性戀。但是麥納夫頓這項指控，根據的只不過是已經被他銷毀、所謂十分可靠的資料來源。

精神疾病原本就存在杜魯的家族病史中。一八八八年夏天，他的母親被送進精神療養院，至少企圖自殺一次。不久杜魯的一個姐姐也走上自殺之路。一八八八年初冬，杜魯投入泰晤士河時，他留下一封自殺遺書，寫著他擔心自己最後會落得和母親一樣的下場，因此決定自我了結。多瑟檔案館和西薩西克斯檔案館所保存的這個家族的檔案只有一封他的信，是他在一八七六年寫給叔叔羅伯的。儘管杜魯的筆跡和語言習慣全然不同於任何一封據稱是開膛手所寫的信件，但是只憑著這點來作判斷是毫無意義且不公平的，因為一八七六年杜魯只是個二十歲不到的孩子，筆跡和用語不但可以偽裝，同時也會隨年齡而改變。

只因為杜魯剛好在麥納夫頓所認定的開膛手最後一次出手的時間，一八八八年十一月九日之後不久自殺，使得他理所當然成了嫌疑犯。這位年輕律師唯一的罪惡或許是遺傳了家族的精神疾病，也許他的命運會突然急轉直下，原因只在於他的不當行為導致被瓦倫泰小學革職所帶來的嚴重沮喪。我們無法了解他在那個人生階段的心理狀態或感覺，但是他的絕望已足以迫使他將石塊放進外套口袋，躍入冰冷污濁的泰晤士河裡。一八八八年的最後一天，杜魯的屍體被撈出水面。根據屍體腐爛的程度看來，他已經死了大約一個月。在奇斯威克舉行的死因調查法庭中，法官判決他的死是「由於精神異常而導致自殺」。

醫生和精神病患似乎是開膛手案嫌犯的最熱門人選。在開膛手連續謀殺案發生期間擔任警員的班傑明・利森在回憶錄中指出，他進入這行業之初，所受的訓練包括十天在警察法庭值班，還有接受督察長「幾小時」的指導，至於其他的就得靠自己從經驗裡學習了。利森寫道，

「我恐怕無法對開膛手身份的問題提供解答。」然而他又補充，每當那些案子發生的時候有個醫生剛好都在附近。我想那些案子發生時利森自己也都在附近，否則他不可能注意到有「這麼個」醫生。

也許菲德烈克・亞伯蘭對開膛手連續謀殺案保持沉默是因為他夠聰明，不願胡謅些自己不知道的東西。在他的剪貼簿中匯集的每個案子都是他曾經親自參與調查並且破案的。他逐頁貼上並且畫了底線（非常精準的直線）的新聞剪報以及他加上的註解都並非長篇大論，語氣也不特別熱烈。他只是淡淡表達出自己辦案非常努力，而且往往並不滿意。例如一八八五年一月二十四日倫敦塔爆炸案發生時，他發現自己「工作量特別重，因為當時的內政部長威廉・哈克爵士希望警方每天早晨向他報告辦案進度，有一陣子我一天忙完後還得待命到凌晨四、五點。緊接著早上又得向他作報告。」

要是亞伯蘭在倫敦塔爆炸案中都必須這麼做，我們可以想像在開膛手連續謀殺案發生期間，他必定時常熬夜坐鎮，一早又趕往內政部長辦公室去作簡報。案發時，亞伯蘭「在爆炸發生後立刻趕到」，提議現場所有人全部留在原地，接受警方詢問。亞伯蘭親自詢問了許多人，在這當中他「根據當事人回答時的倉卒神情和整體態度」而「找到了」肇事者之一。報上關於爆炸案和亞伯蘭傑出表現的報導非常多。如果說四年後他的見報次數減少了，那也許是因為他的督察職位和謹慎天性所致。他是個勤奮不懈、不追求掌聲的人，這位沉默的時鐘師傅不想引人注目，只下定決心改正錯誤。

我猜開膛手案一定令他悲痛莫名，時常在深夜到街上踱步，思索、推敲著案情，試圖從迷濛、污染的空氣中理出線索。一八九二年他的同僚、親友和東區的商販為他舉行了退休晚宴，送給他一組銀製咖啡茶具，讚揚他在犯罪偵查工作中榮耀不凡的表現。根據《倫敦東區觀察家報》的報導，H分局局長亞諾在這場惜別晚宴中告訴所有前來向亞伯蘭職業生涯致敬的賓客，在開膛手連續謀殺案發生期間，「亞伯蘭頻頻到東區巡查，貢獻自己的所有時間，一心只想破案，不幸的是現實環境難如人意。」

一八八八年秋天，當亞伯蘭不得不向媒體承認「目前案子沒有任何進展」的事實時，他的內心必定沉痛莫名悲憤萬分。他一向都能夠智取罪犯的。報上說他竭盡一切努力想偵破開膛手案，「壓力大到幾乎崩潰」。他時常整晚熬夜，連續好幾天不睡。常見他一身便衣到東區小旅館廚房裡，和一些「可疑的人」廝混到天亮。可是無論亞伯蘭走到哪裡，那個「罪人」就是不現身。我不禁想，他查訪的路徑是否包括了華特‧席格的住處。要是這兩個人曾經交談過一、兩次，如果席格還給了他一些建議，我也一點都不會覺得意外。那會是如何「至高無上的欣喜」呢。

「都是空談！」後來當有人重提開膛手案時，他大聲怒斥。「我們迷失在空泛的假設裡頭，太多假設了。」由種種跡象看來，多年後，當他轉而負責其他案子時，這事依然是他心頭的痛。最好還是讓他談談他將東區衛生改善的情形，或者他如何靠著線索追蹤到火車站的一只不明帽子盒，因而偵破了一長串結夥搶劫案的經過。

憑著經驗和優異稟賦，亞伯蘭仍然沒能偵破這樁他畢生所遭逢的最重大犯罪案。要是這次失敗讓他在蒔花弄草的退休歲月裡心生痛楚或懊悔，那真是令人遺憾。菲德烈克・亞伯蘭至死都不了解他所面對的是何等人物，華特・席格畢竟不是泛泛之輩。

# 14 編織和鉤花

瑪莉安・尼可斯的遺體在白教堂救濟院的停屍房留置到九月六日星期四，她那逐漸腐爛的軀體終於得到隱私和安息。

她被放進一具「看似堅固」的木棺，抬上一輛馬拉的靈車，被運送到七哩外的伊福墓園準備安葬。這天太陽只露臉五分鐘，整天下雨又罩著濃霧。

次日，週五，英國警察協會舉行了第五十八屆年會，許多重要議題在會中提出，例如避雷針妥善安裝和檢查的重要性，還有雷電的無常以及它和野鵝對電線可能造成的損害，電力照明器具的保健問題也被提出。有個物理學家和一名工程師辯論起電到底是一種物質或能量形式的問題。此外大會還宣布，貧窮和不幸是可能消失的，只要「人類能夠克服懦弱、疾病、怠惰和愚蠢」。好消息是湯瑪士・愛迪生的新工廠已經啟用，準備年產一萬八千台單價二十或二十五鎊的留聲機。

這天的天氣比前一天更糟，各處都不見陽光，暴風在北方呼嘯。大雨和冰雹狂瀉而下，倫敦人在一片寒冷的霧氣中來去、上下班，然後上劇院。萊辛劇院的《傑柯醫生與海德先生奇案》仍然吸引大批戲迷，另一齣模仿它戲名的新戲《海得與喜柯》也在皇家劇院開演。正在歡樂劇院演出謀殺和食人肉場景的《她》則被當天報紙評論為「可畏的戲劇實驗」。華特・席格非常喜愛的一家音樂廳——亞罕布拉在晚上十點半開演，由一群歌舞女郎、克利夫船長和他那隻「了不起」的狗主演。

安妮・查普曼喝了最後一杯酒之後沉沉入睡。倫敦的夜生活正熱烈。這一週過得很不順，簡直糟透了。安妮今年四十七歲，缺了兩顆門牙。身高五呎，圓胖，藍眼珠，深褐色波浪短髮。就像稍後警方指出的，「她曾經有過不錯的生活」。街坊鄰居都知道她是「黑夜安妮」。根據部分說法，她那離她而去的丈夫是個獸醫，但也有些人說他是車夫，受雇於一個住在溫莎鎮的紳士。

安妮和她的丈夫自從分居以後就沒見過面，她也無意介入他的生活，直到一八八六年丈夫給她每週十先令的津貼突然中斷。某日，一個模樣邋遢、外表像是妓女的女人出現在溫莎快樂婦人酒店，打聽查普曼的行蹤。她說她從倫敦步行了二十哩路，中途在一家宿房過夜。她想知道她丈夫是否病了，或者拿這當藉口不寄錢給她。溫莎快樂婦人酒店門口的女人告訴這名妓女，查普曼先生在聖誕節那天過世了。身後只留下兩個不想和她有任何瓜葛的孩子：一個男孩住在可里波收容所，還有一個受過不錯教育的女兒，目前在法國。

後來安妮搬去和一個濾篩工人住了一陣子。他離開她之後，她向她哥哥借了幾次錢，最後他終於和她斷絕來往，從此她沒再和任何親人連絡。健康情況較好時，她也靠著賣編織手工和銄花來賺點零錢。熟人形容她是個「聰明人」，而且天性勤奮，可是當酒精逐漸操控她的生活，她也就不那麼在意該用什麼方式營生了。

在死前的四個月裡，安妮頻繁的進出醫院。她大都在史畢多菲爾區的小客棧過夜，最近投宿的一家位在多瑟街三十五號。這條街就像扶梯的小橫桿連接著商業街和克里斯賓街。史畢多菲爾區的陰暗旅店裡總共有五千個寄宿床位。根據《泰晤士報》稍後對安妮死因調查法庭的報導，「只要一瞥……便已足夠讓『陪審團』了解到，十九世紀文明值得人們驕傲的地方實在不多。」在安妮・查普曼的世界裡，窮人就像「牛群般被驅趕」，而且總是在「餓死」邊緣掙扎，受著貧苦、酒精和憤怒的滋養，暴力逐日壯大。

安妮遇害前四天的晚上，在旅館的廚房裡和一個名叫愛莉莎・庫柏的住宿客起了爭執。對方要安妮歸還她借走的一小塊肥皂，安妮氣憤的丟了半便士在桌上，要她自己去買。兩個女人開始爭吵，並一路吵到附近的林哥酒店。安妮摑了愛莉莎一巴掌，愛莉莎則出手毆打安妮的左眼和胸部。

九月八日週六凌晨，當這家位在多瑟街旅館的門房約翰・唐納文要求安妮如果想繼續住的話必須再預付八便士的時候，她臉上的瘀青依然清晰可見。她回答說，「我沒錢。我生病了，身體又虛弱，一直在看醫生。」唐納文提醒她規定就是這樣的。她回說她會出去賺錢，拜託別把她的床位讓給別人。後來唐納文告訴警方，她由巡警陪著離開旅館時「還帶著醉意」。

安妮先是在小派特諾斯特巷右轉，巡警最後一眼看見她時，她正轉入布魯許菲爾街，就是從東到西貫穿當時叫做諾頓弗門宗教特區以外的主教門街（Bishopsgate Without Norton Folgate）以及商業街的那條路。要是她往北邊的商業街再過幾個街頭，就會到達蕭迪奇區，也就是音樂廳的地區（蕭迪奇奧林匹亞、哈伍茲和葛里芬）。再往北一點就是豪斯頓區，也就是華特・席格在音樂廳散場後漫步走回他位在布洛赫斯特花園街五十四號住處的路徑所在，以及深夜、凌晨時在某處漫遊時常會經過的地區。

凌晨兩點鐘，當安妮進入倫敦東區街道時，氣溫只有華氏五十度，溼氣凝重。她身穿黑色裙裝、頸部有鉤環的黑色長外套、圍裙、羊毛長襪和靴子，脖子圍著條黑色羊毛圍巾並且在前面打了個結，裡頭圍著一條她最近向另一個住宿客買的領巾。她的無名指上戴著三只有著廉價金屬光澤的戒指。裙子口袋裡塞著只小木梳盒、一塊粗棉布和一小片撕下的信封紙，那是有人看見她在旅館地板上撿起，用來包裹她從醫院帶回的兩片藥丸，小片信封紙上蓋著枚紅色郵戳。

就算有人在接下來的三個小時半當中見到安妮，也沒人站出來承認。凌晨四點四十五分，一名史畢多菲爾市場的挑夫，三十七歲的約翰・理查森正走向漢百利街二十九號。這是一棟窮人的宿舍，和史畢多菲爾區的許多老舊房舍一樣，曾經是一間類似倉庫的工作坊，無數紡織工人在這裡用雙手紡紗，直到被蒸汽機取代而失業為止。理查森的母親租下這房子，將半數房間轉租給十七個房客。而他，身為盡責的兒子，每當早起時總要繞過來查看一下住戶的安全。兩個月前曾經有人闖進來，偷走兩把鋸子和兩把鐵槌。他的母親另外也做包裝生意，工具被偷了可不算件小事。

確定屋子安全鎖著，理查森於是經由一條走道來到後院，坐在台階上，拿刀割掉靴子上一塊突出的皮革。他的刀是一把「舊餐刀」，後來他在死因調查法庭上作證說，「大約五吋長」，不久前他才用它來切「一小塊紅蘿蔔」，然後他毫不在意的把刀子放回口袋。他估計他坐在台階上只有幾分鐘時間，而他的雙腳踩踏的石板地面距離稍後安妮・查普曼殘缺的屍體被發現的地方只不過幾吋遠。他沒聽見任何動靜。接著理查森繫好靴子的鞋帶，朝著市場走過去，這時天色漸亮。

亞伯・凱多斯就住在隔壁的漢百利街二十五號。他的後院和二十九號只隔著道臨時搭起的木籬笆，大約有五到五吋半高。後來他告訴警方，五點二十五分左右，他走到後院，聽見籬笆那頭有人喊了聲，「哎呀！」幾分鐘後，他聽見重物墜落籬笆木樁的聲響。他沒有出來查看那究竟是什麼東西，或者那聲「哎呀」是誰喊的。

五分鐘後，也就是五點半，伊麗莎白・隆恩經由漢百利街走向史畢多菲爾市場。她注意到在二十九號後院的籬笆幾碼外，也就是大約半小時以後安妮・查普曼陳屍的地方，有個男人正在對一個女人說話。隆恩太太在調查法庭上作證說，她很「肯定」那個女人就是安妮・查普曼。安妮和那個男人大聲交談著，似乎處得很不錯，隆恩太太回憶說。她走過街道時唯一聽見的一點他們的談話內容就是那個男人說的，「可以嗎？」而那個被指認是安妮的女人回說，「可以。」

顯然兩名證人提供的時間並不吻合，而且他們也無法在調查法庭中解釋清楚，他們如何能夠肯定當他們走過人群或差點被屍體絆倒的時候究竟是幾點鐘的事。在那個時代，大多數人都是依據自己的日常作息、太陽的位置和每小時或每半小時敲響一次的教堂鐘聲來判斷時間的。住在漢百利街二十九號的海莉・哈迪曼在調查法庭中作證說，她很肯定當她被窗外一陣騷動吵醒的時候是早上六點鐘。她是貓食商販，店舖就在出租宿舍裡頭。她的營生方式就是推著滿滿一車發臭的魚或屠宰場要來的內臟去賣給養貓的人，一路上往往尾隨著大群野貓。

住在一樓的海莉正熟睡時，突然一陣騷動將她驚醒。她害怕屋子著火了，趕緊把兒子叫醒，要他出去查看一下。他回來時說，外面院子裡有個女人被謀殺了。母子兩人整晚都睡得十分安穩。海莉・哈迪曼後來作證說，她時常聽見有人在樓梯間和通向後院那條走道來來去去，但是並不吵鬧。約翰・理查森的母親艾蜜莉大半夜醒著，她也肯定的說，要是有人爭吵或叫喊，她一定會聽見，然而她也說沒聽見任何動靜。

漢百利街二十九號有許多房客進出，因此這裡的前後幾扇門，包括通向密閉後院的那條走道的門，通常都沒有上鎖。任何人都可以輕易的拉開門閂，進入後院。安妮・查普曼在遇害之前必定也是這麼做的。五點五十五分，住在宿舍裡的一名挑夫約翰・戴維斯準備出門去市場，正巧發現安妮・查普曼的屍體躺在後院，就在屋子和籬笆之間，非常接近理查森大約一小時前在石階上修理靴子時所坐的位置。

她仰躺著，左手擱在左胸，右手臂垂在身側，兩腿彎曲。她的衣服凌亂，被拉到膝蓋上，她喉嚨的割痕極深，使得她的頭幾乎就快脫離身體。殺害安妮・查普曼的凶手剖開她的腹腔，拿走了內臟器官和一片肚皮。她左肩上方的地上有一灘血，不知是不是具有象徵意義的安排。

很可能這些人體器官和皮膚被取走是有實際功用的——為開膛手開路。很明顯的他感興趣的器官包括腎臟、子宮和陰道，但我們也不能排除他想要藉此引起恐慌。他成功了。約翰・戴維斯飛奔回到樓上房間，喝了杯白蘭地，接著倉皇衝進他的工作坊，拿了塊防水布蓋住屍體，然後跑到街上去找正在附近巡邏的警察。

片刻後，商業街分局的督察約瑟夫・錢德勒抵達現場。他一眼看見屍體，立刻派人找來分局特約法醫喬治・菲立浦。人群逐漸圍攏，不時有人大叫，「又有女人被殺了！」菲立浦醫生迅速看了下，立刻斷定受害者是先被割斷喉嚨才被剖開「肚子」，死亡時間大約兩小時。他注意到她的臉有些浮腫，舌頭從牙齒之間伸出。她是被勒死的，菲立浦醫生說，至少凶手割斷她喉嚨以前她已經昏迷了。屍僵已經開始形成，此外醫生還發現牆上有「六個血跡點」，就在安妮頭頂上方大約十八吋高的位置。

這些血跡從一小點到六便士硬幣的大小依序排列，「血點」的間距很緊密。另外，屋子後方那道籬笆上也有血「印」。安妮腳邊整齊排列著一塊粗棉布、一把梳子和一張沾了血的信封紙片，上面印著薩西克斯聯隊章和一八八八年八月二十日的倫敦郵戳，旁邊有兩顆藥丸。她的幾枚廉價金屬戒指不見了，她手指上的擦傷顯示戒指是被強行取下的。後來在一封日期不明，據稱是開膛手寄給倫敦市警局的信中，寫信者技巧高明的畫了一個喉嚨被割開的人形，寫著「可憐的安妮」，並且聲稱她的幾枚戒指「在我這兒」。

安妮的衣服完好無損，黑色外套的鈕釦和鉤環也都整齊扣著。外套領子裡外都染了血。菲立浦醫生也指出她的長襪和左邊袖子上沾有幾滴血。報紙和警方報告中都沒提到，不過相信菲立浦醫生必定是先將她的腸子和其他器官捧回腹腔裡，才再用粗麻布蓋住她的屍體。警方協力將她的屍體抬進前一天瑪莉安・尼可斯入葬前還躺在裡面的那只布袋，然後徒手將她抬上手推急救車，運送到白教堂救濟院停屍房。

天色已亮。數百個好奇的民眾匆匆趕往漢百利街二十九號的隱密後院，這棟宿舍的左右鄰居開始收費讓人進入安妮剛剛遇害的這塊染血的區域一窺究竟。

見過「惡魔」嗎？
倘若沒見過
只要付一便士就能進來

開膛手在十月十日的信中這麼寫道。

在這張明信片上，開膛手補充說，「我每晚都在漢普斯戴公園等警察。」那是一片以療養溫泉、浴池而聞名的廣大綠地，長久以來深受狄更斯、雪萊、蒲柏和康斯塔伯等作家、詩人和畫家的喜愛，據說已經有十萬名遊客在假日湧向這片無垠的綠野和濃密森林。而華特・席格位於南漢普斯戴的家距離漢普斯戴公園只需二十分鐘不到的腳程。

這些據稱是開膛手所寫的信件不僅透露著種種暗示；例如這張寫著「見過惡魔嗎？」的明信片，或許是在暗諷那些向人索費以供參觀開膛手犯罪現場的東區居民，同時也顯示了凶手的地緣關係。信中提到的許多地點，有些甚至重覆提及的，都是華特・席格熟悉的場所和區域：例如康頓城的貝佛音樂廳，曾經多次出現在他的油畫當中；他位在布洛赫斯特花園街五十四號的家；還有倫敦許多席格時常造訪的戲劇、藝術和商業區。

郵戳局名和信中提到的位在貝佛音樂廳附近的地點包括漢普斯戴路、國王十字區、圖騰漢宮、索瑪斯區、亞伯尼街和聖潘可拉教堂。

位在布洛赫斯特花園街五十四號附近的則有基爾本區、帕默斯頓路（和他的住宅只有幾條街距離）、公主路、肯提許城、艾瑪街、芬區萊路（就在布洛赫斯特花園街轉角）。

郵戳局名和信中所提到的地點當中鄰近席格時常造訪的劇院、音樂廳、藝廊以及工作或私人場所的地點包括皮卡迪里圓環、乾草市場、查林十字街、貝特希（靠近惠斯勒的畫室）、北麗晶街、梅菲爾、柏丁頓（柏丁頓火車站所在地）、約克街（靠近柏丁頓）、伊斯林頓（聖馬可醫院所在地）、渥塞斯特（畫家們常去的地方）、格林威治、吉普賽丘（靠近水晶宮）、波特曼廣場（距離美術協會不遠，也是漢茲畫廊建築繪畫作品的展覽地點）、康鐸街（靠近美術協會，在維多利亞時期也是十九世紀美術協會和大英建築皇家學會的所在地）。

席格的素描非常注重細節，他的畫筆詳細記錄親眼所見的場景，以便稍後繪製成油畫。他畫油畫時在草稿上「畫方格」的數學方式，或者用幾何法放大草稿以免比例和透視失真的方法，顯示出他那極富條理的科學心智。席格在繪畫生涯當中畫過許多細緻的建築繪畫，特別是描繪迪埃普和威尼斯一些教堂的作品，極盡繁複精巧。我們可以假設他對建築興趣濃厚，或許時常造訪藏有全世界最多建築繪畫的漢茲畫廊。

席格最初的職業是演員，據悉是從一八七九年開始的。在現存最早的席格信件當中，有一封是他在一八八〇年寫給歷史學家兼生物學家T・E・潘柏頓的。他在信中提到他旅居伯明罕期間曾經在《亨利五世》劇中飾演一個「老人」。「這是我最喜愛的角色，」他寫道。儘管有些人認為席格放棄表演事業是因為他真正的野心是成為畫家，但是丹尼斯・蘇頓所收集的信件卻讓我們看見全然不同的故事版本。「華特非常熱切地想當個演員，」一封信寫道。可是另一個席格的友人則寫道，「他做得不很成功，因此選擇了繪畫一途。」

二十歲出頭的席格還是個演員，常跟著亨利・歐文的公司到處巡迴表演，和著名的建築師愛德華・W・葛溫也熟識。這人是個狂熱戲迷、戲服設計師，也是惠斯勒的好友。在席格早年擔任演員期間，葛溫和艾倫・泰瑞同居，並且替惠斯勒蓋了房子——位在雀兒喜區泰特街的白屋。一八八八年八月十一日，惠斯勒剛和葛溫的遺孀碧翠絲結婚。儘管我無法證明這些背景和地理因素和席格的心理因素有關——這期間有許多據稱是開膛手所寫的信件從上述的各個地區寄出——但我推想倫敦的這些地區對他來說至少是相當熟悉的。這些地區完全不像是「變態殺人犯」或者東區的「低賤貧民」慣於逗留的地方。

然而許多開膛手信件的確是從倫敦東區寄出的，這是事實。許多卻不是，這也是事實。席格花費不少時間在東區活動，他對這片貧民窟的了解說不定比警方更透徹。當時的法規並不容許大都會警察的警員隨意進入酒吧或者和當地居民廝混。巡街警員就該待在街上，毫無理由的跑進旅館、酒吧，或甚至只是偏離正常的巡邏路線，都可能招來懲戒或停職。然而席格卻可以到處跑，沒有哪裏是他的禁地。

警方似乎患了東區短視症。無論開膛手如何努力誘引他們去調查其他地點或現場，他們就是不予理會。幾乎沒有記錄顯示警方曾經針對不是從東區寄出的開膛手信件上的郵戳局名和信中提到的地點進行過全面調查，也不曾認真看待從大不列顛其他城市寄來的信件。警方沒有保存所有信封，少了郵戳，我們就只知道開膛手在信中提到的地點，這並不能顯示當時他所在的真正位置。

根據郵戳看來，開膛手在不同時間可能的所在地，或者他聲稱即將前往的地方包括伯明罕、利物浦、曼徹斯特、利茲、布雷佛、都柏林、伯發斯特、利默里克、愛丁堡、浦利茅斯、萊斯特、布里斯托、克拉朋、伍爾維奇、諾丁罕、普次茅斯、克洛伊登、佛克史東、葛洛西斯特、利斯、里耳（法國）、里斯本（葡萄牙）和費城（美國）。

有些地點似乎不太可能，尤其是葡萄牙和美國。根據各方了解，華特・席格從不曾到過這兩個國家。另外一些信件和信中提到的日期則讓人無法置信，例如，他怎麼可能在十月八日這一天從倫敦、里耳、伯明罕和都柏林寫完或寄出這些信件。話說回來，案發經過一百一十四年之久，許多信封和郵戳都已經遺失，物證已寒，人證已死，然而真正難以釐清的是，這些信件是否確實是在特定的那天寫的，以及信件究竟是從哪裡寄出的。這問題恐怕只有郵戳和目擊證人能夠回答。

當然，並非所有開膛手信件都是席格寫的，但是他能夠偽裝多種不同筆跡，而且直到現在也都沒有記錄可以證明他在某一特定日子的確實行蹤。一八八八年十月間開膛手信寫得特別勤，那個月的八十幾封信都留存了下來。而凶手在密集的多次犯案之後四處藏匿，也是相當合理的現象。就像開膛手自己在好幾封信中所說的，對他而言白教堂區變得有些過熱了，他需要到遠一點的城市去尋求寧靜。

從現代的連續謀殺案看來，凶手四處遷移是常有的事，有的甚至乾脆以車為家。對席格來說十月是遠離倫敦的好時機。他的妻子愛倫是某個自由黨團的成員，正在愛爾蘭開會支持地方自治和自由貿易，幾乎整個十月都不在英國。不知道她和席格在這次離別期間是否有過任何聯繫，就算有，也不曾留下任何信件、電報或其他通訊記錄。

席格非常喜歡寫信，有時甚至為自己常寫信給朋友而向他們致歉。他還習慣性的寫信給報社。他喜愛興風作浪，他的投稿和關於他的文章每年可以累積達六百篇之多。看著伊斯林頓公共圖書館關於席格的檔案和他的幾大冊剪報，真令人嘆為觀止。他是在二十世紀初開始收集剪報的，後來繼續利用剪報服務來追蹤他那似乎無止無盡的發表慾。然而終其一生，他卻是出了名的討厭接受採訪，他成功塑造了自己「羞澀」並且痛恨成為名人的神話。

席格寫信給媒體的狂熱逐漸讓某些報社感到為難。當報社編輯又收到席格關於藝術、電話杜美學觀、為何所有英國人都該穿蘇格蘭花格裙或者加氟自來水的壞處等話題的投書時，總難免一陣尷尬不安。大多數編輯都不願冒犯這位有名望的藝術家，因此不敢忽略他或者將他的文章縮減成不顯眼的篇幅。

從一九二四年一月二十五日到五月二十五日之間，位在利物浦北邊海岸的南港鎮發行的《南港導覽報》刊出席格投寄的一系列演講稿和文章。儘管這些文章加起來多達十三萬字，他仍然不滿足。在五月六、十二、十五、十九和二十二日，席格寫信或發電報給導覽報的W・

H・史帝文生：「我在想導覽報是否能夠馬上再採用我的另一篇文章……如果可以，我立刻就寄去」、「寫得很愉快」、「請一早快遞六份報紙給我」、「讓我再寄另一篇給你」，以及「如果你知道夏天有哪家地方報紙想刊登系列稿的，請通知我」。

席格一生中的文字產量實在驚人。伊斯林頓公共圖書館所收藏的席格剪報冊裡頭關於他的新聞以及他寄給英國當地報社編輯的文章就多達一萬兩千篇，大多數是在一九一一年到一九三〇年代之間寫的。報上刊登出他的演講稿和文章有四百多篇，我相信實際的投稿數量應該比這更多。席格是個難抑衝動的發表狂，樂在說服、操控他人，以及用文字吸引人們的注意。他熱切需要觀眾，熱切的想看見自己的名字出現在報端。他非常可能寫了數量驚人的開膛手信件，包括從世界各地寄來的那些。

他所寫的文章數量或許比某些文獻觀察家所認定的多得多，因為一般都只拿他的正常筆跡作為比對標準。他是個多才多藝、記憶力驚人的藝術家，還懂得多國語言，是個永不饜足的閱讀者和靈巧的模仿者。我找到幾本維多利亞時期的筆跡學書籍，發現某些開膛手信件的筆跡和書中所列舉代表某些職業和性格的書寫樣本非常酷似。席格只要打開幾本筆跡學書籍然後找幾種模仿就可以了。看著筆跡學家埋頭研究開膛手信件，必定讓席格覺得有趣極了。

運用化學藥劑和精密儀器分析墨水、顏料和紙張是一種科學工作，筆跡鑑定則不是。它可以是一種力量強大且極具說服力的犯罪調查工具，尤其在偵查偽造文書方面。但如果嫌犯是精於偽裝筆跡的人，比對工作就困難重重了。警方調查開膛手案時只專注於分析筆跡的相似處，卻沒有考慮到凶手或許擁有多種書寫風格。許多線索，例如開膛手在信中提到的城市或者信封郵戳所顯示的地點，警方都沒有去追查。要是他們查了，或許會發現這些遠方城市大部分有著相似點，包括戲院和賽馬場，其中許多地方都曾出現在席格的旅遊地圖上。

從曼徹斯特說起吧。席格造訪這城市的理由至少有三個，而且對它非常熟悉。他妻子的親人，考柏登家族在曼徹斯特擁有房產；席格的妹妹海倫娜住在曼徹斯特；席格有一些朋友和工作上的聯絡人住在曼徹斯特。好幾封開膛手信件提到曼徹斯特。其中一封開膛手聲稱在一八八八年十一月二十二日寫於曼徹斯特的信中有一枚缺損的亞皮利父子紙業（譯註：A Pirie & Sons，十九世紀蘇格蘭信紙公司）的浮水印，而華特・席格和愛倫在一八八五年六月十日結婚後開始使用的信紙上也有亞皮利紙業的浮水印。

我們到倫敦和格拉斯哥研究開膛手和席格的原始信件時，維吉尼亞法醫科學及醫學學院醫師保羅・費洛拉首次發現了浮水印的關聯性。我們將這些信件和浮水印的幻燈片寄回學院。他們將開膛手那枚缺損的浮水印和席格的完整浮水印用法醫影像強化系統電腦掃瞄，然後在影像螢幕上重疊，發現兩者完全吻合。

二〇〇一年九月，維吉尼亞法醫科學及醫學學院獲得英國政府的核准，對收藏在柯優國家檔案館的開膛手信件原稿進行非破壞性的法醫測試。費洛拉博士、DNA分析家麗莎・契梅爾、法醫影像強化專家恰克・普魯特等一行人到了倫敦，針對開膛手信件做了化驗。我們將幾只仍保留信封蓋和郵票最完整的信封浸濕，小心翼翼剝下郵票來，用棉花棒沾取採樣，然後拍照，比對筆跡。

之後我們離開倫敦，到其他檔案館檢驗了紙張，並且分別從華特・理查・席格、他的第一任妻子愛倫・考柏登・席格、詹姆斯・馬奈爾・惠斯勒和被列為開膛手嫌疑犯的蒙大格・約翰・杜魯所屬的信紙、信封和郵票上採取了DNA樣本。其中有些化驗是輔助性質的，例如愛倫・席格和惠斯勒，這兩人從未被視為嫌犯。但是華特・席格在惠斯勒的畫室工作，替他郵寄信件，和這位大師及其私人物品有密切的身體接觸，有可能惠斯勒和愛倫的DNA沾染了席格的體液。

我們前往藏有豐富惠斯勒檔案的格拉斯哥大學，對他的信件和郵票作了採樣，也到西薩西克斯檔案館作了信封和郵票採樣，這是愛倫・考柏登・席格的家族檔案所在，很巧地也收藏了許多蒙大格・約翰・杜魯家族的檔案。可惜的是，杜魯僅存的一封信件是一八七六年他還在牛津大學唸書時寫的，信封蓋和郵票上的DNA化驗結果呈現污染，但會進一步測試。

其他有待測試的文件包括兩封我相信是克萊倫斯公爵所寫並密封的信件，以及一只維多利亞女王御醫，威廉・葛爾醫生所屬的信封。我不認為杜魯或其他所謂的嫌犯有任何犯罪嫌疑，因此我願意盡我所能替他們洗清罪名。DNA測試將會繼續進行，直到所有現存方法用罄為止。這點遠比開膛手調查工作本身重要。

這案子沒有對象可以起訴或定罪，開膛手傑克和所有認識他的人都已經去世好幾十年了。但是謀殺罪沒有訴訟時效，我們也理當還給受害者正義。無論我們能從這當中獲得多少法醫科學和醫學知識方面的進展，都值得努力一試。我對ＤＮＡ比對結果並不抱持樂觀，但令我驚訝沮喪的是，第一回測試結果，在五十五份採樣當中竟沒有發現任何生命跡象。我決定再試一次，這回針對同一批信封和郵票的其他區域進行採樣。

還是沒有任何發現。造成這結果的可能因素有好幾個：郵票或信封蓋上可能留存的十億分之一克的人類唾液沒能存活下來；用熱氣壓平信封以便保存的手續摧毀了核ＤＮＡ；一百年來不甚理想的保存狀態毀壞了ＤＮＡ；或者是黏膠惹的禍。

在十九世紀中期被稱作「膠液」（glutinous wash）的黏膠是用植物萃取液製成的，例如刺槐樹皮。維多利亞時代的郵政正在工業革命下經歷著變革，一八四〇年五月二日出現了從巴斯寄出的第一枚「黑便士」郵票。一八四五年信封折疊機取得了發明專利。許多人為了「衛生」理由，不願再用唾液舔信封或郵票，而改用海綿。進行信封和郵票採樣時除了面對種種科學障礙之外，我們更無從得知當時是誰舔了信封，誰沒有。第三回基因測試只剩最後一項選擇，這回測試的是粒線體ＤＮＡ。

在現代犯罪調查或血緣鑑定中提到ＤＮＡ測試時，通常指的是核ＤＮＡ，也就是存在細胞體之中，由父母遺傳給子女的。粒線體DNA則是存在細胞核以外。拿雞蛋來說，核DNA是存在蛋黃裡，而粒線體DNA是存在蛋白裡。粒線體DNA是從母親那方遺傳下來的，然而細胞中的粒線體區域所包含的DNA「複本」比細胞核部位多數千個。粒線體DNA測試非常複雜而昂貴，而且結果有其限制，因為它的DNA只是母親單方面的。

五十五份DNA濃縮採樣被送往鮑德科技集團——國際知名的私人DNA化驗室，以協助美國武裝部隊病理研究所（AFIP）運用粒線體DNA進行越戰陣亡將士的身份辨識而聞名。最近鮑德也利用粒線體DNA鑑定九一一世貿大樓恐怖攻擊事件中的罹難者身份。我們這批採樣的化驗工作持續了數月之久。當我帶著藝術和紙張鑑定專家回到倫敦的國家檔案館時，保羅・費洛拉博士打電話通知我，鮑德已經完成化驗，幾乎每份樣本都採得了粒線體DNA。大部分樣本的基因組成都是多人混雜的。但是其中六份的的粒線體DNA序列組成和從歐本蕭博士信封上採得的樣本是相同的。

「基因標記」就是基因定位。在開膛手和席格基因測試中，所謂基因標記也就是指DNA的鹼基位置在粒線體DNA控制區序列中的所在。對多數人來說，要理解這些恐怕就像我理解相對論公式$E=mc^2$那麼困難吧。DNA專家的挑戰之一便是向普羅大眾解釋DNA是什麼，以及測試結果所代表的意義。向陪審團展示指紋比對往往能夠馬上得到眾人連連點頭以及「嗯，我懂啦」的表情。可是人類血液的分析總是引來一陣緊張和眾人茫然的眼神——除了它那駭人的鮮紅色，或者在衣服、凶器上和犯罪現場所呈現的乾涸黝黑狀態以外。

單是ABO血型群組就已經夠惱人的了，DNA更是吹皺一池春水。至於把DNA「指紋」解釋成像是雜貨店裡陳列的肥皂罐上的條碼的粗糙比喻，根本無助於一般人對其有所了解。我無法想像自己全身的血肉和骨頭是幾十億個條碼所組成的，可以在化驗室裡被掃描出來。因此我喜歡用類比法，因為我必須承認，若非這樣我真的很難理解科學和醫學的抽象性，儘管我的寫作脫離不了這些東西。

我們可以把開膛手傑克案的五十五份採樣想像成五十五張分別寫滿數千個不同數字組合的白紙。大多數紙張都分佈著污點、模糊的數字，以及代表著不同個人的數字組合。但是有兩張紙上都有著屬於單一來源——或者單一個人——的一組號碼：一張屬於詹姆斯・馬奈爾・惠斯勒，另一張則是開膛手寫給倫敦醫院博物館館長湯瑪斯・歐本蕭博士的信件背後的一枚殘缺郵票。

惠斯勒的數字組和開膛手信件或其他非惠斯勒所屬的測試樣本都不相同，可是歐本蕭的數字組和另外五份樣本相同。根據目前我們所得知的，這五份樣本都不是屬於單一個體的，而且在粒線體區域中混合了其他的DNA標記。這或許表示這份樣本被其他人的DNA污染了。我們的測試有個障礙，就是神秘的華特・席格無法提供給我們他的DNA組成。當他被火化的那一刻，我們的最佳物證便已化成了灰燼。除非我們能找到他生前的血液、皮膚、頭髮、牙齒或骨頭採樣，否則我們永遠都無法在化驗室裡讓華特・席格復活，但我們或許能找到一點蛛絲馬跡。

從那封他寫給歐本蕭的信封背面的郵票所採得的純粹單一個體的基因組成可說是我們手上的最佳比對依據。它的序列是三個基因標記分別是16294——73——263，也就是DNA鹼基位置在粒線體區域的定位，相當於在基因圖譜中的A7、G10、D12排序。五份和這組歐本蕭單一來源的16294——73——263序列相同的樣本分別是：歐本蕭信封正面的郵票；一只愛倫・席格的信封；一封華特・席格信件的信封；一只華特・席格信封上的郵票；以及一只開膛手信封，測試血跡呈現陽性反應，不過由於時間久遠，無法確定是否來自於人類。

愛倫・席格信封的測試結果或許可以解釋成她和她丈夫華特使用同一塊海綿潤濕信封和郵票——假設他們兩人都有使用海綿的習慣。也許席格碰觸或者舔了信封蓋或郵票上的黏膠，或許那封信是他替她寄的。

其他樣本也包含了這份歐本蕭單一來源的基因序列中的一、兩個基因標記。例如一套席格作畫時穿的工作服上面發現了包括73和263的混合標記。這個結果最令人訝異的是居然會有結果。這套工作服已經有大約八十年的歷史，經過洗滌、漿燙後才捐給泰德檔案庫。當初我認為在它的領口、袖口、胯部和腋下採取樣本並沒什麼用，但還是那麼做了。

這封驗出粒線體DNA的歐本蕭信件是用亞皮利信紙寫的，郵戳日期是一八八八年十月二十九日，從倫敦寄出。上面寫著：

信封：白教堂區
倫敦醫院
病理博士歐本蕭

信紙：老長官你說對了，
在你醫院附近那次，
我正要割下的是左甚臟，
就像我正要拿刀花過她的喉嚨
可警察壞了我的好事
但我很快會再出手的
而且會再記給你一片內臟
開膛手傑克
啊！你可見過惡魔

用顯微鏡和解剖刀
豎起一片玻片
細瞧著甚臟

我認為這封信並非造假的理由是它那狂妄炫耀的語氣。它的筆跡看來經過偽裝，不像是個使用鋼筆墨水和高品質浮水印信紙的人的筆跡。信封上的地址正確無誤，和信件內文的錯誤連連，例如把「腎臟」寫成「甚臟」，「劃過」寫成「花過」，「寄給」寫成「記給」，有著極大出入。史都華・P・伊文斯和凱斯・史基納在他們的《開膛手傑克：地獄捎來的信》（譯註：Jack the Ripper：Letters from Hell，二〇〇一年由Steward P. Evans、Keith Skinner等人合著出版）一書中見解精闢地指出：這封歐本蕭信件中的附筆讓人聯想起一首一八七一年的康瓦耳歌謠：

宛如惡魔，
帶著他的木鋤和鏟子，
挖出成堆的錫罐，
尾巴得意的豎起！（譯註：Duffy and the Devil）

要是我們真認為這封歐本蕭信件是由一個知識淺陋、只會割下受害者腎臟裝在信封裡寄出的殺人狂所寫，那麼康瓦耳歌謠的聯想也就毫無意義了。華特・席格小時候就去過康瓦耳郡，在他擔任惠斯勒門徒的期間也在康瓦耳畫過油畫，所以他熟知康瓦耳的人文風土。他閱讀廣泛且熟悉歌謠和音樂廳的樂曲。一個倫敦出身的可憐莽夫不太可能到康瓦耳度假或者窩在貧民窟裡讀康瓦耳歌謠。

你可以質疑——也應該質疑——在缺乏可靠的華特・席格的DNA作為比對依據的情況下，我們只是毫無科學根據的假定歐本蕭信件上的單一來源樣本是屬於化名為開膛手傑克的華特・席格所有。我們不該做這種假設。

儘管在統計上這份單一來源基因序列所涵蓋的人口高達百分之九十九，引用費洛拉博士的話，「也許這些基因序列相符只是巧合，但也有可能並非巧合。」我們握有「極為嚴謹的指標」可以顯示，席格和開膛手的粒線體DNA是來自同一個人。

# 15 畫一封信

華特·席格是病理科學人員的最強敵手，就像一陣橫掃化驗室的龍捲風。

他那種類繁多的紙張、筆、油彩、郵戳和偽裝的筆跡令調查工作陷入混亂，還有頻繁地到處遷移而不在日記或行事曆上留下任何記錄，大部分信件和畫作也都不註明日期，而決定死後火化更是給法醫工作的最大打擊。當屍體在華氏一千八百度的火燄中燃燒，也就等於宣告DNA的終結。不知道席格是否留下了血液或頭髮等讓我們能夠確定屬於他所有的樣本，就算有我們也還未發現。

我們甚至無法取得席格家族的DNA圖譜，因為這需要他的子女或弟妹提供樣本。席格沒有子女，他的妹妹沒有子女。根據我們的了解，他的四個弟弟也都沒有子女。至於挖出席格母親、父親或弟妹的屍骨，只為了證實他們的粒線體DNA是否和鮑德化驗室奇蹟般的從年代久遠的樣本中發現的基因序列有一絲關聯，則未免太過荒誕而不切實際。

開膛手案不是用DNA化驗或指紋鑑定就可以破案的。就某個角度看來，這是好事。社會大眾期待病理科學能夠破解所有犯罪案件，然而沒有了人為的偵查技巧、團隊合作、努力不懈的調查和聰明的檢察官，所有證據都是空的。就算我們證明了席格和開膛手信件採樣的DNA

相符，任何精明的辯護律師都會說，席格寫了信並不就代表他是凶手。也許他只是寫了幾封開膛手的信件，因為他有一種病態的幽默感。然後優秀的檢察官就會駁斥說，即使席格只寫了一封開膛手信，也難脫嫌疑，因為信件等於是一種招供。在信中開膛手聲稱自己謀殺了那些他直呼其名的人，而且還威脅要殺害政府官員和警察。

浮水印是另一個線索。我們已知有三封開膛手信件和八封席格信件上有亞皮利公司的浮水印。看來似乎是，一八八五到一八八七年住在布洛赫斯特花園街的這段期間，席格用的都是亞皮利信紙，而且像卡片那樣對折。正面有著淡藍色鑲邊，浮凸的地址也是淡藍色。亞皮利浮水印的位置就在摺痕中央。開膛手信件中有三封的信紙是沿著摺痕撕開的，因此只剩下半枚亞皮利浮水印。

除非開膛手傑克愚蠢到了極點，否則他應該會把折疊信紙印有浮凸地址的那一半給銷毀。我這麼說並不表示罪犯從來不做蠢事，例如把駕照遺忘在犯罪現場，或者銀行搶匪在存款單上貼了張「自黏」便條，上面寫著自己的地址和社會保險編號。然而開膛手傑克沒有犯這類失誤，否則他早就在那個時代落網了。

此外，開膛手傑克也極為自大，從不認為自己會被逮到。席格想必不擔心自己寫的那些開膛手信件上的半枚浮水印，也許這是另一種「有本事來抓我」的小小嘲弄。我們在席格信件中所發現的亞皮利浮水印還包括一枚帶有製造日期的，而三封帶有亞皮利浮水印的開膛手信件上的殘缺日期，數字分別是十八、十八和八七，八七顯然指的是一八八七年。

多次造訪檔案館的結果，我們持續發現其他想必也不曾被席格放在心上的相符浮水印。幾封在一八八七年寫給賈克・艾彌兒・布朗許的信所用的信紙有著黑色浮凸字體的地址列，和一枚喬伊森特級浮水印。仔細過濾了位於巴黎的法國資料圖書中心所收藏的布朗許、席格通信記錄，我們發現在一八八八年夏末和秋天到八九年春天之間，席格仍繼續使用喬伊森特級信紙，至於布洛赫斯特花園街五十四號寄信人地址，不是無色浮凸就是有著紅色鑲邊的紅色字體。

愛倫於一八九三年尾寫給布朗許的信上的寄信人地址則是雀兒喜區葛雷伯街十號，用的信紙同樣有喬伊森特級浮水印。格拉斯哥的惠斯勒收藏品中，有七封席格在幾乎同一時期寫的信件用的是亞皮利信紙。

在哈佛大學手稿部門的威廉・羅森斯坦爵士收藏品中，我找到兩封有著喬伊森特級浮水印的席格信件。羅森斯坦是畫家兼作家，也是席格相當信賴的朋友，因為席格曾經要求他在宣誓下說謊。一八九〇年晚期，席格和一位薇蘭夫人交往。她是住在迪埃普的一名漁婦，他為她取了個「蒂婷」的暱名。儘管沒有證據顯示他和她私通，她在自己的小屋裡提供他食宿和一個小空間當作畫室倒是真的。無論他們的關係如何，這都可以被拿來在愛倫訴請離婚的法庭上作為對他不利的指控，要是他抗辯的話。然而他沒有。「要是你被召喚，」他在一八九九年寫給羅森斯坦的信中說，「你不妨當作你從來不知道蒂婷的本名，你就說我一向都稱呼她『夫人』

吧。」

席格寫給羅森斯坦的兩封信都沒有註明日期，奇怪得是，兩封分別是在德國和義大利寫的，其中一封所用的信封應該是他母親所有，因為寄信人地址是她的。第二封寫給羅森斯坦、帶有喬伊森浮水印的信，裡頭畫著許多數字塗鴉、一張卡通臉孔和一個「啊」字的，則是從雀兒喜區葛雷伯街十號寄出的，和愛倫・席格一八九三寫給布朗許的那封信相同。國家檔案館有一封開膛手的信中有一枚缺損的喬伊森浮水印。看來席格從一八八〇年代晚期到九〇年代晚期一直都使用喬伊森特級浮水印信紙。我找不到一八九九年他離婚並且移居到歐陸之後使用這種信紙的記錄。

倫敦歷史資料館「白教堂連續謀殺案」檔案中有四封信是用喬伊森特級信紙寫的：一八八八年十月八日、一八八八年十月十六日、一八八九年一月二十九日和一八八九年二月十六日。其中兩封署名「尼莫」。一八八八年十月四日（倫敦市警局收到第一封署名「尼莫」信件之前四天）《泰晤士報》登出一封寄給編輯、署名「尼莫」的信函。信中出現「毀屍，割下鼻子和兩隻耳垂，剖開屍體，切下一些器官——心臟和……」等描述。接著寄信人說：

我的推論是，可能是某個低下階層的人被詐欺、騙走所有財產（應該不少），而且被妓女——也許就是前面幾個受害者之一——傷得很重，最後受了憤怒和復仇之心的驅使，於是開始見一個妓女殺一個……

除非被逮個正著，否則像他這樣的人在平常生活中完全看不出會傷人，很可能是個守禮、甚至卑躬屈膝的人，恐怕是警方怎麼樣也猜不到的嫌疑犯。

可是當這惡人被鴉片、大麻或酒精制伏，殺戮和嗜血的慾望被喚醒，他會以虎豹般的凶殘奪去毫無防禦能力的受害者的性命；而過去逍遙法外的經驗和成功只會讓他更加大膽狂妄。

謙卑的僕人

尼莫先生

十月二日

我提過席格擔任演員時期的藝名就叫「尼莫先生」。

倫敦歷史資料館的五十封信件中還有另外一些奇特的署名，令人回想起國家檔案館收藏的那些開膛手信件：「正義使者」、「天啟」、「開膛手」、「復仇者」、「思想家」、「也許」、「朋友」、「共犯」以及「明眼人」。這五十封信有許多是在一八八八年十月寫的，也都包含了和國家檔案館那些信件相同的繪畫元素和評語。例如國家檔案館有一封一八八八年十月一日寄給《每日新聞報》報社編輯的信寫著，「這封信是請別人幫我寫的」。而另一封歷史資料館所收藏、沒有註明日期、署名無名氏的信也說，「這封信是請別人幫我寫的」。

倫敦歷史資料館裡的其他「白教堂連續謀殺案」信件還包括一封註明十月三日、署名無名氏的明信片，裡頭充滿和國家檔案館的開膛手信件類似的恫嚇語氣和字句：「把受害者的耳垂寄給你」、「我很高興你以為我瘋了」、「只是藉這卡片告訴你一聲」、「很快會再寫信給你」和「我的血紅色墨水用完了」。一八八八年十月六日，「無名氏」推測說凶手也許是「壓住受害者脖子上的某些神經來讓她們安靜」，並且補充，先降服受害者有個附加好處，就是凶手能夠「避免自己的身體和衣服被血濺到」。一八八八年十月，一封用紅墨水寫的無名氏信件使用了「壞胚」、「冒失鬼傑克」等字眼，並且承諾要「把我下次剪的耳垂寄給查爾斯・瓦倫」。

一封日期不明的信裡頭用生鏽的紙夾附了一小張剪報。我的同事艾琳・莎金將剪報取下，翻過背面一看，上頭寫著「藝術傑作的作者」。在一封寫於一八八八年十月七日的信中，寄信人署名「Homo Sum」，拉丁文「我是人」的意思。一八八八年十月九日，一個無名氏寄信人再度抗議自己被當成瘋子：「別盲從精神錯亂的流行說法」。另外幾封無名氏信件提供了些建議給警方，鼓勵他們喬裝成女人，在衣服底下穿上「鐵甲冑」或「金屬領子」。一封一八八八年十月二十日的無名氏信件聲稱「那些犯罪案的動機是對蘇格蘭場眾多警官的仇恨和鄙夷，而找了其他人作代罪羔羊」。

一八八九年七月一名寄信人署名「Qui Vir」，拉丁文「哪一個人」。在一封席格於一八八九七年寫給惠斯勒的信中，他用拉丁文「Ecce homo」戲稱他的前「恩師」，即「瞧啊這個人」的意思。在那封收藏在歷史資料館裡的、使用了「Qui Vir」字眼的信中，寄信者指出凶手「有本事選擇作案時機並且迅速躲回他的藏匿處」。一封一八八九年九月十一日的無名氏信件揶揄警方說他總是搭「三等火車」旅行，並且「臉上黏滿黑鬍子」。倫敦歷史資料館這些信件中大約有百分之二十使用有浮水印的信紙，包括我前面提到的喬伊森特級浮水印。此外，我發現一封署名「小市民」的信上有著蒙克頓特級浮水印，席格在一八八〇年代晚期寫給惠斯勒的一封信也使用了這種信紙。

當然，我不敢斷然的說這些信都是席格或甚至開膛手傑克寫的。不過無名氏的信件內容頗符合暴力精神病態罪犯的特徵，喜歡嘲弄警方，試圖插手調查工作。撇開浮水印和語言不談，筆跡也是一大疑問。開膛手信件所呈現的筆跡之繁複一直是熱門爭論話題，許多人、包括法庭文件研究專家在內，都認為一個人絕不可能擁有如此多變的筆跡。

並不盡然，文獻學者兼法庭紙張分析專家彼得・鮑爾說。他是全世界極受尊崇的紙張專家之一，以研究米開朗基羅、J・M・W・透納、康斯塔伯等多位畫家所使用紙張，以及鑑定出那本聲名狼藉的開膛手傑克日記為偽品而聞名。鮑爾一直在協助我們進行開膛手信件的研究。他說他曾經見過能夠變化多種筆跡的「優秀書寫者」，可是「那需要極高超的技巧」。他的妻子莎莉・鮑爾是資深文字設計師，精於設計及繪製字體。儘管她並非手跡專家，卻擁有另一種觀點，因為她是個了解如何能將筆劃連綴成字體的專家。和丈夫一起研究那些開膛手信件時，她很快便發現幾個扭曲的字母其實是同一個字，並且看出書寫時手是如何運作的。我毫不懷疑席格擁有令人驚嘆的變化字跡的能力，然而當我們深入調查，他的偽裝筆跡也漸漸露出端倪。

彼得・鮑爾對於紙張的博學當然也包括浮水印的研究。他認為我們所發現的那些亞皮利和喬伊森特級信紙「絕不能算是極普通的信紙」。可是這些浮水印在十九世紀晚期卻不算罕見。蒙克頓特級浮水印比較罕見，而且蒙克頓也是素描用紙和水彩畫紙的製造廠商。

浮水印相符並不表示紙張來自同一貨批。事實上，幾乎所有席格信件或者席格／開膛手信件都是來自不同貨批，彼得・鮑爾說。他花了好幾天時間過濾席格和開膛手檔案，用三十倍放大鏡觀察紙張的尺寸、纖維含量和直紋間的距離。用機器切割紙張時——就以皮亞利、喬伊森和蒙克頓公司來說——紙張是來自同一個貨批的，也就是同一個紙捲。另一個有著相同浮水印、纖維含量也大致相同的貨批，它的紙張尺寸可能會有細微的差異，這是因為乾躁速度不同或者機器切割方式有異所造成。

這些特徵——尺寸、紙張切割時金屬網的間距——就是紙張的Y檔案，而Y檔案相符也就是指紙張是來自同一貨批。鮑爾說一個人持有來自許多不同貨批的紙張並不足為奇。即使紙張是向文具商訂購的，也可能有不同貨批的紙張混雜在一起，儘管浮水印、浮凸或者浮雕字體是相同的。席格和開膛手信件所用的信紙差異主要在於尺寸。例如，那封帶有亞皮利浮水印的

「歐本蕭」信件和十一月二十二日從倫敦寄出、帶有亞皮利浮水印的開膛手信件是來自同一貨批，但是和十一月二十二日從曼徹斯特寄出、帶有亞皮利浮水印的信件則不屬於同一貨批。顯然開膛手只是在十一月二十二日寫這些信件的時候手上剛好有不同貨批的亞皮利信紙，除非他蓄意製造有兩個人正巧在十二月二十二日這天同時使用顏色相同的皮亞利信紙寫開膛手信件的印象。

有些例子裡，紙張的防護加工手續也會造成尺寸差異。例如在塗上防護膜加熱的過程中，紙張會微微收縮。造成尺寸差異的更大因素或許是文具商的追加訂貨。一八八〇年代晚期，個人用信紙通常是以一刀，亦即二十四張為單位訂購的，包括未印刷的空白紙。追加訂購的個人信紙——同一款式的——非常可能來自不同貨批。或者文具商使用了不同的尺寸標準，例如八開，大約是7×9吋；或者商務用紙的大小，大約是7×4 $^{1}/_{2}$吋。

有個紙張尺寸差異的例子，一封寄給倫敦市警局、帶有喬伊森浮水印的開膛手信件。撕下的半邊信紙是6 $^{15}/_{16}$ ×9 $^{9}/_{10}$吋。另一封紙張款式相同的開膛手信件則是寄到大都會警察，用的是信紙是商務用紙尺寸，亦即8×5吋。我們在格拉斯哥發現的一封用蒙克頓特級信紙寫的開膛手信件，尺寸是7 $^{1}/_{8}$吋，然而另一封寄到倫敦市警局、同樣用蒙克頓特級浮水印信紙寫的開膛手信件卻是7 $^{1}/_{8}$×8 $^{9}/_{10}$吋。這最多顯示這些蒙克頓特級信紙是來自不同貨批，卻並不盡然代表是由不同的寄信人所寫。

我之所以討論這些不同貨批的信紙是因為辯護律師一定會這麼做。事實上，具有相同款式和浮水印，但來自不同貨批的信紙並不就意謂著案子不成立。就像研究過許多藝術家畫紙的鮑爾指出的，「這些差異乃是意料中的事」。鮑爾還發現有許多開膛手信件是沒有尺寸差異的，由於這些信紙都沒有浮水印，因此不曾受到重視。此外，有兩封寄到大都會警察以及一封寄給倫敦市警局的開膛手信件都是用廉價淡藍色信紙寫的，而且三封都來自同一貨批，很顯然寄信者是同一個人，浮水印也相符，尤其是三種不同形式的浮水印全部相符，實在很難說是巧合。

浮水印「相符」的發現使得我們這群研究開膛手案的成員異常興奮，但我必須承認，在調查浮水印之初並不怎麼順利。國家檔案館檔案保存組組長馬里歐・艾波和我聯絡，說他的組員發現另外一批亞皮利浮水印信紙，我也許會想瞧瞧的。於是我立刻趕回倫敦，卻驚駭的發現這些亞皮利浮水印信紙並不屬於開膛手信件檔案，而是當時大都會警察所使用的信紙。有那麼一刻，我陷入惶惑不安當中，覺得我的一生就在我眼前崩解。因為一直有個理論，認為開膛手傑克的真實身份是警察。

這些大都會警察信件是我在調查過程中除了席格／開膛手信件之外所發現唯一的一批亞皮利浮水印信函。不過很令人慶幸的，大都會警察信紙上的浮水印和開膛手或席格信件的相當不同。這些警察用信紙沒有日期，而且含有公司和註冊字樣。紙張的質地和顏色也不同，而且是8×11吋大小，而不是卡片尺寸。除了字體和浮水印的設計有所差異之外，警方信紙是光面紙，席格／開膛手信紙則是條紋紙。

亞歷山大皮利父子公司於一七七〇年在亞伯丁加入造紙業，之後快速發展，陸續在倫敦、格拉斯哥、都柏林、巴黎、紐約、聖彼得堡和布加勒斯特等地取得棉花廠、機器設備和製造廠，進而成為聲譽卓著的龐大企業。一八六四年亞皮利成為獨立公司。從這點我們可以推斷，在這年以前不會有亞皮利父子公司的浮水印。不過亞伯丁現存的記錄並沒有顯示，亞皮利究竟是從什麼時候開始將它的公司名稱加在浮水印裡的。一八八二年亞皮利成為有限責任公司，於一九二二年和另一個公司合併，最後在一九五〇年代結束營業。

亞皮利父子公司的檔案資料保存在亞伯丁史東尼伍德工廠的儲藏室裡。有感於自己對造紙和信紙的了解有限，我詢問古董書及文獻研究者喬・詹森是否有興趣到亞伯丁去瞧瞧數以千計的亞皮利檔案。濕冷的雨天裡，他埋頭研究一箱箱資料整整兩天，並且挖掘出無數令人頭疼的關於萊姆渣、煮碎紙漿、造紙機器、訂購了幾噸蘇打水、從河裡撈出的沉積物、股票持有人、商標繪製、製造紙張種類——從十八世紀晚期到一九五〇年之間和造紙相關的五花八門訊息。

整整一個世紀之間，無數亞歷山大父子企業的紙張被運送到倫敦和全世界其他城市。這家獨領風騷的公司近似壟斷，每當有別的紙廠試圖導引大眾相信它的紙張是由亞皮利父子公司製造的，它總會毫不猶豫的控告對方。在這案子裡我最關心的問題，就如同我問彼得・鮑爾的：

三封開膛手以及八封席格信件使用亞皮利浮水印信紙的機會究竟有多大？

徹底研究過這家公司的檔案之後，我只能很肯定的說，就像鮑爾說的，儘管這種紙張不算稀有，但是作為私人信紙卻相當罕見。看來亞皮利公司主要是製造銀行單據和公司帳單、企業用信紙、無浮水印印刷紙和石版印刷紙。我不知道華特和愛倫所使用的那種藍色鑲邊的亞皮利信紙是向哪一家文具店訂購的。這家店或許在倫敦，很可能已經找不到任何記錄了。我也無法確定這些信紙上的浮水印到底有多罕見，只知道並不包括在亞伯丁檔案裡的五十六種浮水印款式清單當中。

不過話說回來，沒能在款式清單裡找到他們使用的浮水印其實是正常的，因為亞伯丁的檔案也許並不完整。我手上僅有的一本亞皮利產品目錄顯示，該公司一九〇〇年的產品系列當中只有二十三種浮水印款式，而席格家的浮水印則不在其中。

華特・席格很懂浮水印，也很懂紙張。我們很難想像他寫開膛手信件的時候沒留意浮水印；也很難想像席格寫信的時候沒留意到他所使用的信紙，包括蒙克頓特級信紙和畫紙這類高級紙張。也許他敢使用亞皮利和喬伊森特級私人信紙是因為，他確信就算警方注意到那半張撕下的開膛手信紙上的半枚浮水印，也不會聯想到迷人的紳士華特・席格身上。不過，這還是令人忍不住疑惑，萬一警方將那半枚浮水印公佈在海報上又會如何。

也許不會怎麼樣。就算席格的朋友——或愛倫——認出那半枚浮水印，也絕不會想到華特・席格和開膛手會有任何關聯。最令我驚訝的是，沒有任何跡象顯示警方曾經注意到浮水印的事。他們應該會發現才對，因為國家檔案館所收藏的兩百一十一封開膛手信件中，超過百分之十有完整浮水印或缺損浮水印。並非所有浮水印信紙都很昂貴，不過它也讓人很難和警方及媒體所認定的寄信者，就是那些貧民窟街頭幫派份子聯想在一起。

席格是個信紙蒐集狂，不會濫用信紙。要是他信紙用光了，他會把剩餘的紙片拼貼起來當作信箋寄出去。在幾張寫給惠斯勒的信中他開玩笑說，「信紙用完了，」當他想向這位大師借錢的時候尤其會這麼做。

「親愛的長官，抱歉買不起信紙了，」開膛手在一八八八年十一月十五日的信中說。

席格用來畫素描的紙張有很多種，從粗糙的棕色衛生紙到羊皮紙不等。在一八八八年，紙張和浮水印類型的研究在犯罪調查工作中並不算新科技。為何沒有任何警察或警探留意大批開膛手傑克信件所使用的紙張或墨水，這點實在令人不解。應該有人注意到有些「墨水」其實是油畫顏料，而「筆」其實是畫筆或粗筆尖的素描筆。顯微鏡學、紅外線光譜儀、熱裂解氣相層析儀、質譜儀、X光螢光分析儀和中子活化分析法等現代科技也不過就是為了發現這些。

這種忽略態度有個解釋是直到現在警方和許多人依然認為這些信件是騙局。影本和照片並不是用來觀察那些所謂瘋子和粗人所寫的信件中的纖細筆觸或者美麗的紫、藍、紅、深紅、橘、赤褐、深褐色的字體和塗抹痕跡的最佳工具。只有藝術專家的眼睛能夠看出原本被認為是血跡的污點其實是版畫用的防腐蝕液，而若不是費洛拉博士用了多波段光譜儀和多種濾鏡來觀察，我們也絕不可能穿透濃厚的黑色墨水發掘出底下已經被消除的書寫痕跡。

開膛手在一封信中讓警方玩填填看遊戲來找出他的「名字」和「地址」，可是又揶揄似的用許多長方形和棺木形的黑色墨塊蓋住這些「訊息」。多波段光譜儀探測出黑色墨水底下的「哈」字以及難以辨識的部份「開膛手」字形。喜歡玩這類惡劣手法的往往是那些認為任何「謎樣」事物都足以讓警方困惑不安的歹徒。另一個開膛手酷愛的遊戲是把一小張紙貼在信封正面，暗示這只信封是重覆使用的，而原始收信人的名字就藏在小紙片底下。

費洛拉博士花了許多時間和功夫將紙片移除，底下什麼都沒有。然而這類病態的嘲弄遊戲卻無法讓他獲得他渴求的滿足感。因為除了費洛拉博士之外，一百一十四年前根本沒有人在乎開膛手這封「玩笑」信函上的小紙片底下究竟是什麼，也沒有任何跡象顯示警方曾經試圖找出那層黑色墨水塊底下藏有什麼玄機。

我們很容易便忽略，一八八八年華特・席格並不在調查人員的考慮之列，當時蘇格蘭場也無法得到像彼得和莎莉・鮑爾、藝術史學者兼席格研究專家安娜・谷魯茲納・羅賓、紙張保存專家安・坎尼斯和席格檔案監護人瓦達・哈特這類專才的協助。唯有仰賴這些智慧偵探，我們才得以察覺開膛手信件的字裡行間隱藏著席格的手跡，有些例子中，一張信紙上使用了多種色彩和顏料，以及包括彩色鉛筆、石版用蠟筆和油畫筆等兩種以上的書寫工具。

一八八九年十月十八日警方收到的一張開膛手信件的信紙是11×14吋天藍色大頁書寫紙，先用鉛筆寫下信的內容，然後用紅色油彩漂亮的往上塗抹。顯然沒人懷疑一個瘋子、粗漢或惡作劇的人為何會費心的「畫」一封信。這封信寫著：

親愛的警察先生

這個月二十日我將會在白教堂區——而且將在大約午夜時分展開非常精細的作業，就在我對第三具人體執行檢驗的那條街道。

至死不渝的朋友

開膛手傑克

有本事來抓我

註：〔頁首的附註〕希望你們仔細看我寫的內容，全部看完而不要只讀一半。要是你們無法看清楚所有字句，請告訴我，我會寫太一點。

他把「大一點」拼錯（bigger拼成biger），但我不相信這類和全篇不一致的明顯拼字錯誤是無心的。席格是在玩他的小把戲，藉此顯示警方是一群「傻蛋」。一個機警的警探必定會質疑，為何一個人能夠正確的拼出「精細（delicate）和執行（executed）」，卻會拼錯像「bigger」這樣簡單的字。然而諸如此類明顯易見的疑點卻只能供現在的藝術專家分析以及扮演事後諸葛。當時唯一看過這些信的藝術家也就是寫信的那個人，而他的許多信件其實不只是信，而是專業的畫作，應該裱框陳列在畫廊裡。

席格必定很有把握警方不會注意到或質疑他這些充滿挑釁、暴力地惡劣信件裡頭的藝術元素。也許他認為，就算像亞伯蘭這樣精明的警探察覺到某些開膛手信件的不尋常，也絕不會把矛頭指向布洛赫斯特花園街五十四號。畢竟，警方全是「白癡」。就像席格時常掛在嘴邊的，大部份人都是既愚蠢又無知的。

華特・席格自認他的才華洋溢、機智和魅力無人能及，就連時常在晚宴等場合被他當作較勁對象的惠斯勒和王爾德都不及他。要不是席格知道自己即將成為焦點人物，他或許不會如此張狂吧。他從不否認自己是個「勢利眼」，而且慣於把世人分成兩種：一種令他感興趣，另一種則否。就像典型的精神病態者，席格總認為沒有任何警察是他的對手，而且就像這些毫無悔意的可怕人物那樣，他的錯覺和妄想使得他在犯罪過程中留下的線索多得恐怕連他自己都要大吃一驚。

許多開膛手信件所顯示的遙遠寄信地點讓人更加相信這些信大多數是造假的，警方不認為這個東區殺人犯會忽焉在東忽焉在西。似乎沒人試想過，也許開膛手的確過著四處旅行的生活，而且這些城市之間是有關聯的。

其中許多城市就在亨利・歐文劇團巡迴表演的路線上，每天報上都會刊登他們的行程表。每年春季和秋季，歐文的劇團都會到格拉斯哥、愛丁堡、曼徹斯特、利物浦、布雷佛、利茲、諾丁罕、新堡和浦利茅斯等主要城市表演。艾倫・泰瑞對這種艱辛的旅程頗有體會。「我應該會搭乘從新堡到利茲的列車，」某一趟旅程中她在信中沮喪的寫下，讓人幾乎可以感覺她的疲憊。

這些城市大部分也都擁有大型賽馬場，有好幾封開膛手信件提到賽馬，還給了警方幾個幸運賭注的提示。席格畫過許多賽馬作品，對這項運動也非常熟悉。在一九一四年三月十九日的《新世紀》文學期刊中，他發表了一篇命題為《石薑子》（譯註：Stone Ginger，二〇年代一匹叱吒風雲的英國賽馬名）的文章，這字眼是賽馬術語，表示「穩贏」的意思。另外他還用了好多個賽馬術語，像是「威爾斯佬」（譯註：welsher，指賭馬賴帳的人）」、「賽馬賊」和「探子」。賽馬場應該是席格隱入人群的最佳場所，尤其當他喬裝的時候，在大城市的賽馬場裡絕不必擔心遇見熟人，而且賽馬場也多的是妓女。

賽馬、賭博和拳擊都是席格的興趣，雖說我找到的書或文章裡很少提到這些。當一封藝術專家判斷為席格所寫的開膛手信件中出現「扔掉海綿」（譯註：拳擊賽中選手扔掉擦身用的海綿表示認輸）這字眼的時候，究竟反映了席格的本性，或者只是信手拈來的說法？席格一九〇八年畫的那張陰沉的自畫像是否意謂著什麼？他人在畫室裡，站在一尊應該是拳擊手石膏像、看來卻像是被斬首肢解的女性軀體的後面；而另一封開膛手信件中提到的地址「班哥街」並不存在於倫敦，而是威爾斯的一個賽馬場的名稱，這又代表什麼含意呢？

儘管我手上沒有席格曾經賭馬的證據，但不敢說他從來沒賭過。賭博往往被當成秘密嗜好，當然這也解釋了為何他花錢如流水。他和節儉的愛倫離婚時，她立即陷入財務困境，再也沒能翻身。談到錢的時候，席格那靈敏的頭腦似乎就不管用了。雇一輛計程車然後任它空一整天對他來說只是小事一樁。他時常送出大量油畫，有時候是送給陌生人，或者任由空白畫布在工作室裡放著發霉。他賺的錢不多，可是他有愛倫的金錢挹注——即使在離婚後也一樣——接著又有其他照顧他的女人給他錢，包括他的下兩任妻子。

席格對弟弟柏納十分慷慨。柏納是個默默無名的畫家，習慣同時租好幾間房子，還得買油畫材料，每天看多份報紙，想必也買了不少喬裝用的服裝，同時也是許多劇院和音樂廳的贊助人。可是他買或租的大都是廉價品，不會買劇院頭等座位，旅行搭火車時也不坐頭等車廂。我不知道他揮霍了多少錢，不過他離婚後，愛倫在信中說，「給他錢就等於丟給一個拿錢當紙燒的小孩。」

她認為他是個欠缺金錢觀念的人——至於理由她則從來沒提過——以致在他們離婚後她還和賈克・艾彌兒・布朗許密謀購買席格的畫作。布朗許開始買他的畫，然後她偷偷的把錢退給他。「絕對不能讓席格懷疑那是我的錢，」愛倫寫信給布朗許說。「我不會對任何人說，」連她那最親密的妹妹潔妮都不知道。愛倫很清楚潔妮對席格以及他的自利生活方式的觀感，也知道這麼做對他的前夫並沒有好處。無論他有多少錢，永遠都嫌不夠，但只要是他的事她似乎就無法撒手不管。

「我分分秒秒都在想他的事，」愛倫一八九九年寫信給布朗許說，「你也知道他——提到錢他就變成小孩子。你可不可以像上次一樣，在席格最拮据的時候買一幅他的畫，算是幫他個忙?當然你也清楚，除非你堅持要他照著你的意思用這筆錢，否則這對他是不會有幫助的。他向他那並不富有的妹夫借了六百鎊，這次應該連同利息一起還給他才對。可是我說不出口。」

毒癮和酒癮在席格家族中流傳已久。也許他有這傾向，這也可以解釋為何他在年輕的時候避開酒精，之後又開始猛喝。我不敢貿然說席格有賭博習慣，但是錢似乎一到他手裡就消失了。儘管開膛手在信件中提到賽馬的事以及賽馬場所在的城市並不能算是「證據」，可是這些細節著實激發了我們的好奇。

席格盡可以為所欲為。他的工作並不需要他過規律的生活，也不需要對任何人負責，尤其他和惠斯勒的師徒關係結束後，再也不必凡事聽從這位大師的囑咐。一八八八年秋天惠斯勒正在度蜜月，管不了也不在乎席格都在做些什麼。愛倫和潔妮則是在愛爾蘭，倒不是因為席格想消失個一天或一星期所以愛倫才離開他。只要有火車可搭，在英國銷聲匿跡一點都不難，一早橫渡英倫海峽在法國用晚餐也不是什麼了不得的事。

無論造成席格長期「經濟困窘」——借用愛倫的話——的原因何在，情況確實已嚴重到讓她即使在為了他私通和遺棄而和他離婚之後，仍然私下設法輸送金錢給他。嚴重的程度由席格一九四二年死的時候名下財產只剩一百三十五鎊可以看出。

# 16 冥府般的暗寂

安妮・查普曼的屍體被送到白教堂救濟院停屍房五小時過後，喬治・菲立浦醫生發現她已經被脫去衣服而且清洗了身體。他非常憤怒，要求有個解釋。

在瑪莉安・尼可斯死的時候惹了不少麻煩的停屍房管理員羅伯・曼恩回答，是救濟院高層派兩名護士來替屍體脫衣淨身的，過程中沒有警察或醫生監督。當菲立浦醫生環顧停屍房內部，他發現安妮的衣服被堆置在牆角。他稍早交代的，除非警方指示否則不准任何院友、護士或任何人碰觸屍體的叮囑，曼恩完全沒把它放在心上。這些話已不是他頭一次聽了。

所謂停屍房，只不過是一個簡陋骯髒的小房間，擺著張被舊血跡染得黝黑的可怕木桌。夏天悶熱，冬天則冷得讓曼恩幾乎無法伸直手指。什麼鬼差事，曼恩一定這麼想，也許醫生應該感謝那兩個護士替他省去不少麻煩。況且，要醫生替那女人看是被誰殺死的又有什麼用。她的頭都快掉下來了，就像吊在肉舖裡的豬隻一樣被宰殺得面目全非。曼恩沒仔細聽菲立浦醫生繼續抒發他的不滿，抱怨他的工作條件不止糟糕，還有損健康。

醫生的這觀感將在死因調查法庭中得到充分宣洩。懷恩・白斯特驗屍官向陪審團和媒體說明東區沒有合宜的停屍間實在是荒謬至極。若說倫敦大都會區有哪個地區急需處置死者的設施，那就非貧窮的東區莫屬。在瓦平附近，從泰晤士河撈起的屍體由於缺乏合適的單位接收，而不得不「放在盒子裡」，白斯特說。

白教堂區曾經有停屍間，但為了鋪設新道路而拆除了。基於紛雜的理由，倫敦官員始終沒有著手建造新的停屍間，而這個問題也不是很快就能獲得解決的。就像我在法醫辦公室工作時經常說的，「因為死者既不投票也不納稅。」死者無法遊說政客們替他們編列預算。儘管死亡是平等的，世人皆難免一死，然而死者卻沒有得到平等對待。

菲立浦醫生沉住氣，開始檢查安妮・查普曼的屍體。此刻屍僵已經到達完全階段，由於低溫的關係這過程應該會減緩許多。因此菲立浦醫生估計安妮的屍體被發現時大約已經死亡二到三小時的說法或許稍嫌保守。不過，他根據她胃裡的少量食物和體液量極少而下結論說她死的時候是清醒的，這點卻相當大膽。

一般驗屍時不見得會針對諸如血液、尿液和眼球玻璃體這類體液進行藥物或酒精測試。倘若當時他們做了，應該就會發現安妮遭到謀殺的時候仍然在酒醉狀態。她越是虛弱，對凶手就越有利。

安妮頸部的幾道刀痕位於「脊椎左側」，以大約一吋半的間距互相平行。凶手曾經試圖切斷她的頸骨，這表示他想割下她的頭。由於這些刀痕是從左側開始由深到淺往右側延伸，表示凶手或許是慣用右手的，假設他是從背後攻擊她的話。安妮的肺部和腦部都顯示有嚴重病變的跡象，此外，儘管她身材肥胖，卻有營養不良現象。

在死因調查法庭中，菲立浦醫生針對安妮・查普曼死亡過程的推估是這樣的：她的呼吸首先停止，接著由於失血嚴重而心跳中止。死亡原因，他說，是「昏厥」，也就是血壓驟降。要是維吉尼亞州首席法醫瑪賽拉・費洛醫師當時也在場，我可以想像她會怎麼說。血壓驟降是安妮・查普曼的死亡過程，而不是死因。任何人垂死時血壓都會降低，斷氣之後則沒有血壓。

人死的時候，呼吸停止，心跳中止，消化停頓，腦波不再起伏。說一個人的死亡原因是心跳中止、呼吸停止或者昏厥，就好像是說一個人目盲是因為他看不見所造成。菲立浦醫生應該告訴陪審團，死亡原因是由於頸部傷口所導致的大量失血。我始終無法理解為何有些醫生會在死亡證明書的死因欄中填寫心跳停止或呼吸停止，而不理會死者遭到槍擊、刺殺、毆擊、溺水、被汽車輾過或者被火車撞的事實。

在安妮・查普曼的死因調查法庭中，有個陪審員打斷菲立浦醫生的陳述，問他是否拍了安妮眼睛的照片，說不定她的視網膜捕捉到凶手的長相。菲立浦醫生說他沒拍照。接著他驟然為自己的證詞作了結論，對白斯特驗屍官說，已知的情節已經足夠判定受害者的死因，再深入談論細節「只會引發陪審團和民眾的感傷。」當然，「我會虛心接受各位的判決。」菲立浦醫生又說。

可是白斯特持不同意見。「無論多麼令人難過，」他回答說。「基於正義的理由，還是有必要釐清安妮・查普曼謀殺案的細節。」菲立浦醫生抗辯，「當我提到屍體下半身的傷口時，我必須重申我的意見，亦即公開我的檢驗結果是不明智的。這些細節只適合讓先生你、還有陪審團知道，向大眾公開這些只會引起極大反感。」於是白斯特驗屍官要求所有女性和男孩離開擁擠的旁觀席。他並且補充說他「從來沒聽過有人要求保留呈堂證物的。」

菲立浦醫生沒改變他的反對立場，並且再次要求驗屍官別讓大眾知道那些細節。醫生的要求遭到否決，他沒有選擇餘地，只好說出他所知道關於安妮・查普曼被殘殺以及器官組織被兇手取走的所有情節。他作證說，如果他是凶手，他絕對無法在十五分鐘之內在受害者身上留下這麼多傷口。如果要他，一個外科醫生，運用技巧從容地完成這些，他估計至少也得花大約一個鐘頭的時間。

菲立浦醫生越是被迫披露更多細節，也就離題越遠。他不但再度提出類似瑪莉安・尼可斯腹部先遭剖開然後才被割斷喉嚨的錯誤判斷，更進一步說凶手謀殺安妮・查普曼的動機是為了取走「人體器官」。他補充說，凶手必定熟知解剖學知識，或許從事的是和解剖或者外科手術有關的職業。

接著有人提出用尋血獵犬追捕凶手的建議。菲立浦醫生指出這可能沒什麼幫助，因為血跡是受害者而不是凶手的。他似乎沒想過——或許死因調查法庭中沒有任何人想到——尋血獵犬的名字並不是因為牠們只能追蹤血跡的氣味而得來的。

這些相互矛盾的證詞並未在死因調查法庭中獲得解決，而且也一直沒獲得解決。如果真如證人所說的，安妮的死亡時間是在清晨五點三十分，那麼照當天的氣象報告看來，她應該是在天亮前不久遭到攻擊的。天亮前在公共場所抓住受害者、割斷她的喉嚨，然後將她開腸剖肚，未免太過冒險，尤其那天又是人們都會早起的市集日。

陪審團主席提出一個頗合理的假設：約翰·理查森坐在台階上修理靴子的時候，也許通向後院的門開著，擋住他的視線，因此他沒看見台階下距離他只有兩呎的安妮屍體，因為那道門是向左開的，也就是屍體所在的方向。理查森大致上同意主席的假設，承認由於他沒走進後院，無法肯定的說當他整理靴子的時候屍體不在那兒。他想應該是這樣。但是他到達他母親的房子時天色還很暗，而且他只專注看著後門和他的靴子，沒留意屋子後牆和籬笆之間的那塊空地。

伊麗莎白·隆恩的證詞問題就大了。她聲稱她在清晨五點三十分看見一男一女在談話，而且很肯定那個女人就是安妮·查普曼。倘若這是事實，那麼安妮是在黎明時遇害的，距離屍體被發現的時間不到半小時。伊麗莎白沒看清楚那個男人的長相，告訴警方說即使她再次看見那人也認不出來。但接著她又說，他戴著頂褐色獵帽，也許還穿著深色外套，而且只比安妮高「一點點」。果真如此，這人身材相當矮小，因為安妮的身高只有五呎。他看來像是個「外國人」，外表「寒酸、溫文」，年紀超過四十歲。

伊麗莎白在黎明前的昏暗天色中瞧見路上的兩個陌生人，卻能觀察得如此仔細。妓女和她們的顧客對當地人來說十分常見，伊麗莎白・隆恩或許很識大體的沒停下腳步來盯著瞧。再者，既然她認為那兩人之間的談話氣氛相當友善，或許也就不會費心去聆聽他們在說些什麼了。事實上，我們無從知道真相。我們不知道這些證人的可信度如何。那是個寒冷多霧的清晨，倫敦的空氣污染很嚴重，當時天還沒亮。伊麗莎白的眼力如何？理查森究竟看到了多少？當時的窮人是買不起眼鏡的。

況且，在警方的調查工作中不難發現，每當民眾目睹什麼的時候總是熱切的想協助警方。證人被詢問得越久，就神奇的記起越多細節，就如同嫌犯被盤問的次數越多，就往往吐露出越多虛矯、相互矛盾的謊言。

關於安妮・查普曼案，我能夠確定的只有幾點：她不是由於「窒息」或被緊勒脖子而陷入昏迷的，否則她的頸部應該會留下明顯瘀痕；她遇害的時候還繫著領巾，要是她的脖子曾經被緊勒，領巾上應該會留下壓迫磨損的痕跡；她的臉也會顯得「浮腫」，因為她的臉頰多肉而鬆垮。如果她死的時候嘴巴真是張開的，而且舌頭吐出，有可能是因為她缺了門牙的緣故。

白斯特驗屍官為這場死因調查法庭下結論說，他相信「我們所面對的是個人格異常的凶手，『他的罪行』不是因為忌妒、復仇或搶劫，而是源於令我們的文明蒙羞、阻礙我們的進步、玷污我們的基督教信仰的可恥動機。」最後陪審團判定那是「對象不明的恐怖謀殺。」

三天後的週二下午，一個小女孩在漢百利街二十五號後院，安妮‧查普曼的陳屍位置兩碼以外的地方發現奇怪的「印子」，女孩立刻報警。那些印痕是乾涸的血跡，濺灑了大約五、六呎長的地面，一路朝著另一棟老舊擁擠公寓的後門滴過去。警方推測那些血跡是開膛手試圖翻越兩個院子之間的那道籬笆時留下的，他想把外套上的血跡抖落，於是把它脫下，朝著二十五號公寓的後牆上猛甩。這可以解釋牆上為何有一片血的污痕和一塊「噴濺」的痕跡。警方還發現一張染了血的皺紙片，他們認為這是開膛手用來擦拭雙手的。警方下結論說，開膛手傑克逃離現場就像他進入現場那麼迅速。

這個結論頗有道理。在預謀犯罪中，凶手會謹慎的計畫出入管道，而深思熟慮如席格者，更會事先安排穩當的逃脫方式。可是我很懷疑他會爬過兩個院子之間那道脆弱又參差不齊的籬笆逃離現場，因為這麼做難保不會在上面沾上血跡，甚至踩破幾根木樁，比較安全的方式應該是從那條通向大街的窄巷逃走。

就如一名記者對現場的形容，他必須在一片「冥府般的暗寂空間」裡穿過許多道門和通道，一個「倘若凶手夠冷靜，便能輕易避開眾人耳目逃脫」的地方。漢百利街沿街多的是沒上鎖的門、圍著老舊籬笆的小院子和散落著許多棄屋、連警察都害怕進入的「荒廢空地」。就算席格被人瞥見，只要他的舉止不惹人猜疑，那他只不過是別人眼中的遊民，尤其如果他穿著邋遢的話。像他這樣的演員，說不定還會用奇特口音向人道聲早安。

席格也許會用紙張或布塊來包裹安妮・查普曼的器官組織，可是這麼一來可能會有血跡滲漏或滴落。若是現代偵查科技將會發現比那五、六呎範圍更多更廣的線索。現代的化學測試和光學儀器將可以輕易測得血跡反應。可是在一八八八年卻得由一個小女孩來發現院子裡的奇怪「印子」。沒有進行任何血跡測試，誰也無法肯定那血跡一定是安妮・查普曼的。

席格也許習慣先在暗中觀察妓女們和她們的顧客一陣子後才出手。也許他過去就觀察過安妮，知道她和其他妓女時常進出漢百利街二十九號和鄰近住宅的幾條沒上鎖的通道和院子來進行「不道德」的交易。安妮被謀殺的那天早晨，也許席格也在一旁觀察。「窺伺」人們穿衣脫衣、從事性行為是「性」犯罪凶手的長年習性。暴力精神病態者喜歡四處遊蕩。他們漫遊、觀察、幻想，接著開始強暴、殺人或兩者同時進行。

也許觀看妓女和顧客進行性交易是席格的前戲，然後在安妮最後一個顧客離開之後立刻上前去找她。也許他哄騙她給予性服務，讓她轉過身去，然後展開攻擊。或許他從黑暗中竄出，從背後抓住她，扳住她的下巴讓她的頭往後仰，因此才在她的下頦留下瘀痕。她喉嚨的刀口切斷了氣管，使得她無法發出聲音叫喊。幾秒鐘之內他便讓她倒臥在地，然後掀起她的裙子來剖開她的肚子。切開一個人的肚皮不需要太多時間或技巧，也並非只有法醫或外科醫生才找得到子宮、卵巢等內臟器官。

關於開膛手精於外科手術技巧的假設太多了。事實上，切除子宮和包括肚臍、陰道上端和大部分膀胱的腹部器官並不需要外科手術的精準技術。況且，就算是外科醫生也很難在狂暴情緒下或者黑暗中順利的「操刀」。然而菲立浦醫生卻一口咬定凶手必定擁有解剖知識或外科手術技巧，而且使用的是一種「小型手術刀或者鋒利的屠刀，刀刃尖細，長約六到八吋。」

要了解女性骨盆腔構造並不需要特別研習外科技巧或內科知識。陰道上端連接著子宮，而陰道上面是膀胱。假設子宮是席格想要的戰利品，他只要在黑暗中把它割下再切除周圍的組織就可以。這不是「手術」，這只是束手擒來，抓了割下就是了。我們可以假設他知道陰道的位置，知道它位於子宮附近。但就算他不知道，當時坊間也有大量外科書籍可以參考。

早在一八七二年，《葛氏解剖學圖鑑》（譯註：Gray's Anatomy，作者Henry Gray）已經發行第六版，裡頭包含詳盡的「消化系統」和「女性生殖器官」圖解。像席格這樣一個飽受手術之苦和性器官病變的人或許會對解剖學，尤其是女性生殖器官的構造感興趣。我可以預期像他這樣求知慾強烈、聰明又執著的人一定可能讀過葛氏的書或是《貝氏外科手術大圖鑑》（譯註：Bell's Great Operations of Surgery，作者Sir Charles Bell）——裡頭的圖解由湯瑪斯・藍西爾繪製，其弟正是維多利亞時期著名的動物畫家艾德溫・藍西爾（譯註：Edwin Henry Landseer，兄Thomas Landseer），席格想必熟知他的畫作。

另外還有卡爾・洛基坦斯基的《病理解剖學》I-IV冊（一八四九-五四）、喬治・維納・艾利斯所著全版彩色的《解剖學圖解》（一八六七年）和詹姆斯・霍普那本附有完整石版畫系列插圖的《病態解剖學圖鑑》（一八三四年）。要是席格對子宮或其他器官的位置存有疑惑，他有太多方式可以取得知識，而不需要親炙醫學實務。

由於一八八八年病理學仍處於渾沌狀態，人們對血液存有許多誤解。對維多利亞時代的警探而言，血花和血滴的大小或形狀不具任何意義。他們相信胖的人血流量要比瘦子大得多。菲立浦醫生觀察安妮・查普曼陳屍的後院時，或許只會想到那裡是否有足夠血跡可用來判斷她是在現場或是別處遇害的。喉嚨被割破通常會導致人體大部分血液流失，大約七或八品脫之多。安妮那身厚重的深色衣服可以吸收相當多血液。而且動脈血可以噴得很遠，滲入和她有段距離的地面。

我懷疑安妮頭部上方牆上那片密集的「血滴」是隨著刀子飛濺而出的。開膛手每次將刀子刺入她的身體然後拔出，再度戳刺時，都會揮灑出一些血花。由於我們不知道那些血滴的數量、形狀和大小，我們只能推測這應該不是動脈出血所造成，除非當安妮的頸動脈噴出血液的時候已經倒臥在地上。我猜想她遭到割喉攻擊的時候還站著，腹部的深長刀口則是倒下之後才形成的。

她的腸子也許在開膛手摸黑尋找她的子宮時被拉出來丟在一旁，帶走戰利品是精神病態犯罪的典型行為。戰利品或紀念物可以喚醒記憶，也是幻想的催化劑。席格太聰明了，不會保留可能被人發現或構成罪證的紀念物，不過他有許多秘密房間。我在想這究竟是什麼因素造成的，也許他在童年時期曾經被關進某些可怕的地方。這裡有一段他父親寫的詩句，讓人聯想起他的秘密房間：

我在你房裡的感覺是多麼奇妙和詭異，
那些高聳、赤裸、蒼白的牆壁多麼可怖，
讓我想起老式的守衛室……
難道不會有人，在這裡、那裡，堆起
外套和頭顱、長大衣、冬大衣
難道不會有人帶著各式各樣的
垃圾進入這房間裡……

一八八九年九月，開膛手信上的寄信人地址是「開膛手傑克之洞穴」。席格也許把他的所有物藏在秘密的地方——我稱之為「老鼠洞穴」。我們無從知道他如何處理他的「垃圾」，除非他用化學藥劑保存，否則那人體器官很快便會開始腐爛發臭。開膛手在一封信中寫著他割下受害者的耳垂餵狗吃，另一封則提到他將內臟炒了吃掉。席格也許對給予他殘缺生命的女性生殖系統抱著過度的好奇，但他無法在黑暗中觀察它，也許他把那些器官帶回自己的巢穴去研究。

安妮・查普曼遇害之後，一些原本迴避她的親人出面料理她的後事。他們安排她的葬禮，九月十四日週五清晨七點鐘，一輛靈車悄悄地出現在白教堂救濟院停屍房。為了不惹人側目，她的親人沒有列隊迎送。她的遺體葬在馬納公園墓地，位在她遇害地點東北方七哩處。這天天氣突然好轉，氣溫華氏六十度，太陽露臉一整天。

安妮死後次週，東區的商人組成一支警戒委員會，由當地的建築承包商、大都會工程理事會會員喬治・拉斯克擔任主席。拉斯克的委員會發表了以下的公開聲明：「鑑於本地最近接連發生殘暴命案，警方卻束手無策，因此我們組成了本委員會，提供一筆獎金給任何提供線索或辦法，讓凶手伏法的人或市民。」

一名國會議員捐了一百鎊加入這筆賞金，許多市民也都熱心協助。八月三十一日和九月四日這兩天的大都會警察文件顯示，市民踴躍回應的結果，似乎使得警方將這次懸賞行動給取消了。因為賞金刺激人們「發現」許多錯誤的證據，甚至假造證據，「引發無止無盡的困擾和流言。」

至於在東區，不滿情緒和失序行為達到新高點。根據《泰晤士報》的描述，群眾擠在漢百利街二十九號前喧鬧說笑，其他的倫敦人卻陷入了一種「麻木狀態」。這些案子的恐怖程度已經「超越最驚悚的小說」，甚至比艾德嘉・愛倫坡的《莫爾格街凶殺案》更駭人，「沒有任何現實事件或虛構故事比得上這些暴力行為的恐怖本質以及它給人們心理帶來的影響。」

# 17 黎明前的街道

蓋提漢杰弗表演廳是倫敦最大眾化的音樂廳之一，也是席格在一八八八年前八個月經常流連的場所，每週總要去好幾次。蓋提廳位在查林十字街附近的東南區火車鐵道地底，廣達兩百五十呎寬的拱形建築體備有六百個座位，不過擠進千名吵鬧的觀眾在裡頭飲酒、吸煙、觀看色情表演也是常有的事。極受歡迎的凱蒂・勞倫斯穿著裸露女性胴體的男褲或寬鬆罩衫，以超乎當時禮俗尺度的大膽表演震驚倫敦上流社會。席格常到音樂廳畫素描的期間，以「愛國女郎」一劇聞名的音樂廳明星凱特・哈維和佛羅倫絲・海茲正在那裡演出。

乳溝和暴露的大腿引人非議，不過似乎沒人在乎剝削利用這些女童星在舞台上表演著成人式猥褻歌舞的不當。年僅八歲的女童穿著戲裝或小罩袍，模仿帶有性意味的動作，刺激著戀童狂的興奮，也成為席格若干畫作的主題。藝術史學者羅賓博士解釋說，「頹廢作家、畫家和詩人普遍對音樂廳兒童表演者的甜美無邪存有一種狂熱。」在她所著《華特席格：素描篇》中，她對席格夜夜在音樂廳中追逐著那些女性表演者作畫的行為提出新的觀察。他的素描反映了他的心靈深處以及生活方式。他會衝動的將油畫送人，卻怎麼樣也不願割捨他畫在明信片和廉價紙張上的即興素描作品。

瀏覽收藏在泰特美術館、瑞丁大學、利物浦渥克畫廊和利茲市立美術館那些筆觸輕淡的鉛筆素描畫就像進入席格的內心和情感世界。他坐在音樂廳裡，凝視著舞台，用倉促筆觸捕捉著兩眼所見的一切。這些素描就像透過他心靈的主觀鏡頭拍出來的一張張快照。當其他人貪婪斜睨著那些半裸表演者，衝著她們鼓譟時，席格正速寫著被分解的女性肢體。

有人會說這些素描只不過是席格用來磨練繪畫技巧的練習之作。例如手部就十分難畫，連許多大畫家都對雙手沒輒。然而當席格坐在包廂裡或者前幾排座位上拿著小紙片速寫時，他不是在磨鍊繪畫技巧。他畫的是被砍斷脖子的腦袋，缺手的臂膀，沒有手臂的軀幹，被切下的豐滿裸臂，沒有四肢、乳房從領口迸出的胴體。

或許又有人會說，席格是在尋找新的人體呈現手法，不再侷限於僵硬的姿勢。也許他是在嘗試新手法。他一定看過竇加的粉彩裸體畫。也許席格只是想效法這位偶像超越以前在畫室裡面對穿衣模特兒的靜態方式，試著描繪較自然的人體姿態和動作。但是當竇加單獨畫一條手臂的時候，他是在磨練技巧，是為了把這條手臂加進一幅油畫當中。

席格在音樂廳裡畫的那些女性局部肢體素描卻很少，甚至從來不曾出現在他的習作、粉彩畫、版畫或油畫裡。當他坐在觀眾席中看著穿著暴露雪白內衣的的昆妮•勞倫斯或九歲的小法蘿西表演，邊用鉛筆勾勒出的人體四肢和軀幹素描，似乎只是為了畫這些東西而畫。席格不曾用類似方式描繪男性肢體，他的男性素描作品中從來沒出現過人物遭到殘害的主題，只有一幅名為《他在爭執中殺了他父親》的鉛筆畫除外。那幅畫描寫的是一個男子猛力刺殺躺在一床血泊中的人體。

席格的女性軀幹、被截斷的頭顱和四肢是暴力幻想所產生的影像。我們可以看看他的友人印象派畫家威爾森・史提爾同時期在同個音樂廳裡所畫的素描，就會發現和席格所描繪的肢體和人物表情有著明顯區別。史提爾也畫女性頭部，但不會看來像是被砍下的；他也畫芭蕾舞者的腳踝和腳部，但很明顯是活生生的，踮著腳尖，小腿肚的肌肉緊縮著。史提爾的素描看起來一點都不死氣沉沉。然而席格所畫的人體四肢卻毫無生命，是鬆垮、和軀幹脫離的。

一八八八年他在音樂廳的素描以及上面的題字顯示他從二月四日到三月二十四日，五月二十五日，六月四日到七日，七月八日、三十日和三十一日，以及八月一日和四日這些日子都到過蓋提廳。席格一八八八年待過的蓋提廳和其他音樂廳，例如貝佛音樂廳，依法律規定必須在午夜過後半小時內結束表演以及販賣酒類。假設席格習慣在音樂廳裡待到表演結束才離開，那麼有許多個凌晨席格可說都在倫敦街頭逗留，再到處漫遊。顯然席格並不需要太多睡眠。

也是席格門徒的畫家瑪喬莉・李黎回憶起他時說，「他似乎只偶爾在白天小睡片刻，晚上則過了午夜才會上床，有時候又起床到街上到處逛，直到天亮。」曾經和他共用一間畫室和房子的李黎發現他習慣在音樂廳表演結束後到街上漫步，而這種徒步漫遊的習慣持續了一輩子。每當他「被某個念頭所困擾」的時候，就會「在街頭遊蕩沉思，一直到天亮」。

李黎和席格相交直到他在一九四二年去世，她在書裡無意中披露了這位導師兼朋友不少生活細節。她屢次提到他的漫步夜遊和隱匿習性，以及眾所皆知同時擁有三、四個工作室，地點和用意卻不明的習慣。此外，她也多次回憶起他對陰暗地窖的偏愛。「巨大詭異，有著彎曲通道，一個個黑色暗室相連接，就像愛倫坡的某些恐怖小說中描寫的，」她形容說。

席格率性的工作方式，「使得他選擇一些奇怪的地方作為畫室和工作坊，」畫商里利安・卜勞茲在他死後一年這麼說。早在一八八八年，他時常出入音樂廳的期間，他執迷的租了好幾間他負擔不起的秘密房間。「我租了新房子，」他告訴朋友們說。一九一一年他在信中寫道，「我在這附近租了一個年租四十五鎊、又小又陰森的家。」地址是倫敦西北區的哈林頓街六十號。很顯然他想把這間「小小的家」當成「工作室」。

席格喜歡不斷新增工作室，用一陣子之後就捨棄掉，認識他的人都知道這些隱密的工作室大都位於老舊市街。他的朋友兼藝術夥伴威廉・羅森斯坦——兩人認識於一八八九年——形容他酷愛「旅店的昏暗氣氛」。羅森斯坦說，席格是「挖掘極其陰暗破舊工作地點」的「天才」，而他的這種喜好相當令朋友困惑。羅森斯坦形容席格是「天生的貴族」，卻擁有一種偏愛低下階層生活的奇特品味。

丹尼斯・蘇頓在書中寫道，「席格的不安於室是他性格的主調。」他總是「有個在別地方的工作室，一輩子都割捨不了自由。」蘇頓說席格經常獨自到外面用餐，即使和愛倫結婚後，還是時常一個人到音樂廳去，或者在晚餐時突然離席，出門去看表演。接著又繞很長一段路走回家，或者到他的某一個秘密房間去，逛到暴力充斥的東區，單獨在街上漫步，手上拿著只小包裹或葛雷斯頓手提箱，裡頭也許裝著畫具。

根據蘇頓的描述，在一次漫遊當中，席格穿著醒目的方格子套裝，在位於蕭迪奇區西北邊約一哩的哥本哈根街遇見幾個女孩。那些女孩驚駭的跑開，還尖叫著，「開膛手！開膛手！」另一個稍微不同但較可信的版本則是席格告訴朋友的，大叫「開膛手，開膛手」的是他。

「我告訴她我是開膛手，然後脫去帽子，」開膛手在一八八八年十一月十九日的信中說。三天後開膛手寫了另一封信，說他在利物浦，「在蘇格蘭街遇見一個年輕女人……我對她微笑，她大叫開膛手。她真是太厲害了。」大約在同一時間，《週日特派報》刊登了一篇報導，說在利物浦有個中年婦女坐在西埃爾公園，看見一個「穿著黑色大衣、淺色長褲和軟氈帽，模樣高尚的男子」突然掏出一把細長的刀子。他說他要把利物浦所有的女人殺光，並且把第一個受害者的耳垂寄給利物浦報社編輯。

席格在蓋提表演廳畫素描的那個時代沒有太多道具可供精神病態犯罪者使用。今天的強暴犯、戀童狂或殺人犯則多的是選擇：照片、錄音帶、受害者被凌虐殺害的錄影帶，以及雜誌、電影、書籍、電腦軟體和網站提供的暴力色情。在一八八八年沒有太多視覺或聽覺的道具可以讓精神病態者用來激發暴力幻想。席格的道具或許是從受害者那裡取得的紀念物或戰利品、油畫或素描，還有劇院和音樂廳那些真人演出的歌舞。此外，他或許會事先排演；利物浦那位驚恐的婦人也許只是數十個、甚至數百個目睹者之一。

精神病態罪犯在執行計畫之前往往會演練他們的作案模式。練習使得技巧精進，同時凶手也能從中得到逼真的戰慄快感。脈搏加速，腎上腺素激增。凶手會不斷排練所有步驟，一次次接近真實的暴力。已知有些假冒執法警員的凶手會在車上裝設緊急號誌燈或者在車頂放一顆磁吸警燈，要女性駕駛人靠路邊停車多次之後，才開始展開誘拐殺人行動。

開膛手傑克很可能也在犯案之前先經過一番演練。一陣子之後，這種演練就不只是練習和即刻的快感了。它會激起新的暴力幻想，使得凶手不再滿足於只是跟蹤受害者，尤其是像華特・席格這樣充滿創意的凶手更是如此。當時英國若干地區接連發生好幾樁怪異事件。九月十四日晚上十點鐘左右，倫敦有個男子進入塔樓地鐵隧道，朝著看守員走過去。「你們抓到白教堂區連續謀殺案的凶手了嗎？」那人說著抽出一把一呎長的彎刀。

然後他便逃走了，被看守員追著跑，邊扯下「假鬍子」，最後在杜利街消失了蹤影。看守員告訴警方，這人身高約五呎三吋，深色髮膚，蓄著鬍鬚，年紀約三十歲，一身黑色套裝似乎是新的，另外還穿著淺色外套，頭戴深色軍帽。

「我有很多假腮鬚和小鬍子，」開膛手在十一月二十七日的信中說。

塔橋於一八九四年完成後，塔樓地鐵就幾乎成了人行步道以及瓦斯管道。然而在一八八八年它是一條直徑七呎、長四百呎的壯觀鑄鐵隧道。起點在倫敦塔附近的大塔山南側，穿越泰晤士河底，在河流南岸的醃鯡魚港冒出地面。如果看守員告訴警方的話屬實，那麼他應該是一路追逐那個人經過隧道到了醃鯡魚港，從這裡可以通向醃鯡魚街，然後到達和杜利街交叉的凡恩街。倫敦塔就在白教堂區南邊大約半哩遠的地方，而那條隧道走起來相當不舒服，因為很少有行人或警察會利用它來過河，尤其那些有幽閉恐懼症或者害怕走過河流底下那段泥濘污穢鐵管的人。

警方一定當那個戴著假鬍子的人是瘋漢吧，因為沒有任何警方報告提到這次事件。可是這個「瘋漢」卻聰明的選了一個荒廢、昏暗的地點來亮出他的刀子，他似乎也料到那名看守員在體力上不是他的對手。那個人存心要惹事但是不想被逮住。此外，十四日週五也是安妮‧查普曼安葬的日子。

三天後，九月十七日，大都會警察接獲第一封署名「開膛手傑克」的信。

親愛的長官：

這下他們還以為我是怪胎，他們什麼時候才明白呢，長官?你和我心裡有數對吧。拉斯克永遠抓不到我的，其實我一直就在他面前。我親眼看著他們到處找我，好開心，哈哈。

我真愛這檔子事，除非被逮到否則我絕不會罷手，到時可要多關照你的老友傑克。

有本事來抓我！

這封信直到最近才曝光，因為它不在大都會警察的檔案庫裡，而一直被收藏在國家檔案館。

九月十七日晚上十點鐘——據我們所知開膛手寄出他的第一封信的那天——有個男子出現在西敏區警察法院。他說他是從紐約來的藝術系學生，在倫敦的國家美術館「學習藝術」。一名《泰晤士報》記者記錄了一段對話，將它修飾得幾乎像劇本般有趣。

這位「來自紐約的美國人」說他前一晚和他的房東太太之間發生了點麻煩，想向治安官尋求協助。治安官拜隆先生問他是什麼樣的麻煩。

「吵得不可開交（「A terrible shindy」），」男子回答說。

（一陣大笑）

那個美國人接著說，自從他通知房東太太他要搬離她位在史龍街的宿舍之後，她就對他百般「騷擾」。她將他推到牆上，當他要求晚餐時，她往他臉上吐了大串「惡毒言語」，還辱罵他是「低等的美國人」。

「你為什麼不乾脆搬離她的宿舍呢？」拜隆先生問。

「我住進去的時候帶了家具，還傻傻的對她說她可以留下那件家具，金額從房租裡扣除就可以。現在她要把它給扣留了。」

（大笑）

「我沒辦法把它帶走，」美國人繼續說。「我連試都不敢試。」

（又一陣笑聲）

「看來你似乎做了十分不智的交易，」拜隆先生對他說。「你讓自己陷入極度尷尬的處境。」

「的確如此，」美國人贊同的說。「你絕對無法想像這位房東太太的為人。她甚至拿剪刀丟我，雞貓子喊叫著『殺人喔』，然後抓住我的外套前禁（譯註：〔原文錯誤〕應為前襟，原文lappels，為lapels「翻領」之誤）防止我逃跑，真是可笑到了極點。」

（大笑）

「看樣子，」拜隆先生說。「你真的惹上了大麻煩。」

這是《泰晤士報》的頭條警政新聞，然而不構成任何犯罪行為，也沒有逮捕行動。治安官最多只能派一名准尉到史龍街去「勸戒」那位房東太太謹言慎行。美國人謝了「閣下」，說他希望這次勸戒「能夠發揮功效」。

記者只稱呼這位紐約來的藝術學生為「申訴人」，沒有姓名、年齡或外貌的描述。接著幾天也沒有相關的追蹤報導。國家美術館並沒有藝術學校或學生，直到現在依然沒有。我覺得奇怪，甚至很難相信一個美國人會說出這名所謂的藝術學生所使用的那些言語。美國人會使用「shindy」這個倫敦街頭用來表示爭吵的俚語嗎？一個美國人會用「雞貓子喊叫」來形容女房東嗎？

雞貓子喊叫著「殺人」或許暗指著開膛手受害者死因調查法庭上的證詞。為什麼那位房東太太會大叫「殺人」？攻擊者是她而不是那位藝術學生。這名記者沒提到「美國人」的口音是否像美國人。席格或許能模仿美式口音，因為他曾經和惠斯勒相處多年，而惠斯勒是美國人。

就在這時候，報紙開始披露一則新聞，說有個美國人找上醫學校的低階教員，要求以二十鎊購買人類子宮。這名傳言中的購買人希望器官能用甘油保存新鮮，然後用他所寫的一則文章剪報來包裝寄出。他的要求被拒絕了。這名「美國人」身份不明，報上也沒有關於他的進一步消息。這則新聞引發了新的說法。東區連續謀殺案的凶手殺害女性是為了販賣她們的器官，至於安妮·查普曼的戒指被取走，只不過是用來掩飾盜取器官的「煙幕」罷了。

盜取人體器官聽起來或許荒謬，但事實上就在不到五十年前才發生了「盜墓賊」柏克與賀爾——或稱盜屍賊——的可恥案件。這兩人被控盜取墳墓並且犯下三十起謀殺案，將人體器官和樣本賣給愛丁堡的醫學院和醫生。於是，開膛手犯案動機乃是盜取器官的說法繼續在報上流傳，使得案情更加撲朔迷離。

九月二十一日，愛倫・席格寫了封信給她的妹夫迪克・費雪，說席格已經離開英國，前往諾曼第去探訪「他的哥兒們」，幾星期後才會回來。席格或許真的出門了，但不盡然是去法國。第二天晚上，週六，位於英國東北煤炭區靠近新堡地區的德罕郡伯特利市有一名女子遭到殺害。珍・寶摩爾，一個二十六歲的母親，據說過著不為人知的墮落生活，生前最後一次被友人看見還活著是在週六晚上八點鐘。次日，九月二十三日週日清晨，她的屍體被人發現躺在葛斯頓柯萊里鐵道附近的一條排水溝裡。

她左側頸部的刀口深達椎骨，右側臉頰的一刀使得她的下巴肉綻見骨，她的內臟從剖裂的肚皮露出。這樁案子和倫敦東區連續謀殺案的雷同處促使蘇格蘭場緊急派遣喬治・菲立浦醫生和一名督察到德罕郡去和當地警方會合。不知為何，他們並未發現有利的線索。結論是凶手或許已經自殺了。當地人大規模搜查了煤礦坑，可是沒發現屍體，這樁案子就這麼不了了之。不過一八八八年十一月二十日一封寄給倫敦市警局的匿名信提議說，「瞧瞧德罕郡那樁案子……分明是蓄意做得像是開膛手傑克犯的案。」

警方沒有將珍・寶摩爾案納入開膛手傑克連續謀殺案裡頭。辦案人員不明白開膛手喜歡躲在幕後操控全局。他的犯罪胃口變大了，就像開膛手在信中說的，他渴求著「血，血，血。」他渴求著戲劇效果。他那魅惑觀眾的胃口永不饜足，就像亨利・歐文曾經對著冷漠的觀眾席說的，「各位先生女士，如果你們不鼓掌，我就無法表演！」也許是掌聲不夠響亮吧，又有好幾起案子接連發生。

九月二十四日，警方接獲一封註明了「姓名」和「地址」的挑釁信件，上頭用深濃的墨水塗蓋著許多長方形和棺木形狀。次日開膛手又寄了另一封信，這次不怕沒人瞧見。因為他把信寄到中央通訊社。「親愛的長官，我不斷聽說警方已經將我逮住，可是他們連邊都摸不著，」開膛手用紅色墨水寫道。他的拼字和文法正確無誤，筆跡清秀得有如書記員，郵戳是倫敦東區的。辯方律師會說這封信不可能是席格寫的，因為當時他人在法國。檢察官則會回說，「有什麼證據？」丹尼爾・阿烈維在他的竇加傳記中提到，這年夏天席格在迪埃普待了一陣子。不過我找不到任何證據可顯示席格九月底確實在法國。

至於愛倫悻悻然提到的席格的「哥兒們」，其實是住在迪埃普的幾個同流派的畫家朋友。對他們來說愛倫永遠是個局外人。她和率性放浪或風騷一點都沾不上邊，每次她陪丈夫到迪埃普的時候似乎總是被他冷落。他若不是窩在咖啡屋，就是在賈克・艾彌兒・布朗許或喬治・摩爾等畫家的避暑別墅作客，不然就是消失無蹤，到處晃蕩，和漁夫水手廝混，或者關在他那些秘密房間裡。

席格這回安排在九月底十月初前往諾曼第的計畫令人起疑的原因在於，這期間他和許多朋友的書信往來當中完全沒提到這件事。倘若席格在迪埃普，那麼摩爾或布朗許應該會提起見到他或者沒見到他。席格八月寫給布朗許的信中應該也會提到他下個月將要到法國，希望和他見面，或者很遺憾無法見他。

竇加或惠斯勒的信中都沒提到他們曾經在一八八八年九月或十月和席格見面，也沒有跡象顯示他們知道他在哪裡。席格一八八八年秋天寫給布朗許的信似乎都是從倫敦寄出的，因為這些信都是用席格住在布洛赫斯特花園街五十四號期間所用的信紙寫的，而且這信紙應該是他實際住在那裡的時候才會使用的。我手上足以顯示席格一八八八年秋天可能在法國的唯一依據是他寫給布朗許的一張沒有註明日期的信箋，似乎是在距離迪埃普二十哩的一個叫做聖瓦勒西昂柯的小漁村寫的：

「這兒真是適合吃飯睡覺的好地方，」席格寫道，「也是我現在最需要的。」

這封信的信封不見了，沒有郵戳可以證明席格確實在諾曼第，也沒有任何依據可以顯示布朗許當時在什麼地方。不過席格寫這封信的時候很可能真的在聖瓦勒西昂柯。在他一連串狂暴的犯罪行動之後他或許真的需要好好休息並且調養身體，而法國就在英倫海峽的彼岸。令我感到好奇、甚至疑惑的是他可以待在迪埃普的，卻選擇了聖瓦勒西昂柯。

事實上，他會寫信給布朗許更是奇怪，因為席格在信中主要談的是他正在「找水彩畫具商」，說他想寄一些「粉彩玻璃紙和砂紙畫布」給他弟弟柏納。席格說他需要一份紙張樣本，可是不知道「法國度量法」。我不懂，說得一口流利法語並且時常到法國度假的席格，竟然不知道該去哪裡找紙樣。「我是法國畫家，」他曾經在信中向布朗許宣稱。然而凡事講求條理和精準的席格卻說他不知道法國度量法。

或許席格從聖瓦勒西昂柯寄出的信是誠懇的。或許他真心需要布朗許的忠告。或許真相是，席格累極了、心慌意亂且正在逃命，因此感覺有必要替自己製造不在場證明。除了這封寫給布朗許的信以外，我找不到席格一八八八年夏末、秋初或冬天曾經到過法國的證明。這時節諾曼第的海水浴場都關閉了。開放時間是從七月初到九月底，而席格的朋友也都已經離開他們位在迪埃普的避暑別墅和工作室。

席格常去的藝術家沙龍和一些要好的朋友這時都已鳥獸散，得等到次年夏天才會聚首。我在想愛倫是否會覺得奇怪，為何她的丈夫會選擇在幾乎沒人在諾曼第的時候到那裡去找他的「哥兒們」住幾個星期。我懷疑她是否還時常見得到她的丈夫，即使見了面，她會不會感覺出他舉止有些怪異？八月，一向勤於寫信的席格寄了封便箋給布朗許，向他道歉「這麼久沒寫信。這陣子我忙於工作，可說連五分鐘的寫信時間都騰不出來。」

我們沒有理由認為席格所說的「工作」和他的繪畫事業有關，當然到音樂廳看表演以及整夜在街上游蕩這些事除外，這年八月直到年底的期間他的藝術創作數量不若以往。註明「約一八八八年」的油畫作品很少，而且誰也無法保證所謂「約」指的不是前後一、兩年。我只找到席格一篇刊登於一八八八年的文章，不過是在春天。這一年席格似乎很少和朋友們來往。沒有證據可以顯示席格在迪埃普度過夏天——而這是非常罕見的現象。無論這期間席格人在哪裡，很顯然他脫離了往常的生活常軌，如果說席格的生活也算有「常軌」的話。

十九世紀末，在歐陸旅行並不需要護照、簽證或任何形式的證件。（不過一八八八年夏末從法國進入德國是需要護照的。）席格沒有留下任何「證照」，直到第一次大戰期間，他和他的第二任妻子克麗絲汀持有「通行證」，以便到法國旅行的時候在隧道、鐵路交叉口等戰略地點出示給警衛檢查。

席格經常四處旅行的那些年，從英國進入法國一直是輕鬆樂事。十九世紀末，當天氣良好時越過英倫海峽最多只需要四小時。任何人都能搭乘特快火車或「快速」汽船旅行，每週七天，每天兩個班次。火車上午十點半從維多利亞車站或者十二點四十五分從倫敦橋站出發。渡輪中午十二點四十五分從紐哈文啟航，大約晚餐時間便可以抵達迪埃普。往迪埃普的單程頭等艙船票價格是二十四先令，二等艙十七先令。這種快速渡輪的船票還包含從迪埃普直達盧昂和巴黎的火車票價。

席格的母親曾說她總是拿不準她兒子什麼時候會突然到法國去或者回來。一八八八年開膛手犯案期間，也許席格的確在英國和迪埃普之間匆匆往返。但如果他確曾這麼做，很可能只是為了緩和情緒。從小他就經常到迪埃普旅行，在那裡有許多熟人。我們無從考據法國在維多利亞時期的死亡和犯罪統計數字，也無法查出該國當時和開膛手案情相似的謀殺案記錄。不過迪埃普是個小城市，一個人很難在那裡犯下色情謀殺案而逃之夭夭。

我在迪埃普的那幾天，看著它狹窄的老街和通道、遁入海峽之中的險峻飛崖，我試著想像這個海畔的小城鎮是席格的犯罪地點，但我辦不到。他在迪埃普時呈現的是他人格的另一面。他在那裡繪製的油畫大都是色彩怡人的作品，建築物的描繪手法也十分鮮活，他大部份的諾曼第畫作並未包含病態或暴力的成分。就好像是，迪埃普激發出席格性格中的光明面，一如變身前的傑柯醫生。

# 18 閃亮的黑色手提箱

九月二十九日週六，《傑柯醫生與海德先生奇案》終於結束在萊辛劇院的漫長演出。整天不見陽光，不停歇的冷雨更加深夜晚的寒意。

伊麗莎白・史特萊剛剛搬離史畢多菲爾區多瑟街的一間宿舍。她原本和碼頭工人，屬於儲備軍一員的麥可・基尼一起住在那裡。老麗莎——就像她的朋友們對她的稱呼——以前也離開過基尼。這次她帶走一些私人物品，但這並不表示她打算一去不返。後來基尼在她的死因調查法庭中作證說，她有時候會需要一個人獨處，以及滿足她「飲酒嗜好」的機會，可是離開一陣子之後她總是會回來。

伊麗莎白的本姓是葛斯塔多特，到了十一月二十七日她就要滿四十五歲了，雖說她總是告訴人家她只有三十幾歲。伊麗莎白一輩子都在撒謊，大多數是基於可憫的動機而編織一些較為光明精采的故事，來掩飾她那沮喪絕望的一生。她出生在瑞典哥德堡附近的特斯蘭大，父親是農夫。有些人說她能說一口流利的英語，不帶一點口音。也有人說她常常辭不達意，說話像外國人。她的母語瑞典語屬於日耳曼語系，和席格父親的母語，丹麥語非常近似。

伊麗莎白時常告訴別人她在少女時代來到倫敦，想「見識一下這個國家」，不過這又只是一個謊言。關於她早年在倫敦的生活，可以在瑞典教堂一八七九年的名冊中找到，上頭登記著她的名字，還註明她接受了一先令捐贈。根據到停屍房辨識她身份的人說，她身高大約五呎二或四吋，膚色「蒼白」，有的人則形容她「很黑」。她的頭髮是「深褐色、捲曲」，另一個人則說是「黑色」。一名警察在燈光黯淡的停屍房裡掀開伊麗莎白的眼皮，斷定她的眼珠是「灰色」。

從伊麗莎白的黑白停屍房照片看來，她的髮色顯得深了許多，因為剛剛洗過，還濕黏著。她的臉色蒼白，因為她已經死了，體內所有血液都已流失。她的眼珠也許曾經是藍色的，但是當那名警察翻開她的眼皮來檢查時卻不是。死後，眼睛的結膜會逐漸乾躁褪色。大多數人死後不久眼睛都會變成灰色或灰藍色，除非原本是深色眼珠。

驗屍過後，伊麗莎白又穿回她遇害時所穿的深色衣服。照片中的她被安置在一只靠著牆壁的容器裡好方便拍照。在她下巴的陰影中隱約看見頸部右側長達數吋的刀口。這張死後的遺照或許是她生平僅有的一張照片吧。她顯得相當瘦削，有著姣好的臉龐和五官，以及如果不是缺了牙，或許也十分動人的嘴唇。

伊麗莎白年輕時或許是個金髮美女。在她的死因調查法庭中，關於她生平的種種真相逐一浮現。她接受了一位住在海德公園附近的紳士所提供的某種「職務」而離開了瑞典。這份「職務」持續了多久，沒有記錄，只知道在那之後她開始和一名警員同居。一八六九年她和一個名叫約翰・湯瑪斯・史特萊的木匠結婚。當地一些宿舍中許多認識她的人都聽過她的丈夫在愛麗絲公主號客輪被一艘運煤船撞沉時不幸溺斃的悲劇。

關於這故事伊麗莎白卻有多種不同版本。或者說她的丈夫和他們九名子女之中的兩名在愛麗絲公主號發生船難的時候溺水死亡；或說她的丈夫和所有子女都溺死了。無論如何，想必非常年輕時就開始生育子女，在一八七八年便已有了九個孩子的伊麗莎白卻在那次奪走六百四十條人命的船難當中生還。正當她奮力掙扎時，一個驚慌的旅客踢中她的嘴巴，造成她容貌上的「缺陷」。

伊麗莎白對所有人說她的整個下頦都被踢壞了，然而驗屍結果卻發現她下頦的硬骨和軟骨都完好無損。唯一的缺損是她的門牙，這必定讓她十分難為情吧。波布勒與史戴尼療養院的記錄顯示，她的丈夫約翰・史特萊在一八八四年十月二十四日死於該院。他不是在船難中溺斃的，他們的子女也不是——如果他們有子女的話。也許捏造自己的生平讓伊麗莎白覺得活得更有意思，因為現實總是充滿苦痛、羞辱和無止盡的煩惱。

瑞典教堂的神職人員發現她的丈夫並沒有死於船難之後，便停止了對她的經濟支援。也許她會編造她的丈夫和孩子死於愛麗絲公主號船難是因為教堂針對生還者設立了一筆救難基金。當他們發現伊麗莎白沒有任何親人罹難時，便停止了金錢救援。為了生存，伊麗莎白不得不找個男人依靠，當無法如願時她就只好靠著縫紉、洗衣和賣身來賺錢。

最近她都在位於花與迪恩街三十二號的宿舍過夜。這裡的門房是個名叫伊麗莎白・泰納的寡婦，對她了解甚深。在死因調查法庭中，泰納太太作證說，她看著伊麗莎白來來去去已經六年了，直到九月二十七號週四以前她一直和一個名叫麥可・基尼的男人一起住在另一間宿舍。她離開他時只帶了幾件衣服和一本聖詩集。週四和週五這兩天她都在泰納太太的宿舍過夜。九月二十九日週六傍晚，伊麗莎白和泰納太太一起到商業街的女王頭酒店喝酒，然後伊麗莎白替宿舍清掃兩個客房，賺了六便士。

十點到十一點鐘之間，伊麗莎白在廚房裡，把一塊天鵝絨布交給她的朋友凱薩琳・蘭恩。「請替我好好保管，」伊麗莎白說，接著又說她要出門一會兒。為了禦寒她穿了兩件用類似麻袋布做的廉價襯衣，白色內衣，白色棉長襪，黑色棉天鵝絨背心，黑色裙子，鑲毛皮的黑色外套，脖子上繫了條顏色鮮豔的條紋絲質領巾，頭戴黑色皺紗小圓帽。她口袋裡有兩條手帕、一團棉紗縫線和一只銅頂針。她出門前問一個名叫查爾斯・普利斯頓的理髮師，是否可以向他借衣刷整理一下儀容。她沒告訴任何人她打算去哪裡，只炫耀了下她剛賺來的六便士，然後消失在黑暗的雨夜裡。

伯納街是一條狹窄的街道，兩旁擁擠的小公寓裡住著許多波蘭和德國裁縫師、鞋匠、香煙工人等在外工作的窮人。國際勞工教育俱樂部就位在這條街上，大約有八十五個會員，大多數是東歐猶太籍的社會黨黨員，加入會員的唯一條件是支持社會主義教條。俱樂部會員固定在每個週六晚上八點半聚會討論各種議題。

每次聚會照例以唱歌跳舞的社交活動作為結尾，大伙一直逗留到凌晨一點鐘是常有的事。而在這個週六晚上參加聚會的人數幾乎破百，眾人用德語辯論著猶太人為何該參加社會黨。嚴肅的討論逐漸冷卻，到了伊麗莎白・史特萊往這方向走來的時候，大部分人都已經離去。

根據許多證人的說法，她的第一個顧客應該是和她在伯納街談話的那個男子。兩人的位置非常靠近工人威廉・馬歇爾的住處，那時候大約是晚上十一點四十五分。馬歇爾後來作證說，他沒看清楚那個男人的長相，只知道他穿著黑色小外套和深色長褲，戴著類似水手帽的東西。他沒戴手套，鬍子刮得很乾淨，正在親吻伊麗莎白。馬歇爾說他無意中聽見那個人一句戲言，「我會讓妳沒得抱怨，」伊麗莎白聽了大笑。兩人都沒有酒醉的跡象，馬歇爾回憶說，接著他們就往國際勞工教育俱樂部的方向走了過去。

一小時過後，另一個名叫詹姆斯・布朗的當地居民看見一個他稍後指認是伊麗莎白・史特萊的女人靠在牆邊和一個男人談話，就在菲爾克勞街和伯納街轉角。那人穿著長大衣，大約五呎七吋高。（幾乎每個開膛手案的被指證人身高都是五呎七吋左右。在維多利亞時代，五呎七吋被認為是男性的平均身高。這麼推測也許是最穩當的吧。）

最後一個看見伊麗莎白・史特萊活著的人是H分局編號四五二的警員威廉・史密斯。那個晚上他負責巡邏伯納街附近一帶。十二點三十五分，他看見一個稍後他指認為伊麗莎白・史特萊的女人，她吸引他注意的原因是她外套上別著一朵花。和她在一起的那個男人拿著一只包裹，用報紙包著，大約十八吋長，六或八吋寬。那人身高也是五呎七吋，史密斯回憶說，戴著頂硬毛氈獵帽，身穿深色外套和長褲。史密斯覺得那人看來十分高尚，年約二十八歲，沒留鬍子。

史密斯繼續巡邏。二十五分鐘過後，也就是凌晨一點，路易・迪姆夏駕著他的小販馬車往位在伯納街四十號的國際勞工教育俱樂部過來。他是俱樂部的管理員，就住在這棟房子裡。他轉入院子時驚訝的發現鐵柵門開著，因為這道門過了晚上九點之後總是關閉的。他通過柵門時，他的小馬突然驚慌的向左邊閃躲。一片黑漆之中看不清楚，但迪姆夏瞥見地上靠近牆壁的地方有個物體，於是拿馬鞭戳它一下，心想大概是垃圾。他蹲下來，在強風中勉強點亮一根火柴，就著昏暗光線愕然發現那是個女人，要不是酒醉就是死了。迪姆夏趕緊跑進俱樂部去拿了根蠟燭回來。

伊麗莎白・史特萊的喉嚨被割開。開膛手的行動一定是被迪姆夏、小馬和推車給打斷了。血從她頸部湧出，流向俱樂部門口。她的外衣的最上面幾顆鈕釦解開了，露出內衣和襯裙。她朝左邊趴著，臉向著牆壁，衣服全被狂烈的雨水浸溼。她的左手裡有一包涼錠，就是讓口氣清爽的那種糖果。她的胸前別著一只用鐵線蕨和紅玫瑰做成的飾物。這時候威廉・史密斯警員已經繞了一大圈，當他再度來到伯納街四十號時，必定十分訝異俱樂部大門正被人群包圍，有人尖叫著「警察！」和「殺人囉！」

史密斯後來在死因調查法庭中說，他的一趟巡邏不會超過二十五分鐘，就在這麼短的時間內，以及俱樂部裡頭還留有大約三十個會員的情況下，凶手展開了攻擊。俱樂部的窗戶開著，會員們用俄語和德語唱著節慶歌曲。沒人聽見有尖叫或任何求救的呼喊，但伊麗莎白・史特萊的叫聲或許也只有凶手聽得見吧。

凌晨一點鐘過後不久，警局特約法醫喬治・菲立浦便趕到了現場，判定現場沒有刀械，顯示這個女人不是自殺死亡必定是被謀殺的。他推測凶手可能用雙手壓住她的肩膀，逼迫她倒下，然後從前面割斷她的喉嚨。她的左手拇指和食指緊捏著那包涼錠，當醫生移開紙包時，有幾顆糖果掉落地上。她的左手應該在死後鬆開了，菲立浦醫生說，可是他無法解釋為什麼她的右手會「沾滿了血」。這點非常奇怪，後來他作證時說，因為她的右手沒有一點傷痕，而且擱在胸口。這隻手沒有理由染上血跡，除非是凶手故意塗上去的，而凶手會這麼做實在令人費解。

菲立浦醫生或許沒想過，一個意識清醒的人在嚴重出血時，他的本能反應是抓住傷口。伊麗莎白被割破喉嚨時，很可能立刻抓緊喉嚨。此外也沒有理由認為伊麗莎白・史特萊是先被推倒在地後才被殺害。倘若如此，當凶手抓住她並且強迫她倒下時，她為什麼不尖叫或掙扎？再者，開膛手應該不是從前面攻擊她的。

若是這麼做，凶手必須先強迫她倒下，好讓她安靜且易於掌控，方便在黑暗中劃破她的喉嚨，當然也會讓鮮血濺得滿身。不知為何她始終緊捏著那包涼錠。從前方割破喉嚨時，由於攻擊角度的不便，通常會形成許多道小傷口。如果是從後方攻擊，刀口往往較長，足以切斷動脈血管、穿透肌肉組織和軟骨直達骨頭。

凶手一旦研究出順手的方式，就很少會更動它，除非有預期外的狀況發生，讓凶手不得不變換程序，或者變得更暴力，依當時的環境和他的反應而異。我認為開膛手傑克的作案模式是從背後攻擊。他不會先迫使受害者倒下，因為這會讓對方有機會掙扎而導致失控。他面對的是一群具有街頭智慧、潑辣的女人，當顧客變得粗暴或不付錢時會毫不猶豫的挺身保護自己的女人。

我懷疑伊麗莎白・史特萊知道攻擊她的人是誰。也許當時她正往國際勞工教育俱樂部的方向晃過來，因為她知道俱樂部大多數是單身或沒有女友的會員會在凌晨一點鐘左右陸續離開，也許會有興趣找點樂子。開膛手也許躲在暗處看著她和其他男人交涉，然後等待她落單。也許他對這個社會黨的俱樂部相當熟悉，參加過他們的聚會，甚至就在當晚稍早的時候。也許開膛手戴了假鬍子、腮鬚等喬裝道具來掩人耳目。

華特・席格能說流利的德語，當然聽得懂九月二十九日週六晚上俱樂部裡的那場辯論，也許辯論進行時他也在場。以他的個性，他很可能會參與其中然後在接近凌晨一點鐘歌舞活動開始的時候溜出來。也許他根本不曾進入俱樂部，而是從伊麗莎白・史特萊離開宿舍之後就一直跟縱她。無論他是怎麼做的，都不像某些人想像的那麼困難。倘若一個凶手冷靜、聰明而理性，會說數種語言，曾經是演員，擁有多個藏匿之處而且不住在當地，那麼我們實在不難想像他能夠在深夜的貧民區犯下謀殺案然後輕易逃脫。但我想他可能曾經和受害者交談，因為她身上那朵紅玫瑰始終是個謎。

開膛手大可以趁著路易・迪姆夏衝進屋子去拿蠟燭，以及俱樂部會員跑出來探看究竟的空檔從容地逃走。混亂發生後不久，一個住在伯納街三十六號，和俱樂部只有幾戶距離的女人走出屋子，看見一名年輕男子匆匆走向商業街。他回頭看著俱樂部燈光通亮的窗口。後來這個女人作證說當時他提著一只閃亮的黑色葛雷斯頓手提箱——在那個時代十分普遍，外型類似醫療箱。

瑪喬莉・李黎在關於席格的回憶書中寫道他有一只葛雷斯頓手提箱，幾乎不離手。一九一八年冬天的某一天，在他的工作室裡，他突然心血來潮，說要去襯裙巷，然後就從地窖裡找出這只手提箱來。她不懂是什麼原因，她寫道，席格在手提箱上用斗大的白色字體畫了「康頓路八十一號灌木叢」。她始終不了解這地址裡的「灌木叢」指的是什麼，因為席格那片雜亂的前院裡並沒有灌木叢。席格也不曾向她解釋這奇怪行為的理由。這一年他五十八歲，怎麼樣也談不上老邁，但有時候的表現相當怪異。李黎還記得當他提著那只葛雷斯頓手提箱，帶她和另一個女孩穿過污染的濃霧來到可怖的白教堂區時，她心中的忐忑。

到了襯裙街，李黎小姐驚愕的看著席格帶著那只黑色手提箱消失在陰森的街道，「濃霧加深我們的恐懼」。兩個女人「一路追隨席格穿梭在狹窄的巷道，直到筋疲力竭，」他則是注視著那些可憐的貧民蜷縮在家門口台階上，興奮的大叫，「多麼漂亮的頭顱！多麼美的鬍鬚！活脫是荷蘭畫家林布蘭特的畫中人。」她們無法勸阻他繼續探險，而他和三十年前開膛手犯案的地點也只有幾條街的距離了。

一九一四年第一次世界大戰開始，倫敦家家戶戶入夜後即關燈並且拉下百葉窗。席格在信中寫道，「這些有趣的街道在二十年前是那麼燦亮，那時候一切都很林布蘭特。」他寫信前剛剛經由伊斯林頓區的「小徑」摸黑走路回家，他又加了句，「真希望宵禁結束以後這種緊張氣氛還能一直持續下去。」

我問約翰・勒梭關於他姑丈那只葛雷斯頓手提箱的事，他說據他了解家中沒有任何人知道華特・席格有這麼一只箱子。我努力尋找這只手提箱。要是它曾經被用來裝染血的凶器，那麼經過DNA化驗或許會有所發現。雖說是臆測，我仍然要補充，席格在手提箱上寫「灌木叢」看來或許瘋狂，但也許並不盡然如此。開膛手案發生期間，警方曾經在靠近席格母親住處的灌木叢裡找到一把染血的刀子。之後類似的刀器陸續在各處被發現，就好像是有人蓄意佈置，好引起警方和大眾注意似的。

伊麗莎白・史特萊案發生後的那個週一晚上，椰子商人湯瑪斯・柯藍剛剛離開朋友位於白教堂區的房子，發現一家洗衣店門口的台階底下有一把刀子。它的刀刃約有一呎長，刀尖粗鈍，黑色把手有六吋長，刀子用一塊沾了血的白色手帕包裹著，並且用細繩綁緊。柯藍沒碰那把刀子，立刻通知了附近的警察。這名警員後來作證說那裡正是他不到一小時前站立的地點。他形容那是一把類似麵包師或廚師所使用的刀子，上頭「厚厚一層」乾涸的血跡。席格很喜歡下廚，時常打扮成廚師來娛樂朋友。

當警方詢問伊麗莎白・史特萊遇害時正在社會黨黨員俱樂部裡頭唱歌的那些會員時，開膛手傑克正往米特廣場前進，在這同時，一個名叫凱薩琳・埃竇斯、剛出獄不久的妓女也正往這個方向走來。如果開膛手就近沿著商業街往西走，然後在亞門高街左轉進入倫敦市，那麼他的下一個犯罪現場距離目前這裡只有十五分鐘的腳程。

# 19 流連街頭的男女

凱薩琳・埃竇斯週五晚上是在白教堂路北邊一個臨時收容所過夜的，因為她沒有四便士可支付約翰・凱利她的那一半住宿費。

她已經和他在史畢多菲爾區的花與迪恩街五十五號的宿舍同居了七、八年了。凱利之前是多瑪士・康威，他是她孩子的父親，他們分別生了十五和二十歲的男孩，和一個女兒，名叫安妮・飛利浦，二十三歲，嫁給一個煤煙挑夫。

兩個兒子和父親同住，他因為凱薩琳的嗜酒習性而離開了她。她已經多年沒見到他和孩子們了，但這是有意的，因為過去她每次都是因為缺錢才去看他們。儘管她和康威並未正式結婚，他卻一直供應她生活所需，她時常這麼說，而且她的左臂膀上還用藍色墨水紋了他名字縮寫的刺青。

凱薩琳・埃竇斯，四十三歲，身材細瘦，艱困的生活和酒精使得她有種滄桑的神情。但是她有著高聳的顴骨、深色眼珠和黑髮，或許曾經相當迷人。她和凱利偶爾會休假一天，相偕到街上望著那些廉價商品發呆。有時候她也會做些清潔零工。他們通常會在秋天離開倫敦，因為那是農忙時節。事實上，週二他們才混在數千名離開此地數週、到外地採收「蛇麻草花」的季節性工人潮中回到倫敦。凱薩琳和凱利毅然離開東區前往肯特郡，幫忙一些農場採收釀造啤酒用的蛇麻草花。這工作非常辛苦，而這對男女每採收一蒲式耳只能得到一先令的報酬。但至少他們可以暫時遠離濃霧和污穢的環境，感受太陽的溫暖，呼吸乾淨空氣。他們像貴族那樣盡情吃喝，因此當他們回到倫敦時，已經身無分文。

九月二十八日週五，凱利回到位在史畢多菲爾區花與迪恩街五十五號的宿舍，凱薩琳則單獨在收容所過夜。沒人知道她那天晚上的行蹤。凱利後來在死因調查法庭中作證說，她不是那種會在街上游蕩的女人，而他也無法忍受她和其他男人在一起。凱薩琳從來不曾在早上給他錢，他又說，也許是為了搶先一步否決其他人提出她到處拉客的暗示。他堅稱她沒有酒癮，只不過偶爾會「喝多了點」。

凱薩琳和凱利彼此以夫妻看待，也依照規矩定期支付他們在花與迪恩街宿舍雙人床的八便士租金。他們偶爾會吵嘴，這是事實。幾個月前她還曾經離開他「幾個小時」，可是凱利發誓說他和凱薩琳這陣子一直相處得非常好。他說週六早上她提議拿幾件她的衣服去典當，好拿錢去買食物。可是他堅持要她拿他的靴子去。她照著做了，得到兩先令半。凱薩琳把典當的單據和另一張他們在打工期間向一個女人買來的典當單塞在口袋裡，希望有一天她有能力把凱利的靴子和其他有價值的典當物給要回來。

九月二十九日週六早晨十點到十一點之間，凱薩琳和凱利在亨茲迪奇區——羅馬時期曾經是保護城牆的壕溝，如今已填平——的舊衣市場見面。亨茲迪奇區夾在亞門高街和內主教門街之間，位於倫敦市東北區。當凱薩琳和凱利將大部分典當靴子的錢花在食物上，享受著對他們而言異常豐富的早餐，她已不自覺跨越了她生命的分界。再過不到十五個小時，凱薩琳・埃竇斯即將變成僵冷的屍體。

這天下午，她一定是把她所有的衣物全穿在身上了：領子和袖口鑲著假毛皮的黑色外套，兩件滾了黑色絲穗帶和假毛皮的外套，滾著三道荷葉邊的米迦勒雛菊印花棉布襯衫，有著黑色天鵝絨領子、前襟綴著排棕色金屬鈕釦的棕色棉毛混紡緊身背心，灰色襯裙，非常舊的綠色羊駝毛裙子，滾了紅色荷葉邊、有著淺色斜紋布襯裏的藍色破舊裙子，白色印花布上衣，前襟有排釦和兩只口袋的白色男背心，足部用白線綴補過的棕色吊帶襪，繫鞋帶的男靴子（右腳那隻用紅線修補過），鑲有黑珠子和綠黑色天鵝絨的黑色草帽，白色圍裙，頸間繫著「紅色皺紗領巾」和白色大手帕。

在她層層疊疊的衣服內和口袋裡還裝著另一條手帕、一小片肥皂、細線、白色碎布、白色粗麻布、藍白色裙料、藍色條紋布和法蘭絨布、兩支黑色陶管、紅色皮革香煙盒、梳子、縫針、一團麻線、頂針、餐刀、湯匙，和兩只舊芥末錫罐寶貝似的裝著她用典當凱利靴子的錢買來的一點糖和茶葉。他沒錢付那天晚上的雙人床租。下午兩點鐘，凱薩琳告訴他，她要到倫敦東南方的柏孟塞去，也許可以找到她的女兒安妮。

安妮曾經在國王街有一間房子，很顯然凱薩琳並不知道她的女兒搬離柏孟塞的房子已經很多年了。凱利說他希望凱薩琳別去，「留下吧，」他對她說。可是她非常堅持。當凱利大叫要她當心「刀子手」——街頭對東區殺人犯的稱呼——凱薩琳大笑起來，說她當然會小心，她一向很小心的。她還答應兩小時之後就回來。

那天這對母女並沒有見面，也沒人知道凱薩琳去了哪裡。也許她到了柏孟塞，驚訝的發現安妮已經搬家了；也許那裡的鄰居告訴她安妮和她丈夫已經搬走至少兩年了；也許凱薩琳四處打聽卻沒人聽說過她的女兒。很可能凱薩琳根本無意到柏孟塞去，只是想偷空賺點錢去買酒喝；也許她很清楚自己的家人不想和她有任何牽扯，因為凱薩琳是個令人不齒的酒鬼、墮落女子。她是個煙花女，是子女的恥辱。她沒有如她所應允的在四點鐘回到凱利身邊，卻因為酒醉而被關在主教門警分局。

警局地點就在亭茲迪奇區北邊，他和凱薩琳就在那裡吃喝將典當他靴子的錢花光，也是他最後一次見到凱薩琳的地方。當他聽說她因酒醉被關進警局，心想她應該很安全，於是就上床睡覺。他在死因調查法庭中作證說，以前她也被關過。但是當提到她成為開膛手的另一個受害者時，他立刻說凱薩琳是個「腦筋清楚又嫻靜」的女人，每當多喝了點酒——當然，這種時候很少見——就會開心的唱起歌來。根據這些受害者親友在證人席上的說法，被開膛手殺害的女人沒有一個是酗酒的。

在凱薩琳・埃賓斯的時代，人們並不認為酗酒是一種疾病。「習慣性酒醉」總是找上那些「意志軟弱」或「智能薄弱」、註定要在精神病醫院或監獄度日的人。酗酒是一種指標，顯示一個人缺乏道德感，充滿罪惡，是天生的低能者。那個時代就和現在一樣，否定酗酒的情況十分普遍，各種委婉的說法也層出不窮。喜歡喝兩杯，酷愛杯中物，出了名的酒仙，顯然是不勝酒力。凱薩琳・埃賓斯週六晚上顯然是不勝酒力。到了八點半，她醉倒在亞門高街的人行道上，喬治・賽門警員將她扶到一旁，讓她靠著窗戶，可是她連站都站不穩。

賽門警員叫來另一名警察，兩人合力將她帶往主教門警分局。凱薩琳醉得說不清楚她住在哪裡或者有哪個她認識的人可以聯絡的。被問到她的名字時，她只含糊說了句，「沒什麼」。將近九點鐘，她進了牢房。午夜過一刻鐘，她還醒著，獨自唱著歌。喬治・哈特警員在庭上作證說，在三、四個小時當中他曾經去巡視過她。凌晨一點左右他來到她的牢房前，她問什麼時候可以放她走。等到她清醒得可以照顧自己的時候，他回答說。

她對他說她已經夠清醒了，又問那時候是幾點鐘。已經晚得「不適合再去喝酒了」，他說。「到底是幾點？」她追問。他告訴她，「剛好一點。」她聽了激動起來，「等我回家準要挨一頓毒打了。」喬治・哈特警員打開她的牢房，訓誡她說，「妳活該，妳根本不該喝醉的。」他將她帶回警局接受警佐的問訊。她給了假名字和假地址，「瑪莉安・凱利」，住在「時尚街」。

哈特警員推開通向一條走廊的活動門，讓她離開警局。「請走這裡，小姐，」他說，並且提醒她記得順手把門帶上。「晚安，老鳥，」她說著任由門敞開，往左轉入亨茲迪奇區，也是九小時前她答應和約翰・凱利碰面的地方。或許永遠不會有人知道凱薩琳為什麼會先朝著那裏走，又突然轉向倫敦市的米特廣場。這兒距離主教門警局約有八到十分鐘腳程。也許她想多賺點錢，而倫敦市的麻煩似乎比較少，至少不是她擔心的那種麻煩。富裕的倫敦市在白天可說是人車雜沓，不過大部分到「一平方哩地」來討生活的人並不住在這裡。凱薩琳和約翰・凱利就是個例子。

他們在花與迪恩街的宿舍位在倫敦市範圍以外。由於凱利不清楚她之後的活動（或者該說他在她死後如此聲稱），也許當時她覺得與其回家去惹來一陣爭吵，還不如在倫敦市多逗留一會兒。也可能她根本不知道自己在做什麼。她在牢房裡待了不到四個鐘頭。一般人平均每小時可以代謝約一盎斯酒精——約一罐啤酒。凱薩琳必定喝了不少酒才會「醉倒」，很可能當哈特警員和她道晚安的時候尚未完全清醒。

她很可能仍有酒意，頭昏脹著，也許仍然噁心欲嘔，也尚未恢復記憶。最好的治療方法是以毒攻毒，她需要再喝一杯然後睡一覺，可是沒有錢兩者都別想。既然避免不了讓她男人數落，還不如先賺它幾塊錢然後找個地方過夜。無論她離開警局之後到底在想些什麼，和凱利聯絡似乎不在她的考慮之中。因為往米特廣場走，和凱利所在的花與迪恩街宿舍正好是反方向。

凱薩琳離開警局大約三十分鐘後，外地商人喬瑟夫・魯恩和他的朋友喬瑟夫・李維、海利・哈里斯正離開市區公爵街十六和十七號的帝國俱樂部。這時正下著雨，魯恩比另外兩人走得稍快些。在公爵街和教堂街——通向米特廣場——轉角，他看見一對男女。魯恩作證時說那名男子背對著他，因此他只知道那人比那個女人高，並且戴著頂有帽沿的帽子。

那個女人穿著黑色外套，頭戴黑色圓帽，魯恩回憶說。儘管當時光線不足，之後他卻能夠在警察局指認那個女人所屬的衣物。當時是凌晨一點半，這是他根據俱樂部時鐘和他的手錶所下的結論。「我想就算再見到他，我也認不出來，」魯恩說。「我沒聽見他們的談話。感覺不出火藥味，似乎是輕聲在說著話。我沒回頭看他們往哪裡去。」

屠夫喬瑟夫・李維也沒看清楚這對男女，但是他推測那個男人大概比那女人高出三吋左右。他沿著公爵街走，一邊對同伴哈里斯說，「真不喜歡一個人回家的路上看見這些人到處晃，」後來在死因調查法庭中被驗屍官進一步詢問，李維稍微改變了說法，「我看見那對男女的時候並沒有特別害怕的感覺，」他說。

倫敦市政府官員向媒體保證說，米特廣場不是妓女經常流連的地方，而且市警局也經常性的巡查深夜在街頭徘迴的男女。倘若警察當真奉令盤查深夜在廣場流連的男女，或許表示這個地方的治安的確有問題。米特廣場十分昏暗，有三條長而黑暗的通路可到達廣場，四周的建築物空蕩無人，警察鞋跟踩在石路上的聲響老遠便可以聽見，有的是時間脫逃。

由於凱薩琳・埃竇斯被指證和男人在一起的時間就在她遇害前不久，有人推論說她早在被拘禁之前就和某個顧客約好了在米特廣場碰面。這樣的說法未免荒謬。下午兩點鐘以前她一直和凱利在一起，晚上又在警察局待到凌晨一點鐘。很難想像她會和顧客約定在深夜的時間會面，尤其快速的性交易在白天也可以進行。這裡有許多樓梯間、荒廢建築物和空地可供從事隱密的活動。即使凱薩琳在酒醉的時候和人訂了「約會」，到了這時候很可能也已忘得精光。比較合理的推測是，當她往倫敦市方向走的時候心中並沒有特定對象，只想碰碰運氣尋找顧客。

辦案有如追捕大白鯨的亞哈船長那般奮勇的倫敦市警察局代理局長亨利・史密斯，或許從來沒料到惡魔會在他的地盤現身，而且逍遙法外長達一百年。一如往常，史密斯在泰晤士河北岸南華克橋內的克洛巷車站警局裡睡得很不安穩。門口就是火車站，行李車整天喀啦的來回拖行。房間後面的皮貨工廠飄來乾燥動物毛皮的臭味，又沒有窗戶可打開通風。

史密斯被電話鈴響嚇一跳，他摸黑去接聽。他的手下向他報告，又有一起謀殺案發生了，這回在倫敦市。史密斯趕忙穿戴整齊，衝向門口那輛待命的漢孫式二輪馬車。他稱這馬車是「魔鬼的發明」，因為夏天酷熱，冬天寒凍。漢孫式馬車原本是雙人座，但是這天凌晨史密斯代理局長搭乘的這輛除了他以外還載了三名警探。「馬車搖晃得就像一艘風浪中的七十四門火砲戰艦」，史密斯回憶說，但「我們終於抵達目的地——米特廣場」，看見他的幾名手下正圍著凱薩琳・埃竇斯的屍體站立。當然，這時候他們還不知道她的真名。

米特廣場是一塊小而開放的區域，四周坐落著許多大型倉庫、空屋和幾家天黑後就打烊的商店。白天，廣場裡頭擠滿水果販、商人和悠閒的市民。三條通往這裡的長街到了晚上便籠罩在連牆上的瓦斯燈也驅不走的深濃陰影中。廣場本身只有一盞燈，而它距離凱薩琳陳屍的陰暗角落只不過二十五碼遠。一名市警局警員就住在廣場另一側，什麼都沒聽見。也在廣場範圍內的柯利唐吉雜貨批發倉庫裡的警衛詹姆斯・莫利斯，同樣沒聽見任何動靜。

相同的情況似乎又重演，開膛手犯案的時候沒人聽見一絲聲響。倘若證人所說屬實，那麼當愛德華・瓦金警員循著巡邏路線繞回到萊登霍街接著轉入廣場的時候，凱薩琳・埃竇斯不過死亡大約十四分鐘。他走一趟巡邏路線大約只需十二到十四分鐘，他在庭上作證說。當他在凌晨一點半經過廣場的時候並未發現任何異常狀況。一點四十四分，他拿巡夜燈照向一個黑暗角落，發現一個女人躺在地上，臉部朝左，兩條手臂垂在兩側，手掌朝上。她的左腿伸直，另一腿彎曲，衣服翻開到胸部位置，腹部從胸骨下方到陰部被剖開。她的腸子被拉出，棄置在她右側肩膀上方的地面。瓦金衝向柯利唐吉倉庫，敲了幾下門然後推開，找到正在倉庫另一邊清掃階梯的守衛。

「老天，快來幫我，」瓦金說。守衛莫利斯停下手邊的工作，抓過煤油燈。「又有女人被分屍了，」瓦金慌亂的說。兩人匆匆趕往米特廣場西南角、凱薩琳躺在血泊中的所在。莫利斯吹著哨子跑向米特街，接著亞門街，「沒看見任何可疑的人，」他在庭上作證說。他邊跑邊吹哨子，直到發現兩名警員，他告訴他們，「快去米特廣場，又發生恐怖凶殺案了！」

兩點鐘過後不久，市警局特約法醫高登・布朗醫生趕到了現場。他蹲在屍體旁邊，找到三顆金屬鈕釦、一只「普通」頂針和一只裝有兩張典當單據的芥茉錫罐。根據屍體溫度、屍僵尚未開始形成以及其他觀察，布朗醫生判斷受害者死亡時間不會超過半小時。此外，他沒發現任何瘀傷、掙扎痕跡或「剛剛接觸過」，也就是性交的跡象。

布朗醫生認為死者的腸子是被「蓄意」擺在那裡的，就環境而言這說法也許稍嫌誇大。在安妮・查普曼和凱薩琳・埃竇斯兩案裡頭，開膛手恐怕相當慌亂而且看不清楚自己在做些什麼，因為現場太暗了。他很可能蹲著或彎身對著受害者下半身戳刺，順手將腸子丟在一旁，因為他要的是其他器官。

關於凱薩琳・埃竇斯屍體被發現時的狀態，警方報告和媒體的報導並不一致。一種說法是，有大約兩呎長的結腸被割下，放置在她右手臂和身體之間。可是根據《每日電訊報》的報導，那段結腸被「塞在死者頸部右側的傷口裂縫裡」。幸運的是市警局局長佛斯特的兒子菲德列克・威廉・佛斯特是一名建築師，他立刻被召喚到現場來負責描繪凱薩琳的屍體以及周圍環境。這些極盡逼真而殘酷的素描在死因調查法庭中引起前所未有的騷動。

凱薩琳・埃竇斯的所有衣服全被割裂撕開，露出一大片就算剛經過解剖也不可能更破碎的體腔。開膛手將她的胸腹一路剖開直到大腿和陰部上方。他沿著她的陰道和大腿股上方切割，就好像先行翻開肌肉組織，準備從臀部關節分解她的兩腿一樣。

她臉部的扭曲程度令人駭然。兩眼下方許多道深刻的刀痕有如席格某些油畫中的強化筆觸，尤其是一個他暱稱為朱賽平娜的維也納妓女的肖像畫。凱薩琳・埃竇斯臉部最嚴重的傷口在右側臉頰，也是屍體被發現時朝外露出的那側臉頰，而那幅描繪朱賽平娜，命名為《屋裡的火光》的畫像中有著許多彷彿刀痕似的怪異粗黑線條的臉頰也在同一邊。凱薩琳・埃竇斯在停屍房照片中的模樣和朱賽平娜十分相似；兩人都有著黑色長髮、高聳的顴骨和尖下巴。

席格這幅朱賽平娜肖像畫是一九〇三到〇四年之間的作品。翻遍所有信件和其他文件，加上請教數位席格研究專家的結果，我發現沒有任何證據足以顯示席格在維也納接觸過的人當中有任何一人見過這名妓女。也許席格是在私人房間畫她的肖像，但我至今仍無法證明這位朱賽平娜小姐確實存在。另一幅同時期的油畫名為《看報》，畫中的女人有著深色髮絲，頭往後仰，嘴巴張開，將報紙高高舉在她那張頹喪臉孔的上方閱讀著。她的頸間緊繫著條白色項鍊。

「我送給她的那條項鍊真是漂亮，」開膛手在一八八八年九月十七日的信中寫道。

凱薩琳・埃竇斯的「漂亮項鍊」是她頸部的那道刀口，從驗屍以及縫合傷口以前拍的幾張照片中的一張可清楚看出。將這張照片和那幅名為《看報》的油畫並列，兩者的相似之處令人吃驚。席格不可能親眼看過照片中凱薩琳・埃竇斯喉嚨被割開、頭朝後仰的模樣，除非他曾經在解剖前到過停屍房，或者到過犯罪現場。

凱薩琳・埃竇斯的屍體被人用急救推車送到葛登巷的停屍房。他們在警方嚴密監督下脫去她的衣物時，她的左耳垂從衣服間掉落下來。

# 20 徹底毀容

那個週日下午兩點半，布朗醫生和一組醫生進行了驗屍。

除了左手一處新近形成的小瘀傷之外，醫生們找不到凱薩琳・埃竇斯曾經和攻擊者纏鬥或者遭到毆擊、綑綁或撞擊在地的痕跡。死亡原因是頸部那道六、七吋長的刀口，從左耳垂下方——將它割除——延伸到右耳下方約三吋的地方。這道傷口劃破了喉管、聲帶和頸部所有深層組織，輕刮過頸椎間軟骨。

布朗醫生判定凱薩琳・埃竇斯因左邊頸動脈被割斷導致大量出血而「立即」死亡，至於其他傷口則是死後施加的。他認為凶器只有一種，也許是刀子，很尖銳。可以敘述的細節太多了。驗屍報告顯示開膛手刺穿凱薩琳的衣服。想想她那身厚重的衣服，這點很有問題。

恐怕很難只用一種刀具同時割斷羊毛、麻和棉布，無論布料有多麼破舊都一樣。我曾經拿許多十九世紀的刀子、匕首和摺疊式剃刀做實驗，發現用刀鋒長或彎曲的工具割布料是相當費力甚至危險的。必須是刀鋒銳利、長而尖才辦得到。我發現最理想的是一種六吋長的匕首，帶有護手盤，可防止手從握把上滑向刀刃。

我推測開膛手並沒有真的「刺穿」她的衣服，而是割破了幾層然後撕扯開來，露出腹部和陰部。這點關乎他作案手法的變動，非常值得重視，因為他似乎並沒有刺透瑪莉安・尼可斯或安妮・查普曼的衣服。我們對於較早那些案子的細節很難有十足把握，因為當時記錄既不完整也不盡然詳實，更沒有妥善保存。儘管倫敦市警局同樣無法逮到開膛手傑克，不過辦案技巧卻好得多。

凱薩琳・埃竇斯案的記錄令人意外的保存得非常完整，顯示驗屍工作進行得極為徹底而專業。市警局原本就佔有一些優勢，並不是從最近媒體大肆渲染的失誤中得到的教訓。市警局擁有小而健全的行政體系、完善的停屍房和一群優秀的法醫人才。當凱薩琳被送達停屍房，市警局馬上派來一名督察坐鎮，他唯一的任務就是監督屍體、衣物和私人物品。布朗醫生進行驗屍時，有兩名醫生在一旁協助他，包括大都會警察的特約法醫喬治・菲立浦醫生在內。如果凱薩琳的衣服果真是被「割開」而不是被翻開的，那麼此一作案模式的改變顯示開膛手暴力程度和自信的升高，更加不屑，也更急於製造驚恐。

凱薩琳的屍體幾乎全裸，兩腿分開。她是在人行道上遇害的。從她被割斷的頸動脈流出的血液滲入她身體底下，在地上形成一個屍體輪廓，直到次日路過行人都還看得見而且來回踩踏。開膛手展開攻擊的地點附近有守衛、在廣場旁的住家裡睡覺的警員，和一個每二十五分鐘會經過他行凶地點一次的市警局警察。開膛手傷害凱薩琳的手法不需要任何外科手術技巧。他簡直殺紅了眼。

她臉上的刀痕顯示下手非常俐落而且勁道強大，嘴唇上的傷口穿透唇肉，切入牙齦裡。她鼻樑上的刀痕一路劃向左下巴，使得臉頰肉綻開，露出骨頭。她的鼻尖被切掉，另外兩道臉頰上的傷痕削出一塊三角形的皮膚，像旗子似的豎起。此外她的腹部、陰部和內臟器官也飽受蹂躪。剖開她腹腔的刀口參差不齊且混有許多戳刺傷口，左腎臟被切除拿走，半個子宮也被胡亂切下並被帶走。

她的胰臟和脾臟也有刀痕，陰道上有一道刀口延伸到直腸。她右邊大腿股上方的切痕深得連韌帶也切斷了。這些刀法完全談不上技巧，看不出目的何在，凶手只想殺個痛快，開膛手發狂了。他可以在十分鐘、也許五分鐘之內完成這些。他變得更加大膽狂暴，「有本事來抓我」的挑釁似乎發揮到極致。

畫家、藝評人也是席格擁護者的麥柯爾曾經在信中說華特・席格「總有一天會栽在自己手裡」。結果席格沒有，至少活著的時候沒有。當時的執法機關還沒有能力追蹤他每次犯罪所遺留的法醫學和心理學線索。今天的犯罪調查、證物收集的技巧在維多利亞時期的人看來或許就像環遊世界八十天那麼瘋狂吧。凱薩琳・埃竇斯的犯罪現場處理起來很困難，因為它在戶外，容易受到污染。照明不良，加上現場的可怖景象，警方擔心會受到好奇群眾的進一步侵擾，而這是一定會的，即使屍體已經移往葛登巷停屍房也一樣。

謀殺案最重要的一件證物就是屍體，所有和屍體相關的證物都必須盡可能的妥善保存。換作今天，凱薩琳・埃竇斯的屍體在米特廣場被發現，警方會立刻封鎖現場，用無線電通知更多警力前來保護這個區域，同時聯絡法醫人員趕到。現場應該架設燈光，不久緊急救護車會閃著紅燈到達，四周所有的街道和通路都會被封鎖並且派駐警力。

警探或法醫助手會從外圍開始拍攝現場，同時注意圍觀群眾。事實上很可能——我敢說一定——席格曾經出現在自己的每個犯罪現場，混在人群當中。他恐怕會忍不住想瞧瞧觀眾的反應。在一幅命名為《迪埃普的夜間商場》的油畫中，他所描繪的場景看起來就像是東區謀殺案發生時可能會有的群眾聚集的情景。

這幅《迪埃普的夜間遊樂場》是一九〇一年左右的作品，從人群背後取景，就好像作者站在好奇群眾後面一段距離觀看著的感覺。要不是右邊有個類似旋轉木馬頂棚的東西，實在很難把這幅畫和遊樂場聯想在一起。而畫中的人群也不像是對旋轉木馬感興趣，而是凝望著一大片住宅或房舍的方向正在進行的某種活動。

席格這幅《迪埃普的夜間遊樂場》是根據素描畫成的。在六十多歲以前他一直只畫親眼所見的一切。接著他開始看著照片畫畫，彷彿性活力越衰竭，他就越沒有勁出外去體驗生活。「人過了五十，工作起來就不像四十歲那麼有衝勁了，」席格坦承說。

開膛手的犯罪現場也的確成了遊樂場或嘉年華，男孩們張嘴呆瞪著報紙號外，小販駕著推車趕到，鄰居們開始兜售入場票。伊麗莎白・史特萊案發生後，伯納街的國際勞工教育俱樂部開始索費，讓人們進入她陳屍地點的院子去參觀，以此募集印製社會黨宣傳手冊的費用。任何人都可以用一便士買到關於白教堂區連續謀殺案的「驚悚傳奇」，包括「和那一連串恐怖案件有關並且忠實描繪東區犯罪之夜氣氛的所有情節」。

所有開膛手謀殺案的現場都不曾發現有鞋印或足跡。我實在很難想像在那些受害者都嚴重失血的情況下他竟然能夠避開血跡。但是這些血腳印必須用現代的交流光儀器和化學藥劑才能測試出來。所有殘留證物恐怕都已經消失了。我們可以肯定當時開膛手一定在現場和受害者身上留下許多頭髮、衣物纖維和其他微量殘留物，而且他身上、腳印和衣服上也必定黏附了不少殘留物。

開膛手的受害者們或許會是法醫的夢魘，因為她們身上混雜著來自不同顧客的殘留物——包括精液在內，加上她們本身衛生條件不佳，污染情況恐怕更加嚴重。但或許還是有許多有機或無機的殘留物質值得收集，或許能因此發現罕見的證物。凶手臉上的化妝品很容易沾黏在受害者身上。假設席格用了油彩來加深他的膚色、染了頭髮或者用膠水黏假鬍鬚，在今天這些物質都可以藉由偏光顯微鏡、化學分析或者多波域光譜攝影法之類的螢光分光光度計法測出。

口紅裡的某些染劑可以很容易的用科學方法檢測出來，甚至找出該顏色所屬的品牌和商品名稱。席格從工作室帶來的油彩和顏料也逃不過電子顯微鏡、離子顯微探針、X光繞射儀、薄層層析法等現代科技的檢視。席格畫於一九二〇年代的一幅名為《台階》的蛋彩畫上的顏料在我們利用維吉尼亞法醫科學及醫學院一組無破壞性的交流光探測儀照射下發出藍色螢光。如果席格曾經將衣服或手上類似的蛋彩顏料沾黏在受害者身上，我們將可以用多波域光譜攝影法測出並且用化學分析加以追蹤。

在受害者身上找出畫家用顏料將是犯罪調查的一大突破。要是早在維多利亞時期就能夠檢測出受害者血液中黏附的顏料，警方也就不至於貿然推斷凶手是屠夫、瘋癲的波蘭人、俄羅斯猶太人或精神失常的醫學院學生了。至少測出顏料或膠水殘留物的事實會引發爭議，在各處找到的刀子也將能夠提供解答而不只是招來質疑。

初步的簡速化學測試便能夠判定刀子上的紅色凝結痕跡是血液、鐵銹或其他物質，運用會對抗體產生反應的沉澱素進行測試更可以進一步知道那是不是人類血液，最後透過DNA化驗來確認刀上的血跡是否符合受害者的基因圖譜。很可能刀子上還留有隱藏的指紋。倘若開膛手曾經割傷自己或者用那條包著刀把的手帕擦過汗，那凶手的DNA可能就有著落了。

頭髮可以拿來做非細胞核或粒線體DNA比對及分析，軟骨或骨頭上的刀傷所提供的工具痕跡可以拿來和警方找到的所有刀械進行比對。換成今天，這些都可以做到而且警方一定會去做。我們唯一無法確定的是，倘若席格在今天犯案，他會懂得多少。因為認識他的人都形容他是個深具科學頭腦的人，而他的油畫和版畫也展現了極可觀的專業技巧。

他的某些素描是畫在備有英鎊、先令和便士欄的商務日記上的。另外一些素描紙的背面則塗滿數字，也許席格是在計算物價。相同的數字塗鴉也出現在開膛手用來當信紙的一小張條紋紙上，很顯然他在計算煤的價格。

席格的畫是深思熟慮的，犯罪方式也一樣。我敢說要是他在今天犯案，一定也會了解當代的法醫學，就像他了解一八八八年的辦案手法那樣，也就是筆跡比對、外貌特徵辨識，以及「指痕」。此外，他也深知性行為可以傳染疾病，因而盡可能避免接觸受害者的體液。他下手時應該會戴手套，並且在事後迅速脫掉血衣。他會穿橡膠底靴子，走起路來安靜無聲且容易清洗。他很可能在那只葛雷斯頓手提箱裡裝著換穿衣物、喬裝工具和凶器，或者他也可以用報紙和細繩包裹這些物品。

瑪莉安・尼可斯案發生的次日，也就是九月一日週六，《每日電訊報》和《每週特派報》接連報導了一名奶酪商在前一天晚上十一點鐘，或者說在瑪莉安遇害的幾個鐘頭之內的奇特經歷。這名奶酪商的店鋪就位在商業街轉角的小透納街。他向警方報告說有一個帶著只發亮黑色手提箱的陌生人來向他買了一便士的牛奶，然後大口喝光。

接著陌生人要求借用一下奶酪商的庫房。他進去之後，奶酪商瞥見一絲白色，就上前去查看，發現陌生人在長褲外面罩上「一件類似機械師穿的那種白色工作褲」。接著陌生人拿出一件白色外套，迅速套在他那身黑色禮服外面，邊說，「真是可怕的命案，對吧？」然後他抓過那只黑色手提箱，匆匆走上街道，大聲說，「我知道怎麼回事！」

奶酪商形容那個陌生人約二十八歲，氣色紅潤，鬍子大概有三天沒刮的長度，深色頭髮和炯炯有神的眼睛，長相就像典型的「辦事員」或「學生」。那套類似機械師穿的白色長褲和上衣正是席格在工作室中作畫時經常套在衣服外面的那種工作服。他第二任妻子的家人將他的三套白色工作服捐給了泰特美術館檔案室。

繼這名奶酪商的故事之後，伊麗莎白・史特萊和凱薩琳・埃竇斯兩案發生後又有一則關於服裝的新聞報導，讓整個情況更加啟人疑竇。她們遇害的次日，也就是十月一日週一上午九點鐘，肯提許城一家尼爾森酒館的老闆秦恩先生在酒館後方庫房的門裡頭發現一只報紙包裹。起初他沒理會，直到他碰巧看了伊麗莎白・史特萊案的新聞報導，發現他庫房裡的報紙包裹正符合伊麗莎白遇害前不到半小時之內有人看見和她談話的那名男子所拿東西的特徵。

秦恩先生趕緊到位在肯提許城路的警局報案。一名警探到了他的庫房，發現那只報紙包裹已經被人踢到馬路上，報紙也散開來。裡頭是一件被血浸透的深色長褲。報紙上的乾涸血塊黏附著頭髮。沒有任何關於頭髮和這張報紙的後續報導，至於那條長褲後來被一個街頭遊民拿走了。我想那名警探大概沒有採取任何行動，就任由它被丟置在街頭。

威廉・史密斯看見和伊麗莎白・史特萊談話並且拿著報紙包裹的那名男子的外貌和奶酪商向警方所敘述的特徵相似：兩人都是深色髮膚，鬍子刮得很乾淨——至少不是滿臉鬍鬚——而且都在二十八歲左右。肯提許城的尼爾森酒館就在席格南漢普斯戴的住處東方大約兩哩的地方。他沒有黝黑或歷經風霜的臉龐，可是這樣的外貌很輕易的喬裝出來。他沒有深色頭髮，可是演員常戴假髮，也常染髮。

把報紙包裹或甚至葛雷斯頓手提箱丟棄在隱密的地方只不過是舉手之勞，席格也根本不必擔心警方找到血褲。在那個年代，這類東西幾乎毫無用處，除非上面有證據足以追蹤出它的主人是誰。

臉部殘害的意義很不尋常，任何法醫心理學家或嫌犯人格分析專家都會極度看重凱薩琳·埃竇斯臉部的傷勢。根據唐諾·史汪森督察長的形容，她臉部的毀傷幾乎到了「徹底毀容」的地步。臉代表一個人，毀容是非常私密的行為。這類暴力舉動往往是在受害者和凶手彼此認識的情況下發生的，但也有例外。席格曾經把一幅油畫割得粉碎，因為他決意毀了那幅作品。有一次他要妻子愛倫上街去買兩支就像她用來修剪樹枝用的那種尖銳的彎刀。

根據席格告訴作家奧斯伯特·西威爾的，這是在巴黎發生的事。席格說他需要那些刀子，好幫惠斯勒割破他的油畫。這位大師對自己的作品非常挑剔，每當極度不滿意卻又無計可施的時候，就把它給毀了。燒毀是一種方法，割碎是另一種。席格當惠斯勒門徒的時候或許曾經協助他割毀多幅油畫作品，就像他聲稱的，也許用的就是他向西威爾提到的那種刀子。這些刀子到底是什麼時候購買的，我們無法確定，但很可能是在一八八五到一八八七年之間。因為一八八五年以前席格還未婚。一八八八年惠斯勒結了婚，和席格的關係逐漸淡化，經過不到十年之後終於結束友誼。

畫家割毀一幅他厭惡的油畫和凶手毀掉受害者的面容，兩者非常近似，都是摧毀會導致他沮喪憤怒對象的一種舉動。也可能是試圖毀掉自己所無法擁有的，無論是藝術的完美性或者某個人。如果一個人渴求性卻無法得到，那麼毀掉性慾的對象也就能讓自己不再產生慾求。

日復一日，席格在音樂廳觀賞著充滿性挑逗的表演，終其一生速寫過無數裸女。很多時候他待在深鎖的畫室裡，凝視、甚至觸摸她們，但總是只能透過鉛筆、畫筆和刮刀獲得滿足。如果他有性慾，卻完全無法得到渲洩，他的挫折必然是難以想像的巨大沉重。一九二〇年代初期他曾經替一個名叫希絲莉・海的年輕女學生畫肖像。有一天他和她單獨在工作室裡，兩人並肩坐在沙發上，突然，毫無預警的，他開始尖叫。

他所畫的希絲莉畫像中有一幅命名為《死亡和少女》。在一九二〇到一九四二他去世那年之間，他把《開膛手傑克的臥房》這幅畫送給了她。這幅畫在一九〇八年完成之後究竟都放在什麼地方，沒人知道。為什麼把它送給希絲莉・海，也是一大謎團，除非我們假設她讓他獲得極大的暴力性幻想的慰藉。不知道她對於席格取材這麼一個預言意味濃厚的主題，畫了這麼一幅預言意味濃厚的畫是否覺得奇怪。即使有我們也不得而知。

席格喜歡以醜陋的模特兒為繪畫對象的原因之一或許是，他寧可和那些不會引發他慾念的裸女共處一室。也許謀殺和毀容行為具有淨化他內心挫折和憤怒的作用，也是摧毀他慾望的一種方式，但這並不表示他渴求妓女。她們是性的象徵，象徵著他那不道德的祖母，那個愛爾蘭舞者。在席格扭曲的想法中，他的天生殘疾或許是她的過錯。我們可以作千百種揣測，但永遠得不到完整的真相。為什麼一個人會如此輕蔑生命，甚至以毀滅生命為樂，我們無法理解。所有受害者都是在躺下之後被割斷喉嚨的，警方對這理論始終深信不疑，直到伊麗莎白・史特萊和凱薩琳・埃竇斯案發生之後仍然如此。所有警察和醫生都認為，根據血跡研判，這些女人被開膛手割斷頸動脈時不可能是站立著的。醫生們或許認為要是受害者站著，那麼頸動脈血液必定會噴向相當遠的距離並且到達一定的高度。也許他們還有另一個假設，就是受害者必須躺下來才能進行性交易。事實上，妓女們不太可能躺在堅硬的石路、泥地或濕漉的草地上。而這幾位醫生對血跡模式的判斷也並未經過精確的科學測量。在今天的化驗室中，血跡鑑定專家必須不時的進行血跡實驗，才能對血液的滴落、飛散、飄灑、噴濺等物理法則有比較清晰的概念。但是在一八八八年，沒有一個開膛手案的辦案人員花時間研究，若是受害者站立時被割斷喉嚨，頸動脈的血注會噴灑得多高多遠。沒人知道凶手拿刀連續戳刺時血液向後飛濺而出的血跡模式。被召喚到犯罪現場的法醫似乎都沒想過，也許開膛手是邊割斷受害者的喉嚨邊將她壓倒在地上的。調查人員也似乎沒考慮過，開膛手也許極力避免滿身鮮血出現在公共場合，因而總是盡速脫去血衣、工作褲或手套，然後躲回他的秘密巢穴裡去清洗乾淨。

席格很害怕染上疾病，非常執著於衛生而且總是不斷的洗手。要是他不小心戴錯別人的帽子，一定會立刻洗頭洗臉，席格對於細菌、傳染病和流行疾病的知識想必相當豐富。他也必定知道，即使沒有口、性器官或肛門接觸也可能感染疾病。只要臉被血沾上，或者從雙手抹上眼睛、嘴巴或傷口，都可能導致嚴重後果。幾年之後，有一段時期他非常擔憂，以為自己染上了性接觸帶來的疾病，結果發現只是痛風。

# 21 惡作劇

九月三十日凌晨三點，大都會警察警員亞佛雷・隆恩正在白教堂區的葛斯頓街巡邏。H分局轄區平時並不是他的巡邏範圍，但是他被臨時召來，因為開膛手才又殺害了兩名女子。隆恩走過幾間猶太人居住的黑暗房舍，晃著巡夜燈朝黑暗角落照射，仔細聆聽是否有動靜。他手中的燈光掃向一條通往建築物內部的走道，照亮地上一塊污黑的布片。它上方的黑色牆板上用白色粉筆寫著：

尤太人（Juwes）是
不管做什麼
都無罪的
一群人

隆恩撿起那塊布。那是一塊染了血的圍裙布。他立刻查看了一〇〇到一一九號住戶的樓梯間。後來他在凱薩琳・埃竇斯的死因調查法庭中坦承說，「我沒有找那些租屋戶問話。總共有

六、七個樓梯間，每個我都搜查過了，沒發現有血跡或腳印。」

他應該搜索那棟出租公寓的所有住戶的。很可能掉落那塊圍裙布的人走進了公寓裡，也許開膛手就住在裡面，或是藏匿在那裡頭。隆恩掏出筆記，抄下牆上的粉筆塗鴉，然後衝回商業街警分局去。他必須趕緊報告他的發現，因為他沒有同伴隨行。或許也因為他害怕吧。

兩點二十分隆恩警員也曾經從葛斯頓街這棟公寓前走過，他發誓說當時走道上沒有那塊圍裙布。此外他在庭上作證說，他無法確定牆上的粉筆字是「剛剛才寫的」。說不定那些帶有種族詆毀意味的字眼已經存在好一陣子了，而那塊布只是湊巧掉在它底下。然而比較合理可信的說法是，那些偏執的塗鴉乃是開膛手在殺害了凱薩琳·埃竇斯之後寫上去的。在一棟住滿猶太人的公寓走道裡寫了這些字眼卻能夠好幾個小時、甚至好幾天不被抹掉，實在說不過去。

這些牆上的塗鴉一直是開膛手案中引發爭議的焦點之一。假設是開膛手所寫的這段訊息字跡相當清楚，我在國家檔案館的大都會警察檔案裡找到兩種版本。隆恩是個謹慎的人。他抄在筆記裡的文字非常的一絲不苟，表示很可能非常酷似原來牆上所寫的。他的臨摹和席格的筆跡非常相似。大寫T和開膛手九月二十五日所寫的幾封信裡頭的T也很酷似。但這並不足以拿來進行比對，在法庭上也毫無價值，因為無論有多麼逼真，它終究只是副本。

許多人試圖解析這段牆板上的文字。為什麼會把「Jews」拼成「Juwes」？也許這段文字只是意圖製造騷動的信手塗鴉。開膛手很喜歡書寫，他要別人重視他的存在。席格也一樣，而且也有在工作室的陰暗牆壁上隨手塗鴉的習慣。凱薩琳・埃竇斯案中的這片牆板小字報沒有留下照片記錄，因為查爾斯・瓦倫下令立刻把它清洗掉。不久就要天亮，猶太社區的居民若是看見這些粉筆塗鴉，不鬧翻天才怪。

瓦倫最擔心的是新的暴動又起，因此他再次作出愚蠢的決定。他的手下焦急的等待笨重的木質照相機送來，邊傳話給瓦倫，建議只將包括「尤太人」字樣的第一行擦掉，其餘的保留下來拍照存證，作為筆跡比對之用。絕對不行，瓦倫悍然駁回。全部都洗乾淨。快天亮了，會引起騷動的。結果照相機沒送來，那些塗鴉也全被洗掉了。

沒人懷疑隆恩警員發現的那片圍裙布也許是從凱薩琳身上那條白色圍裙扯下來的。高登醫生說他無法確定布塊上的血跡是不是人類所有——儘管擁有最優良醫學院的聖巴塞洛繆醫院就位在倫敦市。布朗醫生可以將那塊碎布送交那間醫院的顯微學專家。至少他想到了將凱薩琳的胃袋兩邊紮緊然後送去作化學測試，看是否有麻醉藥殘留。結果沒有。開膛手殺害那些女人之前並沒有先將她們迷昏。

我猜想對布朗醫生或警方而言，布塊上的血跡是否為人血其實並不重要。那片血布塊似乎和凱薩琳的圍裙被割下的部分相吻合，證明上面的血跡是人血並不是關鍵性的呈堂證據。也許不作血跡測試反而是高明的辦案技巧。即使證明了那是人血，也未必是屬於凱薩琳的。警方研判凶手割下那片圍裙是為了用它來擦拭雙手的血跡和污穢物。不知為什麼，他一直把這塊髒布帶在身上直到離開倫敦市返回白教堂區的途中。他跑進葛斯頓街那棟公寓裡，在牆上寫了那些字句，然後決定把布塊丟掉——也許是在他伸手到口袋裡找粉筆的時候，那大概也是他剛巧帶在身上的吧。警方並不把那塊染血的圍裙布視為開膛手案的重要證物，也不認為他出現在葛斯頓街是他嘲弄警方的一種手法。我在想，警方為何沒有質疑一個凶手怎麼會帶著粉筆到處跑。東區的人們是否經常隨身帶著粉筆，或者普遍擁有粉筆？或許應該這麼想，倘若開膛手那晚準備展開行動之初就帶了粉筆出門，顯然他早就計畫好要在犯案之後在牆上塗寫那些字句或類似的東西。

對開膛手來說，從米特廣場到葛斯頓街的途中勢必得經過他殺害伊麗莎白・史特萊的現場。他的路線很可能是從教堂走廊離開米特廣場，然後來到亨茲迪奇區、葛瑞佛巷、史東尼巷，然後經過襯裙巷，也就是多年後席格提著他的葛雷斯頓手提箱，帶著瑪喬莉・李黎和她的朋友穿過濃霧進行他那令人不安漫遊的所在。警方懷疑凶手會如此大膽，因為這個地區早已佈滿了警力。倘若執法機關願意多花點心力去分析凶手奇特的返回路徑和他的粉筆，而不只是埋頭研究「Juwes」究竟有什麼含意，或許會更有績效吧。

「我有八套衣服，好幾頂帽子，」一年後的十一月八日他在寄給「大蘇格蘭場督察長」的一首八十一行詩裡頭寫著。「這人十分靈敏，迅捷，來去無影——」他的目的是「毀滅夜裡那些污穢可鄙的妓女，失意、沮喪、墮落、一身破爛和瘦骨，劇院、音樂廳的常客和嗜飲琴酒之徒。」

對華特・席格來說，回到伊麗莎白・史特萊案現場去向一個警員探問出了什麼事，也是另一種「哈哈」吧。在一八八九年這首詩裡頭開膛手誇耀說，「我向一名見過那場景的警員問起，他說凶手是個黑夜馬屠夫……我說你該盡力去逮他；他說老兄，再說一句我就把你逮捕。」

「又有一次我在深夜遇見一個警員，和他聊著笑著走過高街。」

這首一八八九年寫的詩「和其他信件一起歸檔了。」沒人特別留意這封信的獨特書寫方式或相當微妙的詩韻，似乎不太像出自某個未曾受過教育或者精神錯亂的人。詩中提到的劇院、音樂廳等開膛手遇見「妓女」的場合也許是線索，也許警方應該開始在這些地方派駐一、兩個便衣警察。席格時常在劇院和音樂廳流連。至於瘋漢、低階層的屠夫和東區流氓，應該較少出入這類場所吧。

在一八八九年這首詩裡，開膛手坦承他也看「報紙」，對於自己被稱作「精神錯亂」覺得很反感。他說，「我一向單獨行動，」和報上常見的認為開膛手有共犯的說法不符。他說他從來不「抽煙、牛飲或沾一滴琴酒。」牛飲是形容過度飲酒的俚語。席格到了這年紀當然不可能牛飲。即使他喝酒，也應該不會選擇琴酒。他也不抽煙，儘管他相當喜歡雪茄，到了晚年甚至抽上了癮。

「當然了，經由自學，」開膛手寫道，「我也會拼字寫字。」這首詩有許多難以理解的地方。他使用了兩次「Knacker」，也許其中有一次是「Knocker」的筆誤。「Knacker」是俚語，指的是馬屠夫。「Knocker」則是形容穿著時髦或拉風的俚語。席格不是馬屠夫，然而警方公開宣稱凶手很可能是。寫詩不是席格的專長，但這並不妨礙他在信中胡謅一、兩首詩，或者唱一些用音樂劇的旋律加上自編的歌詞湊成的奇怪歌曲。「我寫了一首詩送給艾瑟，」幾年後當他的朋友艾瑟・桑茲志願加入紅十字會時他在信中寫道：

肩扛注射筒，手拿體溫計，
你將拯救某個年輕士兵，
並讓他成為你的驕傲。

在另一封信中他寫了首形容諾曼第「綿綿不絕的小雨」的短詩：

它不會永遠持續
如果行它就會持續

但是多說無益
就算它願意也是不可能地

白教堂區商業街警分局於一八九六年收到的一封信中，開膛手引用了一句話來揶揄警方，「『猶太人（譯註：Jewes）是不管做什麼都無罪的一群人』哈哈你們聽過吧。」在伊麗莎白・史特萊的死因調查庭中，「Jews」這個字的拼法引起熱烈討論，驗屍官反覆質問警方，牆上的塗鴉到底寫的是「Juwes」還是「Jewes」。雖說一般認為在一八九六年開膛手已經死亡——根據當時的警長馬維爾・麥納夫頓的說法——這封一八九六年的信讓警方起了陣不小的騷動：

「謹此呈報這封本月十四日收到的信件。此信署名開膛手，並顯示寄信人剛從國外返回，有機會時極可能再開殺戒，」警督喬治・派恩在他從商業街警分局寄出的特別報告中說。「這封信和警方在一八八八到一八八九年連續凶殺案發生期間收到的那批信件十分相似。警方已奉令全面提高警覺。」

所有分局都接獲電報「保持高度警覺，但同時保守機密。寄這封信的人顯然把它當成嘲諷警方辦案不力的一種惡作劇」。一八九六年十月十八日，一名督察長在他的高階警官特別報告裡頭說，他拿最近這封信和以前的開膛手信件作了比較，結果「找不到有一點筆跡相似的地方，只有那兩封令人印象深刻的信例外，就是寄給《中央通訊社》辦公室的那兩封信，其中一封信的日期是一九八八年九月二十五日；另一封是明信片，十月一日的郵戳。」

這位督察長的報告充滿矛盾，先是說最近那封信和舊有的開膛手信件沒有任何相似之處，接著又列舉了許多相似點：「我發現有幾個字母的書寫方式很類似，例如y、t和w，幾乎完全相同。還有幾個字彙同時出現在兩封信件裡。」但是這位督察長下結論說，「希望我的觀察是無足輕重的。」當時的犯罪調查處處長唐諾．史汪森贊同的說，「依我看來，」他在督察長的報告末尾批了句，「兩者的筆跡並不相同……不妨將這封信和其他類似信件一起歸檔，沒有必要流傳開來。」

這封一八九六年的信沒有獲得警方的重視，報上也不曾刊載。開膛手已經消失，被驅逐，不復存在了。也許開膛手從來就沒存在過，凶手只不過是個殺害了幾名妓女的惡魔，那些所有的信件都是瘋子寫的。諷刺的是，開膛手傑克再度變成了「無名小卒」，至少在警方眼裡是如此，對他們來說否定一切是最容易不過的。有個問題時常被提起——我希望永遠有人質疑這點——席格會不會是接續開膛手傑克那些案子之後犯下了其他謀殺案。連續殺人犯不會突然開始或停止作案，開膛手也不例外。就像所有連續殺人犯一樣，他的作案地點也不會只侷限在某個地區，尤其是一個警力部署森嚴、有數千個焦慮市民在協尋他的地區。寫信向警方報告他犯下的每樁案子，這做法太冒險了。我不認為開膛手會這麼做。席格樂在出風頭、玩把戲，可是他的首要考慮是滿足犯罪慾望以及不能被逮到。

一八九六年這封信出現後十一個月，也就是一八九七年九月十五日週三傍晚，二十歲的艾瑪・強森在返家途中失蹤。她的家就位於倫敦以西大約二十哩的溫莎鎮附近。次日，兩個女人在梅登海路附近採黑刺莓的時候，在灌木叢底下的水溝裡發現兩件沾滿泥巴的襯裙、一件染血的內衣和一件黑色外套。

九月十七日週五，伯克郡警方接獲艾瑪失蹤的報案，立刻組成了搜索隊。那些衣物根據指認是屬於艾瑪的。週日，就在兩個女人採黑刺莓的那片田野中，一名工人在水溝裡發現一件裙子、一件女用背心、一片衣領和兩只袖口。接著，艾瑪的母親在泰晤士河一處排水渠口的泥濘岸邊找到她女兒的緊身衣。在那附近的泥地裡有一只女人的腳印，和幾道長長的刮痕，顯然是有人拖著重物往渠口的方向走過去。

警方在混濁的河水裡打撈，結果在離岸十五呎遠的地方找到一具泥濘黏滑的裸屍。經過強森夫婦指認，那的確是他們的女兒。一名醫生在他們家中檢查艾瑪的遺體，他推斷有人抓住她的右手臂，重擊她的頭部讓她昏迷過去，然後割斷她的喉嚨。她被脫去衣服，接著兇手將她的屍體拖往排水渠口，推或者丟入河水裡。梅登海路是情侶夜晚約會的熱門地點。

沒有嫌疑犯，這案子也一直沒有破案。沒有證據顯示兇手是華特・席格。我不知道一八九七年九月他人在哪裡，只知道他沒和愛倫在一起。這對夫妻在一年前分居了，感情仍然很好而且偶爾也一起旅行。艾瑪・強森案發生時愛倫正在法國，和席格已經好幾個月沒見面。對席格來說一八九七年是格外難熬的一年。前一年他在《週日評論》發表的一篇文章導致畫家喬瑟夫・潘尼爾控訴他誹謗。

席格愚蠢的公開指稱潘尼爾用石版轉印的作品不是真正的石版畫。惠斯勒也使用同樣的方式創作石版畫，席格也是，而且這位大師還為潘尼爾出庭作證。愛倫的妹妹潔妮在一八九六年寫給她的一封信當中，潔妮引用惠斯勒的話說，他認為席格其實是針對他而來，而不是潘尼爾。席格有他「不可靠的一面」，惠斯勒告訴潔妮說。「為了眼前的目的，華特會不計一切背棄任何人。」席格輸了這場官司，但更大的打擊或許早在這之前便已降臨——就在惠斯勒坐在證人席上指稱他的前門徒是個無足輕重、欠缺責任感的人的那一刻。

一八九七年，席格和惠斯勒的友誼正式劃上句點。席格處境堪憐。他受到媒體的羞辱。他的婚姻宣告終結，而且也退出了新英國藝術聯誼會。秋天似乎是開膛手案的高峰。席格五歲時到倫敦接受外科手術也是在秋天，愛倫提出離婚建議是在九月中旬，同時，每年的九月也是席格從他鍾愛的迪埃普回到倫敦的時節。

# 22 荒野與煤渣堆

在葛登巷的停屍房裡，凱薩琳・埃竇斯的屍體被用釘子掛在牆上，彷彿一幅畫。幾名男性陪審員和驗屍官薩謬爾・菲德列克・藍罕先生逐一進來看她。約翰・凱利和凱薩琳的妹妹也必須來指認她。一八八八年十月陪審團向媒體和大眾發表了看似熟悉的判決：「不明凶手犯下的蓄意謀殺」。民眾爆發歇斯底里的不滿之聲。兩個女人在短短一小時之內相繼遭到殘害，而警方竟然毫無對策。

民眾寄到報社的信件反應說「低階層社會的現況已經威脅到其他階層」。住在較高級地區的倫敦市民開始擔心自己的生命安全。也許他們應該開始替窮人募集基金，好「讓他們有機會脫離邪惡的生活方式」。應該為此成立一個「辦事處」。《泰晤士報》的許多投書甚至建議說，只要上流階級將低階層的環境清理乾淨，就不會再有暴力案件發生了。

這些人似乎不明白，人口過多和社會階層結構所製造的問題不是拆除貧民窟或成立「辦事處」就能夠解決的。倡導節育被視為褻瀆上帝，有些人生來是人渣，永遠都是人渣。社會問題當然存在，但倫敦的階級問題絕不是開膛手殺害妓女的肇因。精神病態謀殺事件不是一種社會病，所有住在東區的人都明白這點，雖說他們或許沒聽過「精神病態者」。深夜的東區街道空蕩無人，許多便衣警探躲在暗處，等待著可疑的男性出現。他們那身喬裝和行動舉止根本瞞不過任何人。有些警察開始穿上橡膠底靴子，記者也是。他們在黑暗中靜悄悄的走過街頭小巷等候開膛手的時候，竟然不會驚嚇到彼此，也是奇事一樁。

沒人知道他已經又犯下另一樁謀殺案——就發生在幾週前，但這案子始終沒有被歸為開膛手案。十月二日週二——就在伊麗莎白・史特萊和凱薩琳・埃竇斯案發生之後兩天，位在白廳附近築堤上的蘇格蘭場新指揮總部的施工地點起出一具腐爛的女性殘骸。

之前有一條被截斷的手臂在九月十一日被發現。當時並沒有引起特別關注，除了波特太太，她那弱智的十七歲女兒在九月八日，也就是安妮・查普曼遇害的同一天早上失蹤了。警方對於失蹤青少年的案件不太使得上力，也沒什麼興趣，尤其是像愛瑪・波特這樣的女孩，她進出救濟院和醫院已經不知多少次，只會惹麻煩罷了。

愛瑪的母親已經習慣她的失蹤以及和警方打交道。當她女兒再度失蹤，接著一條女性斷臂被發現，又正值大都會區接連發生可怖謀殺案的期間，她害怕極了。波特太太對警方的哀求有了幸運的回報，一名警員發現正四處遊蕩的愛瑪，平安無事。但要不是因為她母親的呼天搶地以及接著媒體的追蹤報導，很可能人體殘肢事件就這麼被遺忘。記者們開始注意這案子。會不會是白教堂區惡魔又開始製造恐怖了？可是警方說不是。肢解人體是另一種全然不同的作案模式，無論蘇格蘭場或它的法醫們都不認為凶手會改變作案手法。

那條手臂是從肩膀割斷的，並且用繩子綑綁著。發現地點是在位於平利科的葛洛夫諾鐵路橋附近的泰晤士河前灘，就在白教堂區西南方四哩不到的同一側河岸。平利科大約在布洛赫斯特花園街五十四號以南五哩的地方——對席格來說只是短距離腳程。「昨天我『又』步行了大約十一公里，」他五十四歲時從迪埃普寫信時提到。五哩對他來說實在不算什麼，即使到了晚年他那毫無目標的怪異漫遊習慣仍然讓他的第三任妻子和其他照顧他的人擔憂。至於平利科也不過在惠斯勒位於雀兒喜區泰特街的工作室以東一哩的地方，也是席格熟悉的地區。從北岸的雀兒喜區跨越泰晤士河直達對岸的貝特希區的貝特希橋距離惠斯勒的工作室只有幾條街，和斷臂被發現的地點相距大約一哩。一八八四年席格曾經畫貝特希公園，從惠斯勒工作室的窗口就能看見那裡。平利科是個優雅的地區，分佈著整潔的房舍和小花園，這裡有污水處理系統，避免它產生的污水流入泰晤士河。

菲德列克・摩爾的運氣不佳，泰晤士河岸邊響起一陣人聲騷動的時候，他剛好正在鐵路橋附近的迪爾碼頭入口外面工作。潮水很低，幾個男人圍著泥地上的一團物體高聲談話。由於沒人想伸手去撿，摩爾只好自己來。警方將那條手臂帶回史龍街，一位奈維爾醫生檢查之後判定那是女性的右手臂。他推測綁在上面的繩子是為了「方便提著它」。他說這條手臂是死後截斷的，泡在水裡大約有兩、三天。如果是在生前截斷的，奈維爾醫生還錯誤的推測說，手臂肌肉會比較「緊縮」。十九世紀晚期的普遍看法是，從死者臉上的表情可看出他所受的痛苦和折磨，握緊拳頭和四肢僵硬蜷縮著也代表相同的意義。當時的人不明白人死後會經歷漫長的變化，由於屍僵作用，到了最後牙齒和拳頭都會緊縮。我們往往會把燒焦屍體的握拳姿勢和骨頭碎裂狀態以及真正在生前受到高熱或「烘烤」折磨所形成的肌肉緊縮和骨折等外傷相混淆。這條手臂，奈維爾醫生又說，是用某種「尖銳工具」「俐落地切下的」。警方有一陣子認為凶手是醫學院學生。這是惡作劇，警方告訴媒體，非常惡劣的玩笑。在蘇格蘭場新大樓施工地點發現的那具殘骸沒有被當成玩笑，但或許該被當成玩笑。謀殺案是嚴肅的事，但如果這案子真是開膛手捲土重來之作，豈不是天大的笑話。

媒體關於這案子的報導也始終保持低調。八、九月的負面新聞太多了，民眾已經開始抱怨報上的細節描述只會讓情況更糟。這「對警方的工作是一大妨礙」，有人投書到《泰晤士報》說。媒體報導只會增加民眾的「恐慌」，反而幫助了凶手，另一個人這麼寫。

倫敦人開始抱怨，警方真是後知後覺，表現令人失望。蘇格蘭場遲遲無法將歹徒緝捕到案，在警方的機密公文中記錄著，官員們擔心「倘若不盡速將凶手繩之以法，不僅是警方的恥辱，更是莫大的危機」。大量郵件湧向蘇格蘭場，為此查爾斯・瓦倫還在報上發表一封公開信「感謝」市民的關注並且為他沒有時間一一回覆而道歉。可以預期的是寄到報社的郵件必然也不少。為了過濾信件，《泰晤士報》的做法是，儘管寄信人可以用假名見報，但還是要求讀者在原信中附上真實姓名和地址，以示負責。

這項政策並不容易貫徹。當時距離電話的發明只有短短十二年，還不是普遍的家庭配備。我懷疑當某個讀者的姓名不在當地名錄上時——事實上有很多人沒有被列入——報社員工會搭著馬車或騎馬去查證他的姓名地址是否正確無誤。我翻閱了數百份一八八八到一八八九年之間的報紙，發現署名無名氏的投書有但是不多。大多數讀者都允許報社刊登他們的真實姓名、地址，甚至職業。但是隨著開膛手案的白熱化，似乎有越來越多人使用姓名縮寫和神秘假名，甚至令人吃驚的代號，例如帶有黑色幽默或嘲諷意味的。

安妮·查普曼遇害之後幾天，《泰晤士報》收到一封投書，提議警方應該全面搜查那些曾經以「已經治癒」名義而獲得釋放的瘋子殺人犯。這封信署名「鄉下醫生」。另一封刊登於九月十三日，署名「J.F.S.」的投書指出，前一天有名男子在「上午十一點在東區漢百利街被搶劫」，下午五點又有一個七十歲老人在齊克桑街遭到襲擊，而當天上午十點，一名男子闖入一家麵包店搶光收銀台的錢。這些事件的發生地點，這位無名氏讀者說，「相距不到一百碼，而且全都位在靠近那兩樁謀殺案地點之間。」

這封無名氏投書引人好奇的是，報上的警方消息欄裡並沒有關於這些事件的報導，令人不禁懷疑這個無名氏如何知道那麼多細節，除非當時他正在東區遊蕩，或者本身是警察。大多數寄給報社編輯的信件都充滿善意並誠懇的提供建議。神職人員要求警方加強巡邏、更好的照明，以及將所有屠宰場遷離白教堂區，因為對動物的暴力和街上的血污容易引發「不良的幻想」。富有的倫敦人應該買下東區的貧民窟，再加以改造。貧困人家的子女應該由政府負責收養。十月十五日，《泰晤士報》刊登了一封無名氏投書，內容就像一篇短篇小說，充滿嘲諷和機巧，可視為對發生在礦區的珍・寶摩爾案的嘲弄：

長官，近來我到過英國不少地方，對於白教堂區連續謀殺案長久以來在民眾之間引起的強烈關注和激情有極為深刻的體認。到處都有人問我關於這些案子的事；尤其是工人們，而且以女性居多。例如上週在某個農業郡，我在大雨中和一個正要回家的女僕共用雨傘，她問我，「先生，聽說他們在倫敦找女人麻煩，是真的嗎？」她又解釋她的意思是說，「經常有女人三三兩兩的被殺害。」這只不過是其中一個例子，而我和這案子的主要關聯在於，我本身竟然也被當成了凶手。既然我都可能是凶手，那麼眾多安分過活的紳士豈不都脫不了嫌疑？因此我感覺有必要將這件事提出，以示警惕。

兩天前我在某個礦區，剛拜訪了我的朋友，一位郊區牧師，在暮色中走路回家，獨自一人經過一片散佈著礦坑和鐵工廠的荒僻田野。突然在我背後出現一群人，是七個強壯的年輕礦工，年紀都在十八歲左右，帶頭的例外，那人是個壯碩的小伙子，大約二十三歲，身高有六呎以上。他無禮的問我的名字，我拒絕告訴他。「那你一定是開膛手傑克，」他說，「跟我們到……警察局去；」他說了個最近城鎮的名字，在兩哩外。我問他憑什麼這麼做。他猶豫了一下，回答說他是個警員，有拘捕令（拘捕我吧，我想），但是忘在家裡了。「要是你不立刻乖乖的跟我走，」他惡狠的說，「我就拿出手槍來轟掉你的腦袋瓜。」

「那就拿吧，」我說。我非常肯定他根本沒有手槍。結果他沒掏槍，我對他說我絕不會跟他走。這時我注意到，儘管有七個人圍繞著我，作勢威脅我，可是沒一個敢碰我。我正思索著該如何回頭繼續我的行程，突然看見一個鐵工廠工人穿過田野朝我們的方向走來。我向他大喊；他走過來時，我解釋說這些傢伙剛才想羞辱我，由於是他們七個對我一個，他應該站在我這邊。他看來十分木訥安靜，和我一樣是中年人，正要回家去喝茶（他剛剛提到的）。

基於勞動者的率真天性，他同意我的請求。於是我們一起走開，不理會那個流氓頭子叫嚷著他要連我的同伴也一起抓起來。可是那幫人並未解散。他們聚在一起商量，決定來追趕我們，而且很快就趕上了，因為我們並沒有像逃犯那樣迅速跑走，但我心裡已經有了底。我告訴我的同伴，我們應該盡量循著這條共同的路徑走在一起，然後我得麻煩他繞一點路，陪我上山到我一個非常強壯又可靠的礦工朋友家裡去。

就這樣，我們走了半哩路，經過荒禿的田野和許多煤渣堆，被七個煤礦工人包圍著，他們擠到我身邊，但始終沒有碰我一下。他們的頭子仍然在一旁恐嚇我，說無論我打算怎麼做，都應該和他一起進城去。最後我們來到這條道路一處荒僻、氣氛肅殺的地點，四周羅列著高聳的廢棄礦山。沿著山丘之間的蜿蜒小徑便可到達我那位礦工朋友的小屋。我們到了路口，我對我的同伴說，「我們往這裡走，」說著轉入小徑。

「你不能往那裡去，」那個壯漢大叫。「你得繼續和我們一起走，」他說著把手擱在我的領口。我把他的手甩掉，對他說現在他已經造成了人身侵犯，我可以立刻將他告上法院。也許只是巧合吧，在我說了這話之後，他就不再阻撓我和我的同伴登上那條小徑了。不過他還是緊跟著我們，他和那夥人邊發誓說必要時他會整晚跟著我。我們很快上了山坳頂，不知道那裡是否叫山坳。從那裡可看見我礦工朋友的小屋亮著燈，襯著星光燦爛的夜空。

「我就要往那裡去，」我大聲說。出乎我意料的，那個高個子突然改變口氣，「你要去多久？」「難說，」我回答，「你最好跟我一起去。」「不了，」他說，「我在這裡等你。」於是我和那個鐵工廠工人一起走向小屋。到了門口，我向我的同伴告辭，並且送給他一枚錢幣作為回報，然後進了屋子。我把這段經過告訴我的礦工朋友和他親切的妻子，他倆一臉嫌惡的聽著。一分鐘不到，他和我衝出小屋去找那幫跟蹤我的人，可是他們已經溜走了。他們肯定是看我受到他們的工人同僚的款待，發現跟蹤錯了人吧。

我不是性喜冒險的人，即使是年華老去的現在也一樣。我也並不怪那幫人，無論他們的用意是為了伸張正義或者更像是希望能得到賞金。但我認為他們的罪過在於犯了個重大甚至危險的錯誤，竟然判斷不出開膛手傑克和我這個謙卑的市民——一個中年紳士有什麼不同。

我相信這位「中年紳士」之所以到鄉間和礦區旅行並且在信中隱藏他的姓名和許多地名，必定有非常充分的理由。在那個階級意識濃厚的時代，一個「紳士」為何會有礦工或鍛鐵工人朋友，也必定存在著非常合理的解釋。但令我困惑的是，為何會有人推測開膛手傑克是「中年紳士」，還有像《泰晤士報》這樣權威的媒體為何會刊出一封純屬虛構的投書，莫非報社主管們感染了開膛手狂熱，只要是和開膛手有關的小道消息都不放過。

無論如何，這封信裡頭有不少值得研究的細節。寫信人說他最近旅行了許多地方，開膛手信中也說了相同的話。這位「紳士」和勞工階級很投緣，席格這方面也是出了名的。此外這封信強調，並不是只有倫敦才有開膛手恐慌，而是各處皆然，倘若這位「中年紳士」真是華特・席格，那麼這應該算是他一廂情願的主張。扮演開膛手傑克的角色時，他要所有人都怕他。「要是這裡的人知道我是誰，一定會嚇得屁滾尿流，」開膛手一八八九年十一月二十二日從克拉彭寄出的信中寫著。寄信人地址則是「潘趣與茱蒂St.」，又是一聲「哈哈」。席格熟悉潘趣與茱蒂是很自然的事。這齣木偶劇非常受歡迎，連他的偶像竇加都對潘趣與茱蒂十分著迷，曾經在信中提到這齣暴力木偶劇。維多利亞時代視為理所當然的幽默方式在我們看來或許難以接受。有些人認為潘趣與茱蒂一點都不可愛。潘趣毆打他的小女嬰並且把她丟到窗外，還動不動就敲他妻子茱蒂的腦袋，「把它劈成兩半」。他踢他的醫生然後說，「好啦，這下子你的肚子有感覺了吧？（潘趣用木棍戳醫生的肚子；醫生倒下死了，而潘趣就跟以前一樣，用手杖把屍體挑開。）嘿嘿嘿！（大笑）。」

奧斯渥所寫的潘趣與茱蒂劇本，《謀殺與殺人》或稱《被愚弄的惡魔》裡頭木偶們的荒謬行徑已不僅僅是潘趣將所有家產拿去買「白乾兒」喝這麼簡單。

潘趣和小孩一起跳舞。

（他抓住小孩的頭往欄杆上撞，小孩哭了起來）……噢，別哭……別哭了，乖孩子（把他安置在牆角）。

我去替你找吃的（說著走了出去）。

潘趣回來，仔細檢查那孩子全身。

你又跌倒了嗎？別吵，別鬧（說著又出去，孩子繼續哭泣）。

潘趣帶著一碗粥和湯匙回來。

我的好孩子，別惹毛了我。快，乖乖吃吧。

（他手也不停的餵小孩吃粥）吃吧。

吃吧。老天！……你別哭了好嗎？我說，閉嘴！吃吧，把剩下的粥吃完。

（他把碗倒過來扣在小孩臉上！）沒有啦！（粗魯抖動著粥碗）你還不肯安靜？

……（把小孩丟出戲台）

奧斯渥當時也許是正在替《落葉》雜誌編寫潘趣與茱蒂的劇本並且繪製插圖，而華特總是殷切期待著這本幽默雜誌的每一期發行。我相當確定華特・席格必然十分熟悉他父親所編繪的潘趣與茱蒂劇本。而好幾封開膛手信件中也畫了酷似潘趣與茱蒂的人物素描，總是有個女人躺在地上，男人俯趴在她身上，高舉著長長的匕首或木棍刺她或攻擊她。

這封寄到《泰晤士報》的「中年紳士」投書的作者也許是藉由一個中年紳士被錯認為開膛手傑克的故事來暗諷急著破案的警方將大批「嫌疑犯」抓進警局去盤問的現實狀況。東區的男性居民沒有一個能免除被警方訊問的命運。凶案現場附近的所有住宅都被搜查過，各年齡層的男性都接受過調查，包括六十多歲的男性在內。任何男子一旦被帶往警局，他的安全立刻受到威脅，因為憤怒的鄰居全都監視著他。東區的居民都想抓開膛手，也熱切的想要逮住他，倘若有機會，他們巴不得能親手將他處決。凡是惹上嫌疑的人，即使非常短暫，有時候甚至得被關進警局，直到證實無罪為止。

人稱「皮圍裙」的東區書商約翰・皮澤也一度成為嫌疑犯，因為警方在安妮・查普曼的遇害地點，漢百利街二十九號後院找到一條濕漉的皮革圍裙。結果發現這條圍裙屬於約翰・理查森所有，他母親替他清洗了放在外面晾乾的。警方在發佈關於這則「證物」的消息之前至少應該先將事情查證清楚。皮澤或許是個滿嘴粗話的惡漢，但絕不是性暴力殺人犯。在警方證實那條後院的皮革圍裙和開膛手傑克案沒有絲毫關聯之前，皮澤一直不敢出門，怕被暴民撕成碎片。

「那個關於皮革圍裙的笑話著實令我惱火，」開膛手在九月二十五日寄到《中央通訊社》的信上說。

媒體有許多事件報導讓開膛手覺得有趣，同時也樂於欣賞他所製造的混亂，樂在成為話題人物。他喜歡和警方、記者互動，而他也真的這麼做了。他回應他們的報導，他們也回應他的信件，到最後再也弄不清楚究竟是誰先起的頭。他回應觀眾的掌聲，觀眾回應他的演出，到後來開膛手的信件出現越來越多牽涉私人的語句，似乎可看作是開膛手和其對手們逐漸發展出微妙關係的一種指標。

這種幻想在暴力精神病態罪犯中並不罕見。他們不僅認為自己和受害者之間有著關係，同時也和追捕他們的辦案人員有種類似貓捉老鼠的緊密聯繫。當他們終於落網就逮，往往對訊問他們的警方、心理專家、作家、電影製片人和研究犯罪司法的學生相當順從。要是律師允許，他們甚至會樂於暢談自己的監獄生涯。問題是，精神病態者慣於說謊。他們所說的每一句話都帶有操控他人的用意，只為了滿足被注意、被崇拜的私慾。開膛手想要對手對自己刮目相看，就某種角度來看，他甚至希望被人喜歡。他聰明而機巧，連警方都這麼說。他很逗趣，也許他會認為警方也喜歡他的一些好玩小把戲。「有本事來抓我，」他無數次這麼寫。「我可以寫五種不同的筆跡，」他在十月十八日的信中誇耀。「光憑筆跡你們抓不到我的，」他在另一封十一月十日的信中挑釁的說。他的許多信件都署名「你們的友人」。

每當開膛手離開舞台太久，他就渾身不自在。如果警方似乎把他忘了，他就趕緊寫信給媒體。一八八九年九月十一日開膛手寫道，「親愛的長官，請把我這封信刊登出來，好讓全英國的人都知到（知道）我扔（仍）健在並且活躍得很。」同時他還好幾次提到「出國」的事。「我打算在八月底收手，到時我要出國去，」一八八九年七月二十日警方收到的一封開膛手信件寫著。不久後——到底過了多久則無法確定——有人在迪爾到桑維奇之間的多佛海峽岸邊發現一封瓶中信。這兒的對岸就是法國。

沒有記錄顯示是誰發現這封瓶中信的，或者那是什麼樣的瓶子，只知道瓶子裡有一小張註明一八八九年九月二日的條紋紙，上面寫著「從諾森堡搭汽船。再度上路。開膛手傑克。」這只瓶子被發現的那一帶英國東南方海岸非常靠近藍斯蓋、布洛斯台和福克斯頓。

至少有一封開膛手信件是從福克斯頓寄出的。席格曾經在藍斯蓋作畫，而且很可能曾經在一八八八到一八八九年之間去過那裡，因為那裡是非常著名的度假地點，而他又非常喜歡海邊的空氣和游泳。福克斯頓和法國之間有蒸汽輪船往返，席格曾經搭乘過許多次。從多佛到法國加萊附近也有直航客輪。當然，我們無法根據這些便斷言席格曾經寫過一張小便條、塞進瓶子裡，再將它丟入海中。但是他對肯特郡一帶的英國海岸相當熟悉，也非常喜歡這地方，甚至曾經於一九三〇年代在布洛斯台住過一陣子。誰要是想在地圖上根據開膛手的作案路徑找出他的行蹤，恐怕只是浪費時間。別忘了，他是創造幻覺的大師。一八八八年十一月八日，一封從東區寄出的信吹噓著，「我要到法國去，在那裡重起爐灶。」三天之後，也就是十一日，果然出現一封從福克斯頓寄出的信，顯示開膛手或許真的打算去法國。但問題是，就在同一天，十一月十一日，開膛手也從位於福克斯頓北方兩百哩的赫爾河畔的金斯頓寄出一封信。一個人如何能夠在二十四小時之內寫這兩封信？

一種可能是開膛手經常一次寫大量的信，不只為了比較自己的筆跡，確認其中的差異，同時也便於寫上相同的日期，然後從不同地點寄出，或者讓它看來像是從不同地點寄出的。一封用亞皮利浮水印信紙寫的開膛手信函，標示的日期是一八八八年十一月二十二日，而另一封使用相同信紙，註明相同日期的開膛手信件卻顯示他正在曼徹斯特。另外兩封沒有浮水印（或許原本有但已模糊不清），同樣註明十一月二十二日的信則分別從北倫敦和利物浦寄出。

假設這幾封十一月二十二日的信全都是同一人所寫——根據其中的雷同之處，可能性頗大——那麼開膛手如何能在同一天內分別從倫敦和利物浦把信寄出？沒了郵戳，就無法確定信件投遞的真實日期和地點，而我對於缺少郵戳信件上所標示的任何日期和地點都是存疑的。例如，一封蓋有一八九六年郵戳的開膛手信件中，開膛手標示的日期卻是一八八六年。若非出於無心就是蓄意誤導。

開膛手信中提到的日期或地點——或兩者——和郵戳所顯示的有所不同是很正常的。警方總是一打開信就把日期地點抄在檔案記錄簿裡，至於信封不是扔掉就是遺失了。開膛手在信中標示的日期很可能有一、兩天誤差，但是誰會注意或在意呢？不過對於一個正在逃亡，想擺脫掉警方追捕的人來說，一、兩天時間卻相當寶貴，可以讓他在十月八日那天同時出現在倫敦、里耳、英納萊頓和伯明罕。

在二十四小時之內出現在相距遙遠的幾個地點是可能做到的。搭火車速度非常快。根據一八八七年發行的布雷蕭全英火車時刻表（譯註：Bradshaw's Railway Guide，由印刷商Jeorge Bradshaw於一八三九年在曼徹斯特發行，一九六一年廢止），席格可以搭早上六點整從倫敦尤斯頓車站啟程的火車，在上午十一點二十分到達曼徹斯特，然後換搭正午發車的班次，在四十五分鐘之後到達利物浦。接著從利物浦出發，只需一小時七分鐘便可抵達位在海岸的南港。

一八八八年九月中旬，一具男童腐屍在南港一間廢棄房屋內被人發現。在十八日舉行的死因調查法庭中，陪審團作出了公開判決。儘管男童的身份和死因尚不明確，警方很有把握他是遭到謀殺的。

「被我看見的少年，只有死路一條，」開膛手在一八八八年十一月二十六日的信中說。

「我會找間空屋下手，」開膛手在另一封未標示日期的信中寫道。那個年代在英國搭火車旅行是件賞心樂事，有些火車還備有臥鋪車廂。一個人可以在晚上六點三十五分從倫敦出發，吃頓愉快的晚餐，好好睡一覺，次晨在蘇格蘭的亞伯丁醒來時才九點五十五分。也可以搭晚上九點從派丁頓車站出發的火車，於凌晨四點十五分到達浦利茅斯，再轉車到康瓦耳郡的聖奧斯戴，最後抵達位居英國最南端的利澤海岬。好幾封開膛手信件是從浦利茅斯一帶寄出的。如果要搭火車前往康瓦耳，在浦利茅斯轉車是最方便的。

席格對康瓦耳非常熟悉。一八八四年他和惠斯勒曾經花了許多時間在聖艾芙寫生。那裡是最受畫家喜愛的海畔景點之一。席格在一八八七年年底寫給惠斯勒的一封信中提到他正計畫到康瓦耳去一趟。他很可能時常到康瓦耳旅行。英國西南方的這片海岸有著壯麗的懸崖、海景和如詩的海灣，一向深深吸引著畫家們。

當席格需要休息或「藏身」的時候，康瓦耳無異是最佳選擇。在維多利亞時期那裡有一家叫做希爾旅館的著名民宿——也被暱稱作「利澤民宿」——就位在利澤海岬——由許多農地和陡峭岩崖所組成的狹窄半島，距離聖艾芙約二十哩遠。海岬四面被澎湃的海水衝擊著，現代人若是駕車進入海岬，得當心被強風刮掉車門。

# 23 訪客留言簿

二〇〇一年春天，正在製作一個美食旅遊節目的著名美食作家麥可・拉菲爾來到利澤海岬並且投宿在洛克蘭民宿。這家供應一宿兩餐的民宿是一棟樸實的五〇年代農舍，可以容納七個人過夜，而民宿女主人正是歷史悠遠的希爾旅館現存的唯一後代。

對瓊・希爾來說這年是極其難熬的一年。她繼承了夫家累積了一百二十五年的旅館訪客留言簿和其他記錄。康瓦耳郡剛經歷了口蹄疫的浩劫，而她的兒子又是名農夫。政府的限制措施讓他收入大幅減少，加上旅客由於家畜隔離檢疫的實施而紛紛卻步，使得剛剛喪夫的希爾女士陷入經營困境。

麥可・拉菲爾回憶他住在那裡的期間，希爾女士告訴他許多關於利澤民宿正值全盛時期、吸引無數畫家、作家、國會議員和貴族到訪的美好往事。翻開訪客留言簿，映入眼簾的是亨利・詹姆斯內向的筆跡和威廉・葛雷斯頓那華麗自信的字體。畫家兼藝評家喬治・摩爾也知道利澤民宿。席格認識詹姆斯，但認為他的小說非常乏味。席格和摩爾是老友，時常喜歡作弄他。畫家弗雷・霍爾也來過，是讓席格難以忍受的人。

美酒佳餚無限量的供應，價格卻很合理，人們遠從南非或美國來到這處突出在海中的荒僻岬角度假。他們隨意漫步、騎單車、在海風中徜徉或坐在火爐前看書，暫時忘卻一切生活細瑣。在這裡，席格可以邂逅許多他不認識的有趣人們，也可以獨處。他可以逛到懸崖上去寫生，或者只是像平時那樣隨性漫步。他可以搭火車或騎馬到其他城鎮去，例如聖艾芙。席格可以用假名登記投宿，也可以在訪客留言簿上簽任何名字。

經過兩次世界大戰的洗劫，利澤民宿依然存在，並且成為一則歷史傳奇。希爾家族在一九五〇年賣掉這棟擁有三百年歷史的農舍，另外開了小巧的洛克蘭一宿兩餐民宿。希爾女士對麥可・拉菲爾娓娓陳述著這些，也許因為見他聽得專注，她猛的想起那本標示著一八七七到一八八八年七月十五日的古老訪客留言簿，並且到儲藏櫃去把它找了出來。他「花了大約三十分鐘獨自翻看這本冊子」，突然發現一些素描和「開膛手傑克」的簽名。「從這些素描和文字在留言簿中所佔據的頁數、筆跡型態和深褐色墨水來判斷，這些開膛手留言和這本簿子以及它周遭的其他留言應該是同屬一個時代，錯不了，」他看了美國廣播公司的黛安・索耳在一個黃金時段特別節目中訪問我關於開膛手傑克的內容之後寫信給我。於是我和希爾女士取得聯絡。她證實了那本留言簿的存在，裡頭也確有開膛手傑克的留言和素描，我可以過去瞧瞧。幾天後我搭上飛往康瓦耳郡的班機。

我和幾位朋友一起前往，民宿裡除了我們沒別的訪客。這座小村莊十分荒涼，早晚吹拂著來自英吉利海峽的冷風。希爾女士是個害羞、毫不矯飾的女人，大約六十出頭，一心只擔憂著住宿的客人開不開心，並且大費周章的為我們張羅早餐。她這輩子沒離開過康瓦耳，也從來沒聽說過席格或惠斯勒這些人，但是對「開膛手傑克」這名字很覺耳熟。

「我聽過這名字，不過對這個人一無所知，」她說。她只知道他是個壞蛋。

拉菲爾在信上提到的訪客留言簿裡的素描，畫的是一對散步中的男女。男人穿著禮服，頭戴高帽，戴著兩片單眼鏡，拿著雨傘，他的大鼻子旁的位置就是「開膛手傑克」簽名。他在女人背後盯著她瞧，嘴裡吐出一個氣球圓圈，「真是個大美人，」他說。戴著羽毛帽，身穿緊身背心、裙撐和荷葉邊長裙的女人說，「我很迷人吧。」素描底下另一個氣球圓圈寫著，「開膛手傑克留」。此外這本珍貴的冊子還充滿許多隨處可見但極容易被忽略的塗鴉。例如一個女人鼻子上被點了顆醜陋的黑痣，她的衣服底下用鉛筆塗描出乳房和雙腿。有一頁寫滿對莎士比亞作品的評論和諷喻，大多十分任性且拙劣。我把這本留言簿帶回樓上房間，開始瀏覽其中的細節直到凌晨三點。房裡的電暖器熱烘烘的，窗外海風狂嘯，海水猛烈翻滾。

它裡頭的註解、數十處塗鴉和素描以及惡意的評語實在驚人，而且是我始料未及的，我突然感覺席格好像就在我房裡。

某人——我相信就是席格，但我暫且以「破壞狂」稱之——用鉛筆、紫色鉛筆和鋼筆在這本留言簿裡到處塗寫著粗劣、尖刻、幼稚和暴戾的字眼：

鬼扯！一群蠢蛋，蠢蛋，大傻瓜，自作聰明的傢伙。蠢斃了，哈、哈哈，哎呀！天啊，這種女孩，呸！咄！（遇見不道德的女人時使用的俚語），去你的（garn，也是「少女」的俚語），驢蛋（donkey，也是「陽具」的俚語），白癡（Dummkopf，德語），答啦啦澎得呀（一首音樂廳歌曲的旋律），姦婦（henfool，十七世紀稱呼妓女或情婦的俚語），呆頭，胡扯！胡扯！胡扯！胡扯！或者在「牧師」底下寫著「結過三次婚」，或者在別人名字底下塗寫「勢利眼」，或者把某個訪客的名字改成「懂個屁」的發音。

這名破壞狂還在一些寫滿了關於希爾旅館是個多麼美好的地方，有多麼舒適，食物有多麼美味，價格有多麼低廉的頌讚之詞的扉頁塗寫些嘲諷的小調歌詞：

「我摔出去，他們跌進來，其他人都逃開。」

「真是個怪地方。」

如果看見哪個訪客試作了一、兩首詩，他就立刻忍不住大加撻伐，例如引用F・E・馬歇爾在卻斯特寫的一首詩：

不幸籠罩著我
但我毫不懼怕
因為希爾的慈悲驅走我的所有病痛——在吃藥之後〔破壞狂加了這一句〕

破壞狂在詩底下畫了一幅卡通畫並且加註，「真是絕妙好詩！」在另一位訪客的拙劣詩句底下他則寫著：

他是詩人嗎？
寫出這種垃圾的人實在很難稱他是詩人。
他的腦袋一定是被滿月的光華照得昏花了!!

破壞狂還糾正許多訪客的拼字和文法錯誤，這似乎是席格的習慣。艾倫・泰瑞寫的自傳沒有半個字提到席格，於是他在自己手上的那份副本裡寫滿對她的拼字、文法和措辭的批評。我從席格外甥約翰・勒梭那裡得來的原屬於席格所有的一本泰瑞自傳書裡滿滿的都是他用鉛筆寫的評語和訂正文字。他改寫泰瑞對於許多事件的敘述，彷彿比她更了解她的生活。希爾旅館另一名訪客留的一首詩的最後一句寫著，「噢，向甜美的（fare）女主人致謝」。破壞狂訂正了錯字，寫上「fair」並且加上三個驚嘆號。他還將「O」畫成一張滑稽的卡通臉，加上手臂和雙腿。在這底下他潦草寫了句倫敦東區的俚語，「打賭她不是姑娘」，因為留言者提到他帶了「我的妻子」一起旅行。

「你為何省略了標點符號？」破壞狂在另一頁寫著，並且畫了卡通。再翻開一頁，又是一幅卡通畫，這幅令人聯想起伊斯林頓公共圖書館收藏的一些席格惡作劇的素描作品。「海倫修女」（Sister Helen）的簽名和她的地址「聖薩維亞修道院」（St. Saviour's Priory）當中的「S」都被畫成錢符號。

在已經塗寫的滿滿的一頁最底下，有著用鉛筆寫上的「白教堂開膛手傑克」字樣。另一頁，一個訪客的倫敦地址被他用鉛筆塗改成「白教堂區」。此外，我也注意到有一些人物素描，是蓄著鬍子的男人，穿著禮服，露出行了割禮的陽具。還有一幅類似潘趣與茱蒂的素描，一個女人拿著根長木棍敲打一個小孩的頭，裡頭的墨水污點被修飾成人物素描。在某些開膛手的信件中也有墨水改畫成人物的情形。

在另外兩頁，破壞狂簽上自己的名字「艾利・史勞普男爵（Baron Alley Sloper）」。我想「男爵」是一種諷刺，對英國貴族階級的一種席格式的嘲諷。「史勞普」則是一個鄙俗低劣、長著紅色大鼻子、頭戴破舊大禮帽、總是在逃避收租人的漫畫人物。他非常受到英國低下階層的歡迎，他的恐怖連載故事期刊曾經在一八六七到一八八四年之間以及一九一六年發行。留言簿中還出現「拇指湯姆夫婦」簽名，日期是一八八六年八月一日。儘管拇指湯姆（查理・薛伍・史崔頓）已經在一八八三年七月十五日去世了。可以列舉的例子太多了。這本訪客留言簿——或者如破壞狂對它的稱呼「驢蛋留言簿」——真是太精采了。安娜・谷魯茲納・羅賓博士仔細研究之後也同意，「沒人能夠否認這些素描和開膛手傑克信件中的那些圖畫極為酷似，」

她說。「都是技巧純熟的鉛筆素描。」其中甚至有一幅漫畫是出自惠斯勒之手，她又說。

羅賓博士注意到許多被我忽略的細節，例如寫在一幅男子漫畫人物上面的拙劣義大利文和德文，粗略翻譯一下，意思是，破壞狂說他是「開膛手醫生」，而且「在義大利烹煮了一頓全肉（或人肉）大餐」。其中的文字遊戲和影射很難藉著翻譯忠實傳達，羅賓博士說，但大意是說，開膛手在義大利殺了一個女人並且將她的肉煮成美味的一餐。好幾封開膛手信件也提到他烹煮受害者內臟的情節。有些連續殺人犯的確有吃人肉的行為，也許席格就是這樣。也許他熟煮了受害者的內臟，還拿來招待客人。當然，也有可能他提起烹煮人肉的事情只是一種嘲弄，只為了製造反感和驚駭。

羅賓博士和我一樣認為利澤民宿訪客留言簿中的那些低貶、評語和大部分素描都是席格的傑作。安妮・貝森、查爾斯・布萊德拉夫等人的名字也都出現在裡頭，而他們都是席格認識或畫過的人物。羅賓博士懷疑那些戴著不同帽子、蓄著各式鬍子的男性漫畫人物也許是席格喬裝成開膛手時的各種造型。一幅「本地鄉下姑娘」的素描或許暗示著席格曾經在康瓦耳謀殺過一個女人。

我向希爾女士買了這本留言簿。許多專家研究過它，包括法庭紙張分析專家彼得・鮑爾，他說這冊子的紙張和裝訂都不是「偽造品」。凡是看過這本利澤訪客留言簿的人都認為它十分珍貴，因此現在它已被送往泰特美術館檔案室去做進一步研究以及多項鑑定。

開膛手傑克的名字直到一八八八年九月十七日才出現在裡頭——比利澤訪客留言簿寫滿的日期，一八八八年七月十五日晚了兩個月。「開膛手傑克」的名字之所以會出現在裡頭，我認為理由很簡單。席格在犯下多起謀殺案之後來到了利澤民宿，並且破壞這本留言簿。這也許是一八八九年十月間的事，因為在冊子的夾頁之間有著用鉛筆寫的，非常細小的字體，有一組字母縮寫，「W」底下是「R」，接著是「S」，日期是「一八八九年十月」。

日期非常清楚，那些字母卻很模糊。也許是某種暗號，或只是一種嘲弄，我認為這十分符合席格的作風。對他來說，一八八九年十月是逃到英國最南端的海岬避難的好時機。因為就在一個月前，九月十日，又一具女性殘骸在東區被發現，這次是在平青街的鐵路橋底下。

作案模式太眼熟了。一名正在作例行巡邏的警員經過這個地點，並未察覺有什麼不尋常。三十分鐘過後，他再度走過這裡，看見路上有一團物體。那具殘骸沒有頭部和兩腿，不知為何凶手保留了兩條手臂。受害者的雙手光滑，指甲也不像屬於生活貧困艱苦的人所有。她身上殘留的衣服布料是絲，由此警方追蹤到布雷佛一家紡織廠。根據法醫的意見，這名受害者已經死亡數天之久。奇怪的是，關於這具殘骸被發現的地點，《紐約先驅報》倫敦辦事處早在幾天前就曾經接獲警告。九月八日午夜，有個身穿軍服的男子走向先驅報辦事處門前的一個送報生，這位「士兵」聲稱又有一樁恐怖謀殺案發生了。他給的地點正是那具殘骸在平青街被發現的所在。那名送報生趕緊衝進報社去向夜間編輯報告，編輯也立刻搭乘馬車去尋找屍體，但連個影子都沒有。那名「士兵」不見了，而那具殘骸直到九月十日才出現。根據受害者肌肉組織的乾燥程度看來，她也許早在九月八日那天午夜就遇害了。屍體附近一處柵欄上披著塊污穢的布料，是女性在經期中穿戴的那種布條。

「你們派尋血獵犬上街時要格外小心，因為那些單身婦女裹著月經布——女人在身體不適的時候氣味是很濃烈的，」開膛手在一八八八年十月十日的信件中寫道。

凶手再一次成功的隱藏屍體和殘肢，帶著這個想必非常沉重的包裹四處移動，然後刻意把它丟置在警察經過的路上。

「我必須克服一些困難，如何將屍體帶進我用來藏屍的地點，」開膛手在一八八八年十月二十二日的信上說。

這具女性殘骸被發現十二天之後，《每週特派報》再度刊出一則《紐約先驅報》倫敦版登過的新聞，一名房東聲稱他知道開膛手傑克的「身份」。這名姓名不詳的房東說他非常肯定有個向他租房子的人就是開膛手，因為這名「房客」總是在「大約凌晨四點鐘」大家都在熟睡的時候進屋子。某天凌晨，這名房東在他回來的時候正好醒著，發現他「興奮得語無倫次」。他聲稱自己遭到襲擊，手錶被搶走，「他說了某個警察分局的名字」，說他已經去報警了。

這位房東去警局查證這件事，警察告訴他並未接獲這麼一件案子；加上他看見幾張椅子上披著那個房客剛洗過的襯衫和內衣，心中逐漸起疑。這個房客「經常在街上到處和女人搭訕，並且『廢話連篇』的寫些關於她們的瑣事」，字跡很像是「寄給警方自稱是開膛手傑克的那些信件上的字跡」，報上這麼報導。這名房客擁有「八件套裝，八雙靴子，八頂帽子」，能說好幾國語言，而且「每次出門時總是提著只黑色箱子」，也從來不連著兩個晚上戴同一頂帽子。

平青街那具殘骸發現之後不久，這個房客告訴房東說他準備出國，就匆匆離開了。這位房東進入他的房間，發現那個房客留下許多「蝴蝶結、羽毛、花朵等低下階層女性常用的飾品」、三雙繫鞋帶的皮革靴子，和三雙有著印度橡膠鞋底和美洲布鞋身，還有「染了血」的「橡膠套鞋」。

開膛手顯然隨時留意著新聞發展，對倫敦版的《紐約先驅報》或甚至《每週特派報》等其他報紙的報導非常熟悉。一八八九年十一月八日開膛手用一首詩對那位房東的故事作出回應：

「我有八套衣服，好幾頂帽子。」

他否認他是那個喜歡「廢話連篇」的寫些關於敗德婦人瑣事的房客：

幾個月前芬斯伯里廣場附近，
有個古怪的男子和一對未婚男女同住，
那則故事並非屬實，
沒有一個專寫壞女人事蹟隨筆的傢伙。

我們很難相信華特・席格會把靴子或任何足以構成罪證的物品留在他租過的房間裡，除非他刻意要人發現這些東西。也許席格真的住過那棟出租公寓，也許沒有，但可以確定的是開膛手有意無意地留下啟人疑竇的線索，製造更多戲劇性。也許他正躲在暗處，編導著他的下一齣戲，也許他就是《每週特派報》刊登的那則「房客」故事底下的另一篇報導的幕後黑手。

有位「女士」寄了封信到利曼街警分局，「指稱她非常確定有個高大壯碩的女人」，曾經「喬裝成男人」在好幾間屠宰場工作。這則報導引發了「東區連續謀殺案的凶手可能是女性的新論點，尤其所有案子都沒有男性曾經出現在犯罪現場附近的證據」。這名屠宰場異裝癖者始終不曾現身，而警方也搜索了東區所有的屠宰場，沒發現「女性開膛手」可能藏身其中的絲毫跡象，那封某位「女士」寫給利曼街警分局的信也早已不知去向。從一八八九年七月十八日（席格「辭去」《紐約先驅報》藝評人職務之後三天）到十月三十日之間，大都會警察總共接獲三十七封開膛手信件（根據國家檔案館和倫敦歷史資料館的記錄顯示）。其中有十七封是在九月間寫的。這當中除了三封，所有信件都是從倫敦寄出的，也就是說在「房客」事件和屠宰場女工報導刊出的期間，開膛手——或者該說席格——也正在倫敦。

一八八九年三月到七月中旬之間，席格總共替倫敦版《紐約先驅報》寫了二十一篇文章。九月八日那天他很可能也在倫敦，因為幾天前《太陽報》才在他位於布洛赫斯特花園街五十四號的住宅採訪過他，並且在八日那天的報紙刊出訪問內容。這篇採訪的重點是關於一次非常重要的印象派畫展將於十二月二日在龐德街古匹耳畫廊展出的消息，當然其中也包括席格的作品。此外，記者還問他為何不再擔任《紐約先驅報》的藝評人，報上所刊出的席格的答覆相當閃爍且並非全然屬實。他聲稱自己沒有時間繼續為先驅報寫文章，並說藝評工作應該由那些不具畫家身份的人來擔任。然而一八九〇年三月他又動筆了，替《蘇格蘭觀察家報》、《藝術週刊》和《旋風報》寫文章，一年當中至少寫了十六篇。也許這又是一次席格式巧合吧，就在《太陽報》刊出他從《紐約先驅報》「辭職」消息的當天，那名神秘的士兵出現在先驅報辦事處門口，聲稱又有一樁謀殺肢解案發生，而那是他絕不可能知道的，除非他是共犯或者凶手本身。

一八八九年九月發現的這具殘骸始終無法確認身份。也許她不是住在小旅館或遊蕩街頭的「小妓女」，也許是較高級的妓女，例如音樂廳的表演者。這類型的女人總是在許多城市和國家之間來來去去，要失蹤是非常容易的。席格很喜歡畫她們的肖像。他畫過音樂廳明星昆妮・勞倫斯的肖像，或許還有點不愉快，因為她拒絕接受這項禮物，甚至說她不想拿它來當遮簾擋風。昆妮・勞倫斯似乎在一八八九年突然淡出舞台，我找不到任何關於她下落的報導。席格的模特兒和門徒往往就這麼沒了蹤影。

「……一名我的學生，一點繪畫天份都沒有的可愛女孩，回鄉下去了。叫什麼名字來著？」

席格大約一九一四年寫信給他的美國富人朋友艾瑟・桑茲和南恩・赫德生說。

在席格的犯案高峰期，他也許就在火車上生活。他可以從各地寄出信件。性暴力殺人犯在犯案癮頭高漲時往往會四處遷移。走過一個個小鎮，路過一個個城市，在休息站、車站附近殺人。至於犯案地點有些是預先設定的，有些則是臨時起意。屍體和殘肢散佈的範圍很可能達數百哩之廣。有些屍骸被丟棄在垃圾箱和樹林裡；有些受害者的屍體則密封得極完好，永遠被列為「失蹤人口」。

謀殺的興奮感、刺激和快感令人陶醉，但這些人並不想被逮到，席格也一樣。經常遠離倫敦是聰明的做法，尤其是在伊麗莎白・史特萊和凱薩琳・埃竇斯兩案之後。然而，如果他從這麼多相距遙遠的地方寄信的動機是為了誤導警方，製造混亂，那麼他是失策了。借用麥柯爾的話，他「栽在自己手上」了。席格太聰明了，致使警方和媒體都不相信那些信件真的是凶手寫的。那些信件完全被忽略。有些從太過遙遠的地方，例如里耳或里斯本寄出的信件，便以惡作劇的成分居多。或者席格也可以請朋友替他寄信。他似乎有這習慣。一九一四年八月，當時他在迪埃普。他寫信給桑茲說，「我可沒辦法隨時攔住一個好心的漁夫託他替我寄信。」

# 24 糧草箱

一八八八年十月十一日這個寒凍的清晨，查爾斯·瓦倫爵士扮演了壞人角色，從犯是兩隻尋血獵犬，柏哥和邦尼比。

這位大都會警察署長躲在海德公園的樹林和灌木叢後面，假裝成逃犯，他那對美麗的獵犬聞不出他的氣味，卻成功的追上幾名正在公園裡散步的路人。在這個多霧冷冽的早晨他們又另外試了四次，結果還是一樣不樂觀。這對瓦倫而言實在不是好兆頭。

如果說尋血獵犬在清晨相當空曠的公園裡都無法成功的追蹤一個人，那麼要牠在東區壅塞污穢的大街窄巷裡搜尋，或許不是什麼好主意。瓦倫決定親身示範追蹤行動同樣不是好主意。他多麼想向倫敦市民展示用尋血獵犬追蹤人犯的創新做法，以及他非常有把握牠們一定能夠嗅出東區殺人狂的蹤跡。瓦倫這回帶著迷路的尋血獵犬在公園裡亂竄的經驗勢必將成為他揮之不去的難堪記憶。

「親愛的長官，聽說你想讓尋血獵犬來追我，」開膛手在十月十二日的信中寫道，並且在信封上畫了一把刀。

瓦倫這項決定或許真是倉卒了些，或至少註定是徒勞無功的，因為就在他演出公園鬧劇前兩天，也就是十月九日，《泰晤士報》刊出一封引人注目的投書：

長官，關於尋血獵犬能否協助追蹤人犯這點，我的經驗或許能為你提供解答。以下便是我的親身經歷。

一八六一或六二年（正確時間我已記不得了），我在迪埃普，有個小男孩被發現陳屍在糧草箱裡，身體彎曲，脖子上被劃了好長一刀。他們立刻派了幾隻尋血獵犬去追蹤氣味。牠們不斷往前衝，邊嗅聞著地面，好幾百個人緊跟在牠們後頭，包括犬主人和我。

這些訓練有素的動物絲毫不曾鬆懈，終於抵達小鎮的另一頭。牠們在一間廉價寄宿屋門口停下腳步，仰起高貴的頭，低聲吠叫起來。進屋之後，我們在床底下找到了罪犯，一個老婦人。

容我補充，經過適當訓練的尋血獵犬，牠們追蹤氣味的本能的確驚人，誰都不敢說在追蹤的路途當中有什麼難關是牠們克服不了的。

忠誠的友人

威廉斯・布尚南

W・C・，柏頓街十一號

十月八日

就跟那封寄給報社編輯的中年紳士投書一樣，這封信的語氣和主題也是極不一致的。這位布尚南先生用說故事般的輕快語調陳述著一個小男孩「脖子上被劃了好長一刀」，屍體被塞在「糧草箱」裡的悲慘故事。

翻遍迪埃普的媒體記錄，並未找到一八六〇年代當地曾經發生過幼童被割喉或者類似案件。當然這並非定論，因為法國一世紀前的檔案不是保存狀態不佳就是已經遺失，不然就是在兩次大戰中銷毀了。但如果真有這麼一樁謀殺案，也就是說，迪埃普早在那個年代就配備了訓練精良的尋血獵犬隨時「待命」，這點實在令人無法置信。即使是倫敦大都會警察在一八六〇年代都尚未開始訓練尋血獵犬，甚至過了二十八年也還沒有，查爾斯・瓦倫署長必須從國外進口這種獵犬，並且為牠們配置一名獸醫。

八世紀時，尋血獵犬被稱作法蘭德斯獵犬，以擁有追蹤熊和其他動物並且將牠們逐出巢穴的優異能力而聞名。直到十六世紀這種嗅覺靈敏、耳垂低垂的獵犬才普遍被用來追蹤人的氣味。故事中常把牠們描述成凶惡的巨犬，在美國南方各州被用來追逐農奴，其實是謬誤之至。尋血獵犬的本性一點都不具侵略性，而且並不習慣和獵物有身體接觸，牠們那多皺紋的敦厚臉龐不帶一絲凶殘。會追逐農奴的獵犬通常是獵狐犬，或是獵狐犬和古巴獒犬的混種，專門訓練來將人摜倒在地或攻擊人類的。

訓練尋血獵犬追蹤罪犯是極度艱難而專業的工作，能夠實際協助警方辦案的例子並不多見。至於布尚南聲稱的一八六一或六二年間，這種獵犬就更加罕見了，更別提在他所敘述的彷彿格林童話般的故事中，尋血獵犬竟能一路追蹤殺害小男孩的凶手氣味並且在床下找到行凶的老婦人。

「威廉斯」——《泰晤士報》是這麼印的——布尚南這個名字並沒有列入一八八八年郵局人名錄，不過一八八九年聖潘納拉南方國會議員選區第三區柏頓的選民登記名冊當中有一位威廉斯．布尚南，是住在柏頓街十一號公寓的當地選民。柏頓街一帶的治安不差，但也不算太好。屋主以三十八英鎊年租金將幾間房子出租給職業各不相同的房客，包括一名學徒、一個印刷廠倉庫管理員、顏料研磨工、可可亞包裝工、法國磨光工、椅匠和一名洗衣女工。

威廉斯．布尚南這名字並不特殊，然而關於這個人和他的職業卻沒有其他記錄可循。他寄給報社編輯的信顯示他是個思維清晰、具創造力的人，而他也提到迪埃普這個有名的海邊度假勝地，藝術家的充電所，也是席格可能租有許多小屋和秘密房間的久居之地。席格不太可能用真名在迪埃普、倫敦或任何地方租秘密房間。一八八〇年並不流行看身份證件，有錢就可以辦事。讓人好奇的是席格使用假名，包括借用真人名字的次數究竟有多頻繁。

也許真的有個名叫威廉斯．布尚南的男人寫信給報社編輯。也許當時迪埃普真的發生過七歲小男孩被割喉並且棄屍在糧草箱裡的事件。這是無可辯駁的。但是有一項令人不安的巧合是，就在這封布尚南投書出現之後不到十週，有兩個小男孩遭到謀殺，其中一個的殘骸被棄置在馬廄裡。

「這次我想找三個小孩，兩女一男下手。我喜歡將他們剖腹，尤其是女性，因為她們不會吵鬧，」開膛手在他標示為一八八八年十一月十四日的信中說。

十一月二十六日，八歲的帕西・奈特・希爾，一個「沉靜、敏感而乖巧的孩子」，在英國南方海岸靠近普茲茅斯的海凡特遭到謀殺。當晚六到七點之間，他和一個名叫羅伯・哈斯本的孩子出門玩耍。後來羅伯說，當時帕西離開他，獨自往一條小徑走了過去。不久，羅伯聽見他尖叫，同時看見一個「高大的男人」匆匆跑開。羅伯看見帕西躺在柵欄邊，奄奄一息，喉嚨被割了四刀。羅伯就這麼眼睜睜的看著他死去。

附近發現一把摺疊刀，長長的刀刃彈開，染著血。當地居民堅信凶手是開膛手傑克。《泰晤士報》提到帕西的死因調查法庭中有一位邦德醫生，但不清楚全名。倘若這位醫生是西敏區的湯瑪斯・邦德，那麼或許是蘇格蘭場派他來調查這案子是否和開膛手相關。

邦德醫生在庭上作證說，帕西・希爾頸部的傷痕符合「刺刀所造成的傷口」，男孩被殺害時是站立著的。海凡特車站的一名搬運員聲稱他看見有個男子沒買車票就跳上六點五十五分開往布萊頓的火車。搬運員沒有上前去追人，因為他不知道發生了謀殺案。接著嫌疑集中在羅伯・哈斯本身上，因為那把「染血」的摺疊刀結果被證實是屬於他哥哥所有。另一項醫學觀察被提出，說帕西脖子上那四道刀口相當笨拙，有可能出自「小男孩」之手。羅伯抗辯無效，被控以謀殺罪名。普茲茅斯位在英國南岸，隔著英吉利海峽和法國的勒阿弗爾相望，距離倫敦約僅三個半小時的火車車程。

大約一個月之後，十二月二十日週四，又一樁謀殺案發生，這次是在倫敦。蘿絲．麥勒住在白教堂區，約三十歲，據稱長相「漂亮」而「福態」。

她是一名煙花女，週三深夜出門，顯然是為了獵尋顧客。次晨四點十五分，一名警員在東區波普拉街的克拉克宅院裡發現她的屍體。他認為她才剛死了幾分鐘。她的衣服完好，可是頭髮凌亂而且放了下來，有人——顯然是凶手——用一條摺疊好的手帕圍在她脖子上。驗屍時發現她是被人用中等粗細的包裝繩索勒死的。

全案「沒有一絲線索，」十二月二十七日的《泰晤士報》報導說，法醫和警方都認為「作案者絕非生手」。讓警方特約醫生不解的是，蘿絲屍體被發現時嘴巴是閉著的，舌頭並未吐出。當時的人或許不了解，在大多數的絞死案例中，都是因為繩索——就此案而言便是細繩——繞著頸子拉緊，壓迫頸動脈等主要血管，阻斷了流向腦部的血液因而致死的。受害者幾秒鐘內便會陷入昏迷，緊接著是死亡。除非喉頭或氣管被壓縮，就像用雙手勒絞的案例那樣，否則舌頭不必然會吐出。

用繩索絞死是讓受害者就範的一種迅速且容易的方式，因為受害者很快就會失去知覺。相反的，用雙手勒絞，也就是讓對方窒息致死，受害者往往會激烈抵抗數分鐘之久，在驚慌中掙扎著想要呼吸。絞死和割斷喉嚨有幾分類似，受害者都無法出聲叫喊，很快的便失去抵抗力。蘿絲·麥勒遇害之後一週，一名男童在約克郡布雷佛失蹤。布雷佛也是歐文劇團巡迴表演路線上的一個主要城市，距離倫敦西北方四個半到六小時車程，依火車靠站次數的多寡而定。十二月二十七日週四清晨，吉爾太太看見她七歲的兒子約翰跳上鄰居的牛奶馬車去兜風。八點半，約翰和幾個男孩一起玩，也有人說在那之後看見他和一名男子說話。約翰再也沒回家。次日，他驚慌的家人張貼了佈告：

男孩約翰·吉爾，八歲，於週四上午失蹤。八點半有人看見他從瓦默村附近經過。身上穿著海軍藍短外套（帶銅鈕釦），海軍帽，方格子燈籠褲裝，繫帶靴子，紅白色長襪，外貌清秀。請聯絡桑克里夫路四十一號吉爾家。

佈告中說約翰是八歲，因為他還有一個多月就要過八歲生日了。週五晚上九點，一個名叫喬瑟夫·巴可的屠夫助手在靠近吉爾家的馬廄和馬車房附近忙，他沒注意到有任何異樣。次晨，週六，他一早去牽他雇主的馬匹準備工作。喬瑟夫依照慣例清洗了馬廄，正當他把糞肥剷進院子裡的坑洞，他「看見馬車房門附近的牆角堆著一團什麼東西」。他去找了盞燈來，發現那團東西是一具屍體，耳垂被割下。他慌忙跑進麵包房去求救。

兇手用約翰・吉爾的外套緊裹著他的身體並且用吊褲帶綁住。幾個人把他解開，發現男孩殘存的屍骸靠右側躺著，被截斷的雙腿用繩子牢牢綁在他身體兩側。兩邊耳垂被割下。一塊襯衫布繫著他的脖子，另一塊綁在他殘缺的大腿根部。他的胸腔被刺多刀，腹腔被剖開，器官取出放在地上。心臟被「掏出」，塞在頸窩裡。

「我打算再找幾個年輕男孩下手，像是在城市工作的印刷工之類的。我已經說過一次了，但你們似乎忘了。這次我會比對以前那些女人更狠，我要挖出他們的心臟，」開膛手在十一月二十六日的信件中說。「同樣把他們開腸剖肚……我要在他們回家的路上展開攻擊……哪個孩子先被我看見就殺了他，可是你們永遠逮不到我，好好三思吧……」

根據一則新聞報導，約翰・吉爾的靴子被脫下，塞在他的腹腔裡，另外還有一些細節「太殘酷了不宜陳述」。這讓人想到也許是指外陰部。《泰晤士報》報導，和男孩屍體一起發現的包裝紙當中，有一張「印著利物浦德比路W・梅生」字樣。顯然是不著邊際的線索，對案情談不上有任何幫助。利物浦和倫敦只有四小時不到的火車車程，而就在五週前開膛手曾經寫了封信，聲稱他正在利物浦，接著在十二月十九日，也就是吉爾案發生之前大約七、八天，開膛手寄了封信到《泰晤士報》，據稱也在利物浦。

「我已經到了利物浦，你們很快會有我的消息。」

案發後，警方立刻追查威廉・拜雷，也就是兩天前用牛奶馬車載著約翰去兜風的那名奶酪商，可是沒發現任何對他不利的證據，除了拜雷一向將他的馬和馬車寄放在約翰陳屍的馬廄和馬車房裡。拜雷常帶著約翰乘馬車兜風，鄰居們對他頗為敬重。約翰・吉爾身上或裹著他屍體的衣服上都沒發現任何血跡，馬車房或馬廄裡也都沒有血跡，犯罪現場顯然是在別處。一名負責巡邏這個地區的警員說，週六凌晨四點半，他曾經試圖打開馬車房的門，想確認它是否安全鎖著。當時他「正好」站在三小時後凶手佈置約翰・吉爾屍體的那個位置。

之後，在一封缺損且未註明時間的信件中，開膛手告訴大都會警察，「我在布雷佛剖開一個小男孩的肚子。」一封一八八九年一月十六日的開膛手信件也提到「我到布雷佛的旅程」。

現存沒有十二月二十三日到一月八日之間的開膛手信件。我不清楚席格這期間在哪裡過節，不過我猜測他應該會留在倫敦度過這一年的最後一個週六，因為這天，十二月二十九日，《哈姆雷特》在萊辛劇院開演，由亨利・歐文和艾倫・泰瑞主演。席格的妻子很可能回西薩西克斯郡的娘家了，不過我找不到任何這期間的往來信函可用來證明席格或愛倫的去向。

無論如何，這個十二月對愛倫來說可能不是太愉快的一個月份。她和席格見面的機會似乎不多，也許她會奇怪他究竟去了哪裡，都在做些什麼。同時一位親近的家族友人、改革派從政者兼演說家約翰・布萊特的嚴重病況也讓她心情無比沉重。《泰晤士報》每天都報導他的最新病況，這也許會讓愛倫憶起已逝父親的悲傷往事，因為他和布萊特是至交。

在約翰・吉爾案中被逮捕的奶酪商終於洗清冤屈，案情依然不明。蘿絲・麥勒案也始終不曾偵破。相關者認為這兩件案子是開膛手傑克幹的可能性似乎不大，而且很快便把它給忘了。開膛手沒有將蘿絲的腹腔剖開，沒有割斷她的喉嚨，而且殺害小男孩也不是他的作案模式，雖說他事前曾經在信中發出預警，可是在警方眼裡這些信只不過是惡作劇。由於媒體關於這案子的報導非常有限，我們很難重建約翰・吉爾案的案發經過。重大疑問之一是被人看見在約翰生前和他說話的那名男子的長相，倘若這個人確實存在的話。倘若他是外地人，那麼關鍵就在於必須查出他是誰以及他到布雷佛來做什麼。顯然男孩是跟著某人走的，而這個人殺害了他並將他肢解。

綁在約翰脖子上的那塊襯衫布對凶手來說是相當重要的一個環節。據我了解，開膛手傑克的所有受害者的頸間似乎都繫著領巾、手帕或布塊。開膛手割斷受害者的喉嚨，卻沒有割破她的領巾，而在蘿絲・麥勒案中，她的頸間覆蓋著條摺疊好的手帕。很顯然，領巾或圍巾對凶手來說是具有某種象徵意義的。

席格的畫家朋友瑪喬莉・李黎記得他有一條心愛的紅色領巾。當他在繪製康頓城謀殺案油畫的期間，為了「重現現場，他總是扮演惡棍角色，將這條領巾鬆鬆的繫在脖子上，把帽子拉低蓋住眼睛，然後點亮煤油燈。」眾所皆知的，如果一個罪犯在受刑時戴著紅領巾，就表示他決心不向任何人透露真相，要將陰暗的秘密帶進棺材。席格的紅領巾護身符，任何人都不得碰觸，連管家都知道看見它「垂吊」在他工作室的床柱或木釘上時必須當作沒看見。

這條紅領巾，李黎寫道，「在他繪畫時扮演著重要角色，在必要時刻激勵他，幾乎和他的所有構思融為一體，因此他總是將它放在看得見的地方」。席格的「康頓城謀殺案時期」——我給的稱呼——是從一九〇七年一名妓女在康頓城遇害之後不久開始的。李黎說在席格的這段生命階段中「有兩項狂熱……犯罪和教堂神職人員」。犯罪「以開膛手傑克為代表，教堂則是安東尼．特羅洛普（譯註：Anthony Trollope，著有《英國教會的神職人員》）。」

「我討厭基督教！」有一次席格向一群紅十字會會員大吼。

他只有在扮演重要的聖經人物角色時才會和宗教發生關係。《打破禁食的拉撒路：自畫像》和《亞伯拉罕的忠僕：自畫像》是他幾年後的作品。將近七十歲時，他畫了他著名的《拉撒路之復活》，請來當地一名殯葬人員用屍布將那具曾經屬於十八世紀畫家威廉．霍加斯所有、仿真人大小的人偶包裹起來。滿臉鬍鬚的席格爬上扶梯，扮演讓拉撒路從死亡中復活的基督，希絲莉則扮演拉撒路的妹妹。席格是參考照片來畫這幅巨大的油畫的，在畫中基督是另一個他的自畫像。

也許席格到了晚年，對於掌控生死的幻想也起了變化。他老了，不舒服的時候居多，要是他能創造生命該多好，他已經知道自己有能耐奪走生命。約翰．吉爾案的死因調查法庭證實了這個七歲小男孩的心臟是被「挖出」而不是被切除的，凶手探進他被剖開的胸腔和肋骨，硬生生的用手將心臟扯離男孩的身體。

自己得不到的，別人也休想得到。若說華特・席格謀殺了小男孩，那是因為他做得到。只有當席格能夠掌控、製造死亡的時候才感覺自己擁有性權力。也許他沒有懊悔之意，但他必定極度痛恨自己得不到什麼或做不到什麼。他得不到女人，從來不是正常的男孩，也從來不是正常的男人。我沒找到過席格逞血氣之勇的例證，他只有在佔有優勢的時候才會動手殺人。

一八九六年他背叛了惠斯勒，惠斯勒的妻子碧翠絲在這年去世。她的死徹底毀了惠斯勒，他的喪妻之慟始終無法平復。在惠斯勒的最後一幅自畫像中，他的黑色身影隱入一片濃黑之中，再也無法辨識。當時他仍處在一場極端耗財的訴訟當中，或許算是他人生的最低潮，而席格卻悄悄的在《週日評論》發表傷害他的文章。一八九七席格輸掉官司，同一年奧斯卡・王爾德出獄，他那曾經輝煌的事業岌岌可危，健康狀況糟透了。席格開始迴避他。

王爾德在海倫娜・席格還是小女孩的時候非常照顧她。他送給海倫娜她生平第一本詩集，並且鼓勵她去追求自己想要的一切。一八八三年華特・席格替惠斯勒送他的母親肖像畫到巴黎去參加年度沙龍展，大名鼎鼎的王爾德花了整整一週在伏爾泰飯店招待這位新秀畫家。

根據海倫娜在書中的敘述，一八八五年席格的父親去世，他的母親「哀傷得幾乎崩潰」。奧斯卡・王爾德來探視席格女士。她說她不會客。當然要了，王爾德說著輕快上了樓梯。不久傳來席格女士的笑聲——一種她女兒此生再也不曾聽過的母親笑聲。

# 25 三把鑰匙

愛倫・考柏登・席格近乎執迷的希望考柏登這個姓氏能流芳千古。一九〇七年她寄了一份密封的文件給妹妹潔妮，並且堅持要她鎖在保險箱裡。愛倫這只密封文件裡頭究竟寫了些什麼，恐怕永遠都是個謎，不過我猜想應該是遺囑或類似的文件。後來她全把它寫了出來，顯然一點都不在乎被誰看見。最後考柏登家族將這份文件連同愛倫的其他信件和日記全部捐贈給了西薩西克斯檔案館。

愛倫是在康頓城謀殺案發生三個月之後寫了這封密件給潔妮的。這案子發生的地點距離席格在康頓城的工作室只有幾條街，和他從法國回來之後棲身的倫敦寓所也只有一哩遠的距離。艾蜜莉・迪莫克，二十二歲，中等身高，白皮膚，深棕色頭髮。她交往過許多男人，大部分是船員。根據大都會警察的「凶手肖像」（Portraitofakiller）」檔案，她一直過著「墮落」的生活，「尤斯頓車站的每個妓女都認識她」。警方報告顯示，當一九〇七年九月十二日清晨她被發現陳屍床上，喉嚨割破，警方的第一個念頭是，她是自殺的，因為「這是一名良家婦女」。良家婦女通常只會自殺而不會被人謀殺，警方顯然是這麼認為。和艾蜜莉同居的男子不是她的丈夫，但是他們經常談及結婚的事。柏川・約翰・尤金・蕭是米德蘭鐵路公司的廚師。他每週工作六天，週薪二十七先令。每天搭五點四十二分的火車前往雪菲爾，在那裡過夜，次日一早搭車返家，在十點四十分抵達聖潘可拉車站。上午十一點半他通常都在家裡。後來他告訴警方說，他並不知道艾蜜莉晚上常出去和其他男人約會。

警方不相信他。蕭認識艾蜜莉的時候就知道她是妓女，她向他發誓會改變生活方式，甚至也做些裁縫來貼補家用。自從他們同居之後艾蜜莉就一直很規矩，她的妓女生涯已經成為過去，他說。他不知道的是——除非有人告訴他——幾乎每晚八點或八點半，根據多位證人指證，艾蜜莉都會出現在尤斯頓車站的日昇酒館。日昇酒館現在依然存在，就位在圖騰漢宮路和溫米爾街轉角。圖騰漢宮路連接著尤斯頓路。一九三二年席格畫了張名為《從里奇蒙山俯瞰雕刻匠島》，畫中一輪缺乏獨創性的梵谷風格的燦亮大太陽從地平線升起，幾乎佔滿整幅畫。這輪太陽和日昇酒館玻璃大門上刻畫的那輪幾乎一模一樣。

席格一些寫於一九〇七年的信件顯示他這年夏天有部分時間是在迪埃普度過的，而且很享受「午餐前的海水浴。好大的浪花，必須保持警覺才能潛過去」。顯然他「非常賣力」的在畫油畫和素描。他比往年提早回到倫敦，天氣「冰冷」又「陰沉」。這年夏天的倫敦涼爽多雨而且少見陽光。

席格即將在倫敦舉行畫展。第十五屆攝影沙龍展預定九月十三日在皇家水彩協會畫廊展出，他應該會想去參觀一下，因為他對攝影的興趣越來越濃厚。根據《泰晤士報》的報導，攝影藝術「就和各類藝術一樣，正朝著印象派繪畫的方向發展」。九月很適合待在倫敦。迪埃普的海水浴季就快結束，而席格寫於一九〇七年的信件也大都是從倫敦寄出的，但其中有一封特別令人不解。

這封信是寫給他的美國友人南恩‧赫德生的。席格在信中敘述了一個詭異的故事，說是他位在摩林頓街六號的住處樓下有個女人，有天半夜突然衝進他的房間，「因為賽璐珞梳子起火，整個頭像火炬那樣燃燒著。我趕緊替她沖水滅火，由於動作迅速，我完全沒被火燒到。」他說這個女人沒有受傷，但如今成了「禿子」。我想不出這個故事的半點真實性，也很難相信在這種情況下這個女人和席格竟會毫髮無損。為什麼他將這不幸事件匆匆帶過，忽然轉移話題討論起新英國藝術聯誼會？據我所知，他從此再也沒提過這位禿頭鄰居的事。

這讓人不禁懷疑，四十七歲的席格是否有些反常，或者這則故事的真實性。（不過我實在難以相信。）於是我想到另一種可能，也許席格編造這則樓下鄰居的意外故事是因為艾蜜莉‧迪莫克謀殺案就發生在這天深夜，或說次日凌晨，因此他必須讓人知道當時他正在家裡。然而這個不在場證明未免太過薄弱，一旦警方前來調查，很容易便可查出樓下是否有個禿頭的鄰居，或者發現她其實並未禿頭，也不記得自己曾經發生過梳子著火的可怕意外。也許這個不在場證明是為了南恩‧赫德生而設的。

她和好友艾瑟‧桑茲和席格非常親密，席格許多最私密的信件都是寫給這兩人的。他向他們傾吐隱私——儘管並非毫無保留。也許因為這兩個女人是別人眼中的女同志，對他不具性威脅。他從她們身上獲取金錢、同情和其他好處，藉著引領、鼓勵兩人從事藝術工作來操控她們，並且經常向她們吐露別人所不知道的私人瑣事。有時候他會要求她們看完信之後立刻燒掉，有時反而鼓勵她們保留信件，以備哪一天他突然決定出書。很顯然席格在過去的人生階段曾經有過嚴重抑鬱和偏執的情況。而在艾蜜莉•迪莫克案發生之後，也許他更有理由產生偏執。倘若他想要確認至少有個人相信這名妓女遇害的當晚他人在家裡，所以不經意的將艾蜜莉的謀殺時間，或者那個頭髮著火的鄰居闖進他房間的時間安排在午夜。艾蜜莉•迪莫克通常在午夜十二點半酒店打烊之後將顧客帶回家。這只是推測。席格的信從不註明日期，包括這封敘述鄰居頭髮著火的信件在內，而帶有郵戳的信封又已經遺失。我不知道他為何告訴南恩•赫德生這麼一則荒誕的故事，但是必然有他的意圖，席格做事一向有其意圖。他在菲茲洛街十八和二十七號各有一間工作室。這條街和圖騰漢宮路平行，在通過溫米爾街之前的一段叫做夏洛特街，從任何一間工作室步行到日昇酒館都只需幾分鐘時間。摩林頓街距離酒店北邊約一哩，而席格也租下了這條街六號房子的最上面兩層。他在那裡畫畫，通常畫床上的裸女，類似他畫《開膛手傑克的臥房》時的場景，從房間外取角度，就像有人站在兩扇敞開的房門外面，看著房裡頭陰暗的狹小空間，鐵床架後面一面黝黑的鏡子，隱隱映照出一個男人的身形。

從摩林頓街六號走路到艾蜜莉•迪莫克居住的聖保羅路（現在的阿嘉園街）二十九號宿舍

約需二十分鐘。她和蕭在一樓有兩個房間、一間客廳，後面一間是雙扇門的小臥房。蕭離家到聖潘可拉車站之後，艾蜜莉就開始打掃房間、縫衣服或出門。有時候到日昇酒館尋獵顧客，有時也到其他酒吧或者尤斯頓車站、米德塞克斯音樂廳（席格曾在一八九五年繪製該音樂廳的油畫）、霍爾本帝國劇院（音樂廳明星貝西・貝伍德嶄露頭角之地，席格曾在一八八八年左右畫了許多她的素描）或者尤斯頓表演廳去碰運氣。

席格最喜愛的約會地點之一是康頓城摩林頓街附近豎立著他前岳父塑像的廣場。這尊塑像是在一八六八年為了紀念考柏登致力於廢止穀物法而獻給聖潘可拉教區委員會的，就在摩林頓地下車站附近。席格即使在和愛倫結婚之後，每當乘著雙人馬車經過這裡，仍然喜歡拿這尊塑像開玩笑。至於離婚多年以後仍然拿這裡當作約會地點，或許是他對那些重要人物的另一種嘲弄方式，尤其是對一個他永遠無法望其項背、從他初識愛倫開始便不斷聽聞他事蹟的大人物。

艾蜜莉・迪莫克通常在晚上八點離開宿舍，總是等到屋主史托克夫婦就寢之後才回來。這對夫婦聲稱對艾蜜莉的「不正常」生活一無所知。有時一個晚上兩、三、四個男人，有時則站在火車站的陰暗角落，等到有男人願意跟著她回家。艾蜜莉不是像安妮・查普曼或者伊麗莎白・史特萊之類的煙花女，事實上艾蜜莉根本稱不上是煙花女。她不住在貧民區，有得吃，有得住，還有一個打算和她結婚的男人。

可是她有種永不饜足的慾求，想要追求刺激和吸引男人注意，警方形容她是「生性淫蕩」

的女人。我不知道淫慾是否和她的性交易行為有直接關聯，她的目的比較像是為了金錢。她喜歡漂亮衣服和小玩意兒，「酷愛」藝術品，還收集了許多迷你照片明信片貼在一本她心愛的剪貼簿裡。據知她所收集的最後一張明信片是受雇於位在格雷學院路的倫敦噴砂裝飾玻璃工廠的藝匠羅伯・伍德於九月六日在日昇酒館送給她的。明信片背面有他的留言，而這張明信片也成為伍德遭到以謀殺罪名起訴的重要證據。他被起訴的依據主要是筆跡比對，經過漫長的開庭審理，他獲得無罪開釋。

艾蜜莉・迪莫克將性病傳染給太多男人，警方列出一長串她的舊顧客名單，都是有理由要她命的人，曾有好幾個人威脅過她。染上「怪病」的憤怒男人不斷騷擾她，說要「做掉」或殺掉她。但這並沒有阻止她繼續接客，無論她已經把病傳染給多少男人。況且，就像她對幾個女性朋友說的，最初害她染上性病的也是男人。

艾蜜莉遇害的前一週曾經有人看見她和兩個男人在一起。其中一個「短腿，臀部似乎有毛病」，羅伯・伍德向警方說。另一個是法國人，根據證人形容，大約五呎九吋高，皮膚黝黑，蓄著短鬍子，身穿深色外套和條紋長褲。九月九日晚上他在日昇酒館裡待了一會兒，傾身向艾蜜莉說了些話，然後就走了。無論是警方報告或死因調查法庭記錄，都沒有關於這名男子的進一步敘述，似乎沒人對他有興趣。

艾蜜莉・迪莫克生前最後一次被人看見是在九月十一日晚上在康頓城的老鷹酒店，那天傍晚她在廚房裡和史托克太太談天，說她這天晚上有約會。艾蜜莉收到一個男子寄來的明信片，表示要和她在康頓路車站附近的老鷹酒店會面。這封明信片上寫著「今晚（九月十一日週三）八點鐘在老鷹酒店見」，署名「伯迪」，那是羅伯•伍德的小名。那天晚上她穿著長防塵外衣出門，滿頭髮捲，顯然不是「出門的裝扮」。她向熟人說她並不打算在老鷹酒店待太久，也不急著去，因此她也沒有費心打扮。

她遇害的時候頭上還固定著髮捲，也許她希望次日早上看來漂亮些吧。蕭的母親預定從北安普頓進城來看他們，艾蜜莉一直忙著清掃、洗衣服、整理屋子。她的舊顧客沒有一個提到她和他們進行交易時戴著髮捲。如果希望顧客付出優厚的酬勞，這絕不是個好策略。髮捲或許意謂著艾蜜莉沒料到來的竟然是個奪走她生命的凶殘訪客，也許也意謂著她打算帶這個人回家，所以才沒把它們拿下來。她位於一樓的臥房有幾扇窗子和堅固的鑄鐵排水管可以讓人爬進來。警方報告中沒有提到這些窗子是否上了鎖。次晨艾蜜莉的屍體被發現時只有臥房的雙扇門、客廳門和宿舍大門是鎖上的。警方和蕭搜索屋子時，發現她保管的三道門的鑰匙都不見了。也許有人趁她睡覺時爬進臥房，但我認為可能性很小。

週三晚上她離開聖保羅路二十九號宿舍時，或許沒有和任何人進行性交易的打算，但也許當她頂著滿頭髮捲走回家的路上遇見了一個男子，他對她說了些話。「漂亮寶貝往哪裡去？」利澤民宿的訪客留言簿裡有這麼一句。

如果艾蜜莉真的是在回家路上遇見凶手，或者凶手就是那個和她約了在老鷹酒店碰面的人，那麼他或許告訴她，他一點都不介意她戴著髮捲。我可以到妳屋裡坐一下嗎？席格很可能早就看過艾蜜莉・迪莫克不只一次，在火車站或者在街上。日昇酒館就在他工作室轉角，不遠處就是梅寶街，就是他據以畫了張兩個飄邈女人身影在深夜空蕩街角佇立的素描的地點。艾蜜莉・迪莫克或許也注意過華特・席格。他時常出現在菲茲洛街頭，揹著畫布，在幾個工作室之間來去。

他是當地知名的畫家。這個時期他常畫裸女畫，必須去尋找模特兒，而他又偏好畫妓女。也許他跟蹤過艾蜜莉，看著她進行交易。她是最等而下之、染了病的污穢妓女。瑪喬莉・李黎在書中說，有一次她聽見有個人替竊賊辯護，他對席格說，「畢竟每個人都有活下去的權利啊。」席格駁斥說，「錯，有些人就是沒資格活著。」

「你看見了，我又替白教堂區做了件好事，」開膛手在一八八八年十一月十二日的信中說。

艾蜜莉・迪莫克陳屍的狀態，根據形容相當「自然」。抵達現場的醫生說他認為她是在熟睡中遇害的。她的臉朝下，左手臂彎曲的橫在背後，手掌沾著血跡。右手臂往前伸，擱在枕頭上。事實上這姿勢一點都談不上自然或舒服，大多數人睡覺或躺著時不會把一隻手臂彎著放在背後。床頭板和牆壁之間沒有足夠空間讓凶手在她躺著時從後面攻擊她，因此她必須趴著。而她那不自然的姿勢或許是凶手跨坐在她身上，用左手將她的頭往後扳，然後用右手割斷她的喉嚨所造成。

她左手上的血跡或許是她伸手去抓住自己頸部左側的刀口時沾上的，也許這時候凶手將她的左手臂用力扭向背後，然後用一邊的膝蓋壓住防止她掙扎。她頸部的刀口深達頸骨，因此不會有機會叫喊。她喉嚨的刀痕由左向右延伸，是慣用右手的凶手所造成的傷口。由於活動空間狹窄，他的激烈戳刺動作使得他的刀子割破了床單布，劃傷了艾蜜莉的右手肘。她趴著，因此她的左動脈湧出的血滲入了床單而沒有噴到他身上。

現場沒發現有染血的睡衣，也許艾蜜莉遇害時赤裸著身體，或者凶手將她的睡衣帶走作為戰利品。一個曾經和艾蜜莉同床三次的舊恩客聲稱，她總是穿著睡衣，而且頭髮上從來沒有「捲子」。如果九月十一日當晚她從事了性交易，很可能她會赤裸著身子睡著，尤其如果喝醉了的話。也有可能她的顧客——凶手——脫去她的衣服，將她的身體反轉，就像要進行肛交或者從背後性交似。他在她頸部劃出一道六吋長的刀口，然後將床單丟在她身上。這些似乎有異於席格的作案模式，唯有受害者身上找不到「性接觸」痕跡這點是一致的。

過了二十年，席格的作案手法、犯罪幻想、需求和體力都在不斷演變。自從一八九〇年代他開始將大部分時間花在法國和義大利，就不太有人知道他的生活動向了。截至目前，其他國家並未發現，或者尚未發現和席格案子極度雷同的犯罪懸案。我只找到法國有兩件，不在警方檔案裡而是從媒體報導得來的。這兩件案子實在平淡、曖昧得可以，我有些猶豫是否該寫出來：報載一八八九年初，穆松橋有個名叫法蘭莎夫人的寡婦遭到謀殺，她的頭部幾乎脫離身體。大約在同一時間以及同一個地區，另一個女人也被發現幾乎被割斷頸部。負責這兩樁案子驗屍工作的法醫認為凶手的刀法十分純熟。

一九〇六年席格回到英國，在康頓城定居。他再度開始畫音樂廳，例如蒙兀兒廳（現在的老米德塞克斯音樂廳，位於杜利巷，距離他在康頓城的寓所不到兩哩）。席格在寫給賈克・艾彌兒・布朗許的一封信中說他幾乎每晚都出門，總是在晚上八點鐘準時進包廂，很可能席格習慣在音樂廳裡待到午夜十二點半表演結束之後才離開。

在深夜回家的路上，他很可能在街頭看過艾蜜莉・迪莫克，也許她正陪著顧客走回自己的宿舍。要是席格想收集關於她的情報，很容易便可以摸透她的生活作息，並且發現她是個到處傳染性病的狠心妓女。她時常進出位在海羅路的洛克醫院，最近還曾經在倫敦大學學院附設醫院接受治療。每當性病發作時，她的臉上就會長滿疹子，遇害時臉上也長了幾顆。一個經驗老到的男人應該會看出她可能對自己的健康造成危害。要是席格讓自己接觸她的體液，那就太愚蠢了。因為在一九〇七年大眾對傳染病已經有了較深刻的認識，接觸患者的血液和性交同樣危險，席格想要肢解或取走她的器官而不被感染幾乎是不可能的事。我相信以他的機伶，應該會避免重蹈二十年前舊開膛手案的覆轍，尤其這時候他正要開始進入描繪犯罪的創作高峰期，繪製他在一八八八或八九年絕不敢碰觸的繪畫或版畫主題。表面上看來，艾蜜莉・迪莫克的遇害只是一樁以搶劫為動機的凶案。

九月十二日清晨柏川・蕭從火車站返回家門，發現他的母親已經在門外。她在走廊裡等候，因為艾蜜莉一直沒有應門，她無法進入兒子的房間。蕭試開大門，奇怪它是鎖上的。他心想艾蜜莉或許到車站去接他母親，兩個女人剛好錯過了。他逐漸不安起來，於是跑去找屋主史托克太太拿鑰匙。蕭打開大門，發現臥房的雙扇門也上了鎖。他破門而入，掀開床單發現艾蜜莉赤裸裸陳屍在染血的床上。

化妝台的抽屜被拉開，裡頭的物品被翻過並且散落一地。艾蜜莉的剪貼簿被打開放在椅子上，有幾張明信片被拿走。臥房的窗戶和百葉窗都關著，起居室的窗戶也緊閉著，百葉窗打開了一點。蕭衝往警察局報案。約莫二十五分鐘後，湯瑪斯・基林恩警員趕到，觸摸艾蜜莉冰冷的肩膀，判斷她已經死了好幾個鐘頭，他立刻找來警分局特約醫生約翰・湯普森醫生。下午一點鐘左右醫生抵達現場，根據屍體冰冷和屍僵的程度判定艾蜜莉死亡時間約在七到八小時之間。

這表示她的遇害時間大約是在凌晨六、七點。這似乎不太可能。清晨罩著濃霧，可是五點半就天亮了。凶手必定是大膽且愚蠢至極才會選擇在天亮之後離開艾蜜莉的屋子，無論那時天色有多麼朦朧灰暗。況且六、七點之間路人漸多，許多人已出門準備上工。

一般情況下，屍體經過六到十二個小時會完全僵硬，而寒冷的天氣會延緩這個過程。凶手在艾蜜莉身上蓋了床單，窗戶又緊閉著。她的臥房裡或許不算冰冷，但是她遇害的這天清晨最低溫是華氏四十七度。我們無法得知她的屍體究竟有多僵硬，或者當湯普森醫生在下午一點鐘過後開始檢查屍體時，她的屍僵程度究竟如何，也許她已經到達完全屍僵階段——亦即已經死亡十到十二個小時。倘若如此，她的遇害時間應該是在午夜到凌晨四點之間。

湯普森醫生在現場表示，艾蜜莉是被非常銳利的工具割斷喉嚨的，刀法非常俐落。警方只在化妝台上發現一支蕭的摺疊式剃刀，而要拿著這種剃刀猛力劃過肌肉組織和血管，很難不導致刀刃彈回，甚至刮傷自己的手。一件襯裙浸泡在洗手台裡，把水都染紅了，表示凶手離開前曾經清理過身上的血跡。他很小心不用血手去碰觸任何物品，警方在死因調查法庭上說。

開膛手恐慌並沒有在艾蜜莉遇害之後重新燃起，而席格的名字更從來不曾在本案中被提起。媒體和警方沒有收到任何自稱開膛手的信件，但奇怪的是，就在艾蜜莉案發生後，《清晨領袖》的一名記者，哈洛・艾希頓到警局去，交給他們編輯收到的四張明信片。警方報告中並未清楚說明寄這些明信片的人是誰，只提到上面的署名是「A・C・C・」。艾希頓問警方是否知道這名寄信者很可能是個「賽馬迷」，並且指出下面幾點：

其中一枚郵戳日期是一九〇七年一月二日，從倫敦寄出。這天是繼「一段寒冷冬日」之後的第一個賽馬日，這天賽馬的舉行地點是蓋威克。

第二張明信片是一九〇七年八月九日從布萊頓寄出的。而布萊頓的賽馬是在這個月六、七、八日舉行的，九、十日兩天則在路易斯舉行。這名記者說許多參加路易斯賽馬的人都會在布萊頓度週末。

第三張日期是一九〇七年八月十九日，地點是溫莎。溫莎舉行賽馬的日期是週五和週六，也就是十六和十七日。

第四張明信片日期是九月九日，也是艾蜜莉遇害前兩天，約克郡唐卡斯特秋季賽馬舉行之日的前一天。不過奇怪的是，艾希頓指出，這是一張法國明信片，看來是在法國尚提利買的，而這裡有一場賽馬，比唐卡斯特秋季賽馬早一週舉行。根據內容含糊的警方報告，艾希頓認為「這張明信片可能是在法國買的，也許是在尚提利，然後帶回國，貼上英國郵票，在唐卡斯特寄出」——似乎是暗指這張明信片是在唐卡斯特賽馬舉行期間寄出的。事實上，如果寄信者參加了唐卡斯特秋季賽馬，就不可能在九月十一日出現在康頓城艾蜜莉遇害現場，因為唐卡斯特秋季賽馬舉行日期是在九月十、十一、十二和十三日。

警方要求艾希頓別將這事透露給他的報社。他答應了。九月三十日，海斯東督察在報告中批了幾句，警方認為艾希頓所說的賽馬日期大致上正確無誤，不過這位記者關於第四張明信片郵戳的說法「錯得離譜」，「郵戳上明明清楚印著倫敦西北區」。海斯東督察顯然不覺得奇怪，為何有人將一張在法國買的明信片在艾蜜莉・迪莫克遇害前兩天從倫敦寄出，並且寄給倫敦的報社。我不知道「A・C・C・」是不是這位寄信人的姓名縮寫或者有其他意涵，但警方也許會質疑一個「賽馬迷」為何會將這些明信片寄給報社。

海斯東督察或許也想到了，不管是有心或無意，這名賽馬迷成功製造了一種印象——就是他經常參加各地的賽馬活動，還有就是當震驚各界的艾蜜莉・迪莫克案發生時他正在唐卡斯特。如果席格如今不再以「有本事來抓我」的表達方式調侃警方，改而為自己製造不在場證明，那麼他的這種行為就完全說得過去了。到了這個年紀，他的病態暴力衝動也減緩許多，若是繼續從事極端耗費體力和精神的瘋狂殺戮，就太不尋常了。要是他再度出手，也絕不想被逮到。由於年紀增長和事業的緣故，他的暴力衝動已經遠離——雖說尚未完全根除。

當席格開始畫他一系列聲名狼籍的鐵床上的裸女畫和版畫，也就是《康頓城謀殺案》、《康頓城事件》、《海邊的傑克》、《上岸的傑克》，或者《絕望》裡頭那個坐在床沿、衣著整齊、頭埋在雙掌裡的男人時，人們只當他是選擇了康頓城謀殺案作為繪畫主題的著名畫家。直到多年以後，才終於有個小細節使得他和康頓城案發生了牽扯。一九三七年十一月二十九日，《倫敦標準晚報》刊出一篇關於席格康頓城謀殺案油畫作品的短文，裡頭提到「住在康頓城的席格獲准進入凶案現場，畫了一些受害者屍體的素描」。倘若這事屬實，那麼在艾蜜莉案發生時，他是否也剛好逛到聖保羅街，發現警察人員聚集，於是要求進去瞧瞧現場的狀況？艾蜜莉的屍體大約在上午十一點半被發現。下午一點湯普森醫生檢查過後，屍體便被送往了聖潘可拉停屍房。這當中只有短短兩、三個鐘頭時間可讓席格在艾蜜莉屍體還在屋裡的時候剛好經過這裡。要是他沒有把握她的屍體何時會被發現，他可能必須冒著被人察覺的風險在這地區繞好幾個小時，好確定他不會錯過好戲。一個簡單的解決辦法是那三支遺失的鑰匙。也許席格離開屋子時把門上了鎖——尤其是艾蜜莉房間的內外門——避免屍體在十一點半蕭回家之前被人發現。要是席格跟蹤過艾蜜莉，必然也清楚蕭何時出門或回家。當有人敲門而艾蜜莉沒應門時，房東太太不會逕自開鎖進去，而他卻可以。

席格也許拿了這三支鑰匙作為紀念品。我想不出他在犯案之後逃跑的途中有什麼理由需要用到這些鑰匙。很可能這三支偷來的鑰匙讓這場戲能夠在上午十一點半準時開幕，讓他能夠在屍體還未送走以前恰巧出現在現場，詢問警方能否進去看一下，畫幾張素描。席格是當地畫家，迷人的傢伙，我想警方應該不會拒絕他的請求，說不定還把案情對他和盤托出。許多警察都愛說話，尤其當重大案件在他值班時發生。警方頂多覺得席格品味古怪，但絕不至於起疑心。警方報告中並未提到席格或者哪個畫家曾經出現在案發現場。不過話說回來，當我以記者和作家身份出現在許多犯罪現場時，警方也從來不曾在報告中提到我的名字。

出現在現場同時也給了他不在場證明。萬一警方發現了符合華特・席格特徵的指紋，那又如何？席格進入過艾蜜莉・迪莫克的屋子啊。他進入過她的臥房。當他四處探看、畫素描或者和警方、蕭、甚至他母親聊天的當中留下幾枚指紋、甚至幾根頭髮也是很自然的事。

畫屍體素描原本就是席格的癖好。一次大戰期間他對受傷或戰死士兵和他們的制服或武器極度著迷，收集了一大堆這種東西，並且和紅十字會的人保持聯繫，要他們若是有死傷士兵的制服準備丟棄時通知他一聲。「我有個死刑犯模特兒，」一九一四年秋天他寫信給南恩・赫德生說。「完美的不列顛健壯小伙子……我已經畫了他的生前和死後的素描。」

愛倫在她一九〇七年寫給潔妮的幾封信中提到有關「可憐的年輕人伍茲」的事，並且問起他的案子在年底受審的情形。當時愛倫在國外，如果她指的是羅伯・伍德因涉及艾蜜莉・迪莫克謀殺案而遭到逮捕、起訴以及審判的事，她也許弄錯了名字，不過她會問起這案子，著實不尋常。她從來不曾在信中提起謀殺案。無論開膛手案或其他案子。這會兒她突然想知道「可憐的年輕人伍茲」的事，實在令人不解，除非「伍茲」指的不是羅伯・伍德，而是另有其人。

我不禁想到，到了一九〇七年愛倫是否已開始對她的前夫產生疑惑，她不敢明說，只能極力否認的疑惑。但如今有個年輕人即將受審，萬一他被判有罪，將免不了一死。愛倫是個道德感強烈的女人，也許良心為此深感不安，於是寄了那封密信給她妹妹。愛倫或許也開始為自己的生命安全憂慮。

康頓城謀殺案發生後，她的健康逐漸走下坡，大部分時間都不在倫敦。她和席格仍然不時會見面，而且總是盡力幫助他，直到一九一三年她決定結束他們的關係為止。一年後她死於子宮癌。

# 26 考柏登的女兒們

愛倫・梅立森・艾許柏納・考柏登於一八四八年八月十八日出生於西薩西克斯郡海蕭村附近一棟名為鄧佛的古老家族農舍。

一八六〇年五月底華特在慕尼黑出生時，十一歲的愛倫正在巴黎過春天。她在花園中救起一隻從鳥巢掉下的麻雀。「好柔順的小乖乖，在我手心吃東西，還站在我手指上，」她寫信給一位筆友說。愛倫的母親凱特想為孩子們舉行一次可愛的派對，計畫邀請五、六十個小賓客，還準備帶愛倫去看馬戲團，到一棵有梯子通到樹頂的桌子的「大樹」上野餐。愛倫剛剛學會「在酒瓶上豎立雞蛋」的把戲，她的父親常會寫些特別的信給她一個人。

英國老家的生活並不好過。理查・考柏登在最近一封信裡頭告訴女兒，一場暴風侵襲他們的家園，將三十六株樹木連根拔起。一道冷鋒幾乎將他們土地上的灌木叢吹掃一空，包括常綠樹在內，而蔬菜園到了夏天恐怕也會光禿一片。這個消息有如惡兆，宣示著一場源自某個遙遠德國城市的災難。愛倫未來的丈夫不久即將跨越海峽前來倫敦，並且在這裡奪走許多人的生命，包括她的。

多位傳記作家曾為愛倫父親理查・考柏登寫傳。他有十二個兄弟姊妹，童年過得十分孤寂艱辛。他十歲那年由於父親生意挫敗使得家計陷入絕境而被送走。考柏登的青春歲月大半是在替叔叔——一名倫敦商人——工作，然後到約克郡唸書。在這個階段他的身心飽受折磨，即使事過境遷多年考柏登仍然不忍提起。

磨難會在某些人身上結成慈悲與愛的果實，他就是一個例子。理查・考柏登性格中找不到一絲自私殘酷，即使當他在起伏激盪的政治生涯中受到對手的惡意攻訐時亦然。他熱愛人群，從不曾忘懷童年目睹無數農人，包括自己的父親，失去一切所有的沉痛記憶。考柏登對人的憐憫之心促使他推動穀物法的廢除，許多貧困飢餓的家庭無法翻身也就是因為這條惡法的緣故。

穀物法（Corn Laws）制定於一八一五年，當時剛經歷拿破崙戰爭的英國正一片飢荒。麵包非常珍貴，法律規定麵包師必須等麵包出爐經過二十四小時之後才能販賣。因為麵包是酸的，人們不會吃得過多，「不會浪費，也不會想吃」。違反這則法律的罰責非常重，違反的麵包師必須繳納五鎊罰金和審理費用。理查・考柏登童年時便看過許多絕望的人們來到鄧佛，乞求著他的家庭也同樣欠缺的救濟和食物。

只有富有的農民和地主是受益者，也是他們讓穀物價格無論在好壞年頭都高居不下。主張高物價的地主在國會議員中佔多數，穀物法很容易就通過了。邏輯很簡單：將進口穀物課以重稅，再將英國國內供給持續壓低，物價自然不斷飆漲。穀物法的制定對一般工人的生活造成巨大衝擊，倫敦和許多城市陸續爆發動亂。這則法律直到一八四六年考柏登的廢法主張贏得勝利才終於宣告無效。

他獲得無數家庭甚至海外人士的尊崇。他首度訪問美國即受邀入住白宮，並且贏得了女作家哈麗特・比徹・斯陀夫人（譯註：Harriet Beecher Stowe，美國廢奴文學經典《湯姆叔叔的小屋》作者。）的敬重和友誼。她曾於一八五三年到鄧佛探訪他，兩人討論了「以自由勞力種植棉花」的重要性。她在一年後發表的一篇散文中描述他是個身材纖小、有著「雍容大度」，以及「無與倫比地誠懇、燦爛笑容」的男人。考柏登和英國所有重要政治人物平起平坐，包括警察之父羅伯・皮爾爵士（譯註：Sir Robert Peel，創立倫敦第一個官方警察組織）在內，而皮爾爵士也是後來追緝考柏登的女婿開膛手傑克，卻功敗垂成的人物。

理查・考柏登對家庭全心奉獻，一八五六年他十五歲的獨子理查・布魯克斯死後，他也成為女兒們青澀歲月中的唯一依靠。理查原本在海德堡附近的寄宿學校唸書，健康、淘氣且人緣極佳。他的母親在丈夫長年在外的情況下將他當成了知己。

愛倫也非常愛她的長兄。「我把自己的一小束頭髮寄給你，願你偶爾想起有個人非常愛你，」他回寄宿學校之後她寫信給他說。「你要快點寫信給我，讓我知道什麼時候能夠再和你見面。」她的哥哥也同樣愛她。「我會帶禮物回去給妳，」理查用充滿男孩稚氣的筆跡寫著。「我想送妳一隻小貓。」

理查的信透露著成熟、敏銳和機智的性格。他是個好開玩笑的孩子，他在愚人節捉弄人的方法包括用德文寫了張「把我踢出去」的紙條，到附近雜貨店當成購物單交給一個法國店員。然而理查也擁有慈悲心腸，曾經擔心某位家族朋友的狗在「東風季」中可能會需要「再加一條毯子」。

至於他寫的家書則是幽默生動，讓人很難不想像他成人之後將是他那名人父親的完美翻版。四月三日理查・布魯克斯從寄宿學校寫了封信給他的父親，也是最後一封。四月六日他突然感染了猩紅熱而驟然去世。有個不可原諒的疏失使得這件事更加令人難過，那就是理查寄宿學校的校長將這消息通知了一位考柏登家的友人，兩人都以為對方發了電報通知理查・考柏登他兒子的死訊。結果一直到年輕的理查・布魯克斯已經埋葬，他的父親才得知這消息，而且是以極度令人心碎的方式。考柏登正坐在倫敦葛洛夫諾街的飯店房間裡準備吃早餐，一邊瀏覽郵件。他發現一封兒子四月三日寄來的信，急切的打開來看。不久後他拆開另一封慰問他喪子之慟的信件。震驚悲痛之餘，他立刻趕搭五小時車程的火車返回鄧佛的家，心中掙扎著該如何告訴家人這惡耗，尤其是妻子凱特。她已經失去兩個孩子，而且對理查有著不健康的依戀。

考柏登回到鄧佛時已形如枯槁，將消息說出之後便崩潰了。凱特無法承受這衝擊，失去愛子的悲痛產生了有如伊卡魯斯飛向太陽的神話意味（譯註：希臘神話中的偉大工匠戴得勒斯設計了翅膀帶兒子伊卡魯斯逃出克里特。年輕衝動的伊卡魯斯卻飛得過於逼近太陽，以致翅膀熔化）。經過幾天的否定，她進入像是緊張性精神分裂的狀態，「不說，不聽，只是像雕像似的」坐著。七歲的愛倫失去了哥哥，也同時失去了母親。凱特．考柏登比丈夫長壽十二年，然而她成了個極度脆弱的女人，根據她丈夫的描述，「從這個房間走到那個房間都會絆倒在『理查』的屍體上」。她的悲痛讓她一蹶不振，甚至染上了鴉片癮。愛倫挑起一個絕非小女孩能夠承擔的沉重角色。就像理查．布魯克斯被母親當成摯友那樣的，愛倫也逐漸成為父親依賴的幫手。

一八六四年九月二十一日，愛倫十五歲，她父親寫信給她，要求她照顧妹妹們，「必須多運用妳的影響力，更需要妳做個好榜樣，」他寫道。「我一直很想告訴妳，妳母親和我有多麼期待妳能做個好榜樣，」他還希望她能協助「『妹妹們』擁有完美的教養」。這對一個正面臨著自己的失落的十五歲女孩來說實在是太不切實際的期待。愛倫從來就沒有機會哀傷。一年後當她的父親死亡，她身上的責任重擔和痛苦想必更加難以負荷。

奪去她父親生命的也正是掩蓋她未來丈夫漫遊和犯罪行徑的倫敦濃霧。多年來，考柏登一直苦於呼吸道疾病，也因此常到外地或鄉間等地方旅行，以遠離倫敦的空氣污染。他生前最後一次造訪倫敦是在一八六五年三月，十六歲的愛倫陪伴著他。他們投宿在索佛克街相當靠近下議院的一間旅館。當鄰舍的煙囪冒出黑煙，東風將污濁的空氣吹入他的房間，他的氣喘便立刻發作了。一週後，他躺在床上，祈求風勢能減緩。然而他的氣喘加劇，還併發了支氣管炎。考柏登感覺時候到了，於是立了遺囑。一八六五年四月二日週日清晨他以六十一歲之齡去世時，妻子和愛倫都守在床側。愛倫「對她父親的依戀似乎比其他女兒都來得強烈」，考柏登的畢生知己、政治同盟約翰・布萊特說。她父親的棺木垂入墓穴時她是最後一個放手的，她從來不曾忘記父親的一切以及他對她的期待。

布萊特後來告訴考柏登的官方立傳作者約翰・摩里說，考柏登的「一生是毫無止境的奉獻……直到他死後我才發現自己有多麼敬愛他。」週一，考柏登去世的次日，首相班傑明・迪斯拉里對下議院國會議員演說，「值得安慰的是……這些偉大的政治家還存在我們之中。」這天，海蕭村考柏登家所屬的教會立了塊匾額，上頭寫著，「真心愛人的理查・考柏登就在本會侍奉天主」。無論考柏登如何竭盡心力，最後還是讓精神不穩的妻子獨力撫養四個幼女。而無論在葬禮中那些有權有勢的友人作了多少承諾，「考柏登的女兒們」，就像媒體對她們的稱呼，仍然是無依無靠的。

一八九八年潔妮提醒愛倫說，「那些在『我們』父親生前百般景仰敬愛他的人早已忘了他小女兒們的存在——最幼小的才三歲呢。妳可記得葛雷斯頓曾經在葬禮中告訴母親，她隨時可以依賴他的友誼，她的女兒們也一樣。可是那次之後過了二十多年我才又見到他，和他說話。這個世界就是這麼無情！」

愛倫遵守自己對父親的承諾，將這個家凝聚在一起。當她母親落落寡歡的度過餘生，她一手掌理家中的財務。若非愛倫的忠誠頑固，緊盯著每一件細瑣家務，我們不禁要懷疑這個家的帳單是否能如期支付，小安妮是否能順利的上學，這些女孩子是否能遷離母親的房子，搬到倫敦貝克街約克廣場十四號的公寓。愛倫的年俸是兩百五十鎊，這是她告訴母親她所需要的年金數字。我們可以推測每個女兒獲得的年俸都是一樣的。這給了她們舒適的生活保障，但是對那些動機不良的男人來說這也是一種誘惑。

考柏登死的時候女兒凱西便已經和理查・費雪訂了婚。這個家的哀傷還未平復，他就催著她完成婚禮。長久以來費雪的貪得無饜一直是考柏登一家人的惡夢。一八八〇年當華特・席格初識考柏登家的女兒們，凱西已經結婚，瑪姬太活潑而輕浮，無法給予一個深具野心、八面玲瓏的男人實際的利益，而潔妮又太過精明，令席格難以接近，於是他選擇了愛倫。

這時候她的雙親都已去世，沒人給她建議或表示反對。我想要是考柏登在世，席格恐怕很難獲得他的允准。考柏登是個聰明人，不會被席格出色的演技給矇蔽或者被他的魅力所迷惑。考柏登會厭棄這個缺乏憐憫之心的年輕人。

「席格太太和她的兒子們都是異教徒，」大約二十年後潔妮寫信給愛倫說。「真是悲哀，命運竟讓妳和這家人發生關係。」愛倫的父親和她即將下嫁的這個男人之間的差異是那麼明顯，然而在她眼裡，這兩人或許有著許多相同點。理查・考柏登沒有牛津或劍橋學位，在許多方面都是自學自修的。他喜歡莎士比亞、拜倫、歐文和庫柏（譯註：後兩者指美國作家Washington Irving和James Fenimore Cooper）。他能說流利的法語，年輕時曾經夢想成為劇作家。儘管寫舞台劇的嘗試失敗，他對視覺藝術的喜愛終生未變。此外，考柏登同樣也缺乏金錢概念。或許他很有生意頭腦，但只有在缺錢的時候他才會想到錢這回事。

有那麼一陣子，他的朋友還曾經發起募捐來拯救這個家的經濟。然而他的財務困窘並不是由於不負責任的緣故，而是他那強烈的使命感和理想性格所致。考柏登不是揮霍成性的人，只是他的心中永遠有更崇高的目標，而這點在他女兒愛倫看來或許是種高貴情操，而不是缺點。一八八〇年當席格遇見愛倫時，眾人期盼的約翰・摩里所著的兩大冊考柏登傳記剛好出版，也許是命定的巧合吧。

倘若席格讀過摩里的書，他對考柏登必然會有相當認識，知道該替自己設計什麼樣的角色，好博取愛倫的信任，讓她深信他和這位著名政治人物有著許多共同點：熱愛戲劇和文學，熟悉法國事物，以及懷有非關金錢的崇高理想。也許席格還說服愛倫相信，他是女性參政的擁護者。「我真不想支持什麼女性選舉權法案，」三十五年之後席格有一次抱怨說，「妳要知道，就算支持了也並不代表我是女性主義者。」

理查・考柏登認為兩性平等。他以尊重和愛對待女兒們，從不將她們當成傳宗接代的生育工具。她們成人之後，他鼓勵她們參與政治活動。一八八〇年代是女性覺醒的時期，許多女性組成生活淨化和政治聯盟，遊說避孕合法化，提倡援助貧民，爭取女性投票權以及擔任國會議員的權利。像考柏登的女兒們這樣的女性主義者要求和男性擁有同等的尊嚴，這表示要廢除所有奴役女性的罪惡色情場所，像是倫敦的妓院和暗藏春色的音樂廳。席格必定感覺到愛倫的生命是屬於她父親所有，絕不會做出有損他名聲的事。她和席格離婚時，潔妮的大出版商丈夫費雪・恩文和倫敦幾家主要報社主編聯繫，要求他們不要在報上「刊登任何私人消息」。「尤其，」他堅決的說，「家族姓名絕不能出現。」任何可能傷害理查・考柏登的秘密，愛倫都絕不會透露，而我們永遠無法得知她究竟隱藏了多少秘密。對於窮人的捍衛者理查・考柏登而言，有個獵殺貧民百姓的女婿是難以想像的。問題是，愛倫是否知道席格有著「來自地獄」——引用開膛手在幾封信上的自稱——的黑暗面。

很可能愛倫對她的丈夫抱有相當程度的懷疑。儘管愛倫在女權主張上相當先進，她的精神和肉體卻是軟弱的。她那柔弱的脾性也許是來自母親方面的遺傳，但部分也許是她那用意良善卻在無形中帶給她無比壓力的父親造成的。她無法達到他的期待。在她自己看來，她早在和華特・席格相識之前就是一個失敗者。

她總是在考柏登家或者她的婚姻發生問題時責怪自己，這是她的天性。無論席格如何背叛她、對她撒謊、拋棄她、讓她感覺不被疼愛或無足輕重，她對他依然忠誠，依然願意為他全心奉獻。她在意他的快樂、健康，即使在他們離婚多年、席格另娶他人之後。無論在情感或金錢上，愛倫・考柏登都為席格鞠躬盡瘁，至死方休。

愛倫死前不久寫信給潔妮說，「但願妳能了解我有多麼渴望能就此睡著，再也不要醒來。

我這個做姊姊的只會惹麻煩。我的性格中有種乖戾的傾向，抹煞了我另外一些較為正面的特質。」

潔妮並不責怪愛倫，她只怪罪席格。她心中對他自有定見，時常鼓勵愛倫四處旅行，待在薩西克斯郡的老家或者夫婿恩文位在倫敦希爾佛廣場十號的公寓。潔妮對席格的不滿一直到一八九六年九月愛倫決定和他分居之後才明朗化。之後潔妮開始強烈的說出內心話。她痛恨席格矇蔽其他人，尤其是他那群畫家朋友的手段。「他們還以為他的品格有多麼高尚，」一八九九年七月二十四日愛倫和席格正式離婚前幾天她寫信給愛倫說。「他們無法像妳一樣了解他的真面目。」

心思敏銳的潔妮努力想幫助姊姊看清真相。「恐怕W・S・永遠不會改變他的生活方式。他的天性欠缺正確原則的導引，總是一味的率性而為。妳一心想要信任他，而他已經欺騙了妳不知多少次。」然而愛倫說什麼也不肯改變對華特・席格的愛。愛倫是個善良樸實的女人。她童年所寫的信件顯示她是個「爹爹的乖女兒」，扮演父親的乖女兒就是她生命全部的意義。愛倫參與政治活動，總是做合乎正義的事，總是行為得體，為了達成父親的使命而竭盡她一介弱女子的力量和勇氣。只要她發現任何迷途或受傷的動物，絕不會棄置不管。還是小女孩的她便常不忍見到成群羔羊被驅趕著準備宰殺，以及草原上哀鳴的母羊。愛倫養過兔子、貓、狗、金翅雀、鸚鵡、小馬、猴子、驢子——只要是到她手上的動物她都溫柔細心的對待。

她深刻關切著貧苦階級，對愛爾蘭爭取自由貿易和自治運動的賣力支持不亞於潔妮。漸漸的，愛倫變得有些力不從心。當潔妮成為大不列顛女性參政主要倡導者的同時，愛倫卻為抑鬱情緒和虛弱體質所苦，甚至纏綿於病榻。然而在她短促的一生中所寫的信件裡頭卻看不到她對丈夫帶回工作室當作素描或油畫模特兒的煙花女子的社會處境表達過同情，也不曾為了改善這些女人或她們的孩子的生活盡過半點心力。

這些可憐人，無論是成人或小孩，都是供席格隨意使用或利用的。也許他的妻子不樂意看見那些音樂廳明星在他位於布洛赫斯特花園街五十四號或之後的雀兒喜區工作室裡頭搔首弄姿讓他畫畫。也許她不忍見到那些她丈夫迷戀得過了火的小孩或者孩子氣的女人。席格經常在音樂廳裡觀賞小女孩的性感挑逗舞姿，到後台去看她們，還畫她們。多年以後，在席格對女演員葛溫・法蘭肯・戴維斯極度著迷的時期，他曾經問她是否有「小孩」時代的照片。愛倫和席格沒有小孩，也沒有任何證據顯示席格生養過小孩，雖說有流言指出薇蘭夫人——他和愛倫分手後在迪埃普結識的一個法國漁婦——曾替他生過一個私生子。席格曾經在信中提到薇蘭夫人在他生命的最低潮像母親那樣照顧他，但這不表示他沒有和她上床，假設他還能行房的話。這個傳說中的私生子名叫墨里斯，事實上席格和他毫無血緣關係。據說這位薇蘭夫人和許多男人生育過大群孩子。

一九〇二年七月二十日，賈克・艾彌兒・布朗許在寫給紀德的信中說，「生命考驗著每個人……那個敗德的傢伙最後跑到一個工人階級的郊區去單獨住在一間大房子裡，這樣他就可以為所欲為，愛怎麼做，愛什麼時候做都可以。他不費任何代價便在英國有個合法家庭，在迪埃普有個漁婦情婦，還有一大群來路不明的小孩。」根據醫學理論，席格早年的手術很可能使得他無法生育，但是欠缺醫學記錄，我們也只能推測。即使他有生育能力，也應當不會想要養育兒女，而愛倫或許也一樣。他們經過四年訂婚期，於一八八五年六月十日在馬里波恩結婚登記處結婚時，她已經將近三十七歲，而他是二十五歲。他的外甥約翰・勒梭說，當時他的事業剛起步，不想要小孩，而愛倫則是年紀大了點，不適合生育。

此外，她很可能是淨化聯盟（Purity League）——鼓勵女性斷絕性行為——的成員。性使得女性退步，讓她們淪為犧牲品。愛倫和潔妮都是熱心的女權運動者。潔妮也沒有小孩，至於原因則不明。兩人都贊同馬爾薩斯論信徒的看法，這群人以湯瑪斯・馬爾薩斯的人口論作為提倡避孕的基礎——儘管馬爾薩斯牧師本身是反對避孕的。

愛倫的日記和信件顯示出她是個聰慧、世故而正直的女子，對愛懷著高度理想，她也極其謹慎，或者說某人極其謹慎。她在三十四年熟識、深愛著華特・席格的歲月中極少提到他的名字。潔妮談及他的次數多了許多，但就一個關心著姊姊婚姻幸福的體貼女人而言還是相當少的。現存這對姊妹寫給對方的四百多封便條和信件當中的闕漏顯示，兩人的往返書信遺失了不少。一八八〇到一八八九年之間的信件只有三十幾封，相當令人不解。愛倫和席格訂婚接著結婚就是在這十年之間的事。

沒有一封信件中提到愛倫的婚禮，而根據結婚證書中的證人欄看來，席格和她的家人沒有一個參加過這場在結婚登記處舉行的儀式，那個時代在這種地方舉行第一次婚禮實在相當怪異，尤其新娘是理查・考柏登的女兒。愛倫在歐洲度蜜月期間似乎沒寫過半封信，所有檔案中也找不到任何愛倫和席格、愛倫和席格家人、席格和家人或者席格和考柏登家人之間的往來信函。如果這些信件曾經存在，或許是已經被銷毀或者秘密收藏著。奇怪的是一對夫妻分開時卻沒有寫信或拍電報給對方，尤其這兩人又時常分居兩地。同樣令人不解的是，心思細膩的愛倫雖然相信席格的才華，認為他註定要成為名畫家，卻沒有保存席格寫的任何信件。

「我知道他畫得有多好，」愛倫在信中提到席格的作品。「我一直都深信不疑，」她寫信給布朗許說。

一八八一年，藍眼珠、年輕俊美的華特結交了這位擁有兩百五十鎊年俸——比剛出道的年輕醫生賺得更多——的女子。席格沒有理由不進入著名的倫敦史雷德美術學院去深造。根據一八八一年史雷德的教學摘要顯示，該校頗注重科學方面的課程：古文物和生命課程、蝕刻版畫、雕塑、考古學、透視學、油畫顏料化學和解剖學，每週二和週四還設有專門研究「骨骼、關節和肌肉組織」的教學。席格在史雷德求學期間和惠斯勒建立了友誼，至於兩人相識的過程則不明。有個說法是，席格和惠斯勒同時出現在萊辛劇院的觀眾席中觀賞艾倫・泰瑞的表演。謝幕時，席格將繫著鉛塊的玫瑰花丟上舞台，濃烈的花香幾乎讓亨利・歐文窒息，惹得他極度不悅。觀眾席傳出惠斯勒著名的「哈哈！」笑聲。散場時，惠斯勒表示要見見這位大膽的年輕人。

其他故事版本還包括，席格是在某個地方「巧遇」惠斯勒的，或者跟著他進入一間店舖，或者在派對裡遇見他，或者透過考柏登家的女兒認識了他。為了爭取眼前自己想要的一切，席格是絕不會羞澀或退縮的。總之惠斯勒說服席格別再浪費時間在學校裡，到他的畫室和他一起工作。於是這位年輕人離開了史雷德美術學院，成為惠斯勒的門徒。他和這位大師並肩作畫，至於他和愛倫的生活則始終成謎。

現存關於愛倫和席格早期婚姻的記錄沒顯示他倆之間存有吸引力或者一絲浪漫氣息。在賈克・艾彌兒・布朗許的回憶錄中，他提到愛倫的年紀比席格大上許多，「或許會讓人以為她是他的姊姊」。他認為這對夫妻「在智性上」非常相配，而且允許對方擁有「完全的自由」。到迪埃普探訪布朗許的期間，席格很少注意愛倫，卻消失在狹窄的街道小巷，待在「碼頭區租來的房間，隔絕世人的神秘巢穴裡。」

離婚判決書上寫著兩人離婚是因為席格「對自己的私通以及兩年當中超過六次的不明遺棄感到愧疚」，但其實是因為愛倫不想繼續和席格住在一起。並沒有證據顯示席格曾經不軌。愛倫的離婚訴狀上寫著席格在一八九六年九月二十九日拋棄她，之後在一八九八年四月二十一日，和一個「姓名不詳」的女人私通。幽會的地點據說是在倫敦米德蘭大飯店。接著在一八九九年五月四日，席格再度和一個「姓名不詳」的女人發生外遇。

好幾本傳記中都寫著，這對夫妻在九月二十九日離婚的原因是，席格在這天向愛倫坦承自己對她不忠，而且一直是如此。倘若這是真的，而且不只是離婚訴狀中提到的那兩樁，那麼他的外遇對象似乎全都是「姓名不詳」的女人。我看過的任何資料並未顯示他曾經對女人示愛、發生不當接觸或約會等，雖說他也會出言不遜。他的畫家友人妮娜・哈奈——出了名的縱情酒色的放浪女子——在她的自傳中說，席格會在她喝醉時陪她走路回家；她到法國時也曾去找他。這位毫不遮掩的妮娜從沒提到席格曾經試著和她調情。

也許愛倫真的相信席格好色，也許她的聲明其實是為了轉移焦點，倘若他們的婚姻真是有名無實的話。十九世紀末，除非配偶不忠、施暴或者惡意遺棄，一個女人無法在法律上訴請離婚。她的那些聲明是經過席格同意的，他沒有反對她的離婚要求。也許她知道席格性器官受損的事，但也很可能這對情如姊弟的夫妻從不曾在彼此面前寬衣解帶或者嘗試性行為。

在離婚過程中，愛倫寫道，席格說如果她「願意再給他一次機會，他會『努力』改變自己，還說她是他這輩子唯一付出過真心的人，而且他和那些『不明女子』的關係已經結束了」。她寫道，她的律師很肯定席格「非常誠懇，不過仔細考慮他以前的行為，衡諸他那表裡不一的性格，律師不相信他能夠遵守他的承諾，因此慎重建議我還是應該選擇離婚。」

「我難過得不知如何是好，只能不停的哭泣，」愛倫寫信給潔妮說。「我知道自己對他的感情已無可救藥了。」

# 27 黝暗的迷宮

席格的角色就像他畫布上的光影隨時變幻。物體不會有線條，因為大自然中原本沒有線條，而形狀只有在色彩、色調和被光捕捉的時候才會顯現。席格的生命同樣沒有線條或界線，他的形狀也隨著他陰晴不定的情緒和埋藏的心機而不斷改變。

無論熟識他的人或者他的泛泛之交都知道，席格是個「變色龍」、「裝模作樣的人」，是個會穿著醒目的方格子外套穿梭在倫敦鬧街僻巷的畫家。席格是農夫、鄉紳、旅人，穿戴著眼鏡、禮帽、時髦黑領帶的調情聖手，以及穿著臥室用拖鞋去趕搭火車的怪人。席格也是戴著低垂寬帽、脖子上繫著紅領巾、在巡夜燈的昏暗光線下出沒的開膛手傑克。

維多利亞時期的作家兼藝評家克萊夫・貝爾（譯註：Clive Bell，英國 Bloomsbury Group 成員）和席格的關係可說是愛恨交加。貝爾嘲諷席格可以隨時扮演英國佬、伏爾泰、坎特伯里大主教、教宗、廚子、花花公子、社交名人、出版家或律師。貝爾認為席格並非人們所以為的飽學之士，只是「表面上看來很博學」，儘管他是繼康斯塔伯之後最重要的英國畫家，貝爾說。人們「永遠無法確定眼前的席格是否真是席格本人，或者這個席格是否具有任何真實性」。他是個「毫無準則」的人；而且，借用貝爾的說法，席格「從來不對自身以外的任何事物著迷或傾心」。

愛倫是席格的一部分。他需要她。他不將她視為獨立的個體，因為所有人和事物都是席格的延伸。當伊麗莎白・史特萊案和凱薩琳・埃竇斯案發生以及東區警戒委員會主席喬治・拉斯克在十月十六日收到半枚人類腎臟郵包的時候，愛倫正陪著潔妮在愛爾蘭。大約兩週之後，倫敦醫院病理博物館館長，湯瑪斯・歐本蕭博士收到那封用亞皮利浮水印信紙寫的，署名「開膛手傑克」的信件。「老長官你說對了，那是左腎臟……我很快就會再度出手，而且會再寄給你一片內臟。」

警方懷疑這片腎臟是凱薩琳・埃竇斯所有，可能性很大，除非它是開膛手從別的地方弄來的。這片器官被防腐保存在皇家倫敦醫院，直到一九五〇年代——大約是華生與克里克發現DNA雙螺旋結構的時期——變得潰不成形了，才終於丟棄。

幾世紀以來，屍體和人類器官都是用「酒精」或者紅酒之類的含酒精飲料保存的。開膛手案發生期間有些醫院也使用甘油。當某個名人在船上過世，需要運送回國安葬時，保存屍體唯一的方式就是用蜂蜜酒或者任何可以取得的酒類。倘若維吉尼亞州開拓者約翰・史密斯當初在新大陸之航中去世，他或許會被浸泡在小木桶裡運回倫敦。

根據警方報告，寄給喬治・拉斯克的腎臟被割下大約兩週之久——倘若確實屬於埃竇斯所有——而且用「酒精」浸泡過，也許是紅酒。拉斯克並沒有驚恐萬分或者急著將它送交警方。他收到這份附帶著一封信——已經遺失了——的恐怖禮物時，「沒有思考太多」。畢竟在維多利亞時期，會割走人體器官然後把它裝在信封裡寄給當局的精神病態凶手可說是絕無僅有的。

起初有人認為那是狗的腎臟，但是拉斯克和警方明智採納了其他意見。當這片浸泡在汁液裡的腎臟開始引起關注時，警方認為這只是一場騙局。許多醫學專家，包括病理學者歐本蕭博士則認為這是一枚人類腎臟，只是無法判定它是否屬於患有「腎炎」的「女性」所有。警方將這片腎臟移交倫敦醫院由歐本蕭博士保管。要是這片腎臟能夠多保存個幾十年，同時起出凱薩琳·埃竇斯的骸骨進行化驗，或許會發現兩者的DNA相吻合。這在法庭上將對華特·席格造成極大傷害——要是他還能活著受審的話——因為他的一封信不僅和開膛手寄給歐本蕭博士的信同樣使用了亞皮利浮水印信紙，同時這兩封信的郵票還化驗出相同的DNA序列，而開膛手在這封信中是坦承犯罪的。

倘若愛倫平時留意新聞發展，必然也會知道這片腎臟的事，也應該知道這起她離開倫敦之後不到一週所發生的雙謀殺案。她或許也聽過沛克漢排水溝發現一只「人骨」包裹；或者藍貝斯路一所盲人學校花園裡發現一只包裹，裡頭包著一隻腐爛的女性手臂；或者那條結果證實是被烹煮過的熊腿。

愛倫應該也知道蘇格蘭場新大樓工地發現了一具女性殘骸。這具缺頭、缺四肢的女性屍骸被送往米爾本街的停屍房，奈維爾醫生和警方所能找到的線索不多。對於十月十一日在平利科發現的那條女性手臂，他們也沒能達成共識。這條手臂乃來自那具殘骸，這點奈維爾醫生很肯定，可是它的手掌相當粗糙，指甲磨損得厲害，像是生活艱苦女性的手掌。湯瑪斯・邦德醫生被召喚來協助驗屍時，他說它的手掌非常柔軟，指甲也很平整。這條手臂在低潮的河岸泥地上被發現時照理說應該會相當污穢，甚至有擦傷，指甲縫裡也塞滿泥巴，也許清洗乾淨以後看起來相當高貴也不一定。

一份報告中寫著這名遭到截肢的女性膚色深黑，另一份報告卻說她的皮膚白皙。根據醫生的說法，她年約二十六，深褐色頭髮，身高五呎七或八吋。她皮膚的暗沉或許是由於腐爛褪色所致。屍體嚴重腐爛時會轉成深綠黑色。以這具殘骸的腐爛程度看來，或許很難斷定她的皮膚是否細緻。

這類描述的相互矛盾會對死者身份辨識工作造成困擾。當然，十九世紀末還未發展出受害者臉型重建技術——以頭骨為基礎（假設頭骨找到了）捏塑出死者容貌。不過幾十年前發生在維吉尼亞的一樁案子可作為例子。有個身份不明男子，警方用綠色黏土雕塑在他的頭骨上來重建他的面容。頭髮顏色採用他頭骨特徵所顯示的種族——非洲裔美國人——的顏色，眼窩則裝上人造眼珠。

一個女人看了報上刊登的這名男子的臉部重建黑白照片，立刻前往停屍間去確認這名失蹤人口是不是她的兒子。她看了眼那尊頭像，告訴法醫說，「不，不是他，他的臉不是綠色的。」結果證實這個身份不明的年輕受害者的確是這位婦人的兒子。（至於現在，進行臉部重建雕塑的人員都會把黏土染成接近死者所屬種族的膚色。）

奈維爾和湯瑪斯兩位醫生所說的，那具殘骸是屬於一個身高五呎七到八吋的女性所有，這推測也許是錯誤的。他們根據這具殘骸所作的身高推測也許排除了不少人前往認屍的機會。在那個時代，五呎七或八吋對女性來算是相當高的。只要醫生們的推測有兩、三吋誤差，就足以導致無人前往指認屍骸了，事實上也始終無人指認。

考慮當時的條件，我相信那些醫生已經盡了力。他們還不懂得法醫人類學，不像今天的法醫有人類學標準作為憑據，可將受害者納入某個年齡範圍，例如兒童、十五到十七或者四十五歲以上。他們對於骨骺，亦即骨骼生長中心的了解還不多，或許也沒有機會看見，因為他們並沒有將那具殘骸或截斷的手臂放在水裡煮沸去除肌肉組織。骨骼生長中心是締結組織，例如連結肋骨和胸骨的締結組織。當人年輕時，他的締結組織是充滿彈性的軟骨。年歲增長，這些組織就開始鈣化。

一八八八年還沒有刻度表或吸收光度計，他們也沒有二十世紀末所擁有的單光子吸收儀或閃爍偵測器可用來根據上膊骨、橈骨、尺骨、大腿骨、脛骨和腓骨——亦即手臂和腿的長骨

——的長度來推測出身高。骨骼的密度，或稱礦物質密度，會隨著年齡而改變，通常年紀越大骨骼密度也就越低。

我們不該武斷的說那名遭到截肢的女性是二十六歲，只能說從她的殘骸看來她可能是正值後青春期的女性，年紀將近二十歲或二十多歲，還有她的腋窩或說胳肢窩的毛髮是深褐色。此外說她死了大約五週這點也是純屬臆測。當時的醫生根本沒有科學方法可以根據屍體腐爛的程度來推斷死亡時間。他們對昆蟲學也一無所知，也就是以昆蟲繁殖狀況，例如觀察這具殘骸在蘇格蘭場新大樓工地被發現時上面所分佈的蛆蟲生態，作為推測死亡時間的依據。

驗屍結果發現內臟器官泛白，顯示嚴重失血，符合受害者遭到截肢前便被割斷喉嚨的事實。在死因調查法庭中，湯瑪斯・邦德醫生作證說這具殘骸屬於一個「福態」的女性所有，「乳房大而豐滿」，一側肺臟患有嚴重肋膜炎。她的子宮被割除，骨盆和雙腿從第四節腰椎的地方截斷，兩條手臂從肩膀關節處割除，出現好幾道歪斜的刀痕，喉頭下方也有數道刀口。邦德醫生說這具殘骸被仔細的包裹著，皮膚被繩索綑綁的位置出現「清晰的勒痕」。這些繩索留下的印痕相當值得注意。根據十九世紀初和中期所做的實驗顯示，死亡時間較長的屍體上不會留有繩索痕跡，表示這名受害者是在尚未斷氣之前，或者更可能的是在死後數小時之內遭到綑綁的。

殘骸的骨盆被割除，這在肢解案中很少見。然而醫生和警方似乎都沒有特別注意這部分，也沒有提出意見。警方沒發現這名女子的其他殘肢，除了據稱是屬於她所有的一條左腿，那是從膝蓋下方割下的。這半條腿就埋在她的殘骸被發現地點數碼之外的地方。邦德醫生形容它的腿和腳「形狀美好」。腳部保養得極好，指甲也修剪得很整齊。沒有雞眼或拇指囊腫等跡象，顯見她並非「貧苦婦人」。

警方和醫生一致認為凶手將屍體截肢是為了掩蓋死者的身份。這說法和凶手將受害者骨盆從臀部關節第四節腰椎處切除，亦即徹底移除受害者性器官和外陰部的現象相互矛盾。或許有人會懷疑這樣的截肢手法和開膛手剖開受害者腹部然後取走她的子宮和陰道，兩者間是否有相似之處。

這具殘骸在蘇格蘭場新總部施工地點被發現時，是用舊布塊包裹著，並且「用各種舊繩子一圈圈綑綁得牢牢的」，木匠菲德列克‧威爾德說。十月二日清晨六點鐘，他摸黑進入工地去找他的工具箱，發現一團不明物體。他把它拖出來，割斷繩索，有好一陣子看不出那是什麼東西。「我以為那是壞掉的培根之類的，」他在死因調查法庭上說。這片工地就像是佈滿洞穴和深溝的迷宮，想把這包裹藏在裡頭幾乎是不可能的，除非凶手熟悉這地方，威爾德說。那裡頭「黑得不能再黑。」

殘骸上黏著一些報紙碎片，是一份過期的《每日紀事報》，以及一張六吋長、四吋寬，一八八八年八月二十四日發行的《回聲報》。這是一份售價半便士的日報。席格是個新聞狂。有一張他晚年的照片，顯示他的工作室就像一座報紙掩埋場。《回聲報》是一份自費出版報紙，刊登過無數關於席格的文章。一八八八年八月二十四日報紙的第四頁刊登的是「讀者問答欄」，規則是讀者必須將所有問答寫在明信片上寄到報社，讀者可以選擇報方所設定的問題代號來進行回答。《回聲報》特地聲明「不准」在回答中暗藏廣告。

一八八八年八月二十四日這天的十八道回覆中有五個署名「W・S・」。內容如下：

**回覆一**（三五八〇）：奧斯丹——我不會建議「W・B・」兩週假期都待在奧斯丹，只要兩天他就膩了。

那裡是炫燿服裝等東西的地方，而且非常昂貴。附近的風景又很單調無趣，道路舖的都是花崗岩。就英國旅客來說，我會建議他住在Maison Jaune——「黃屋民宿」，由一個英國人所經營，就在火車站和遊艇碼頭附近；還有北方旅館。兩者價格都相當合理，可千萬別住大飯店。沙灘很迷人，不了解法國事物也無所謂。——W・S・

（奧斯丹是比利時的海港及度假勝地，可從多佛海峽前往，也是席格曾經去過的城市。）

**回覆二**（三六八六）：熱門歌劇——《遊唱武士》是因為它甜美的音樂和撼人的旋律而自然受到歡迎的。很多人不認為這是一齣「高水準」的音樂劇，的確，我時常聽見一些「專業」

音樂家說那根本不能算是音樂。就我本身而言，我喜歡它僅次於《唐璜》。——W．S．

**回覆三**（三六一二）：護照——「不幸的波蘭人」恐怕必須把旅行目的地侷限在那些不需要護照的國家，最近這種國家很多，而且旅行起來也比較愉快。有一次我遇見一個鄉下人，他借用別人的護照旅行，結果被逮個正著，還被送去蹲土牢，待了好一陣子才出來。——W．S．

**回覆四**（三六二三）：改名——很簡單，「鍾斯」只要拿支畫筆把「鍾斯」塗掉，寫上「布朗」就可以。

當然，這並不會抹煞他身為「鍾斯」的所有義務。他只是在「布朗」的名義下履行「鍾斯」的交易罷了。——W．S．

**回覆五**（三六二七）：永久居留權——要取得永久居留權的外國人必須在英國連續居住五年，或者在最近八年內在英國住滿五年，並且提出他想要在這裡永久居留的聲明。另外還需要四個本國出生的戶長擔任保證人。——W．S．

懂得在回覆中註明問題的原始代號，表示這個投稿人對《回聲報》相當熟悉，甚至可能是個忠實讀者。一口氣寄五封回覆給報社幾乎是強迫性行為了，也符合席格的書寫習性以及警方和媒體收到大量開膛手信件的事實。報紙是在席格生命中以及開膛手遊戲裡頭反覆出現的一個基調。警方於十二月四日收到一封開膛手信件，在一小張《星報》報紙上寫著秀麗的字體。這張撕下的報紙上刊登著關於某個版畫展覽的啟示，背面有個副標題——「沒人要的孩子」。

華特・席格時常感覺不知道自己是誰，來自何方。引用另一封開膛手信件的署名，他是「非英國人」。他的舞台藝名是「尼莫先生」，就是「無名小卒」，而在一封開膛手寄給警方的電報中（沒有日期，但可能是一八八八年晚秋），他把寄信人「無名小卒」刪掉，改寫上「開膛手傑克」。席格不是法國人，但時常自認是法國畫家。有一次他寫道他很想歸化法國，但一直沒去做。在另一封信中他表示自己的內心永遠都是德國人。一八八八年十月二十日到十一月十日之間收到的開膛手信件大部分蓋著倫敦的郵戳，而可以確定的是席格在十月二十二日以前在倫敦參加在葛洛夫諾畫廊舉行的「初次粉彩畫展」的開幕。在席格寫給布朗許的幾封信當中，他提到新英國藝術聯誼會選拔新會員的事，顯示這年秋天他應該在倫敦，或至少在英國，而且很可能一直到十一月甚至年底都不曾離開。

十月底愛倫回到布洛赫斯特花園街五十四號的家，接著染上嚴重的感冒，而且一直拖到十一月都還未痊癒。但我找不到這期間她和她丈夫在一起或者知道他這陣子人在哪裡的證據。我不知道她對發生在六哩外的暴力悲劇是否感到害怕，若說她不害怕才是怪事，大都會警察都嚇呆了，然而更慘的事情才正要發生。

瑪麗・凱利，二十四歲，容貌清秀美麗，深色頭髮，散發著青春氣息。她住在多瑟街二十六號，教育水準比那附近所有的煙花女都來得高。這棟房子由一家蠟燭店鋪的店主約翰・麥卡西租下然後轉租給窮人。瑪麗住在一樓十三號房。房間約十二呎平方，以一道隔牆和鄰房分開，她的木頭床架就緊靠著這道牆壁。她的房門和兩扇大窗戶面對著密勒宅院，她的鑰匙不久前遺失了——她也不清楚究竟什麼時候。

這問題很快就解決了。前一陣子她喝醉了，和她的男人，煤炭挑夫喬瑟夫・巴奈發生激烈爭吵。她自己也不記得，不過當時她大概是打破了一格窗玻璃。從此她和巴奈都從那個玻璃裂口伸手進去打開房門的彈簧鎖。他們一直沒請人來修窗子或者換新鎖，或許也沒想過雖然他們賺的錢不多，但這筆錢還是該花的。

瑪麗・凱利和喬瑟夫・巴奈最近一次爭吵是在十天前。兩人互毆起來，爭執的起因是一個名叫瑪莉亞・哈維的女人。瑪麗開始在週一和週二晚上和她睡在一起，巴奈無法容忍這種事，於是搬了出去，留下瑪麗獨自負擔十九先令的房租。後來兩人稍稍回復了關係，他偶爾會過來看她，並且給她一點錢。

瑪莉亞・哈維最後一次見到瑪麗是在十一月八日週四下午，在瑪麗家中。瑪莉亞是一名洗衣婦，她問瑪麗是否可以把幾件髒衣服留在她這裡：兩件男性襯衫、一件小男孩的襯衫、一件黑色外套、一頂有著黑色絲緞繫繩的黑色皺紗帽、一件小女孩的襯裙和一張典當灰色披肩的票據。她答應晚一點回來拿衣服。當巴奈意外來訪的時候她還在房間裡。

「好啦，瑪麗，」瑪莉亞離開時說，「我晚上不會來找妳了，」她再也沒見過瑪麗。

瑪麗出生在愛爾蘭的利默瑞克，父親約翰・凱利是一名鐵匠。瑪麗有六個弟弟住在家裡，一個弟弟正在服役，一個妹妹在市場工作。瑪麗小時候全家便遷居到卡納封郡。十六歲那年她嫁給一個姓戴維斯的煤礦工。兩、三年後他在一次意外爆炸中死亡，於是瑪麗離家到了加地夫投靠一名堂兄。這時候她開始沾染酒精和賣身，曾因為性病入院治療八個月。

一八八四年她搬到英格蘭，繼續吸引不少恩客。沒有照片可供我們了解她的長相，除了那張開膛手將她毀屍之後的現場照片。不過有幾張當時留下的素描，顯示她是個漂亮可人的女孩，有著那個時代渴羨的細腰豐臀身材。她的穿著和神態彷佛來自美好的舊時代，和那個試圖藉著酒精遺忘的女人全然不同。

瑪麗在西區當了一陣子妓女，遇見不少懂得善待美女的紳士。有一個帶她到法國，可是她只住了十天就跑回倫敦了。法國的生活方式不適合她，她告訴一些朋友說。她先是和一個男人同住在雷克里夫公路旁，接著和另一個男人在潘寧頓街同居，後來又和一名泥水匠在貝瑟南葛林區同居。喬瑟夫・巴奈在死因調查法庭上說，他也不清楚她究竟和多少男人同居過或者同居了多久。

某個週五晚上，在史畢多菲爾區，漂亮的瑪麗・凱利吸引了喬瑟夫・巴奈的目光，他請她喝了杯酒。幾天以後他們決定同居。這是他租下多瑟街二十六號十三號房之前八個月的事。瑪麗偶爾會接到母親從愛爾蘭寄來的信。和其他煙花女不同的是，她會看會寫。可是東區連續謀殺案發生之後，她卻要巴奈讀新聞報導給她聽。也許那些新聞太過駭人，她不想獨自閱讀，以免胡思亂想吧。也許她不認識那些受害者，但很可能在街上或酒吧看過她們。

瑪麗和他過得還不錯，喬瑟夫・巴奈在死因調查法庭上作證說。他離開她只有一個理由，就是「我反對她讓一個當妓女的女人住進家裡，只是因為這樣，而不是因為我失業。十月三十日那天我大概是下午五、六點離開她的。」巴奈說他和瑪麗之間「氣氛良好」，而他最後一次見到她是在週四晚上七點半到七點四十五分之間，他順道去看她，發現瑪莉亞也在屋裡。瑪莉亞離開之後，巴奈又待了一會兒。他對她說他很抱歉沒錢可以給她。「我們沒有喝酒，」他作證說。「她非常清醒，她和我在一起的時候幾乎都是清醒的，」只是偶爾會喝一點。瑪麗・凱利非常清楚距離她租屋處幾條街以外發生的可怕凶案，卻在巴奈搬走以後經常在晚上獨自上街。除此之外她沒有別的賺錢方式，她需要錢買酒，再說她正愁著找不到正直的男人願意接受她。她正陷入絕境。不久前她還是個受寵的妓女，時常進出西區的高級大樓。可是最近她突然墜入貧困、酗酒和絕望的無底深淵，很快地她就要失去美色，她或許怎麼也沒想到自己連生命都失去了。

關於瑪麗・凱利我們知道的有限，只是當時有不少傳言。據說她有個七歲的小兒子，她寧可死掉也不會讓他挨餓。若說她真有這麼一個小孩，警方報告和死因調查法庭記錄中卻都沒有提起。在她生命中的最後一天，她似乎是在多瑟街角遇見一個朋友，並且告訴這個人她沒錢了。「要是她再不能掙點錢，」這個朋友後來告訴警方，「她就再也不出來了，決定自我了斷。」

瑪麗喝醉的時候相當多話，十一月八日週四晚上她就曾經鬧酒瘋。驟雨夾帶著東南方吹來的狂風，天氣陰霾了一整個月。氣溫降至華氏四十幾度，霧氣有如羅紗籠罩著整座城市。那個週四的晚上有好幾個人看見瑪麗，顯然喬瑟夫・巴奈離開後不久她就出門往最近一家酒吧走去。有人在商業街看見她，已經醉醺醺的了。接著十點鐘有人看見她出現在多瑟街。證人提到的時間恐怕很難採信，而且也無法確定當有人說他看見「瑪麗・凱利」時，那真的就是瑪麗・凱利。街道那麼昏暗，到處都是喝醉酒的路人，加上最近一次開膛手案爆發後，證人似乎無所不在，這些人的說法並不盡然可信。

瑪麗的鄰居，一個住在密勒宅院五號房，名叫瑪莉安・柯斯的妓女，她在死因調查法庭上作證說她在午夜的時候看見瑪麗喝得爛醉。她穿著深色舊裙子，紅色外套，沒戴帽子，身邊一個矮壯男子，臉上佈滿污斑，蓄著濃密的橘紅色鬍髭，穿戴著深色衣服和一頂黑色高帽。他陪著瑪麗・凱利朝她的住處走去，手上提著罐啤酒。瑪莉安走在他們後面，向瑪麗・凱利道了聲晚安。「我要盡情唱首歌。」瑪麗・凱利回了句，那個男人便將十三號房門關上。

過了一個多小時，瑪麗還在唱那首激昂的愛爾蘭歌謠《甜美的紫羅蘭》。

「小時候我從母親墳上採了一朵紫羅蘭，」她唱著，透過她的窗帘可看見屋內的燭光。

瑪莉安・柯斯在街上招攬生意，不時會繞到她的住處暖暖手，然後繼續出去尋找恩客。凌晨三點，她回到宅院，看見瑪麗・凱利的房間一片漆黑寂靜。瑪莉安衣服也沒脫就上床就寢。冰冷狂驟的雨掃過院子和街道，她睡不著。另一個住在瑪麗・凱利樓上二十號房的鄰居，伊麗莎白・普萊特在死因調查法庭上作證說，凌晨將近一點半時，她看見「一道光線」從她和瑪麗・凱利房間之間的隔板透了過來。

我猜伊麗莎白指的應該是她地板上的裂縫。伊麗莎白・普萊特每晚總是用兩張桌子擋住房門才去睡覺。那天她喝了點酒，她作證時說，然後一直熟睡到大約凌晨四點，一隻小貓開始在她身上走來走去，把她給吵醒。她注意到底下的房間是暗的，伊麗莎白說。突然，她說，「我聽見有人叫了聲『啊，殺人囉！』就在這時貓跳到我身上，我把牠推開。」她說那聲音就在近處但非常模糊，她沒有聽見第二聲。伊麗莎白重新躺下睡著，醒來時已經五點了。她走路到十鐘酒店，打算喝杯藍姆酒醒腦，途中看見多瑟街上許多男人正在為馬套上馬具。

早上約翰・麥卡西在他的蠟燭店裡頭忙，同時也在考慮該如何處理他在多瑟街二十六號十三號租屋的事。在這個多霧寒冷的週五上午，他不得不考慮採取下策。喬瑟夫・巴奈已經搬走兩週，而瑪麗・凱利積欠了十九先令房租未繳。麥卡西對瑪麗・凱利一直很容忍，但凡事總有個限度。

「到十三號房去要房租看看，」他告訴助手湯瑪斯・鮑耶說。將近十一點鐘，鮑耶來到瑪麗・凱利的房間，敲了房門。沒有回應。他扳弄著門把，可是門鎖上了。他拉開窗帘，從窗玻璃的破洞探看屋內，發現瑪麗・凱利赤裸著躺在床上，渾身是血。他跑回老闆那兒，兩人一起匆匆趕回瑪麗的住處，看著屋內。鮑耶跑去報警，一名H分局的督察立刻趕到現場。他緊急召來喬治・菲立浦醫生，並且通知蘇格蘭場開膛手又犯案了。半小時不到，現場擠滿了包括菲德烈克・亞伯蘭等多位督察。他下令封鎖宅院，不准任何人離開，除非警方允許也不准任何人進入。

查爾斯・瓦倫也收到了電報。亞伯蘭問瓦倫署長是否要派尋血獵犬出勤。這位歷練豐富的督察必然了解這麼做只是浪費時間，但他必須聽從上級指示。這道命令撤銷了，獵犬也始終沒來。到了晚上，媒體得到消息，瓦倫辭職了。

沒人急著衝進瑪麗・凱利的房間。就像菲立浦醫生在死因調查法庭中說的，他「透過窗玻璃破洞往裡面看，一眼就看出那具躺在床上的殘破屍體並不需要我給予立即的照料。」警方拆下一扇窗子，讓菲立浦醫生站在窗口拍照。下午一點半，警方拿了支鶴嘴鋤撬開房門，門砰的撞上床頭左側的桌子。警方督察和菲立浦醫生進入房間，眼前是他們這輩子從未見過的悽慘景象。

「與其說是人幹的，倒比較像是惡魔，」麥卡西後來在死因調查法庭上說。「我聽過白教堂連續謀殺案，可是作夢也沒想到那麼恐怖。」

幾乎一進門就看見瑪麗・凱利的屍體橫陳在三分之二床面上。犯罪現場照片顯示她的殘骸破碎得幾乎像是被火車輾過。開膛手割下她的雙耳和鼻子，將她的臉切割得白骨綻露。她的五官已無法分辨，只有一頭深濃的髮絲仍然形狀完好，也許是因為她沒有機會抵抗吧。床頭沒有空間可讓凶手從背後攻擊她，因此他是從前方逼近她的。和康頓城謀殺案不同的是，瑪麗被尖銳的刀子割斷右側頸動脈時，她的臉是朝上的。鮮血滲入床單，流下了地板。

負責這案子的亞伯蘭搜查了整個房間。他在火爐裡發現燃燒的衣服，推測凶手很可能在行凶的同時持續給火爐添燃料，以便能夠看清楚現場，「因為房間裡只有一支蠟燭，」亞伯蘭作證說。火焰溫度高得竟然把水壺嘴給燒熔了。這讓人不禁疑惑，火燒得如此之烈，應該可以從宅院中清楚看見，就算是拉上窗帘也一樣。也許有哪個鄰居擔心會不會是房子起了火，除非那火其實只是低溫燃燒的慢火。一如往常，大家都忙著自家的事。也許開膛手只靠著那支蠟燭的光線辦事。席格並不在意黑暗。「黑暗多麼美好，」他在一封信中說。

除了一件外套之外，瑪莉亞的所有髒衣服都被燒光了。瑪麗・凱利的衣服則整齊的疊放在床側，似乎她是自動脫光到只剩一件內衣的。凶手將她分解得如此徹底，任由肚皮綻開，還像挖果肉似的切去她的生殖器官。他割掉她的乳房，連同肝臟排列在床沿。內臟堆放在床頭桌上。除了腦以外，她的全身器官都被切下，右腿切開直到膝蓋處，露出一截白森森的大腿骨。

左手臂上清晰可見許多道歪斜的刀痕，右腿就在膝蓋下方的位置有一圈深色的印痕，顯示開膛手原本或許想截斷小腿，但由於某種因素而停止。也許是因為爐火即將燒完，或者蠟燭快要熄滅。也許是因為時候已晚，不能再久留。湯瑪斯・邦德醫生是在下午兩點鐘到達現場的，他在報告中說，在他進行驗屍的時候屍僵已經形成而且仍在進行。他坦承無法說出正確的死亡時間，但是下午兩點鐘時屍體已經冰冷。根據這點以及屍僵狀態，加上她被剖開的胃袋和小腸內散佈了尚未完全消化的食物看來，他推測她的遇害時間大約是在十二小時前。

倘若邦德醫生的說法正確，亦即當他在下午兩點鐘開始驗屍的時候，屍體的屍僵仍在繼續進行當中，那麼瑪麗的死亡時間或許還不到十二小時。否則她的屍體早就僵冷了。她的身材原本苗條，加上血液已流光，體腔暴露在外，又只有一件內衣蔽體，房內的爐火也早已熄滅。再者，如果證人的說法可信，則瑪麗・凱利在凌晨一點半時應該還活著。警方報告以及死因調查庭上提到的所有時間都是以東區教堂每半小時和一小時敲響一次的鐘聲、天色以及街道的沉寂或開始有人聲等跡象作為依據的。

在瑪麗・凱利案中最可靠的時間依據或許是凌晨四點開始在伊麗莎白・普萊特身上騷動的

那隻小貓。貓擁有超靈敏的聽覺，這隻小貓或許是被地板底下傳來的聲響給驚擾了，也許牠感應到人類的恐懼情緒所散發的神秘費洛蒙。就在伊麗莎白被小貓驚醒的同時，她說她聽見有人喊了聲「殺人囉！」

瑪麗・凱利知道自己大禍臨頭了，服裝不整的躺在床上，臉朝上，也許還看見凶手抽出刀子。即使開膛手在割斷她喉嚨以前用床單蓋住她的臉，她依然知道自己就要死了。她在開始遭到攻擊以及失血的過程中或許還有幾分鐘是清醒的。我們無法推斷說開膛手的受害者們感覺不到任何痛楚，被剖開身體時已經失去知覺。就瑪麗・凱利案看來，誰也無法斷定開膛手究竟是從她的腹部或者臉開始下手的。

倘若開膛手痛恨瑪麗・凱利的性吸引力和漂亮臉蛋，或許會先從那裡先下手；或者從她的腹部開始。倘若如此，她可能會感覺得到刀刺的痛楚，迅速失血會令她冷得顫抖。她會痛得牙齒打顫，但不久便會陷入昏迷、休克，然後死亡。或者血液從斷裂的頸動脈湧出，滲入氣管切口，充滿她的肺部，使得她窒息而死。

「她的氣管從喉頭下方的環狀軟骨處被割斷，」最初驗屍報告的第十六頁寫著。

因此她或許沒有機會尖叫或發出聲音。

「兩邊乳房被割除，呈現好幾道環狀刀口，連肋骨深處的肌肉都連著乳房一起割除。」

這需要一把尖銳強韌的刀具，但刀刃不能太長以免礙手。解剖刀的刀刃長大約四到六吋，刀把很便於掌握，但是當時開膛手所能取得的凶器或許是有著獨特彎曲刀刃的喜瑪拉雅彎刀。這種匕首的刀刃長度不一，刀鋒銳利得可以用來砍斷藤蔓、樹枝，甚至小樹幹。在維多利亞女王也是印度女王的時期，許多英國士兵都配戴喜瑪拉雅彎刀，在英國市場內也有管道可以取得。開膛手傑克在十月十九日的信中說他「在來此地的途中丟了刀子，非常心痛，今晚必須設法弄一支」。兩天之後，也就是十月二十一日週日晚上，一名警員在距離席格母親住處不遠的一處灌木叢裡發現一把染血的刀子，正是一把喜瑪拉雅彎刀。瑪麗・凱利案的凶器也許就是這種刀子。喜瑪拉雅彎刀常在戰鬥中被用來割喉或截肢，但由於它的刀刃弧度，並不適合用來戳刺。

「腹部的皮膚和肌肉組織……被割去三大片……右大腿被剝得露出骨頭……『右』肺部下方破損並且被割走……心膜從下方割開，心臟被取走。」這是最初驗屍報告第十六和十八頁中的描述，而所有驗屍報告似乎也就只殘存這兩頁了。驗屍報告的遺失實在令人扼腕，畢竟死因調查法庭中所敘述的犯案細節絕沒有驗屍報告來得詳實。例如死因調查法庭中就不曾提到瑪麗・凱利的心臟被取走，因為警方、醫生們和驗屍官都認為大眾不需要知道這個細節。

瑪麗・凱利案的驗屍工作在蕭迪奇區停屍房展開，進行了六個半小時。最頂尖的法醫人才全部到齊：西敏區的湯瑪斯・邦德醫生、倫敦市的高登・布朗醫生、史畢多菲爾區的杜克醫生，加上喬治・菲立浦醫生和一名助手。報告中說這些人決心找出所有器官的下落才會結束驗屍。有些報告指出沒有任何器官遺失，但這並非事實。開膛手取走瑪麗‧凱利的心臟，或許還帶走她一部分的生殖器官和子宮。

死因調查法庭在十一月十一日舉行。菲立浦醫生對犯罪現場的描述不多，因為米德塞克斯郡東北區驗屍官羅德烈克‧麥唐納醫生示意這位法醫沒有必要深入談論那些細節。陪審團已在停屍房看過瑪麗‧凱利的屍骸，可以稍後再集會聽取更多細節，除非他們想要立刻作成判決。他們的確想，而且已經聽得夠多了。「不明凶手所犯下的惡意謀殺」便是他們的判決。

媒體立刻沉寂下來，彷彿開膛手案已經結案似的。翻遍瑪麗‧凱利死因調查法庭以及葬禮舉行過後幾天、幾週，甚至幾個月之內的報紙，關於開膛手的新聞報導寥寥無幾。他的信件繼續寄達，但都和「其他信件」一起歸檔了，主要報紙都沒有刊登，接著發生的所有讓人聯想起開膛手的案件最後都被排除是白教堂連續謀殺案。一八八九年六月倫敦發現許多女性殘骸，她們的身份始終不明。

一八八九年七月十六日，一個名叫愛麗絲‧麥康奇，據說時常「醉倒」的煙花女，來到東區的康橋音樂廳。有個盲眼男孩聽見她要一個男人請她喝酒。將近凌晨一點，她的屍體被人在白教堂區城堡巷發現，喉嚨被割斷，衣服翻開，露出被剖開的腹腔。湯瑪斯‧邦德醫生負責這案子的驗屍，之後寫道，「我認為這是犯下白教堂區連續謀殺案的同一名凶手所為。」這案子始終沒偵破，開膛手也沒有在媒體上大興波瀾。

一八八九年八月六日，一個名叫卡洛琳・溫特的八歲女孩在英格蘭東北海岸距離泰恩河邊的新堡不遠的希漢港遇害。她的頭部遭到重擊，身上「有多處嚴重傷痕」，屍體被丟在一條下水道附近的水池裡。她生前最後一次被看見時正和一個朋友玩耍，這個朋友後來告訴警方，卡洛琳和一個黑髮、黑鬍子，穿著灰色舊套裝的男人說話。那個人說要給卡洛琳一先令，要她跟著他走，她就去了。

九月十日在平青街被發現的那具女性殘骸除了遭到截肢之外並沒有明顯毀屍跡象，也沒有證據顯示她的死因是割喉，雖說她遭到了斬首。警方報告中說，她身體前方那道長長的刀口不可能是開膛手下的手。「腹腔內的器官幾乎完好無缺，位在陰部上方的切口尾端看來幾乎像是刀子不穩造成的意外傷痕。倘若是那個瘋狂凶手幹的，應該會持續他先前的狂暴手法才對。」這案子也一直沒有偵破。

一八八九年十二月十三日，同樣是在英格蘭東北海岸的米德布洛碼頭，就在希漢碼頭南邊，有許多人體殘骸被發現，包括一隻女性右手掌，小指頭少了兩截關節。「我正在練習分解關節，」開膛手在一八八八年十二月四日的信中說。「順利的話會寄一根手指頭給你們。」

一八九一年二月十三日，一個名叫法蘭西絲・柯爾的妓女被發現陳屍在白教堂區燕子花園巷，喉嚨被割斷。根據警方報告，她年約二十六，「有酗酒習慣」。喬治・菲立浦醫生進行驗屍之後認為這具屍體並未遭到毀屍，他「不會把它納入先前的連續謀殺案之列」。這案子也一直沒偵破。一九〇二年六月發生在倫敦的一樁女性殘肢案也始終是懸案。

連續殺人犯不會停止殺人，席格就是如此。到一九四二年一月二十二日他在白桑普頓的住處平靜的過世為止，他的受害者數目也許是十五、二十或四十。瑪麗・凱利案之後，開膛手傑克似乎便成為昔日的夢魘。他可能是那個患有性妄想症，最後投入泰晤士河自盡的年輕醫生兼律師；也可能是那個精神異常，一直被關在療養院裡的猶太人；也可能已經死了。這麼一想真是讓人安心多了。

一八九六年以後，開膛手信件似乎不再出現。他的名字也不再和當時的謀殺案發生任何關聯，他的檔案從此密封長達一世紀。一九〇三年，詹姆斯・馬奈爾・惠斯勒去世，華特・席格順理成章躍上舞台中央。他們的風格和繪畫主題有著極大差異，惠斯勒從來不畫被謀殺的妓女，死後作品也開始廣受推崇，然而席格也佔有自己的一席之地。他逐漸成為藝壇偶像，一個「大人物」。到了晚年，他已經成為英國當代依然在世最偉大的畫家了。即使他坦承自己是開膛手傑克，恐怕也沒人會相信吧。

# 28 死亡的距離

一八九九年席格的多重性格連同原始人格突然全部消失了似的。他退縮到英吉利海峽彼岸，在異鄉過著和那群受他掠奪的貧民同樣的生活。「我半夜起床，穿上睡衣，由於擔心天花板而開始擦地板，然後換了塊踏腳墊來『承接滴下的東西』，」他寫信給布朗許說。在犯案和辛勤作畫以外的時間裡，他到處遊蕩，大多是在迪埃普和威尼斯，根據朋友的描述，他的生活方式令人吃驚。他在污穢混亂中度日，變成了邋遢鬼，渾身發臭。他患有妄想症，曾經告訴布朗許他覺得愛倫和惠斯勒密謀毀掉自己的生活。他害怕有人會毒害他，變得越來越孤僻、抑鬱且病態。「你想我們會覺得往日的種種特別感人有趣，會不會是因為它們距離墳墓比較遠的緣故？」他在一封信中思索著說。

精神病態罪犯往往會在恣意殺戮之後墜入莫名的憂鬱情緒之中，而像席格這樣練就了高度自制力的人來說，或許更會覺得空虛失落，生命中一無所有。席格創造力最旺盛的時期也就是他展開瘋狂殺戮的時期。他忽略、迴避所有的朋友，時常毫無預警的消失蹤影。他沒有人可照料生活起居，沒有家，而且經濟困窘。他那精神病態的執迷掌控了他的生活。「我很不舒服，不知道自己究竟怎麼了，」一九一〇年他寫信給南恩·赫德生說。「我的神經非常脆弱。」到了五十歲，席格就像過度負載卻沒有斷路器的電路，開始自我爆破毀滅。泰德・邦迪沉寂一陣子之後，他的犯罪方式從縱情殺戮升高為在佛羅里達一個姊妹之家展開瘋狂屠殺。他全然陷入狂亂狀態，而他所處的世界是不容許他逃避罪責的。席格的世界卻容許。當時沒有成熟的執法機關和法醫科學可將他定罪，以智慧、受人尊崇的紳士形象安度一生。他是個具有大師氣勢的藝術家，而藝術家的生活方式或許有些脫軌或「不正常」，也是該被原諒的，一點怪癖、反常和狂亂也是自然的事。

席格的分裂人格使得他不時的處於和眾多自我交戰的狀態，也受盡煎熬。他能感受痛苦，屬於他自己的痛苦。對於別人他則毫無感覺，包括愛倫在內，事實上她所受的傷害遠甚於他，因為她愛他，始終不變。離婚所帶給她的衝擊也大過於對他，她的羞辱和挫敗感也更為深刻。她將終其一生怪罪自己玷汙了考柏登家族的名聲，背叛了自己已逝的父親並且成為親愛家人的負擔。她無法獲得心靈的平靜，席格卻可以，因為他從來不認為自己的所作所為有什麼錯誤。精神病態者從不接受他人影響，從不感到歉疚，只會怪罪他人，當然自己所遭遇的不幸除外。

席格寫給布朗許的信可說是充滿心機的傑作，也讓我們得以一窺精神病態者的內心世界。席格先是寫著，「昨天終於正式離婚了，感謝老天！」接著他又補充，「突然拔掉手動螺栓的第一個感覺是說不出的輕鬆。」對於失去愛倫他沒有絲毫惋惜之意，反而像擺脫掉生命中的一部分的錯綜糾結似的。他的人格更加分裂了。

愛倫給了他歸屬感。他們的婚姻讓他在無止盡的追逐遊戲中有個安全的基地。他永遠可以逃回她身邊，她也總是盡力滿足他的需求，而且會持續下去，即使必須暗中從布朗許那裡買回席格的畫也一樣。少了觀眾的喝采或者配角，席格的表現將大不如前。如今他獨自守著空蕩黑暗的後台，他不喜歡這樣。他想念愛倫，但和她思念他的方式很不一樣。席格最大的悲劇在於，他這一生註定無法和任何人建立肉體或情感上的親密關係。「至少你還有感覺！」有一次他在信中對布朗許說。

席格的遺傳疾病和童年遺留的創傷在他身上找到了縫隙，將他分裂成許多個席格。其中一個席格曾經教溫斯頓．邱吉爾畫畫，另一個他則在一九三七年投書給媒體，盛讚希特勒的藝術。一個席格對他那體弱且染上毒癮的弟弟柏納無比仁慈，另一個則無所謂的到紅十字會醫院去畫死傷殘兵的素描，並向醫院要他們死後留下的制服。

一個席格很懂得鼓勵新秀畫家甚至慷慨奉獻自己的時間傳授畫技，另一個則視塞尚、梵谷等大師如蔽屣，還在《週日評論》上發表詆毀喬瑟夫．潘尼爾和惠斯勒的文章。一個席格讓朋友以為他熱愛女人，另一個則稱呼女人是「賤貨」——或者開膛手信件中的「淫婦」——將她們形容得有如次等生物，將她們殺害、截肢，然後在畫作中再次低貶、侵害她們。席格或許有數不清的面貌，但有一個關於他的事實卻是鐵錚錚的：他結婚絕不是因為愛。

然而一九一一年他決定再婚。作這決定時他大概不像犯案那麼深思熟慮吧。這次閃電求婚的對象是他的一名年輕學生，根據他第一本傳記的作者羅伯·艾蒙的描述，是個「有著天鵝般細頸」的美麗女子。她顯然有不少疑慮，終於決定不與席格踏上紅毯，改而嫁給一個和她年齡相近的人。「婚事吹了。令人心酸，」一九一一年七月三日席格拍電報給艾瑟·桑茲和南恩·赫德生說。

他立刻轉移注意力到他的另一個藝術門徒克莉絲汀·杜蒙·安格斯身上。她的父親，蘇格蘭皮革商人約翰·安格斯認定席格要的是他的錢。金錢很迷人，但並非席格生命中最重要的需求。他年紀大了，身邊沒人可以照顧他。克莉絲汀比席格年輕十八歲，是個容貌有如孩子的漂亮女人。她的體質虛弱，腿有點跛，一輩子受著神經炎和凍瘡——神經發炎加上有痛癢感的腫脹——的折騰。她相當聰明，能製作博物館級的刺繡作品，也是非常優秀的畫家，可惜她並不了解華特·席格這個人。

他決定娶她為妻時，其實他們從來不曾在畫室以外的地方相處。他用大量電報和每天好幾封的信件展開攻勢，直到她對這位過度殷勤的藝術導師感到厭煩，被家人送往迪文郡查克佛去休養。席格並沒有受邀，卻還是跳上火車，花了一整天時間追了過去。幾天之後他們便不顧她父親反對訂了婚。

安格斯先生最後讓步了，因為他聽說這位一文不名的畫家剛剛將一幅大幅自畫像賣給了某個無名氏買家，也許克莉絲汀的選擇還不算太差。這位無名氏買家是席格的朋友兼資助人——

佛羅倫絲・派許，這麼做是想幫他的忙。「週六確定和克莉絲汀・安格斯結婚，」一九一一年七月二十六日席格拍電報給南恩・赫德生和艾瑟・桑茲說。他又加了件壞消息，說珠寶商「不肯讓他退回結婚戒指」，他指的是他為前一個他追求的學生所買的戒指。

克莉絲汀和席格在派丁頓結婚登記處完成婚禮，接著大部分時間都在迪埃普度過，也在十哩外的昂維莫村租了房子。一九一四年第一次世界大戰爆發時，他們回到倫敦。就藝術而言，這是席格創作豐富的時期，也寫了大量評論。他在這時期的許多畫作反映了夫妻間的緊張關係，晦澀深刻的畫風讓他聲名大噪。

在他和克莉絲汀婚姻的初期，他畫了《懊惱》這幅名作以及許多戰爭場景，接著又重返音樂廳，「幾乎每晚」都到新貝佛音樂廳去。另外還有許多畫作顯示了他的性暴力面向。例如《岸上的傑克》，一個衣著整齊的男子走近床上的裸女；或者《欲言又止》（The Prevaricator），也是穿戴整齊的男子，彎身朝向一張木頭床架的床尾，這床和瑪麗・凱利的床非常酷似，而且明顯有別於席格畫中典型的鐵床架。床上有一團形體，但看不清是什麼。

克莉絲汀的健康對席格造成極大不便，為此他寫了許多煽惑的信給他那群熱心的女性友人。他聲稱自己「非常高興能夠為他人的快樂作出貢獻」，要是他能賺更多錢就好了，他又補充說，因為他需要兩名僕人來照料他那生病的妻子。「我不能拋下工作，又沒錢帶她到鄉下去。」她希望南恩・赫德生能夠讓克莉絲汀到她那裡去住一陣子。

戰後，席格搬到了法國。一九一九年他看上一間位在昂維莫村杜夫蘭路的廢棄gen-darmerie，也就是警察局。克莉絲汀花了三萬一千法郎買下這棟荒廢的房子。它的二樓臥房原本是一整排老舊的牢房。她那新婚夫婿的任務就是整修這棟「綿羊居」——直到今天依然如此稱呼——然後等著迎接她。這期間她則待在倫敦，安頓家務，將他們的家具打包準備運往法國。她不時的因為神經炎發作而臥病在床，一度嚴重到「連續四十五個晚上」無法入眠，「鎮日與藥物病痛為伍，即使劇痛消失了，身體也幾乎無法動彈。」

席格的情況似乎也不佳，至少是無法對妻子有所幫助的狀態。一九二〇年夏天，克莉絲汀寫信給她的家人說綿羊居「不適合居住」。席格寄給克莉絲汀的照片顯示，自從他四個月前和她分開之後就一直沒清理他的皮鞋。「他似乎把我預備用來翻修廚房地板和水槽的錢都花光了」。他對她說他買了「一座俯瞰河岸的涼廊」和一尊即將「傲視所有家具」的「真人尺寸的十五世紀彩繪耶穌雕像」。到了一九二〇年夏末，克莉絲汀已經許久未見席格，她寫了封信給他，或許也是她寫給他的最後一封信吧——「親愛的，我想這應該是我最後一次在康頓路的房子寫信給你了。很期待能再見到你，但感覺相當奇怪。」不久克莉絲汀帶著家具遷入他們在昂維莫村的新居，發現屋裡沒有電和自來水，只放了幾個木桶子承接雨水。井裡有一隻死貓，據克莉絲汀的一個妹妹說是「被淹死的」。行動不便又虛弱的克莉絲汀必須走到屋後的花園，沿著條燧石路然後走下陡峭的階梯，才能到達「泥地盥洗室」。她死後她的家人氣憤的指出，

「難怪可憐的克莉絲汀離開了那怪人」。

這年夏天克莉絲汀的病況不佳，但後來頗有起色，只是搬到昂維莫村之後突然在秋天急遽惡化。十月十二日，席格拍電報給她的妹妹安德麗娜・休德，通知她克莉絲汀正垂危，但十分平靜，睡得很多。經過脊髓液測試，證實她感染了結核桿菌。席格承諾「等死亡降臨時」他會再以電報通知，又說他會將克莉絲汀送到盧昂火化，然後葬在昂維莫村的教堂墓園。

她的妹妹和父親立刻啟程，於次日抵達綿羊居，一眼瞧見席格雀躍的在窗口朝他們揮舞著手帕。接著看見他站在門口迎接，更是讓他們暗暗吃驚。只見他穿著身黑色絲絨套裝，頭髮剃光，臉色有如化了妝似的蒼白。他開心的告訴他們說克莉絲汀雖然已經病危，但還活著。他帶他們上樓到她的房間，看見她昏迷不醒。她住的並非主臥房。主臥房在樓下廚房後方，是這屋子唯一備有大壁爐的房間。

安德麗娜在房裡陪伴克莉絲汀，她父親則下樓去，聽席格說故事，甚至還唱了歌。後來安格斯為了自己這時的作樂而感到愧疚。醫生抵達，給克莉絲汀注射了一針。她的家人離去，不久她就死了。直到第二天，十四日，他們才接獲死訊。席格在妻子的屍體還躺在樓上房間裡的時候畫了她的素描。他找來鑄匠製作了她頭部的石膏模，接著和一個有興趣買畫的經紀人碰面。席格問安格斯是否介意拍一封告知克莉絲汀死訊的電報給《泰晤士報》，後來又因安格斯在裡頭稱呼克莉絲汀為「華特・席格之妻」而不是「華特・理查・席格之妻」而大怒。席格的眾友人趕來探望他，畫家黛蕾絲・勒梭也搬來和他同住以便照料他。他的哀傷就和他的為人一樣，虛假的那麼顯而易見。他對於他那「過世愛妻的情感，」D・D・安格斯痛楚的指出，「完全是偽裝的。」席格「急著把他的黛蕾絲接來同住」，安格斯寫道。一九二六年，他和黛蕾絲結婚。「你一定很想念她，」克莉絲汀死後不久瑪喬莉・李黎安慰席格說。「並非如此，」他回答說，「令我哀痛的是，她已經不復存在。」

一九二一年初，克莉絲汀下葬還不到半年，席格便開始寫卑屈病態的信給他的岳父，明白表示要索取克莉絲汀在已驗證遺囑中交代的屬於他的那份遺產。他需要付錢給那些繼續前來打理綿羊居的僕人，無法按時付清帳款實在很「令人不快」。既然安格斯先生即將啟程前往南非，不妨預付一筆錢，好讓他能夠完成克莉絲汀生前維護綿羊居的心願，於是約翰・安格斯寄了五百鎊預付款給席格。

席格——昂維莫村少數擁有汽車的居民之一——花了六十鎊蓋了座附有磚造大機械房的車庫。「這麼一來我的房子就變成愛車族中心了，」他寫信給安格斯說。「克莉絲汀生前時常提起這想法。」席格寫給克莉絲汀家人的許多信件很明顯是為了圖利自己而且充滿詭詐，她的家人常常把信來回傳閱，覺得「很有意思」。他一直很擔心自己死了卻沒有立遺囑，好像他隨時會死掉一樣。他想讓安格斯家的律師，包諾先生，盡快替他擬一份遺囑。包諾先生素有聲譽。有了他幫忙，席格就不必付錢請律師了。「我並不急著驗證，」席格告訴安格斯說。「我只擔心死了沒有交代。我已經把遺囑的大綱交給包諾先生了。」

最後，七十歲的安格斯寫了封信給六十歲的席格，要他暫時拋下他那「憂心死後沒立遺囑的焦慮，因為包諾先生不需花太多時間便可以擬好你的遺囑。」克莉絲汀的遺產總計一萬八千鎊。席格想盡早拿到這筆錢，於是編了個藉口，表示希望能早點將所有法律事務處理完畢，以免他突然遭到不測，例如發生車禍意外。萬一真的發生不幸，席格希望自己的遺體能火化，「地點不拘，將骨灰（不要盒子或棺木）」灑在克莉絲汀墳上。他還慷慨的補充說，克莉絲汀留給他的所有遺產將「無條件」歸還給安格斯家族。「如果我還能活個幾年，」席格又說，他打算做些安排，好保障他的管家瑪莉在他死後能夠獲得一千法郎的年津貼。

一九九〇年，克莉絲汀的家人將她的私人文件捐贈給泰特美術館檔案室時，有一名家族成員（似乎是她父親的孫兒）寫道，席格「說要將遺產全數還給安格斯家族信託的『心願』全是妄言！沒有一分錢歸我們。」席格在葬禮過後大約十天寫了封信給他們，描述了極盡哀戚的盛大場景。「整個村的居民」全部湧來參加葬禮，他則站在墓園大門逐一向他們招呼。他親愛的妻子就葬在「一座小樹林裡，那裡有我們最喜愛的散步小徑」，而且「可以眺望整座美麗的村莊」。等地基穩了，席格打算買一塊大理石或花崗岩，刻上她的名字和生歿日期，可是他始終沒做到。七十年來，她的綠色大理石墓碑只刻著她的名字和「迪埃普製造」字樣。「上面根本沒有他所承諾的生歿日期，」安格斯家人說。後來終於由她的家人補刻上去。

向席格買下綿羊居的辛法萊家的女兒，瑪莉・法蘭西絲，非常慷慨的帶我參觀了這棟席格住過、克莉絲汀在裡頭過世、由警察局改建的房子。如今裡面住著辛法萊一家，他們是葬儀承辦人。辛法萊女士告訴我說，她的雙親向席格買下這棟房子的時候，屋裡的牆壁漆著非常黯淡的顏色，「低矮的天花板，感覺很不舒服。」裡頭並且堆滿廢棄的油畫。此外，工人挖掘屋外的廁所時發現一把六發子彈的小口徑手槍，它的歷史可追溯至上個世紀初。那並非當時法國警察所配戴的槍枝。

辛法萊女士將這把手槍拿給我看。它已經被焊接回原狀，而且漆成黑色。她非常引以為傲。她也帶我看了主臥房，說席格常喜歡把面向黑暗街道的窗帘拉開，生起熾烈的爐火，鄰居們都可清楚看見。這房間如今由辛法萊女士使用，偌大的空間裡放眼盡是盆栽和明亮色彩。最後我請她帶我上樓，去看克莉絲汀生前所住、擺著只燒木柴的小火爐、原本是牢房的臥房。我獨自站在那裡，環顧著周遭，聆聽著。我知道倘若席格在樓下，在外面院子裡或車庫裡，他一定聽不見克莉絲汀需要他給火爐添木柴、替她拿水或食物的呼喚。說不定他不需要聽得見，因為她或許無法出聲。也許她清醒的時候不多，就算醒了也在打盹。嗎啡會讓她一直處在昏睡狀態。

我沒找到所有村民全部參加了克莉絲汀葬禮的記錄。參加的大都是席格的人——就像愛倫對他們的稱呼——克莉絲汀的父親也在場。後來他回憶，他對席格的「sangfroid」——冷漠感到吃驚。我走進那座圍著磚牆的古老墓園時，天空正飄著雨。克莉絲汀的墓碑十分簡單，也很難找到。我沒看見「小樹林」或者「最喜愛的散步小徑」。從我站著的地方也無法「眺望整座美麗的村莊」。

克莉絲汀葬禮舉行那天，狂風大作，冷颼颼的，儀式延遲了。席格沒有將她的骨灰灑進她的墳墓。他用雙手探入骨灰罈裡，將骨灰灑進風中，強風將灰燼吹向他朋友們的外套，吹上他們的臉。

國家圖書館出版品預行編目(CIP)資料

開膛手傑克結案報告 / 派翠西亞.康薇爾(Patricia Cornwell)原著 ; 王瑞徽譯. -- 三版. -- 臺北市 : 臉譜出版 : 英屬蓋曼群島商家庭傳媒股份有限公司城邦分公司發行, 2025.01

面 ; 公分. -- (康薇爾作品)

譯自 : Portrait of a killer

ISBN 978-626-315-583-1(平裝)

1.CST: 席格(Sickert, Walter, 1860-1942) 2.CST: 開膛手傑克(Jack, the Ripper) 3.CST: 謀殺罪 4.CST: 英國倫敦

548.6941 113017150